Was ist an Deutschland deutsch? Wilfried F. Schoeller hat sich auf eine ungewöhnliche Reise begeben, von Berlin bis Rüdesheim, von Regensburg bis Bad Freienwalde. Aus 32 Besichtigungen »typischer deutscher« Orte setzt er ein buntes Mosaik deutscher Geschichten, Mythen, Kuriositäten und Erinnerungen zusammen. Er legt die historischen Schichten frei, die unter der scheinbar unauffälligen Oberfläche der Gegenwart schlummern. Schoellers anschauliche, mit vielen unbekannten oder wenig geläufigen Informationen gespickte Beschreibungen laden dazu ein, das Land mit anderen Augen zu betrachten und regen zu neuen Reisezielen an.

Wilfried F. Schoeller ist Literaturkritiker und Professor für Literatur des 20. Jahrhunderts, Literaturkritik und Medien an der Universität Bremen. Zahlreiche Veröffentlichungen (Bücher, Hörspiele, Dokumentarfilme).

Wilfried F. Schoeller

Deutschland vor Ort

Geschichten, Mythen, Erinnerungen

Deutscher Taschenbuch Verlag

Ungekürzte Ausgabe 2011
Deutscher Taschenbuch Verlag GmbH & Co. KG, München
Lizenzausgabe mit freundlicher Genehmigung des Carl Hanser Verlags München

Umschlagkonzept: Balk & Brumshagen
Umschlagfotos (von links oben nach unten): mauritius images/Hiroshi Higuchi,
akg-images/Schütze/Rodemann, Kreis Lippe/Landesverband Lippe,
gettyimages/Harald Braun
Satz: Fotosatz Reinhard Amann, Aichstetten
Druck und Bindung: Druckerei C. H. Beck, Nördlingen
Gedruckt auf säurefreiem, chlorfrei gebleichtem Papier
Printed in Germany • ISBN 978-3-423-34679-5

Inhalt

Vorbemerkung

Die hier gesammelten Texte entstanden ohne Auftrag und Programm in den vergangenen 15 Jahren. Gelegentlich wurden einige veröffentlicht, die meisten sind es nicht. Trotz der Neigung zum Kursorischen, der sie sich verdanken, enthalten sie ein Grundmotiv: allesamt sind sie als Besichtigungen deutscher Gedächtnisorte zu verstehen. Die streunende Neugier bezieht sich auf verblichene Geschichte, wie sie in Realien erscheint; auf Denkwürdigkeiten und Memorabilien; auf Entwürfe nationaler Mythologie wie auf Kuriositäten, nicht zuletzt auf einige verborgene finale Stätten. Zusammen ergeben sie Orientierungspunkte auf dem imaginären Atlas der Geschichtsbilder. Sie gehören zum Inventar eines Nationalmuseums für Peripatetiker. Klaus Mann behauptet im »Wendepunkt«: »Erinnerungen sind aus wundersamem Stoff gemacht – trügerisch und dennoch zwingend mächtig und schattenhaft. Es ist kein Verlaß auf die Erinnerung, und dennoch gibt es keine Wirklichkeit außer der, die wir im Gedächtnis tragen. Jeder Augenblick, den wir durchleben, verdankt dem vorausgegangenen seinen Sinn. Gegenwart und Zukunft würden wesenlos, wenn die Spur des Vergangenen aus unserem Bewußtsein gelöscht würde.« Orte tragen die geschichtlichen Ereignisse ins Nachleben, aber sie werden im Laufe der Zeit, die vergeht, selbst umgedeutet und umgewidmet, verzeichnet und verbaut. So ist jede Ortskunde auch Phantombildnerei des mehrfach Gewesenen.

Anderthalb Jahrzehnte nach der territorialen Wiedervereinigung der beiden deutschen Staaten ist diese Rückorientierung auch aus anderen Gründen nicht einfach zu gewinnen. *Backstage* liegen nur Trümmer, zersplitterte Zusammenhänge und Scherben der Geschichte; nach Hitler und den rabiaten Antworten auf ihn wollen sie sich zu einem Ganzen nicht fügen. Erinnerung läßt sich nicht mehr zu einem gemeinsamen Speicher, zu einem »kollektiven Gedächtnis«, organisieren. Die Energien der Trennung wirken fort und verhindern vorläufig die Wiedergewinnung eines gemeinsamen Erinnerungsraums. Er ist als voluntaristische Größe auch nicht wünschenswert: er müßte sich, falls überhaupt notwendig, zwanglos ergeben, und dieser Vorgang ist nicht in Sicht.

Die versammelten Texte über Städte, Strecken, Monumente und abgelegene Winkel privater Geschicke ergeben nur ein unvollständiges Mosaik mit blinden Stellen – ein Puzzle, dem einige Steine verlorengegangen sind. Mir scheint, ich hätte mich unwillkürlich, von einem unbewußten Impuls gedrängt, in der Disziplin der Collage geübt: Bildergeschichten aneinanderfügen und die scharfen Schnitte zwischen ihnen, den Trennungsschmerz, vorweisen.

Die Orte nationaler Genugtuung sind entwertet und stillgelegt. Barbarossa, Hermann und Germania, Wilhelm I. und Bismarck erscheinen nur noch als abstruse Irrläufer, die auf dem Sockel fixiert sind. Solche Denkmäler bezeichnen eine Staffage, an der sich der Nationalgeist als pathetische Marotte eines entlegenen Tertiärs ausweist. Die Großzeichen und Monumentalgebärden, geeignet vor allem als Rückfront für Popkonzerte, sollten früher als nationale Urszenen dienen. Sie haben ihren Nimbus längst wie eine ungehörige Zumutung abgestreift und sind ins komische Fach verrutscht. Eine Erinnerungsgemeinschaft mag sich nicht mehr einstellen. Dennoch wird Beschreibungsnähe angestrebt, und sei es nur, um sich der Gewichtlosigkeit patriotischer Zwangsbilder zu versichern. Unverkennbar entstehen beim Studium verjährter Utopien aber auch Momente der Trauer: das Gefühl des unwiderruflichen Abschieds stellt sich ein, zwischen den vorgefundenen Dingen und ihrem Betrachter haben sich Distanzen eingestellt, die nicht mehr überbrückt werden können. Ein wenig Melancholie liegt unter den Oxydschichten der Befremdung.

Diese Texte sollen eine unvollständige Landkarte dessen skizzieren, was in diesem wiedervereinigten Land als »deutsch« zu verstehen ist: durch Anspruch und Benennung, forcierte Erwartung, aber auch durch Scham und Verschweigen. Die einzelnen Orte überblenden einander; daraus ergibt sich eine Kartographie auch der Brüche und Verwerfungen. Es kam mir darauf an, vor allem den Sonderwegen des Erinnerns zu folgen.

Ein deutsches Gefängnis
Der Asperg

Ein halbes Jahrtausend Geschichte hat sich auf diesem Berg angesammelt, nicht gerechnet die Vorzeit, auf die der Name anspielt: Asperg, Berg der Asen, jener Götter, die Odin, Oberster der nordischen Götterlehre, von einem kaukasischen Volk übernahm. In der Umgebung haben sich noch in jüngster Zeit keltische Heldengräber gefunden. Die Heimatkunde aber, die auf historische Erfahrungen aus ist, drängt sich mit anderen Bildern ins Schulbuchwissen: Schicksalsberg, schwäbische Bastille, Aschen- und Tränenberg, Demokratenbuckel, das große Freiheitsgrab des kleinen Württemberg. Der Asperg ist der Dunkelort von Freiheit, das Schattengelände von Utopien, der Exerzier- und Richtplatz für Rebellen und Abweichler. Vermutlich der älteste erhaltene deutsche Zwinger, nachweisbar seit 1498 unter der Regierung des prunksüchtigen, drakonischen Herzogs Eberhard.

An diesem Ort ist Geschichte vor allem zu dokumentieren in Episoden von kleinen Leuten, die für ihre Revolten und ihren Widerstand gegen die Oberen bezahlen mußten – Dissidentenstoff, Arme-

Sünder-Mären von Ehrlosen und fahrenden Gesellen, Fahnenflüchtigen und Spielern, Duellanten und Bankrotteuren, Dieben und Kindsmörderinnen. Auszugraben ist unentdeckte Heimatgeschichte als Paradigma von Alltagshistorie, minutiöse Nichtigkeiten, die sich im Netz der Straflust verfangen haben. Einer hat Schaden im Feld getan, der andere ist zu spät auf die Wache gekommen, der dritte muß Strafe zahlen »wegen Verwahrlosung des Feuers in seinem Haus«. Drei Brüder waren fällig, »da sie die Nachtwacht erschaffen, verschlaffen«. Fuhrknechte sind verbotenerweise über die Felder gefahren, einer hat »Scheurenkrämergesindel« zu lange beherbergt. Es ist untersagt, Krautgärten anzulegen, da man damit gegen die Grund- und Zehntrechte verstößt. Einer muß zahlen »wegen unfleißigen Hackens«, der nächste, weil er unter der Karfreitagspredigt Holzhacken wollte. Ein Bub erhält eine Geldstrafe, weil er der Schulmeisterin Zwetschgen abgerissen hat. Der Bäcker Conrad Schefer, Schimpf sei seinem Namen, »ist wegen er das Brot höher verkauft, dann es taxiert gewesen, gestraft umb 1 Gulden«. Schlaghändel und Wirtshausdiebstahl, Beleidigung im Trunk, Krämerware zum falschen christlichen Zeitpunkt – die Vergehen konnten nicht klein genug sein, um nicht doch die Ehrbarkeit weit zu verfehlen und die herrscherlichen Kassen aufzufüllen.

Alles Nachrichten aus der Dorfchronik, zum Vergessen bestimmt. An diesem Berg bilden sie das Unterholz im Wald der Verbote. Darüber erheben sich die groß gewachsenen Verbrecher. Und die Pönerabilien geben an, wie der einzelne überschwemmt wurde von der Sintflut an Vorschriften. Der Zehnte, die Buße, Zinsen, Gülten, der kleine Frevel, der Blutfrevel, das Nieder- und das Hochgericht – alles unter dem Regiment eines Keller, eines herzoglichen Anwalts, und eines Schultheißen. Auf ihn folgen im 17. Jahrhundert sieben weitere Amtspersonen, die sich, den Benennungen nach, in den Arbeitsalltag verlaufen: »die Waisenrichter, die Untergänger, die Sibner oder Veldststeißler, die Fleischschätzer, die Brotbeseher, die Feuerbeschauer, die Weidenmeister.« Die Ordnung eng, die Strafen erfindungsreich, da mögen den Delinquenten die Sterne am Himmel wie Nägel erschienen sein, die in die blaue Vergeblichkeit getrieben wurden.

Die Autobahn entläßt von Norden her, bei Ludwigsburg vor Stuttgart selten einen Fremden, damit er ein Praktikum an belastenden Finsternissen absolviere; so verirren sich planvoll vor allem Spaziergänger dorthin, wo nach einem Volkslied die Freiheit *aber nicht* wohnt. Den Berg hinauf führen keine geraden Wege. Man geht im Schraubgewinde durch Wald im Osten und Weinberge im Süden und Westen. Nach oben gelenkt oder von oben nach unten, die Bewegungen kreuzen einander mehrmals, hinauf und hinab in gleicher Richtung, in einem Rundlauf von steigenden und fallenden Wegen, die einander schneiden.

Oder die Fahrstraße hinauf: das Zeitgefühl erlischt, Raumgefühl tritt an seine Stelle. Medio monte in vita sumus. Mitten im Berg sind wir im Leben.

Der Spaziergänger hinauf zu diesem abgeflachten, 356 m hohen Keuperhügel passiert ein Gebäude, das Kavaliershäuschen heißt; eine Verkehrsampel, die den Fluß der Dienstwagen regelt; das Löwentor mit einem Relief aus Sandstein, auf das Jahr 1675 datiert, ein pompöses Portal. Man befindet sich sofort zwischen übermannshohen Mauern, in einem Schacht, ist eingeschlossen in einer Windung aus Massen an Stein. Über einem massiven rechteckigen Wachturm das herzogliche Wappen, darunter ein Tunnel.

Man kann sich die gefolterten aufrührerischen Bauern herbeidenken und ihren Anführer Jäcklein Rohrbach. Der berühmteste Gefangene auf dem Asperg hingegen, vor rund 260 Jahren, war Josef Süß Oppenheimer, genannt »Jud Süß«. Er war Finanzminister des von seinem Herrscher Karl Alexander ausgebeuteten Landes und geriet in die Mühle einer Willkürjustiz, als der Fürst unversehens 1737 starb. Noch in der gleichen Nacht wurde Süß Oppenheimer verhaftet. Er trat als Projektionsfigur an die Stelle des toten Herzogs: alle Beschuldigungen der Willkür, der Machterschleichung, der Ausblutung des Landes und des Verstoßes gegen die Sittlichkeit wurden auf ihn abgeladen. Auf dem Asperg wird er einem viele Tage dauernden Verhör unterzogen, nach dem er in Hungerstreik tritt. Der Kommandant teilt mit, daß Süß beharre »in seinem von Anfang her gefaßten Vorsatz, sich auszuhungern«, der sich »entsetzlich vor dem Tod und einer seinen Taten gemäßen Strafe fürchtet«, der »schon geraume Zeit so lamentiert und nichts essen will, er möchte endlich krepieren«. Vom Kommandanten wird er genüßlich verspottet: »Der gute Gesell sieht lächerlich drein, wenn er vom Tisch zum Bett will oder sonsten wohin. Eine solche Figur wird er in seinem Leben nicht gemacht haben. Er ist mit der Hand bis unter das Kinn geschlossen.« Bevor die Devise

»Hochverrat« ausgegeben wird, steht schon das Todesurteil fest. Das Verfahren blieb geheim, auch dem Delinquenten gegenüber. Das Urteil, in Stuttgart am 4. Februar 1738 vollstreckt: Tod »am obern eisernen Galgen«, der Leichnam ist »mit einem eisern Gitter zur Verhütung der von seinen Glaubensgenossen etwa intendierenden Abnahme verwahren zu lassen«. Das Gerippe blieb sechs Jahre in seinem geschmiedeten Käfig hängen.

Der Schubart-Turm, die Verschlußmauern jenes Gefangenen, dessen Asperg-Schicksal bekannt ist wie eine Moritat, wird heute hinter einen Zaun gepfercht. Der rechteckige Klotz, zum Wasserturm ausgebaut und um ein Stockwerk erhöht, zinnenbewehrt, neogotisch verhunzt, darüber eine Scheußlichkeit von Sendemast, war mit dem Innenhof vor einem halben Jahrhundert noch durch eine Treppe verbunden. Die Hochsicherheitsmaßnahmen haben die kleine Gedenkstätte nicht nur verschlossen, sondern auch mit Natodraht und Bretterzaun verunstaltet.

Über der Schwelle ist das Datum der Einlieferung eingemeißelt: 23. Januar 1777. Das Inventar der Zelle: ein verrosteter Kanonenofen und ein Eisenring in der schimmligen, abblätternden Wand. Zwei Luken mit Gitterstäben, eine zum Wall, eine zum Innenhof hin. »Als die Betäubung mit ihrem eisernen Ring von mir abließ, da versank ich in die tiefste, dicht an Verzweiflung gränzende Schwermut. Ich saß ganze Stunden starr und unbeweglich auf meinem Strohbette, betrachtete die öde, schweigende Wand und den eisernen Ring, der darein gemauert war, um mich nach dem Befehle des Fürsten daran zu ketten, wenn ich im geringsten was versehen sollte. Ich sah mich schon in der Kette und hörte sie rasseln am zitternden Arm und klirren am bebenden Fuße.« Christian Friedrich Daniel Schubart, plebejischer Volksdichter, frecher Journalist, der gefangene Spötter, zählte in seinem Verlies die Schritte, die Pulsschläge, alle Spalten und Ritzen im Gewölbe, die Fäden der Matratze, memorierte den erlernten Wissensschatz, hörte aber mit dieser Gedächtnisübung bald wieder auf, »denn alle Wissenschaft ist ohne die Wollust der Mitteilung Qual für die Seele«. Aus den Stimmen der vorübergehenden Menschen versuchte er, auf ihre Erscheinung und ihren Charakter zu schließen. Er ritzte mit der Lichtschere Gedichtzeilen in die Wand, worauf sie ihm weggenommen wurde.

»Ich versuchte es aber mit dem Dorn meiner Knieschnalle und

machte wieder verschiedenes. Aber diese wurde mir entwendet. Endlich behielt ich eine Gabel: Aber man entdeckte auch dies und drohte mir mit der Kette. – Und nun ließ ich alles fahren und warf mich ganz in geistliche Übungen hinein.« Das Ziel der Haft war die inwendige Läuterung des Gefangenen zu einem christlich-frommen Untertan. 377 Tage befand sich Schubart in dieser *Totalisolation*, und er hat sich in dieser Zeit noch einmal selbst isoliert – gegen sich selbst abgedichtet. Er war der Rebell und Brausekopf, der Saufaus und Weiberheld gewesen, den man nirgends auf Dauer dulden wollte; nun schlug er sich, allein mit seinen exzentrischen Gefühlen, ohne Publikum, ohne Augenschein eines Beifalls, auf die Seite seiner Gegner, wütete gegen sich. Viele Seiten bedeckte er mit den gereimten Annoncen seiner *Reumut*, mit Formeln seiner *Zerknirschung* und seiner Ergebung ins *Gottesgericht*. Als ginge es darum, jedes poetische Bild, jede sinnliche Regung geahnter und gefühlter Natur abzutöten, schrieb er ein Register toten Lebens zusammen: ein Haufen Knochen, Moder, das Fleisch zerfallen, Dumpfheit, Dunkel, ein Erlöser.

Später, nach gewissen Hafterleichterungen, schrieb Schubart von der Plattform seines Turmes aus das Gedicht »Die Aussicht«, eines der frühen lyrischen Dokumente der Naturschwärmerei. Der Platz gewährt als einziger einen ungehinderten Panoramablick. »Schön ist's, von des Tränenberges Höhen / Gott auf seiner Erde wandeln sehen, / wo sein Odem die Geschöpfe küßt. / Augen sehen, drauf Natur, die treue, / eingekleidet, in des Himmels Bläue, / schreitet, und wo Milch und Honig fließt!« Seiner Sehnsucht erschien Natur als die ferne Freiheit, als die Ahnung einer Zukunft. Die Strecke bis zum Horizont, bis zur Schwäbischen Alb und zum Odenwald, vermaß er wie seine Zeitgenossen nach Wegstunden; er genoß die Ferne mehrerer Tage. Das Schrittmaß für diese Natur ist ebenso verlorengegangen wie dieser poetische Vorbote der Romantik. »Und der Neckar blau vorüberziehend, / in dem Gold der Abendsonne glühend, / ist dem Späherblicke Himmelslust; / und den Wein, des siechen Wandrers Leben, / wachsen sehn an mütterlichen Reben, / ist Entzücken für des Dichters Brust.«

Eine Naturgeschichte der Steine ist zu besichtigen. Ihrer Oberfläche ist das Relief des Alterns eingegraben: Risse und Ritzen, abgesprungene Bruchstücke. Aber die Verwitterung ist nur ein Signum ihrer Dauer. Der Wind, die Sonne, der Frost, der Regen haben anderswo die Fügungen gelockert, die Steine ausgehöhlt, die Burgen zu Ruinen verkommen lassen. Hier gibt es keine Breschen in den aufgeschichteten Massen, keine Schneisen, keine Einbrüche. Die Fronbauern und Lastträger, Steinmetze und Maurer, die dieses (ihr) Gefängnis einst errichteten, haben über die Jahrhunderte hinweg die Wände immer wieder geflickt und erneuert. Der Sand, zerstäubter Stein, mag aus den Fugen rinnen, aber nirgends haben die Mauern in ihrem lautlosen Kampf gegen die Jahreszeiten verloren. Die Steine sprechen ein Allerseelenlatein von mythischer Dauer: eingeschwärzte Stunden, dazu die murmelnde Frömmigkeit geduckter Ergebung ins Schicksal, eine Monotonie, der die Wucht des Zerfalls von Geschichte nichts anhaben konnte.

Das Kapregiment diente 24 Jahre im Sold einer fremden Macht. Als nach dem amerikanischen Unabhängigkeitskrieg die Gegensätze zwischen Holland und England aufbrachen, ließ der Duodezfürst Carl Eugen eine Truppe von 2000 Mann ausheben; sie sollte der Ostindischen Kompagnie zum Schutz ihrer wirtschaftlichen Interessen dienen. Der württembergische Herrscher erhielt eine einmalige Abfindung von 300 000 Gulden, außerdem 72 000 Gulden für den Transport der Soldaten nach Holland und weitere 65 000 Gulden für den Nachschub. Die Soldaten waren offiziell Freiwillige, insgeheim aber hatte man ganze Dörfer umstellt und die jungen Burschen zur Unterschrift unter den Werbervertrag gezwungen. Die Mannschaften waren auf dem Asperg stationiert. Schubart im Februar 1787: »Künftigen Montag geht das aufs Vorgebirg der guten Hoffnung bestimmte württembergische Regiment ab. Der Abzug wird einem Leichenkondukte gleichen, denn Eltern, Ehemänner, Liebhaber, Geschwister, Brüder, Freunde verlieren ihre Söhne, Weiber Liebchen, Brüder, Freunde – wahrscheinlich auf immer. Ich hab ein paar Klagelieder auf diese Gelegenheit verfertigt, um Trost und Mut in manches zagende Herz auszugießen.« Für die Truppe schrieb Schubart das Kaplied, das, in einer eigenen Broschüre gedruckt, ungeheuer populär wurde und bis nach St. Petersburg Verbreitung fand.

Primadonna Marianne Pyrker, gefeierte Hofsängerin in Ludwigsburg, Mitte des 18. Jahrhunderts eine der Zentralen der italienischen Oper, wurde für Tuscheln drakonisch bestraft. Der Herzog Carl Eugen, absolutistischer Landesfürst und professioneller Begatter seiner weiblichen Landeskinder, wurde von ihr bei der Herzogin, seines Lebens-

wandels wegen, schlecht dargestellt, und das bekam ihr gar nicht. Sie wurde 1756 für acht Jahre auf den Asperg gebracht und geriet darüber in Wahnsinn. Ihre Freilassung erwirkte nicht die Gnade oder die Einsicht oder ein Reueanfall des Herrschers, vielmehr ihr handwerkliches Geschick: aus ihrem Haar und dem Stroh ihrer Lagerstatt verfertigte sie Blumen, die bis an den kaiserlichen Hof nach Wien gelangten. Maria Theresia verfiel in allerhöchste Rührung und drang erfolgreich auf ein Ende der Strafe.

Die Wahl besteht, auf mehreren Wegen rundum zu laufen. Was sich dann dem Passanten zeigt, sind vor allem Mauern. Geschichteter Stein mit Nischen und blinden Fenstern; verschlossene Türen und Türme in jeder Gestalt – schwere Quader mit Sehschlitzen, behäbige Rundformen, elegante Oktogone zur Verzierung. Für die Denkmalpfleger handelt es sich um eine der größten und besterhaltenen Festungsanlagen in Deutschland. Die Baumasse stammt aus der späten Renaissance, mit Bruchstücken und Fundamenten aus dem Mittelalter und bemerkenswerten barocken Zusätzen. Dieses kulturhistorische Erbstück aus finsteren Zeiten ist ein grandioses Monument des Verbergens, ein versteinertes Mythologem der Heimatgeschichte, die Ausstellung einer paläontologisch grundierten Herrschaft. Das Ensemble bildet einen dreieckigen Grundriß mit mehreren begehbaren Wällen und einem Laufgraben. Doch der perspektivische Überblick, die Bedeutung der Gliederung, die Praxis der Nutzung, der Sinn der Trakte und Wege sind verschlossen. Außen die hochgeschichteten Massen, innen das Dunkel. Die Natur legt sich mit seltenem Artenreichtum über den Ort. Fliederduft übertäubt den Steingeruch, Efeu rieselt die Mauern herab. Falken und Weihen kreisen in der Luft.

Der Innenhof hat einst ganze Regimenter gefaßt – zum Exerzieren und zur Parade. Es wurde Theater zur Belustigung der Majestäten gespielt. Die Bezeichnungen für die einzelnen Gebäude stehen wahrscheinlich seit dem 18. Jahrhundert fest. Einige von ihnen idyllisieren das Revier zum Gutshof: Arsenalbau, Fruchtkasten, Asyl, Kellereibau. Mit solchen Benennungen wird der Schrecken weggesprochen.

Dieses Gefängnis hat zur Abschließung gedient, aber nicht nur als Leviathans Panzer gewirkt. Es war auch ein Internat für sehnsüchtige Utopisten. In vielen der historischen Haftbiographien gibt es den pietistischen Moment der Verharrung. Mit der Strafe kam die Verinnerung. Hinter der ohnmächtigen Wut tritt ein unerbittliches Selbst auf, das sich gegen einen richtet und die Strafe mit Schuldvorwurf und Gewissensangst vergrößert, die Stunden nach dem Takt der Unterwerfung und Zerknirschung einteilt. Manche haben sich aus dem Bezirk der Angst hinweggeträumt. Und weiter als man denkt: in der Südsee wollten etwa die Otaheiti-Bündler ein republikanisches Reich errichten. Zwei Studenten wurden als Mitglieder eines Geheimbundes verhaftet. Sie hatten Rousseau im Kopf, waren von den Reiseberichten James Cooks aus der Südsee fasziniert, hatten ihren Georg Forster, den deutschen Jaobiner, im Herzen und Tahiti als Sehnsuchtsziel. 1806 unterzeichneten sie ein Gründungsmanifest: »Europa bleibt niedergedrückt von der Last tiefgewurzelter Convenienz, falschen sittlichen Anstands, der stufenweise seine Macht bildete und sein Haupt zum Tyrannen emporwarf. [...] Unglückliches Land, in welchem nur der, welcher sich zum Speichellecker seines Unterdrückers erniedrigt, einen Weg findet, sich Rang zu erwerben; in welchem nur der emporkommen kann, der, alles Seelenadels vergessend, es vermag, den Niedrigkeiten und den Verbrechen unseres schamlosen Zeitalters hülfreiche Hand zu leisten! Schaudervolle Zukunft!« Die beiden wollten nach »Otaheiti« ziehen und dort Kommunen aufbauen, stattdessen landeten sie, von einem Denunzianten an die Obrigkeit geliefert, auf dem Asperg. Der Gerechtigkeit halber muß man erwähnen, daß sie es auch in einheimischen Gefilden später weit gebracht haben: der eine, Reichenbach, entdeckte das Paraffin, der andere, Georgii, wurde ein berühmter Professor der Medizin. Der Denunziant, der spätere Asperg-Historiograph Immanuel Hoch, landete wenig später selbst in diesem Berggefängnis und mußte dort fünf Jahre absitzen.

In den Kasematten, dem System von Gängen und Nischen, haben Soldaten und Pferde gehaust, Menschen und Vieh, unterschiedslos lebendes Material. Einst soll ein Ring von unterirdischen Räumen den ganzen Asperg umgeben haben. Heute sind nur noch wenige solcher Kammern erhalten. Die meisten wurden mit dem Schutt der Jahrhunderte aufgefüllt und zugemauert. Nicht gerechnet sind die Räume des Gerüchts: der unterirdische Gang bis zu einem der Nachbarorte, der Fluchtstollen, die Hohlräume und verborgenen Verstecke. Die begehbaren Räume breiten sich beidseits des Wachturms aus; zu besichtigen sind sie nur mit Sondererlaubnis. Wackersteine, vom Straßenbau übriggeblieben, liegen herum, in einer Ecke lehnt ein spanischer Reiter. Von den Tonnengewölben tröpfelt Sickerwasser herab, es bilden sich Ansätze von Tropfsteinen.

Diese Winkel und Nischen mit ihrer Feuchtigkeit und Moderkühle sind der unterirdische Ring des Geheimnisses. In diesen Krypten nimmt das Dunkel eine Sagengestalt an. Sie sind, weil die Anschauung versagt, besetzt mit der Spiegelschrift aus Träumen von guten und bösen Geistern, von Wiedergutmachungszauber und Märchenbann, von Dämmerspruch und wandernden Irrlichtern, mit den Vorstellungsfiguren der Bergsagen: Geister, die erloschene Lichter anzünden, Fratzen von Gnomen und Zwergen, Stollenmandle und Knappen mit Fäustel und Bohrer, mit Markscheider, Mäuschen und Roß, mit feurigem Männchen und großen schwarzen Vögeln ohne Kopf, mit gebückten Mönchsriesen. Diese Kasematten sind ein Verschlußort der kryptischen Literaturgeschichte.

Evangelische Frömmelei, die historische Malaise Württembergs, aber auch die Quelle beispielsweise des schwäbischen Fleißes und der einheimischen Uhrenindustrie in Gestalt eines drakonischen Pfarrers und Tüftlers Hahn, verwirklicht sich am exaktesten in Ordnungsliebe. Sie wurde an Mitgliedern einer freireligiösen Sekte, den sogenannten Separatisten, zu Beginn des 19. Jahrhunderts exerziert.

Ihr Bekenntnis bestand in eindrucksvollen Weigerungen: eine Bewegung gegen die Autoritäten und den staatsfrommen Christenglauben, erst recht, als Napoleon um 1806 auf dem Gipfel seines Ruhms war. Da erkannten die Separatisten in ihm ihren wiederauferstandenen Messias. Die Männer wurden auf den Asperg gebracht, weil sie Ehrerbietung gegenüber der Obrigkeit verweigerten, die Frauen ins Zuchthaus. Man prügelte sie, aber sie hatten eine eiserne Stirn; man schlug an ihnen vergebens Stöcke und Ruten klein. Die Separatisten ließen sich auch nicht durch Napoleons Waterloo und seine Verbannung entmutigen. Wieder in Freiheit gesetzt, wanderten die einen nach Tiflis, die anderen nach Amerika aus.

Seit dem 18. Jahrhundert werden auf den alten Ansichten vom Asperg Spaziergänger abgebildet. Es ist nicht das gleiche Personal, das auf den barocken Veduten als Staffage von Zuschauern dient. Selbstbewußt und absichtsvoll drängen sie ins Bild oder erwerben es sich als Postkarte: bürgerliche Freizeitgänger, die am Tag des Herrn den Blick ins erhabene Freie suchen – im Rücken die Mauern, im Nacken vielleicht einen Anflug von Schauer.

Mit den Spaziergängern aber kam die Ahnungslosigkeit herauf und machte sich breit. Das Schreckensrevier ist zwiefach versiegelt: durch die Mauern, die es umgeben, und durch ein sieghaftes Unwissen, das aus der Vergessensarbeit kommt.

Im Vormärz kursieren Flugblätter im Lande, die vom französischen Geist des Aufruhrs animiert sind. Er hat einen organisatorischen Namen: Amis du peuple, Freunde des Volkes. Das Hambacher Fest von 1832, auf dem die Burschenschaften Freiheitsparolen formuliert hatten, ist gerade vorbei und in seiner Wirkung kaum absehbar. In Frankfurt wird Anfang April 1833 vergebens der Sturm auf die Hauptwache organisiert, um den Bundestag aufzuheben und eine Menge Gulden für den Aufstand insgesamt zu erbeuten. Sogar manche Pfarrer sind vom Geist des Vormärz durchweht und predigen den Aufruhr. Drucker solcher Flugschriften ist der Stuttgarter Verleger und Buchhändler Gottlob Franckh. Er hat Verbindungen überallhin, auch zu Pfarrer Weidig und zum Kreis um den Hessischen Landboten. In Stuttgart wird ein Plan geschmiedet, der ebenso phantastisch anmutet wie der Sturm auf die Frankfurter Hauptwache: Verhaftung des Königs, Plünderung der Waffenarsenale auf dem Asperg, Befreiung der Gefangenen, Ausrufung der Republik. Alles scheitert, und die

Aufrührer werden in drei aufwendigen Verfahren verurteilt: langjährige Haftstrafen folgen oder die Ausweisung nach Amerika. Auch der Begründer der Franckhschen Verlagsbuchhandlung ist dabei, als nach viereinhalb Jahren Prozeßdauer im Januar 1839 das Urteil gesprochen wird.

1841 kam eine Amnestie, aber Franckh weigerte sich, die Festung zu verlassen. Er wollte sein Recht anstatt Gnade. So wurde er von Gesinnungsgenossen zu einem Umtrunk ins Dorf Asperg eingeladen, und als man aufbrach, um ins Gefängnis zurückzugelangen, waren die Tore bereits verschlossen. Franckh ließ sich unter der Wirkung des Weins von den Hängen der Zwingburg überreden, nach Stuttgart mitzugehen. Es sei nach 1848, schrieb Theodor Schön, ein Chronist des Gefängnisses, auf dem Asperg zugegangen wie in einem Hotel: täglich habe es neue Gäste gegeben. Die meisten von ihnen erhielten die milde Festungshaft, konnten Besuche empfangen und mit ihnen zechen, sich auch literarischen Neigungen hingeben.

Nach der Mitte des 19. Jahrhunderts, als die Revolution verloren war, häuften sich auf den Bildern vom Asperg die Vereine. Gruppenbilder und Festtagsprospekte mit malerischem Hintergrund. Die Vorstellung, daß man vor einer Zwingburg posiert, ist ausgelöscht. Man muß schon in Deutschland leben, um so viel Kraft für das Glück des Vergessens aufzubringen. Auf diesen Fotos von Jungfrauenkongregationen, Feuerwehrfreiwilligen und Ständegruppen leuchtet ein Glaube an diesen feiertäglichen Augenblick, der um jede größere Zukunft bestohlen ist. Die Steifheit, in der sich die Bürger dem Fotografen stellen, beruht auf dem entschlossenen Ernst, den Augenblick und nichts als ihn zu genießen.

Halten wir uns unbeirrt bei diesen Mauern auf. Was sie verstellen, ist das Nächstliegende: Schicksale von Personen, die selten auf einem Porträt dargestellt sind – die abgerissenen, vergessenen, ungeschriebenen Lebensläufe von Opfern. Die Demonstranten gegen Zensur und Beamtenwillkür. Die Schreiber von geheimen Botschaften und offenen Aufrufen. Die Burschenschaftler, Volksfreunde, Demagogen und Republikaner. Die Sympathisanten, deren Delikte vor und nach 1848 lauteten: Anhaftung von Plakaten, falsche Berichterstattung, fortgesetzte Ehrenkränkung und Verleumdung, schwere Beleidigung der Staatsregierung, Aufforderung zum Hochverrat.

Hinzu käme die Geschichte unserer Vorstellungen: wie der Berg als

Koloß in unserer Vorstellung existiert, wie er als Bedrohung und Bedrückung in Alpträumen unaufhörlich neu geschaffen wird.

Schon in der Mitte der Weimarer Republik hat die politische Justiz Kommunisten auf den Asperg gebracht. Sehr beachtet wurde der Fall Fritz Rau. Er wurde wegen Vorbereitung des Hochverrats zu neun Monaten Gefängnis verurteilt, aber sein Vergehen bestand in nichts mehr als der Besprechung eines sowjetischen Agitpropfilms. Im November 1926 intervenierte in dieser Angelegenheit sogar Thomas Mann, im Namen von »Logik und Rechtsgefühl«. Erst recht nach 1933 wurde der Asperg zum Verwahrort für mißliebige politische Gegner. Wer das falsche Radioprogramm hörte oder politische Witze riß, konnte mühelos auf den Asperg kommen. Der wurde in der Nazizeit zum Zuchthaus umfunktioniert, die alte Invalidenabteilung, in der psychisch labile Häftlinge behandelt worden waren, zu einer geschlossenen Abteilung für Gefangene mit ansteckenden Krankheiten umorganisiert. Der württembergische Ministerpräsident Eugen Bolz, als Exponent der früheren »Systemzeit« verschrien, wurde gleich 1933 in sogenannter »Schutzhaft« auf dem Asperg verwahrt. Fremdarbeiter, die aufgefallen waren, kamen dazu. Und viele, viele starben.

Am 21. April 1945 besetzten 21 französische Soldaten den Asperg und pflanzten die Trikolore auf. Seit Mitte Juli war der Berg in amerikanischer Verwaltung und diente bis 1947 als »Internierungslager I. C. 76«. Bis zu 2000 Auslandsdeutsche wurden dort oben interniert, der Asperg war auch ein Verwahrungsort in Entnazifizierungsverfahren.

An den Berg herangewachsen ist die Umbaulandschaft: überall die Betonburgen von Einkaufszentralen, Lagerhallen und Betrieben. Der Landesentwicklungsplan teilt die Natur in verdichtete Flächen auf: zersiedeltes Grün, Parzellen zwischen Bausparerzeilen und Industriezonen. In der Nähe ragen Hochhäuser auf, Wohnwaben mit Monozellen – neue, anonyme, alltägliche, geheimnislose Gefängnisse.

Vielleicht wird diese Landschaft eines Tages die Anhöhe überragen, wird über sie hinwegwachsen, wird der Berg unter dem monolithischen, farbig geschminkten Beton verschwinden. Vielleicht fällt der Berg eines Nachts in sich zusammen: lautloser Sturz eines verlorenen Riesen, der Opfer seiner vermutlichen Hohlräume geworden ist. Die Utopie für diesen Bergfried ist die Implosion: Zerfall nach innen. Man kennt das ja bei totalisolierten Gefangenen und nennt es: Zusammenbruch aller ich-stabilisierenden Kräfte.

Das Gefängnis wird noch immer benutzt. Nur trägt es heute andere Namen: Vollzugskrankenhaus Hohenasperg, sozialtherapeutische Anstalt Ludwigsburg. In der Nähe, nur sechs Kilometer entfernt, liegt der verschollene Ort Stammheim. Und weil von dort die kranken und verletzten politischen Häftlinge zur Behandlung hergebracht worden sind, hat man damals auch das Gefängnis umgebaut. Einige Komplexe sind nach dem Musterkatalog der Hochsichterheitsmaßnahmen verändert. Alte Kreuzstöcke wurden herausgebrochen und durch schußsicheres Panzerglas ersetzt. Elektronische Kameras registrieren jede Bewegung am Eingang. Nicht sichtbar ist der Stahlbeton hinter den Mauern. Die Verbunkerung von innen, trotz öffentlicher Proteste fortgeschritten, kann niemand mehr zurücknehmen. Sie hat zumindest in einem Trakt die historische Bausubstanz bereits zerstört. Bisweilen wurde wegen einiger Stammheim-Häftlinge der ganze Asperg abgeriegelt.

Die Bauten können heute mit 220 Gefangenen belegt werden. Klinikum und Psychiatrie haben den Umfang eines Kreiskrankenhauses. Wer hierher eingeliefert wird, hat eine übliche Krankheit. Oder er ist in einem anderen Gefängnis durchgedreht und irrsinnig geworden. Oder man hat ihn wegen offener Tuberkulose zwangsweise eingewiesen. Oder er gehört zu den drogensüchtigen Dealern, für die sich in den psychiatrischen Landeskrankenhäusern kein Platz mehr fand. Man könnte das Gefängniskrankenhaus morgen schließen, wenn man heute Platz für die Insassen anderswo fände.

Diese Verwahranstalt könnte mit ihren Traditionen brechen, falls das Schweigen des Gefängnisses aufgehoben, ein Museum für Strafgeschichte eingerichtet würde. Das war schon einmal beschlossen. Aber die Zeit vergeht an diesem Ort ohne Verpflichtung. Und so ist noch immer alles beim Alten und der Asperg ein deutsches Gefängnis.

Ein Entwurf von Arkadien
Die Pfaueninsel

Jede Inselgeschichte beginnt mit einer Flucht. Oder mit einer Zuflucht. Die folgenreichste für das Abendland war vielleicht nicht die Angelegenheit mit Robinson und Freitag oder die Schatzinsel, sondern der Erlebnisbericht, den der Reisende Georg Forster 1777 veröffentlicht hat. Damit war der Traum vom Südseeparadies geboren. Er beginnt bereits mit der Annäherung: »Der trübe Kummer, der bisher unsere Stirn umwölkt hatte, verschwand; die fürchterlichen Vorstellungen von Krankheit und Tod wichen zurück, und alle unsere Sorgen entschliefen. Ein Morgen war's, schöner als ihn schwerlich je ein Dichter beschrieben, an dem wir die Insel Tahiti zwei Meilen vor uns sahen.« Rund hundert Jahre später schwärmt Theodor Fontane in ähnlichen Tönen von einem einheimischen Eiland: »Die Pfaueninsel! Wie ein Märchen steigt ein Bild aus meinen Kindertagen vor mir auf: ein Schloß, Palmen und Känguruhs; Papageien kreischen; Pfauen sitzen auf hoher Stange oder schlagen ein Rad, Volieren, Springbrunnen, überschattete Wiesen; Schlängelpfade, die überall hin führen und nirgends; ein rätselvolles Eiland, eine Oase, ein Blumenteppich inmitten der Mark.«

Fontanes Tahiti liegt ziemlich belanglos im Havelgewässer herum.

Einige Dutzend Meter mit der Fähre, und man ist drüben. Und allzu lange wird sich dort kaum jemand aufhalten. Es gibt auf dieser Insel nichts zu essen und zu trinken, Lagern und Feuermachen sind verboten, die meisten Gebäude verschlossen. Die Sehenswürdigkeiten rundum machen gleich auf den ersten Blick mehr von sich her: auf der anderen Seite die neoitalienische Heilandskirche von Sacrow, einige Steinwürfe weiter in anderer Himmelsrichtung die russische Kirche von Nikolskoe, gen Westen die Klassizistenbühne von Kleinglienicke. Im weiträumigen Kunstgefilde der Berlin-Potsdamer Gartenlandschaft zeichnet sich die Pfaueninsel nur durch pittoreske Blickwechsel, ehrwürdige Natur und die Ahnung aus, daß sie ein bemerkenswertes Eigenleben geführt haben könnte.

Knapp 200 Jahre lang hatte sie Gelegenheit, ihre Verwunschenheit zu steigern, aber nicht mit erstrangigem künstlerischem Personal. Knobelsdorff, Schinkel und Schadow, die Größen der preußischen Baukunst, hinterließen auf ihr nichts Konkretes. Fast das einzig Bemerkenswerte ist ein pittoresk mißratenes Schlößchen, das sich der Mätresse eines Königs und einem einheimischen Dilettanten namens Brendel, seines Zeichens Potsdamer Zimmermann, verdankt. Diplomatische Ränke und entscheidende historische Begegnungen fanden in diesem Reich des Halbschattens unter Blattschirmen nicht statt, nur Lustwandeln, Feuerwerk, Liebesspiele, Jagdvergnügungen und gesellige Abende am Hammerklavier. Als napoleonisches St. Helena hat die Pfaueninsel auch nie gedient.

Ernst Pett, einer ihrer Miniaturisten, stellt bündig fest: »Immer war es das Abseitsgeschehen vom Großen Gang der Geschichte, das jenem Ort seinen Glanz und Zauber gab.« Auf der Pfaueninsel hat sich die preußische Geschichte von sich selbst erholt – von ihrem militärischen Furor, ihrem blutigen Ernst und ihrem Despotentum. Dieses Arkadien liegt zwischen dem Dreißigjährigen Krieg und der Sedansschlacht als unbeschwertes Zeitenspiel und als Bühne für die Stunden, in denen Preußen-Herrscher schwärmerische Rousseaus sein wollten. Die langen Armutsschatten Brandenburgs dunkeln hinein, der Raub Schlesiens, der aus Brandenburg endgültig Preußen machte, einen Staat als Anhang einer Armee, und die preußischen Regenten keineswegs friedliebend. Der Siebenjährige Krieg und Napoleons militärische Triumphe, die Preußen beinahe den Garaus gemacht hätten und ungeheure Kontributionslasten festlegten. Die Befreiungskriege und 1848 der Kartätschenprinz, der es gar zu arg trieb gegen die Demokraten und deshalb fliehen mußte, wenigstens für zwei Tage auf die Pfaueninsel. Die Reste der deutschen Wehrmacht, die ihre allerletzten Durchbruchskämpfe in der Gegend absolvierte, die Abgesandten des Führers, die in ihren Kartentaschen sein Testament trugen und auf der Pfaueninsel darauf warteten, den grausen Willen des bereits Verblichenen dem Fanatiker Dönitz nach Schleswig-Holstein überbringen zu dürfen.

Das ist das Telegramm eines Preußentums, das Geschichte mit Schwert und protestantischem Gehorsam, drakonischem Machtwillen und dumpfsinnigen Untertanen geschrieben hat. Jene Geschichte ist allemal länger, als es die wenigen Szenen der romantischen Sehnsucht, der schwärmerischen Liebe, der befriedeten Kunstnatur sein können. Doch die Akteure haben sich selbst, ziemlich verschwiegen, auf der Pfaueninsel ein wenig an befriedetem Sinn und unblutig heiterer Laune abgetrotzt. Und gerade diese Sekunden des Inselglücks möchten wir dehnen, während wir auf sandigen Wegen durchs geschichtsvergessene Eiland schlendern.

Es hat dort orientalische Spiele gegeben, Jagdvergnügungen, galante Feste, die mystische Suche nach der unio mit den Verstorbenen. Eine Schauwelt fürs Auge wurde ins Üppige getrieben, dekorierte fürstliche Barken landeten an, dem russischen Zaren, durch Einheirat verbündet, hat man eine bengalische Nacht bereitet. Elise Rachel, eine gefeierte Mimin, die, als »Freiheit« dekoriert, 1848 in St. Petersburg die Marseillaise geschmettert hatte, durfte auf der Pfaueninsel vor dem Zaren rezitieren. Der verzieh ihr die revolutionäre französische Anwandlung und lud sie nach Moskau ein. Und es gab Nachspiele jener, die sich als Erben der Preußen verstehen wollten, um für ihre Pläne einen geschichtlichen Fundus zu suggerieren. Das Ende der Olympischen Spiele wurde Mitte August 1936 mit einem bombastischen Massenaufgebot an jungen Arierinnen, mit Tafelei und Feuerwerk in einer Italienischen Nacht begangen.

Das Leitmotiv der Insel erschuf das 18. Jahrhundert. Die Natur noch einmal zu wiederholen, indem man sie denkt – Klopstocks Portalgedichte von der »Frühlingsfeier« an sind mit dieser Sehnsucht erfüllt: »Schön ist, Mutter Natur, deiner Erfindung Pracht / Auf die Fluren verstreut, schöner ein froh Gesicht, / Das den großen Gedanken / Deiner Schöpfung noch Einmal denkt.« So beginnt der »Zürchersee« von 1750; der hohe Ton könnte sich auch auf die Pfaueninsel beziehen. Die Dinge werden im Denken illuminiert, werden rückverwandelt in eine Welt des Ursprungs, des Gedankens, des geprägten Bildes und der Musik. Karl Friedrich Schinkel schrieb: »Der Reiz der Landschaft wird erhöht, indem man die Spuren des Menschlichen recht entschieden hervorstechen läßt, entweder so, daß man ein Volk in seinem frühesten goldenen Zeitalter ganz naiv, ursprünglich und im schönsten Frieden der Natur genießen sieht, oder die Landschaft läßt die ganze Fülle der Kultur eines höchst ausgebildeten Volkes sehen, welches jeden Gegenstand der Natur höchst geschickt zu benutzen wußte, um daraus einen erhöhten Lebensgenuß für das Individuum und für das Volk im Allgemeinen zu ziehen.« Auf der Pfaueninsel ist die Natur gebaut und erdacht, und keine Verwilderung kann ihr diesen eigentümlichen Reiz des Zeremoniellen nehmen. Die Landschaft kreiert den Betrachter, bevor es die Fotografie vermag: sie spielt ihm seine eigene Tätigkeit vor. Und so begegnet man, Feiertagsgänger und Tourist aus einer Gegenwart, die diesen antiken Freuden der Gestaltung fremd ist, unversehens einem wandernden Schatten, genannt: der tätige Geist.

Eine Legende, unmäßig auf Vergangenheit versessen, will auf der Pfaueninsel den in der »Germania« des Tacitus genannten Heiligen Hain der Semnonen ansiedeln. Aber nichts da: ihre Beachtung verdankt sie der Laune eines Kurfürsten, zwei preußische Könige haben sie zur Bühne ihres Romantizismus gemacht und zu einem Bukolium ausgebaut.

Mit einem denkbar gewöhnlichen Namen tritt die Insel in die Geschichte ein: Kaninchenwerder. Friedrich Wilhelm, der Große Kurfürst, hatte 1683 eine Karnickelzucht anlegen lassen und zog mit einer Kolonie von jährlich 800 Langohren seinen Gewinn aus Fleisch und Fellen. Schon kurz danach wurde dieses Leporarium wieder abgeschafft, aber der Name haftete der Insel für lange Zeit an. Sie wurde 1685 dem »Geheimen Kammerdiener« Johann Kunckel übereignet, einem Chemikus und Glasbläser, der sich mit der Herstellung von Phosphor und Rubingläsern beschäftigte. In seiner alchimistischen Hütte betrieb er auf der Pfaueninsel sieben Jahre lang sein Handwerk. Er baute mit seinen Glasflüssen eine Fabrikation auf, die im wirtschaftlich fallierenden Brandenburg Erfolg hatte. Da man jedoch für die Herstellung von Rubinkristallgläsern Gold benötigte, mußte die kurfürstliche Schatulle weit geöffnet werden. Der Herrscher fand Gefallen an seinem Chymicus und dessen geheimem Schabernack. Er wurde mit reichlich Back-, Brenn- und Braurechten ausgestattet und von Steuern befreit. Kunckel gelang es, den Marktanteil der venetianischen Gläser zurückzudrängen. Seine Erzeugnisse wanderten bis nach Afrika: Der Kurfürst hatte, vom Ehrgeiz beseelt, zum Kolonialherrn aufzusteigen, eine »Afrikanische Kompagnie« zum Handel mit Guinea gegründet sowie an der Goldküste die brandenburgische Kolonie »Groß-Friedrichsburg« und für ihrem Schutz einige brandenburgische Fregatten ausgerüstet. Kunkel fabrizierte Glasperlen, sogenannte »Korallen«, zum Handel mit den Eingeborenen. Weil alles so entsetzlich geheim war mit den Rezepten für das Kristallglas, entstand ein Kordon: es bedurfte einer Ordre, auf das Eiland hinaufzugelangen und es wieder zu verlassen. Nach dem Tod des Großen Kurfürsten fiel der »Schwarzkünstler und Zauberer von der Pfaueninsel« sofort in Ungnade. 1689 brannte sein Labor eines Nachts nieder, und auch die Glashütte auf dem Hakendamm, der Zweitbetrieb, verfiel dem Feuer. Er wurde streng befragt, welchen Nutzen seine Arbeit wohl gehabt habe. Er soll ohne Umschweife bekannt haben, daß er ihn selbst nicht ermessen könne: »Der hochselige Herr Kurfürst war ein Liebhaber von seltenen und kuriosen Dingen und freute sich, wenn etwas zustande gebracht wurde, was schön und zierlich war. Was dieses genützt hat, diese Frage kann ich nicht beantworten.« Die fürstliche Unterhaltung wird des Werts genug gewesen sein. Kunkel wurde der Veruntreuung bezichtigt und retirierte nach Schweden, wo er es bei einem gewogeneren Herrscher zum Bergrat und zum Herrn von Löwenstern brachte. Ein granitener Findling ist auf dem Pfauenwerder mit einem Erinnerungssatz an den Emigranten aus preußischen Landen beschriftet.

Die Insel wurde dem Potsdamer Waisenhaus übereignet und dämmerte ein Jahrhundert als Landwirtschaft vor sich hin. Friedrich Wilhelm II., der »Vielgeliebte«, gewann sie wieder ins Blickfeld. Die Jagdleidenschaft hatte ihn hergebracht, als Revier für seine galanten Übungen machte er sich mit ihr vertraut. Mit Wilhelmine Encke, die er schon als 13jährige liebte und der er im Jahr, als sein Sohn Friedrich Wilhelm geboren wurde, ewige Treue schwor, hat er sich bevorzugt auf der Insel verlustiert. 1793, nachdem er von seiner militärischen Eskapade gegen das revolutionäre Frankreich und der Niederlage von

Valmy zurückgekehrt war, befaßte er sich mit dem Plan, in Potsdam einiges zu verschönern. Der schmähliche Verlierer, der im Basler Frieden empfindliche Gebietsverluste hinnehmen mußte, wandte sich seinen Liegenschaften zu.

Er suchte von der Pfaueninsel aus einen Sichtkontakt zu dem vier Kilometer entfernten Potsdamer Reich. Vor allem ging es ihm darum, die Wildnisinsel mit zwei nobilitierten Sehnsüchten zu verbinden: der nach Italien und der nach der Südsee. Er gab dazu ein Sommerschloß in Auftrag. Wilhelmine Encke, zum Schein mit einem Ritz verheiratet, später zur Gräfin Lichtenau erhoben, dekorierte an der neuen Lustbarkeit mit einigem Geschmack zur Innenausstattung mit. Sie hatte eifrig italienische Veduten studiert und sich offensichtlich von einem ruinösen Landhaus auf Capri anregen lassen.

Es entstand ein denkwürdiger Trickbau: ein Fachwerkgehäuse, das vollständig mit gesandelten Eichenbrettern verschalt ist und dessen Bemalungen massive Steinquader vortäuschen. Die Fassade mit ihren zwei Ecktürmen, die durch einen eisernen Brückengang verbunden sind, ist in ihrer plakativen Übergröße auf die Fernwirkung nach Potsdam hin angelegt. Aus der Nähe sind die Proportionen verrutscht, wirkt das aus Holz getischlerte Schloß bizarr mißraten. Es wurde als theatralische Ruine errichtet: zwei Stockwerke, darüber offene Fensterhöhlen und abgebrochene Wände. Das Kartenhaus aus nur neun Räumen war so leicht gebaut, daß »das Gehör«, wie Königin Luise, die spätere Nutzerin, klagte, »alles verdirbt und verrät, was die klügste Vorkehrung gut machte, da bekanntlich die Mauern von Papier sind und jeden Seufzer verräterisch seinen Nachbarn hören läßt«.

Wilhelmine Encke, die »preußische Pompadour«, die Kindgeliebte des Prinzen Friedrich Wilhelm, später, als er König war, seine Vertraute und Ratgeberin, hatte das Schlößchen fertigstellen lassen, bevor sie selbst eine Reise nach Italien antrat: ihrem Drang nach dem Süden wurde es gleichsam vorgebaut.

Es sollten Wildnis und Vergänglichkeit herrschen: der König verbot auf der Insel Eingriffe in den uralten Baumbestand, ordnete 1793 an, »daß auf dem Caninchen Werder nicht das geringste an Holtz- oder Buschwerk weiter gefället werde«. In einem runden Turmkabinett des Schlosses ist das Otaheitische Reich ausgefertigt: die gemalte Urkunde des märkischen Verwandlungstraums. Auf der Leinwand eine Bambushütte, mit Ausblicken auf die Pfaueninsel und auf das Schloß, die mit Palmen, Papageien und Ananas dekoriert sind. Die Intarsien des Fußbodens geben sich als Schnitt durch einen Palmenstamm aus. Die Antike und das Südensreich der Glückseligkeit, entfaltet als ein intimes Kabinett einer märkischen Metamorphose. Welch schneidende Ironie, daß es das Reich von preußischen Militärdespoten ist: der kunstsinnige Friedrich Wilhelm III. ruhte des Nachts in einer Koje neben Luises Schlafzimmer auf dem Feldbett, als ginge es morgens auf immer in die Schlacht. Und zur gleichen Zeit, als sich die Herrschaften in Tahiti wähnten, darbten Otaheiti-Jünger auf dem Asperg für ihren Traum von obrigkeitsferner Freiheit. Sogar der Traum kam in Deutschland nicht ohne drakonische Folgen aus.

Im Bukolium der Pfaueninsel hingegen gehen die Tropen in die Antike über: im Musikzimmer des ersten Stocks mit seinen sieben Rundbogenfenstern, die einen großartigen Ausblick auf das vom Grün gefaßte Sonnensilber der Wasserlandschaft herstellen, prangt eine Kopie nach Guido Renis römischer Aurora von der Decke, an den Seiten finden sich Apollo mit Hyacinth, Jupiter, der Ganymed raubt, Kopien nach Fresken von Annibale Carracci. Der klassizistische Saal ist ganz aus einheimischen Hölzern gefertigt: ein geradezu bürgerlicher Lokalstolz wendet sich dem Studium der nächsten Materialien zu, nutzt für die Pilaster beispielsweise Schwarzpappelholz, das der Maserung von Marmor gleicht, und baut die Täfelung aus Nuß, Rüster, Apfel, Taxus, Kastanie und Pflaume auf.

Die Inselvegetation ist so angelegt, daß sich Ausblicke nach draußen eröffnen, daß sie aber dem Betrachter von außen verschlossen bleibt: im Schutz von Schilf und üppig-dichtem Blattgrün ist dem, der vorüberzieht, das Allermeiste verborgen. Weiße Segel schweigen vorbei. Die Insel begnügt sich vorwiegend mit sich selbst. Das Gewirr von Schlängelwegen, die einander kreuzen und sich miteinander verschlingen, geben auf dem Territorium von anderthalb Kilometern Länge und fünfhundert Metern Breite keine Richtung vor. Es gibt nur eine Blickachse, die »Große Sicht« vom Schloß zur Meierei. Jeder Stein und jedes Monument läßt sich nicht anders erblicken als von Bäumen gesäumt, von Zweigen gerahmt, vor vegetabilischem Hintergrund. Die Flächen, auf denen, zur erbaulichen Freude des Königs, der Landmann seine Kunst betrieben hat, Weinbau und sicher auch Getreide, sind in den Wiesen noch zu ahnen. Sattes Grün, rötliches, kniehohes Gras, das im Wind nach altrosa überwechselt und schütter wird, und eine Flüstersymphonie des Rauschens, Sirrens und Raschelns in den Bäumen, ein Inselton, der alles Freizeitgeknatter von draußen, auf der blinkenden Fläche der Havel, verschluckt.

Auf der dem Schloß gegenüberliegenden Seite der Insel findet sich, auch als Ruine ausgestattet, die neogotische Meierei, ein Blendwerk aus Wohngebäude und Stallung. Die Gotik diente als Kulisse, die Reinheit und Freiheit darstellen sollte. Sie wurde nach dem Vorbild englischer Landschaftsgärten als Dekomuster gewählt. Es scheint, man habe auch eine Apotheose der Milch angestrebt, sehr frei nach Vergil. Schon Marie Antoinette hatte sich in Frankreich eine Laiterie bauen lassen, einen Milchtempel. 1801 kam ein Kälberstall in Form einer gotischen Kapelle hinzu. Wohl sechs Jahre zuvor wurden Pfauen vom nahen Gut Sacrow importiert, wodurch die Insel ihren gültigen Namen erhielt. Friedrich Wilhelm II. hat nur elf Jahre regiert, und viel freie Zeit blieb ihm nicht, die Wonnen des Eilandes zu genießen.

Auf der Pfaueninsel hat er sich den Exerzitien des Hermetismus hingegeben. Er hat sich den Rosenkreuzern Woellner und Bischoffwerder und ihren Offenbarungen geradezu unterworfen. Er war in die Loge zu den drei Schlüsseln aufgenommen worden. Wilhelmine, die eigentliche Inselwirtin, hat immer wieder den Geist des vielgeliebten, früh verstorbenen gemeinsamen Sohnes Alexander beschworen und mit diesem Hokuspokus den König bisweilen geradezu dirigieren können. Der notierte seine inwendigen Erscheinungen in einem extra angelegten »Blauen Geisterbuch« und war überzeugt, daß die Hohenzollerngeister in den Bäumen des Grunewalds wohnen. Der Ausbau von Pfauenwerder ist auch als Reverenz vor ihrer beider Geschichte einer träumerischen Liebe inmitten von ungezählten Amouren des Königs zu verstehen. Goethe hat die willensstarke Bürgerstochter eine »karessierte Hand« genannt. Als der König sein Ende nahen fühlte (frei nach dem Groschenroman, zu dem die beiden taugten), hat er ihr zur Flucht geraten; sie aber harrte an seiner Seite aus, bis er starb. Am Tag danach war sie bereits in Haft. Ein kompliziertes Verfahren schloß sich an, in dem allerdings der Verdacht auf Hochverrat und Veruntreuung von Staatsgeldern nicht nachgewiesen werden konnte.

Der Nachfolger, Friedrich Wilhelm III., verstand das Kleinodien in der Havel-Wasserlandschaft als sein Sanssouci. Er mußte 1806 den vernichtenden Militärschlag bei Jena und Auerstedt durch die napoleonischen Truppen hinnehmen, den Tag, an dem nach einem Diktum Fontanes das alte Preußen begraben wurde und Achim von Arnim klagte: »Jetzt sehen wir kalt in die bodenlose Tiefe.« Bei Friedrich Wilhelm III. und seinem Vorgänger wirkt der Rückzug nach Pfauenwerder wie ein Geschenk der Niederlage, als die Passion für die Uniform nachließ, auch wenn er sein Leben lang es nicht vermochte, seinen abgehackten Kommandoton in vollständige deutsche Sätze zu überführen.

Er betrieb zwischen 1806 und 1816 auf der Insel eine kunstvoll gestaltete Musterlandwirtschaft, eine *ferme ornée*. Lenné durfte die Insel in achtzehnjähriger Arbeit vollständig zum Landschaftsgarten umbauen. Der König ließ eine exotische Menagerie anlegen – den ersten zoologischen Garten in der Gegend mit einer bizarren und staunenswert ausländischen Bevölkerung.1832 rüstete die Berliner Seehandlung sogar ein Schiff aus, das nach Brasilien aufbrach, um dort Tiere für die Menagerie zu holen. Es gab eine Bärengrube und eine Biberbucht, einen Wolfszwinger, ein Lamahaus und einen Känguruhstall, Affen, fernöstliche Raubkatzen, das kolumbianische Reh, das nordafrikanische Stachelschwein, Missouribären, lappländische Rentiere, das Zebu und den weißen indischen Stier und Schweine von den Südseeinseln. Bereits ein Jahrzehnt später wurde das Getier auf der Insel lästig, nach Berlin überführt und dem neugegründeten Zoo übereignet.

Nicht genug der Ausstattungsstücke: Das Hofmarschallamt erwarb eine alte Ruine, ein Danziger Haus, dessen Steine bereits für eine Fassade in Venedig, später in Nürnberg für ein erzbischöfliches Palais gedient haben sollen. Die Fassade des guten Stücks wurde beim Umbau des Kavalierhauses eingearbeitet. Im Eichenhain wurde der Sandsteinportikus des Mausoleums für die verblichene Luise aus Charlottenburg herangeschafft, zu einem Tempel der Erinnerung ergänzt und auf einem künstlichen Hügel aufgebaut: eine Front aus vier dorischen Säulen, darüber ein flacher klassizistischer Giebel. Der Bildhauer Rauch steuerte eine Büste der Königin bei. Das Gitter, das es einst davor gegeben hat und das verschwunden ist, rostet vielleicht noch immer in einem undurchdringlich gewucherten Gebüsch.

Von überallher gab es Angebote: von dem Franzosen Foulchiron erwarb Friedrich Wilhelm III. eine exorbitante Palmensammlung, die wohl bedeutendste in ganz Europa. Keine Kosten wurden gescheut, um die monströsen Exemplare herbeizuschaffen. Und August Kopisch schwärmte von dem pittoresken Prospekt: »Eine Fahrt nach der Pfaueninsel galt den Berlinern als das schönste Familienfest des Jahres und die Jugend fühlte sich überaus glücklich, die munteren Sprünge der Affen, die drollige Plumpheit der Bären, das seltsame Hüpfen der Känguruhs hier zu sehen. Die tropischen Gewächse wurden mit manchem Ach! des Entzückens bewundert. Man träumte in Indien zu sein und sah mit einer Mischung von Lust und Grauen die südliche Tierwelt, Alligatoren und Schlangen, ja das wunderbare Chamäleon, das opalisierend oft alle Farben der blühenden Umgebung widerzuspiegeln schien.« Von einem englischen General, der in Bengalen gedient hatte, war eine Pagode aus birmanischem Marmor zu erwerben – nur her damit. Für beides wurde nach Plänen von Schadow 1830 ein Glaspalast von 35 Metern Länge errichtet. Der Orient kam nach dem preußischen Tahiti. Zur Dekoration wurde auch ein leibhaftiger Fernwehstatist angestellt. Den Sandwichinsulaner Harry Maitey hatte es von Honolulu nach Preußen gezogen. Er wurde 1830 getauft und sollte die Rolle eines Kanzleiboten spielen, war aber wegen seines anhaltenden Unverständnisses von Titeln und preußischen Hierarchien dafür ungeeignet. So übergab man ihn dem Maschinenmeister der Insel zur Behandlung, und der ließ ihn Architekturmodelle basteln. Als er schließlich die Tochter des dortigen Tierpflegers heiratete, wurde er ganz und gar zum exotischen Inselfaktotum.

Aus Verehrung für die Schweiz, die als Inbild unverdorbener Natur galt, für Schillers »Wilhelm Tell« und für Rousseaus Preis der Alpennatur, wurde ein Schweizerhaus errichtet. Die multikulturelle Rundumschwärmerei der preußischen Royals war ziemlich weit gediehen. Der englische Hof schenkte 1832 die Fregatte »Royal Louise«, die unter Führung eines leibhaftigen Lords anlandete und sich als eine prachtvolle Wasserkarosse aus Mahagoni erwies. Von einem gewissen Dr. Böhm war eine Rosensammlung zu übernehmen: rund 2000 Stück in 140 Arten. Der romantische Traum eines Rückzugsraums wurde zur Sehenswürdigkeit und zum Spektakel ausgebaut, am Ufer 1824/25 ein Maschinenhaus hinzugefügt. Dessen Dampfmaschine pumpte 755 Liter in der Minute durch ein unterirdisches Bewässerungssystem, womit die Phantasie eines kunstvollen Naturreichs endlich ihre ausreichende mechanische Grundlage gefunden hatte.

An drei Tagen der Woche durften die Berliner die Insel besuchen. Und der Geschichtsschreiber Heinrich von Treitschke himmelte über die Gesittung des Landes: »Das deutsche Sparta war zu einem Lande der Bildung geworden, einer Bildung, die unendlich weit über des Königs Nützlichkeitsbegriffe hinausreichte und doch von ihm nach seiner gewissenhaften Weise gefördert wurde.«

Um eine Fontäne herum, die ihren gleißenden Wasserschleier vor dunklem Laub entfaltet, eine Art durchscheinender Wasserbaum, sind Zierpalmen aufgestellt; ihre Spitzen ergeben ein Auf und Ab, als wären sie Wellen. Das Rosarium, letzter und ein wenig kläglicher Rest einstiger Pracht, ist Ende Juni bereits zum erstenmal verblüht. Die mehrhundertjährigen Eichen, ehrwürdige Denkmäler der Natur, folgen der Sehnsucht, sich hinzulegen. Zwischen den Bäumen ruhen die hohlen Riesen, denen die Zeit die Kraft zum Aufrechtstehen, zum Eichesein, genommen hat: zerborstene Rinden, vom Sturm abgedrehte Schäfte, kinderhoch, fäulnismürbe Partien, bucklichte Riesen, Mementos der Natur, wunderliche Artefakte dafür, daß es Bäume im Leben viel länger aushalten können als Methusalems und daß sie doch als Besiegte enden. Der Wind stellt die Blätter der Seerosen auf, als wären sie Schuppen der lernäischen Schlange.

Von den exotischen Bewohnern der Volière zeugen einige Papageien, Kakadus und Araras. Sie überraschen die Touristen mit dem, was sie an unsinnigen Zurufen gelernt haben. Auf dem Maschengitter hocken unschlüssige, zerzauste Pfauen herum, in einer Abteilung des runden Vogelkäfigs rennen neurotische Goldfasane auf und ab. Der Jagdschirm, eine quadratische Holzhütte auf gemauertem Fundament, vollständig mit Rinde verkleidet, hat Schußlöcher nach allen Seiten. Die Enten, die es einst reichlich gab, kamen anscheinend von allen Himmelsrichtungen vor die Flinte.

Nach 1840 verdämmerten die Herrlichkeiten. Friedrich Wilhelm IV. bevorzugte Sanssouci, die friderizianische Epoche und das Rokoko. Es gibt heute nur noch die Bruchstücke fürstlicher Masterpläne für Arkadien zu besichtigen, die Feldzeichen eines Einst, das privater kaum sein konnte, die Splitter eines Traums von Bukolien, in denen Kunst und Natur segensreich versöhnt sind. Ein Dorado im Abseits der Militärdespotie. Hier hat sich die Geschichte ins Gras zum Schlafen niedergelassen; hat jede Art von Sprechpausen eingelegt, und irgendwann einmal hat sie auch davon wieder Abschied genommen. Aber still und heimlich: das meiste ist hinter wucherndem Grün verschwunden, wie auch die alten Bäume lautlos vermodern. Das Palmenhaus ist 1880 abgebrannt, zwischen den knorrigen Wurzeln kann man hier und da die letzten Steine ehemaliger Fundamente des schönsten Traumdämmers finden, zu dem die preußischen Herrscher fähig waren. Sie haben anderswo größere und bedeutendere Bauwerke hinterlassen, haben sich allegorisiert, ihre Macht mit Mauern und Säulen zelebriert, Ordnung zu ästhetischer Regel verbauen lassen. Hier ließen sie sich gehen, erholten sich von sich selbst und ihren meist abscheulichen Vätern, trieben mit etwas dahin, was nach protestantischem Sinn vor allem verbesserungsnotwendig ist: mit der Natur.

Zuletzt haben sie ein Weltreich der Arten errichtet, wie es Preußen in menschlicher Hinsicht nie ausgezeichnet hat: die sandigen Wege, die »stummen Führer«, geleiten an Buchen, Ahorn, Rüster, Linden, Eichen und Pappeln vorbei, genauso an einer mächtigen Weymothskiefer, an der Libanonzeder, an der Virginischen Sumpfzypresse. Dendrologische Fachsimpler wissen, wenn es um die Inselflora geht, die erbsenfrüchtige Lebensbaumzypresse zu nennen, auch die Kaukasische Flügelnuß, den Weißen Maulbeerbaum, das Eisenholz, den Tulpen-, Amber-, Geweih- und Götterbaum. Genug damit. Das Zeichen der Natur, die jeden der geschichtlichen Splitter und Trümmer rahmt, umrankt und unter sich vergräbt, ist der hohle Lindenstamm, in dessen leerer Mitte ein neuer wächst, der bald die alten Reste sprengen wird.

Jean Paul hat von den Borromäischen Inseln geschwärmt und war doch nie dort gewesen. Er hatte eine innere Anschauung, die ihm das Staunen, die Lektüre und die schwärmerische Sehnsucht beigebracht haben. Von dieser Ausdruckskraft hat die Pfaueninsel kaum etwas gehabt. Eher war sie eine manchmal bizarre Überdekoration des Wunsches, für einige Lebensmomente dem, was die Herrscher selbst mitschufen: das eherne Preußen, zu entkommen, ein pittoresk verrutschter Zaubergarten der Selbstverwandlung. Aber falls wir alles an historischen Anekdoten gestreift haben, ist diese Ausflugsinsel hinterm Grunewald auch schon ein wenig größer geworden. Mit der Fähre die paar Steinwürfe zurück aufs Berliner Festland, auf handfestes Gelände. Die Pfaueninsel, Hauchbild eines anderen Daseins, verschwindet, als hätte es sie nie gegeben.

Mit Hölderlin zu reisen
Von Nürtingen nach Hauptwil

In den Hölderlin-Biographien ist die Reise, die der Dichter nach Hauptwil unternommen hat, *ein* Ereignis unter wichtigeren. Sie ist gleichsam gerahmt durch Susette Gontard in Frankfurt und die Reise nach Bordeaux, durch unsterbliche Liebe und unheilvolle Zerrüttung, und dieser Rahmen erscheint allemal größer als die Bewegungsminiatur, die von Stuttgart ins schweizerische Hauptwil führt. Doch ist nicht gerade dies die Schicksalsreise? Sie führt in die Diaspora des Hofmeisters, bei dem die Kluft zwischen robustem Alltag und poetischem Wort, zwischen Amt und Kunst unüberbrückbar erscheint. Der Auftakt zu einem Jahrhundert, in dem die Emigration, die Flucht vor den Erwerbsbürgern und ihren Wonnen der politischen Gewöhnlichkeit und der Knechtseligkeit zu einem deutschen Verzweiflungssignal wird?

Im Januar 1801 ging der Dichter Friedrich Hölderlin von Nürtingen über Stuttgart ins schweizerische Hauptwil, um sich wieder einmal als Hauslehrer zu verdingen und dem drohenden Vikariat in einem schwäbischen Kuhkaff zu entrinnen. Ihm auf seiner Route an den Neckar und auf die Schwäbische Alb, ins Donautal und ins Oberland bis an den Bodensee zu folgen, erfordert mehrfachen Abstand. Der eine ist durch die zeitliche Entfernung gegeben, der andere stellt sich unwillkürlich ein. Der Kordon aus Fremdheit, der ihn umgibt, ist unverbraucht. Stünde Hölderlin auf einem Sockel als Denkmal, so wäre das mit lauter Hieroglyphen bedeckt. Der gleiche Weg führt von Stuttgart nach Hauptwil, und doch ist es ein ganz anderer: *er* ging auf Zeit weg, in eine Arbeitsemigration, denn es war *ihm* in Deutschland und unter den Freunden entschieden zu viel. Wer ihm auf seinen Wegen folgt, will vielleicht nur den Zug der Lemminge auf einem europäischen Fernwanderweg vermeiden. *Ich* ist nicht die gleiche Größe wie *er*, nicht einmal nur ein anderer, ist nicht einmal Rimbauds multiples Subjekt und der Fremde im Spiegel des Fremden, *ich* ist nur ein Kürzel für den Geher, in *seiner* zu großen Spur.

In Nürtingen hat er sich von den Seinen verabschiedet, vor allem von der schrecklich guten Mutter, die ihm das Geld vorzählte und nichts von der Poesie hielt, einer Hyäne an Gutsein. Auf seiner Kindheitslinie durch die Stadt: dort das längst abgerissene Neckartor vermutet, hier auf den Kirchturm gestarrt, die Neckarstiege entlang und ein Verharren vor dem Haus, das einst der stattliche Schweizer Hof war, in dem er wohnte. Als der Fluß Hochwasser führte und in die Stadt drang, ist der Stiefvater umgekommen. Das könnte, wo der Neckar überall reguliert ist und befriedet, selbstverständlich nicht mehr passieren. Die Natur tut niemandem mehr etwas an in Schwaben. Dort die Lateinschule, da das Haus, in das später die Mutter zog mit ihrer Mutter und ihrer Tochter, alle drei Witwen. Die Gebäude sind mit Erinnerungstafeln versehen, da lassen wir uns nicht lumpen. Einem Brunnen ist »Hyperions Schicksalslied« eingemeißelt: »Doch uns ist gegeben, auf keiner Stätte zu ruhn.« Eine aufgeräumte Kleinstadt mit geputzten Fachwerkhäusern und ihrem Fremdenverkehrsstolz. Hätte man einen Amerikaner zum Freund, man würde sie ihm für Schnappschüsse von freundlichen Ansichten empfehlen. Is it old? Then I'll take it. Aber es gilt auch der Satz: Je älter, desto erinnerungsloser. Mag der Horizont noch derselbe sein und der Neuffen mit den Felswänden der Alb unverrückbar in der Nähe, mögen noch die gleichen Wolken darüberziehn: Hölderlin hat man hier bisher kein Museum geschenkt.

In Stuttgart hat er sich von vielen, die ihn bewunderten, »das Herz voll und bewegt«, verabschiedet. Im Hauptbahnhof, auf dem sich der Stern dreht, den die Staatskarossen in die Welt tragen, gehen die Leute geordnete Wege wie kaum in einem anderen: ein langer Schlauch schreibt gerades Laufen vor, dazu die Rolltreppe und der Fahrstuhl zur S-Bahn. Die Passanten gehen dahin, als vollführten sie ein Ordnungsballett. Nur die Türken stehen herum wie in den fünfziger Jahren die Italiener. Ahmet und Mehmet haben die Bierflaschen auf die Briefkästen gestellt und lassen die eiligen blonden Frauen in den Augenwinkeln passieren.

In der Innenstadt Begegnungen mit Wanderern im Nato-Grün. Versehentlich in einen Tunnell geraten. Die Autos preßten das Gefühl ab, man selbst sei das Versehen. Die Zahnradbahn, die zur Beförderung nach Degerloch vorgesehen ist, fand sich nicht. Deshalb die Weinsteige hochgelaufen, über Baustellen gehüpft und dem Slogan nachgesonnen, der über einem Baulos prangte: »Wir bauen die Stadtbahn, damit es in Zukunft schneller vorangeht.« Je länger man der Zukunft entgegenläuft, desto mehr wird es zur Gewißheit, daß bei diesen Arbeiten nicht das Ergebnis zählt, sondern der Umbau, nicht etwas Fertiges. Die Weinsteige hoch und die Hochfläche der Filder mit ihrer schönen Aussicht auf die Alb ist auch er gelaufen. Freunde haben ihn den Schönbuch durch bis nach Tübingen begleitet. Und er fühlte »den ewigen Lebensmut, der uns, voll liebenden Vertrauens, durch alle Perioden des Daseins oft stillmahnend, oft in seiner vollen frohen Kraft hindurchführt«. Irgendwann fand sich durch die Kohlkopf-Gegend hindurch doch ein Weg, der nicht auf den Sperriegel der Autobahn prallte, der untendurch führte. An Echterdingen vorbei und der lockeren Zersiedelung, die der Landesentwicklungsplan vorsieht. Man glaubt ja nicht, wie viele Flugzeuge vom nahen Flughafen starten und landen, wenn man als Fußgänger dahinschnürt. Die Sonne dampfte die Nässe von der Straße, und die Wälder des Schönbuch waren nahe. Schwarze Schafe kreuzten den Weg, ein gutes Omen. Es ging durch Naturschutzgebiete, und die Karte verriet, daß es sich um »Gewannen«, Brühlwiesen«, »Blähwiesen«, »Unteres Gewand« und »Kohlrain« handeln mußte. Wie sehr doch mit den Bezeichnungen die Gliederung einer Landschaft verschwindet.

Ins Siebenmühlental gestapft und in der Eselsmühle von Musberg eingekehrt. Alles war vorschriftsmäßig nostalgisch und wie zur Besichtigung arrangiert: der rauschende Bach und das klappernde Mühlrad und die knarrende Tür. Dazu gab es an der Hauswand einige anthroposophische Plakate, was seine Richtigkeit hat. Schließlich ist ja ganz Schwaben zwar auf dem rechten Weg, aber eine einzige Abweichung, und die Fleckenteppiche der Fluren finden sich in den Köpfen zur engen Religion und zu Weltanschauungen gepreßt wieder. Der gleiche Rechtschaffenheits- und Ordnungsglaube, der ihm zugesetzt und der ihn gebrochen hat, erhält sich bis in unabsehbare Tage.

Der Schönbuch ist ein Ballungsraum der Naherholung. Auch im Wald gilt die Straßenverkehrsordnung, nur tragen die Zeichen andere Namen: Aussichtsturm, Wildschaugatter, Trimm-dich-Pfad, Grillstelle. Kinderspielplatz. Kapelle. Naturdenkmal, Ruine, Wassertretstelle, Hütte, Höhle, Parkplatz mit oder ohne Wandertafel. Könnte man einen Kreis von 30 Kilometern Luftlinie um sich ziehen, so wären zwei Millionen Menschen inbegriffen.

In Bebenhausen ist niemand allein. Busladungen von Touristen wurden ausgekippt, um das zu belärmen, was einst ein System der Stille war. Zu begehen ist eine der elf ehemaligen evangelischen Klosterschulen Altwürttembergs. Der Geist des Puritanismus, in 800 Jahren eingeübt, weht einen an. Es ist zugegangen wie in Maulbronn, wo Hölderlin und Hermann Hesse abgerichtet werden sollten. Es ist der Geist, der in diesen Landen Pfarrer, Erfinder und Fabrikbesitzer unter dem gleichen Dach erzieht.

Die Touristen irren zwischen Dormitium und Kirche, Bandscheuer und Refektorium, Kreuzgang und Dachsbau hin und her, verhehlen nicht ihre Entschiedenheit, daß dies und das ganz und gar romantisch sei. Das Kloster ist verunstaltet durch die Jagdlust der württembergischen Könige. Sie haben mit banalen Wandmalereien ziemlich viel Gemächer ausstaffieren lassen. Dem Getier erging es noch schlimmer: 1809 beim Dianenfest zu Bebenhausen wurden 800 Stück Wild in zwei Stunden abgeschlachtet. Man hatte es zu diesem Zweck in sechs Wochen aus allen Teilen des Landes zusammengetrieben. Selbstverständlich mußten solche Großtaten im schmucklos strengen Zisterzienserkloster verewigt werden. Das königliche Gemetzel hat den Dichter Matthisson zu einem poetischen Erguß veranlaßt. Er rühmte, »die Todesarten der fallenden Tiere« seien »in jeder Hinsicht vom höchsten artistischen Interesse für den Pinsel« gewesen. Da sage noch einer bei diesem sardonischen Zynismus, die Dichter hätten die Moral gepachtet und Naturzerstörung sei ein heutiges Privileg.

In Tübingen fragt es sich leicht zu Hölderlins Grab durch. Er ist eingerahmt von einem Landgerichtsrat und einigen alt gewordenen Witwen, die sich an der Pension ihrer frühverstorbenen Beamtengatten gütlich getan haben. Ein Professor legte Blumen nieder und verrichtete seine Hölderlin-Andacht. Er war Japaner und machte darauf aufmerksam, daß der Grabspruch vom Halbbruder des Dichters nicht glücklich ausgewählt sei.

Der Turm, in dem Hölderlin die zweite Hälfte seines Lebens verbracht hat, liegt vor der Altstadtkulisse, einem deutschen Gefühlsmuseum der Heimeligkeit. Nicht einmal zweihundert Schritt führen vom Stift, in dem die Trias aus Hegel, Hölderlin und Schelling studiert hat, zum Turm. Von der Jugend zum Asyl des Wahnsinns. Aus den Häusern dahinter und daneben grüßt der Hausfrauenfleiß: Wäsche hängt zum Trocknen aus, die Fahnen des schwäbischen Sauberkeitswillens kennen keine Pietät. Drangvolle Enge und darin die Enklave: in einem »kleinen, geweißneten, amphitheatralischen« Zimmer hat Hölderlin 36 Jahre gelebt. Ein Aquarell von der Hand des Schreinermeisters Zimmer, der ihn beherbergte, zeigt Turm und Fluß von der gegenüberliegenden Seite. Zwei Flößer ziehen auf dem Neckar vorbei, und der eine grüßt mit erhobenem Arm auf den Turm zu, aus dem im ersten Stock, mit bloßem Auge fast nicht zu entdekken, jemand herausschaut. So emphatisch sind die Gesten der Zuneigung im weitausholenden Lauf der Dezennien geblieben, und ebenso winzig und verloren ist die Gestalt des Dichters.

Turm und Zimmer sind nicht mehr die gleichen; noch im 19. Jahrhundert gab es einen Brand, und danach erstand ein neuer Bau in etwas veränderter Gestalt. Aber noch immer zieht an den drei Fenstern des Turmzimmers der Tag vorbei. Die Strecke vom Morgen bis zum Abend, die wechselnden Lichter, die wandernde Zeit sind wie ein aufgeschlagener Prospekt. Im linken Fenster flutet der Verkehr über die Neckarbrücke. Aus dem rechten konnte man einst nicht nur auf die langgezogene Insel blicken, sondern in die Ferne bis zu den Hügeln der Schwäbischen Alb. Man hat die merkwürdigen Spieluhrverse des Dichters als Rätsel seines Irrsinns mißverstanden, bis sie als Ansichten der Natur aus einem seiner Fenster erkannt worden sind. So verschlüsseln sich und entschwinden die Naturgedichte, der poetische Vorrat vor allem der Dichter von Schubart bis Mörike, wenn die Natur verändert wird.

Eine Profilzeichnung zeigt den alten Hölderlin. Seine linke Hand hält er nach vorn geöffnet. Vielleicht ist es der Anfang einer deklamatorischen Geste, die sich an ein unbekanntes, unsichtbares Gegenüber, an einen imaginären Partner wendet. Vielleicht gibt sie an, daß einer mit leeren Händen kommt. Möglicherweise verweist die Haltung auf Hilflosigkeit und Gebrechlichkeit. Oder es sollen die Arme nach außen gehoben werden, um in ein abwehrendes Schulterzucken überzugehen. Der Blick des seltsam geöffneten, vordringenden Auges geht schräg nach unten, fixiert, wenn nicht Gräser oder Steine, ein Nirgendwas. Durch den ganzen Körper geht eine Krümmung, die das Segment eines ausholenden Kreises sein könnte, in dessen Kurve der Stehende gefangen ist: ein abgeschlossener Raum, der ihn umgibt, wo immer er sich befindet, der Kreis des Schweigens, in den einzutreten jedermann verwehrt ist.

Man kann ihm, dem jungen Mann und dem der Welt Verschlossenen, auf den Österberg folgen. Auf halber Höhe regieren die Villen der Studentenverbindungen. Drunten wuchern die Neubauten, in der Ferne die Fabriken und Hochhäuser, wie soll es denn anders ein. Das Tal ist gleichgültig geworden, an den markanten Scheußlichkeiten orientiert sich das Auge. Die Blickpunkte sind nach oben gewandert, »die Ruhe der Natur, des Feldes Schweigen« optisch verloren.

»Droben stehet die Kapelle«, hat Ludwig Uhland gedichtet. Oben auf dem Wallfahrtsort aller schwäbischen Dichter, auf der Wurmlinger Kapelle, ist eine Gruppe von jungen Leuten auf einer Schnitzeljagd zwischen den Gräbern herumgekrochen, um die fehlenden Teile einer lateinischen Inschrift zu vervollständigen. Der Text lautet in Übersetzung: man kommt ins Paradies. So einfach ist das. Hier oben ist eine Ahnung davon. Turmfalken rütteln in der Luft und schießen spielerisch in die Weinberge, unterwegs findet sich mit vielen seltenen Pflanzen auch Fransen- und Frühlingsenzian. Aufgelassene Weinberge mit ihrer üppigen Unkrautpracht geben die Vermutung ein, es sei das einzige regellos dahinwuchernde Gelände, das zu Gesicht kommen wird: alles andere ist bearbeitet, vom Nutzen markiert, einem Zweck unterworfen.

Im Panoramablick der Trauf, die Steilabstürze, das aufgebaute Jurameer der schwäbischen Alb. Über Mörikes »Wolkenstühlen« lag die Ahnung einer anderen, noch höheren Kontur: daß in der Föhnferne vielleicht schon die Alpen ins Bild rücken könnten.

Bei Bieringen windet sich der Neckar noch umständlich und unbewehrt durch alten Weidengrund. Da oben haben sie dem Fluß noch nichts angetan, er ist noch nicht, wie schon in Tübingen, zur braunen Brühe verkommen. Man sollte sich treiben lassen, die Wegschlingungen des Eyach-Tals entlang, zwischen Erlen und Silberweiden, vorbei an fliederbestandenen Muschelkalkfelsen.

Kein Wanderführer hat den Aufenthalt in Haigerloch nahegelegt. Man kann dort mit den Gesteinsschnitten des weißen Jura auch historische Schichten studieren. Ein versteckt gelegener Felsenkeller birgt ein Atommuseum. Ende 1944 wichen die deutschen Atomwissenschaftler von Berlin nach Haigerloch aus, um ihre Versuche mit der Kernspaltung fortzusetzen. In einem Bierkeller wurde das Ausweichlabor für die Gewinnung von Energie aus Uran und aus schwerem Wasser im geheimen eingerichtet. Man soll in der feuchten Grotte über deutsche Zeit- und Forschergeschichte spekulieren und hat dabei das Gefühl, man befinde sich in einer hochentwickelten, aber veralteten Bastlerzentrale. Als die Amerikaner kamen, mußten sie feststellen, daß es den Deutschen mangels Rohstoffen nicht gelungen war, die Kettenreaktion auszulösen.

Heldengeschichte im Felsenkeller: Väter, die nach dem Krieg geboren wurden, erklären ihren halbwüchsigen Söhnen das Waswärewenn »wir« anstatt der Amerikaner Atombomben besessen hätten. Das kryptische Geflüster von der Wunderwaffe macht sich breit und legt eine immerwährende Wahngeschichte über die Generationen hinweg.

Über dieser Felsenhöhle thronen Schloß und Kirche auf einem Sattel zwischen der Schleife der Eyach. Das kunstverzierte 16. Jahrhundert über dem Museum deutscher Physikerheroen. Vor dem Bunker haben sich junge Künstler der Gegend in einer aufgelassenen Ölmühle eingerichtet und ihre Installationen mit Sätzen aus Einsteins Relativitätstheorie versehen. Sie inszenieren fahle Endzeitbilder im verfallenden Gemäuer. Einen Augenblick lang verrutscht die Gewißheit, was an diesem winzigen Ort um einen tief eingegrabenen Fluß hinter den sieben Bergen wohl Wirklichkeit sei und was Erfindung. Auf dem Hügel gegenüber dem Schloß einer ausgestorbenen hohenzollernschen Nebenlinie hat sich die Oberstadt ausgebreitet. An diesem Samstag wie an jedem vertreibt der Ritus der »Kehrwoche« jedes Stäubchen von den steil abfallenden, engen Straßen. Und als eine Glocke der Annakirche den Feiertag einläutet, scheint der Frieden unausweichlich. Nur: es wird ein ehemaliges Ghetto ausgekehrt. 1933 lebten in Haigerloch 219 Juden, und von den Grabsteinen auf dem Friedhof sind ihre gut schwäbischen Namen abzulesen: Ullmann und Hochstädter zum Beispiel. Kaum einer hat sich der drohenden Gefahr entzogen, 1942 waren es noch mehr als 190, die man ins KZ deportieren konnte. Einer von ihnen hat sich danach wieder in Haigerloch niedergelassen. Ob er geredet hat und ob er gehört worden ist? Ein Ort wie ein Steinbruch deutscher Geschichte, doch, ist zu vermuten, die heutigen Bewohner haben all das, was sie davon wissen könnten, ausgekehrt.

»Wir durchlaufen alle eine exzentrische Bahn.« Auf Hölderlins Wegen kann man laufen, in seinen Schuhen nicht. Er hat es am Tag bis auf fünfzig Kilometer gebracht, über Stock und Stein, aus einem inneren Notrhythmus, und hat dabei den Wunsch, »mich selbst und die Welt in voller Unabhängigkeit zu genießen«, als stürmisches Laufprogramm verstanden. Sein Rätsel bleibt, wie er, unberührt vom romantischen Glück des freien Wanderns in die weite Welt, noch an Gedichte denken mochte.

Trotz aller Geradlinigkeit, die sein Gang vorschreibt, kann man sich Seitenwege nicht versagen. Hinauf auf die Tafelberge, hinab in die Höhlen, in die Innenwelt der Alb. Es gibt im Karst Hungerbrunnen und Höllenloch, unterirdische Wasserläufe und Quelltöpfe. Und darin feuerspeiende Drachen wie Riesenpudel als Menschenfresser. Es mag eine Mär sein, daß Bauern beim Pflügen unversehens im Acker verschwunden sind, aber noch in den vergangenen Jahren hat man in unmittelbarer Nähe von Dörfern neue Höhlen gefunden. Insgesamt sind es mehr als zweihundert: Mondmilchloch und Adernzopf, Heiligenbergschaft und Elsachbröller, Sibyllenhöhle und Mordloch, Schlagstüble und Steinernes Haus. Und weil in Schwaben jeder Fleck von einem Dichter besetzt ist, darf auch ein Höhlenpoet nicht fehlen. Der Wissenschaftler David Friedrich Weinland hat vor hundert Jahren einen Roman über Höhlenmenschen und Höhlenbären vom Ende der Eiszeit bis zum Einbruch der Kelten veröffentlicht. Der »Rulaman«, eine bizarre Erzählung aus dem vorgeschichtlichen Sagendunkel der Alb, ist zu einer schwäbischen Kinderbibel geworden.

In den Dörfern unterwegs sind die verwitternden Wagenräder vor die Scheunen gestellt, die ehemaligen Misten mit Blumen bepflanzt und Krummet und Deichsel unter die Giebel genagelt. Die meisten

Gasthöfe führen die Vorsilbe »Land« im Namen, als gälte es zu versichern, daß man sich in der Natur befindet. Am Waldeseingang fanden sich die Fußgänger überall als blauweißes Piktogramm wieder und wurden mit Ermahnungen versehen. Sogar die Krötenwanderung wird auf einem dreieckigen Schild annonciert. Die Reitpferde tragen Verkehrsschilder. Die Naturfreunde propagieren einen »sanften« Tourismus, auf Vorträgen wird von den »sozialen Pedalen« gesprochen. Was die eine Hand zerstört, richtet die andere wieder auf – und umgekehrt. Man kann sicher sein, daß kein unwirtliches Trockental in dieser Urweltlandschaft verborgen bleibt. Die Schäden, die sie durch die »Erschließung« anrichteten, machen die gleichen Organisationen fürs flüchtige Auge schnurstracks unkenntlich. Der Wanderfalke ist so gut wie ausgerottet, nun züchtet man ihn mit Erfolg im Schwabenland, damit er, ausgewildert, von seiner vergifteten Kleintierbeute vergiftet wird. Den Segelfalter, der auch schon selten geworden ist, werden sie vielleicht aus Südostasien importieren, um ihn auf die Wiesen auszusetzen. So nimmt der Kreislauf der Natur immer größere Umwege und verläuft schließlich über die Artenbücher der Biologen.

Man kann sich leicht belehren lassen: auch die Wacholderheiden gehen zurück. Es gibt weniger Schäfer mit Herden, und weil damit der regelmäßige Verbiß fehlt, vergeht der typische Anblick von Weißdorn und Heckenrosen, Silberdisteln und Buschinseln zwischen den Felsen. Angeblich kommt auf sechzig Menschen nur noch ein Schaf, und deshalb breitet sich das Gestrüpp auf den Heiden aus. Warum nur die Menschen nicht grasen können?

Auf den kürzesten Wegen möchte man nicht wandern. Heute gilt es ja nicht anzukommen, es ist keine Pflicht und Schuldigkeit. So hat *er den Vortritt*, als er durch das Schmiecha-Tal auf die Rauhe Alb steigt. Der Repetitor seiner Schritte hat sich seitwärts geschlagen, nach Münsingen, zur Produktionsstätte von Reserveoffizieren seit altersher. Der Truppenübungsplatz, auf der Landkarte ein rot gestricheltes Nirwana, hat zweierlei Gestalt: als Sperrgebiet, vor dessen Zutritt achtunggebietende Schilder warnen, weil die Luft bleihaltig ist, und als Redegelände am Stammtisch. Früher sei alles anders gewesen, giftet der Gastronom. Jetzt hätten sich die Soldaten auf ihr Gebiet zurückgezogen und kämen kaum mehr in die Stadt. Heute könne jeder Soldat fünf Zivilisten mitnehmen. Da würden im Sperrgebiet mehr

Hochzeiten gefeiert als in Münsingen. Einer vor seinem Viertele meint, daß man wegen der Raketen 24 Stockwerke in die Tiefe gebaut habe. Das weiß er von einem jungen Verwandten, der dort dient, aber er dürfe nicht alles sagen. Mit jedem Schluck Wein wächst das Geheimnis. Die Abdeckung der Raketen könne man auch aus der Luft nicht sehen, da sie mit Bäumen bewachsen sei. Wenn es darauf ankomme, werde man alles schnell umklappen. Oft gebe es Alarm, auf Probe. Auf der Alb ist das Jägerlatein vom Nato-Geflunker abgelöst worden.

Am liebsten ließe man sich, zur gastronomischen oder anderen Erkundung, mitnehmen aufs verbotene Gelände, wäre man den Panzerspuren mitten ins blühende Gebüsch gefolgt. Aber niemand will einen mitnehmen. Zum Beispiel nach Gruorn, einem verlassenen Dorf, das seine ehemaligen Bewohner zweimal im Jahr besuchen dürfen. In der Nazizeit wurde der Flecken dem Truppenübungsplatz zugeschlagen. An Pfingsten und an Allerheiligen wallfahren die vertriebenen Dörfler zu ihrer zerschossenen, verwilderten Heimat. Die Kirche, 1966 von der Denkmalliste gestrichen und damit dem Verfall preisgegeben, haben die Militärs an schießfreien Tagen wiederhergestellt. Es gibt drumherum wohl nur noch einige Trümmer, und die Flurnamen sind gespenstisch veraltet: »Paradiesle«, »Liebenhalde«, »Gaulhimmel«, »Dankheide«. Es gibt keinen Wegweiser mehr nach Gruorn. Langsam sinkt mit den Älteren, die sich noch erinnern können, die Geschichte des Ortes unter die Erde, wird vom Gras überwuchert. Zurück bleibt im Kleinen die Sage von der Vertreibung. Kein seltenes Schicksal in Schwaben: hier hat die Geschichte von den verkauften Landeskindern eine besondere Aufführung gehabt. Zu Hölderlins Zeiten wollten Demokraten weit weg: bis nach Otaheiti in die Südsee und landeten auf dem Hohenasperg.

Zweihundert Kilometer lang und vierzig Kilometer breit ist die Alb. Es gibt, die Rheinlande eingeschlossen, keine Gegend, die mehr Schlösser und Burgen aufbietet. Die Ruinen erinnern daran, daß einige der großen Häuser in Württemberg ihre Stammsitze hatten. An den Staufern kann man vorbeigekommen, ein Zufall. Aber den Hohenzollern in Hechingen kann man gar nicht ausweichen. Sie sind unübersehbar mit steinerner Zackenkrone auf dem Kegelberg des Zollern. Mitte des 19. Jahrhunderts haben sie ihrem Stammsitz eine neugotische Märchenpropaganda-Silhouette verpaßt.

Über drei Zugbrücken und durch sieben schwere Tore gegangen, alles des einschüchternden Eindrucks wegen, durch Tunnels und an unbevölkerten Hundezwingern vorbei. Gehorsam durch Grafensaal und Kaisersalon, Blauen Salon und Waffenkammer mit einem Pulk der Andächtigen schleppen lassen. In der Schatzkammer die Stücke zur Erinnerung an den Alten Fritz besichtigt und auf die Tabaksdose gestarrt, die ihm in der Schlacht von Kunersdorf das Leben gerettet hat. In der Schloßkapelle haben sie, bis zur Überführung nach Potsdam, gar noch den Sarg des Großen Friedrich, den verbissenen Krieger, mit einer schwarzweiß gewürfelten Fahne darüber ausgestellt.

In Schwaben wandert, was nur immer beweglich ist und kein transportunfähiges Sperrgut, ins Museum. Dort spielt ein fortgesetzter Heimatfilm. Beschriftet und katalogisiert wirkt alles, als wäre es der Vergänglichkeit entrissen. Man gibt die Sachen in die Ausstellung, um sich selbst ins ewige Leben einzukaufen. Weil das nicht geht und jedermann weiß, daß die Dinge keine magischen Kräfte enthalten, ist die Komik ausweglos.

Unversehens im Donautal und auf eine Strecke verirrt, die enorme Barocktümer verheißt. In einem menschenleeren Seitental findet sich die ehemalige Sommerresidenz des Abtes von Zwiefalten, Schloß Mochental. Dort ist nebst einer Galerie ein Museum eingerichtet, das dem schwäbischen Urtrieb zur Schaustellung frönt wie dem obersten aller Ideale zwischen protestantischem Norden und katholischem Süden: der Sauberkeit. Ein Besenmuseum vereinigt »Kehren und Kehricht« als »Unterpfand des Erwerbs, des Besitzes, des Glückes überhaupt«. Schloß Mochental ist ein Tempel aller Hohenpriesterinnen der Kehrwoche: Handfeger und Stuben-, Stall-, Weihwasserbesen, Werkzeuge des Putzbestriebs aus Erikareis und Marderhaar, Stroh und Gänsefedern, alles gegen Staub, immer wieder gegen Staub, und gegen Schnee, für die Eisenbahnweichen, für Herd und Hütte, Tisch und Hof. Dazu Kehrvorschriften, die tief aus dem Aberglauben aufgestiegen sind ans Licht der Hausfrauen-Vernunft, die im Orakel, im Rechtsleben und im Totenbrauch wurzeln. Vielleicht werden die Schwaben noch immer vom Kehrzauber beherrscht und wissen es nur nicht.

Irgendwie hat sich die Alb in ein gemächliches Auf und Ab verlaufen, als es ins Donautal nach Sigmaringen ging. Hölderlin war kaum mehr als eine Woche unterwegs. Erst zu Fuß dorthin, wo der Nachläufer unschlüssig verharrt, dann in zwölf Stunden »mit einem Gefährt« an den Bodensee. Auf Kopfrouten im Oberland. Den Donaudurchbruch aufwärts, wo »der melodische Strom rinnt«, 65 von den fast 3000 des Flusses und wahrscheinlich die schönsten von allen. Inmitten eines weißen Steiltals das Schauspiel der Versickerung, wenn der Fluß im Boden und in Klüften verschwindet bis auf einige Rinnsale, die sich durch die Weiden schleppen, bis er sich zögernd wieder auffüllt. Christoph Martin Wieland aufgesucht und die Abderiten von Biberach, seine Krähwinkler; sie gewährten ihm weder geistige Umgebung noch Auskommen, die ihm gebührten, und so ist er, Beispiel unter ungezählten Schwaben, ins Exil gegangen.

Heute würde Hölderlin, der »narrete«, gewiß nicht mehr in einem Tübinger Turm untergebracht, sondern vielleicht im Irrenhaus von Bad Schussenried. In der klösterlichen Heilanstalt kann man die seltsamste Bibliothek der Welt besichtigen. Lauter gemalte Rücken an den Seiten und gemalte Triumphe der Büchergelehrsamkeit an der Decke, die Bücher selbst sind schon vor zwei Jahrhunderten verschwunden.

Oder zu Brachvogel und Bekassine in die Riedwiesen am Federsee. 300 Kilometer lang die schwäbische Barockstraße, wo nach Thaddäus Troll die Steine musizieren und die Heiligen tanzen. In Oberschwaben tauchte *er* unter zwischen gerundeten Hügeln und wieder auf, wenn die Straße auf die Kuppe treibt, empfand den geologischen Wellenschlag, bis der Bodensee erschien.

Von Überlingen aus hat *er* sich über den Untersee rudern lassen, war in zwei Stunden bis nach Konstanz gelaufen. Haben die Berge geleuchtet, als er auf dem See war? Er hat seinen Angehörigen berichtet: »Die große Natur in diesen Gegenden erhebt und befriediget meine Seele wunderbar.«

In fünf Stunden erreichte er Hauptwil. Sein Gesang, »mein freundlich Asyl«, hat sich der Majestät der Alpen zugewandt. Er hat das Panorama von den Hügeln aus gefeiert, »wie vom Äther herab die Höhen alle näher und näher niedersteigen bis in dieses freundliche Tal, das überall an seinen Seiten mit den immergrünen Tannenwäldchen umkränzt und in der Tiefe mit Seen und Bächen durchströmt ist«. Auch meinte er: »Es lehren die Berge heilge Gesetze dich.« Er hatte gehofft, »es wird nun recht gut werden in der Welt«. So war es nicht. Aber das ist eine andere Geschichte.

Nur wenige Kilometer entfernt, durch 130 Jahre getrennt, wird nach vielen auswärtigen Wegen ein Schweizer Dichter, ein Verwandter im Geiste, seine letzten Pfade ziehen: Robert Walser in der psychiatrischen Anstalt Herisau. Er war andere Wege gegangen und doch verwandte: Dienerschule und Kommis, Aufenthalte in Deutschland, Ruhelosigkeit in Berlin. In seiner Prosa »Der verlorene Sohn« hat er für alle Entlaufenen mitgesprochen: »Der Wind verhält sich still; die Menschen schauen mich an, als erwarteten sie etwas von mir, und ich lasse mich aufs gelassenste von den Augen anschauen, deren Strahl mich poliert, hobelt, abrundet, glättet. Meiner Meinung nach gehört es zu den Annehmlichkeiten des Lebens, die Gegenwart als das Auge Gottes zu empfinden.« Scheitern, schweigen, beides in einer Äquilibristik der Vergeblichkeit, als Spiegelexistenz.

Das Zentralkomitee der Marmorköpfe
Die Walhalla

Wir sind, was wir nach eines Königs Geheiß sein sollen: Pilger in bayerischen Landen. Von Regensburg nach Donaustauf, einem malerisch genannten Örtchen, dessen Gemäuer auch die Monumente der Bausparkassen wenig anhaben können, zieht sich die Schnellstraße an der Donau entlang, folgt träumerischen Schleifen, pirscht sich an Altwässer heran, läßt in südlicher Ferne die Alpen ahnen, bis der Wegweiser ein Krankenhaus und die Walhalla in der Höhe empfiehlt. Die fragliche Nachbarschaft wollen wir nicht symbolisch nehmen. Lieber die Fahrstraße hinauf zu tiefgrünen Wäldern, einige Kurven, ein kurzer Fußweg und auf einem Plateau, von einer Parkwiese auf feierlichen Abstand gehalten, ein dorischer Tempel. Von der Eingangsfront, hoch über der Donau, bietet sich ein großartiges Freilichttheater dar: gerahmt von den strengen Säulen, gleichsam von Kunst durchschnitten, ergibt sich ein Panoramablick von Ost nach West über das an dieser Stelle besonders weitläufige Donautal. Die Fotografen, im Kampf mit Totalen und den stürzenden Linien des Tempels, knipsen in einem fort – geradezu automatisch, als stumme Nötigung durch das Wissen, daß dieser Anblick von Gottes Fluren einmalig sei.

Es war eine urbanistische Großtat, von der ein bayerischer Kronprinz träumte: hoch über einer der europäischen Wasserstraßen ein Bau im Stil der griechischen Vorzeit, vorgesehen zum Ruhme der deutschen Nation, die gerade vom französischen Kaiser gedemütigt wurde: eine Setzung der Zeitferne, die Verschränkung von Kunst und Natur. Die Walhalla, ersonnen vom nachmaligen König Ludwig dem Ersten, Traum und Utopie, die ihn 35 Jahre lang beschäftigten, ist das grandioseste deutsche Nationaldenkmal, das ein symbolsüchtiges 19. Jahrhundert hinterlassen hat. Sie ist *das* Bildzeichen eines fürstlichen Mäzens, der sein Säkulum als Künstlerkönig gestaltete wie kein anderer.

Und sie war die Geburt einer politischen Niederlage. 1807 zwang Napoleon den Preußen den schmachvollen Frieden von Tilsit auf. Kronprinz Ludwig, damals 21 Jahre alt, wollte wenigstens symbolisch etwas dagegen setzen: ein deutsches Denkmal, das sowohl an das französische Pantheon wie an den griechischen Parthenon erinnerte. Es ging um eine *deutsche Akropolis,* um eine Versammlung deutscher Geister, eine Analogie zum deutschen Fürstenbund, zu dessen höherer Zier. So hatte es sich Ludwig ausgedacht. Bezeichnenderweise wurde es nicht aus dem Kreis des Bürgertums, das sich von der feudalen Repräsentationskultur absetzen wollte, sondern vom König selbst gestiftet. Ihn beschäftigte vor allem eine ästhetische Phantasie: eine schönere Welt der sprechenden Monumente, der verdichteten Zeichen, des künstlerischen Universalismus, der von der Gegenwart entbundenen Artefakte zu schaffen.

Die Anregung zum Namen »Walhalla« hatte Ludwig vom Schweizer Historiker Johannes von Müller erhalten. »Valhöll« war im Altnordischen der Aufbewahrungsort der toten, von den Walküren zu Odin gebrachten Krieger. Spätere Umschriften machten daraus eine Verbindung von »Wal« gleich Leiche und »Halla«, was Ort, Raum und Himmel bedeutet, schlicht einen »Heldensaal«. Ludwig, in dem von napoleonischen Truppen besetzten Berlin, bestellte bei Schadow, Rauch, Dannecker, Tieck und Wichmann auf Vorrat 50 Büsten, ohne daß irgendwelche Pläne für ein Bauwerk vorhanden waren. 1814 erließ Ludwig einen Aufruf an die Architekten, sie sollten Entwürfe für den Ruhmestempel liefern, aber keiner der eingesandten Pläne konnte ihn befriedigen.

Friedrich Ludwig von Sckell, Berater des Königs bei der Einrichtung des Englischen Gartens, hatte schon 1811 den Plan eines Eichenhains gefaßt, in dem vaterländische Episoden und Denkmäler von Herrschern als Bilder historischer Größe ausgestellt werden sollten. Sein Pantheon sollte, anders als das in Paris von 1791, inmitten der Natur situiert sein. Ludwig übernahm diese Vorstellung und machte sich auf die Suche nach einem geeigneten Ort. 1812 besichtigte er die Gegend bei Regensburg, ließ sein Entzücken erkennen, und ein mitreisender Berichterstatter ahnte freudenvoll im nachinein: »Sollten schon damals diese schönen Berge deutscher Erde, die niemals Römer Joch getragen haben, sich einen Gedanken zur dereinstigen Wahl, bei Ausführung der großen Idee für Verewigung teutschen Ruhms erworben haben?« Die Walhalla wurde ganz und gar Ludwigs Projekt: geschichtliche Größe in abgelegener Landschaft zu verewigen. Ein romantischer Traum, der mit der Abwesenheit aktueller politischer Handlungsmöglichkeiten spielte, in der gefrorenen Feierlichkeit von Marmor, Weiß und Gold die Gegenwart als ein Nimmermehr wehmütig verabschiedete, aber mit der vergangenen Größe auch schon eine Aureole des Morgen berief. Doch noch lange ließ die Realisierung auf sich warten.

Die Wahl König Ludwig I. fiel 1821 auf einen Entwurf Leo von Klenzes, der das Freiluftdenkmal der Ortslage anempfunden hatte, nämlich »in einer reizenden Gegend gelegen, wo Ebene und Gebirg sich berühren, und ein milderer Himmel der Erhaltung von Bauwerken günstig ist«. Klenze, zwei Jahre älter als sein Auftraggeber, war seit 1816 Architekt des bayerischen Hofes, wurde zwei Jahre später zum Hofbauintendant ernannt und war seit 1830 Leiter der Obersten Baubehörde. Aber erst neun Jahre später wurde mit dem Bau in der Nähe Regensburgs, oberhalb der Donau begonnen.

Klenze wollte auf einem Fries die Geschichte der germanischen Nation darstellen lassen. Und der König stimmte ihm zu, bevor noch der Masterplan bei Hofe eingegangen war. Eine zeitgenössische Modetheorie besagte, daß Europa vom Kaukasus aus bevölkert worden sei, wobei die Donau als Route für diese mythische Völkerwanderung eine immense Rolle spielte. Bei Hölderlin heißt es in »Am Quell der Donau«: »Auch eurer denken wir, ihr Thale des Kaukasos, / so alt ihr seid, ihr Paradiese dort / Und deiner Patriarchen und deiner Propheten ...« Die Applikationen des im Inneren umlaufenden Frieses sind Bilder dieses langen Völkerwegs, der von Menschheitsursprüngen über Mesopotamien, den griechischen Tempel, die etruskische Halle bis zu den unsterblichen Deutschen führt.

Wenn der Besucher vom Donauufer hinaufschreitet, vollzieht er einen zweifachen Weg nach: den der vorgestellten Sprach- und Völkerwanderung in den architektonischen und oranmentalen Elementen und den einer inneren Klärung zur reinen Form des griechischen Tempels, dem Gehäuse, in dem die Unterblichen Platz gefunden haben.

An den Giebelwänden zwei Schlüsselszenen von Nationalbildung: die Schlacht im Teutoburger Wald neun nach Christi und die Gründung des Deutschen Bundes 1815 durch die Fürsten.

Im Unterbau war eine »Halle der Erwartung« vorgesehen für jene Größen, »welche Expectanz auf die Ehre der Walhalla« halten. In die Unsterblichkeit hinauf sollten sie in feierlichem Zug befördert werden, wenn der Ruhm fürs Büstenelysium erwiesen sei. Doch Ludwig verhinderte diesen – bereits begonnenen – Bauteil, nachdem Metternich gespottet hatte, der König wolle darin seine eigene Büste aufstellen lassen. Geblieben ist der massige Unterbau – »aber eben 1/4 Tempel und 3/4 infame Treppenmassen!«, wie Jacob Burckhardt 1877 bemerkte –, der den Tempel darüber mit seiner pompösen Schwere behindert. Aber auch mit dieser von der Straße hoch hinaufführenden Anlage aus Quadern und Stufen hat es eine bildhafte, anspielungsreiche Bewandtnis. Die Treppenrampen sind im Stil einer abgeflachten ägyptischen Pyramide gehalten. Sie spielen auch auf den Turmbau von Babel an, der bei Herodot als siebengeschossige Anlage mit einem Tempel darüber erscheint. Polygone Mauern im untersten Treppensockel bezeichnete Klenze als »pelasgische Konstruktion«. Er bezog sich auf die Pelasger, die Urbevölkerung in Griechenland. Die architektonische Inszenierung um dieses Nationaldenkmal ist mit vielen Assoziationen aus der geographischen und zeitlichen Ferne verbunden.

Im Inneren hebt sich die Galerie der weißen Büsten von roten Marmorwänden ab. Reich geschmückte weibliche Karyatiden vor einer umlaufenden Galerie tragen den Himmel, ein Zeltdach aus nachtblau-goldenen Kassetten mit silbrigen Sternen, unterbrochen von Glasfeldern, durch die das Tageslicht hereindringt und die festliche Farbigkeit der Marmorverkleidungen höht. Sechs Siegesgöttinnen aus schneeweißem Carraramarmor von Christian Rauch verkörpern verschiedene Arten des Sieges.

Das Büstenpanorama der Denker und Lenker, im Uhrzeigersinn nach den Sterbedaten der Größen geordnet, faßte Ludwig ziemlich leger auf: »Teutscher Zunge zu seyn, wird erfordert, um Walhalla's Genosse werden zu können«. In der Sprache, nicht in territorialen Zuschreibungen wollte er »das einigende Band, das verbindet«, geknüpft wissen. Er hat den Kanon und die teutsche Kulturnation ziemlich weitläufig verstanden. So finden sich auch Chlodwig, Karl Martell, Pippin und Karl der Große in der Beispielreihe, und es gibt unter den Büsten zudem Katharina II., Zarin von Rußland, den Prinz von Oranien sowie Balten und Schweizer. Auch Rubens und van Dyck, der niederländische Seeheld Michiel Adriaenszoon de Ruyter und sein Kollege, der Armada-Bezwinger und Admiral Maarten Harpertszoon Tromp dürfen nicht fehlen. Vielleicht erschienen ihre militärischen Taten vom bayerischen Festland aus besonders denkwürdig. Das Konzept des Nationalen war für Ludwig anscheinend ein denkbar lockeres und zudem noch erweitert durch die dynastischen Beziehungen.

In diesem Elysium sind keine Rangunterschiede markiert: alle Großen sind nach der Verfügung Ludwigs gleich groß, alle Standesunterschiede sind angesichts des Todes aufgehoben. Der Regent erscheint plötzlich als Träumer der klassenlosen Gesellschaft – nach dem Leben. Die aktuelle politische Forderung nach gleichen Rechten ist in dieser Ahnengalerie ins gleichmacherische Geschick der Vergänglichkeit jeden Lebens gerückt.

Am 18. Oktober 1830, am Jahrestag der Leipziger Völkerschlacht, war auf dem Bräuberg bei Donaustauf der Grundstein gelegt worden. Auf den Tag genau zwölf Jahre später fand 1842 die Einweihung statt. Dabei war wenig vom egalitären Geist zu spüren, dem das Denkmal verpflichtet schien. Es gab eine militärische Absperrung, nur Uniformträger hatten Zugang, das Volk mußte mit der Besichtigung bis »nach erfolgter Rückfahrt Ihrer Königlichen Majestäten« warten. Dann wurde ihm der Eintritt in den Weisheitstempel »allergnädigst zugesichert«. Der königliche Weg über die Treppen hinauf wurde von einer schönen »als Germania kostümierten Jungfrau« und 32 jungen Mädchen, »den Genien der Bundesstaaten«, gesäumt.

Das Geistespanorama ist dem Prospekt der Natur einverleibt, repräsentiert die zweite Natur. Geist und Natur sind einander ergänzende und durchdringende Sphären. Das geht auf Schelling zurück.

Er hatte die große Persönlichkeit als Versöhnung von Natur und Geschichte gepriesen.

Es gibt Verweise auf die germanische Frühzeit, aber die Berufung auf den Klassizismus weist die geschichtlichen Geister zurück in die griechische Antike, in einen abendländischen Rayon. Das Idealbild des Werdens ist durch den Rückgriff auf die griechische Frühe als Ethos ausgestellt: Deutschland als klassisch-humanistische Nation, ein emphatischer Überschwang und eine sichere Gelassenheit der Auffassung zugleich. Von den aggressiven Reden eines Arndt und Jahn, Körner und Görres findet sich in dieser Anlage kein Spurenelement. Nichts Gotisches konnte sich an oder in der Walhalla durchsetzen. Ernst von Bandel, der Verfertiger teutonischer Wuchtgestalt, seufzte angesichts dieser vermeintlichen Geschmacksverirrung tief auf: »Sollte unser deutsches Volk wirklich so wenig künstlerischen Sinn haben, daß es keinen eigenen Baustil mehr gebären könnte? Möchten wir doch bald im alten treuen deutschen Sinne wieder erstarken.« Als er seinen Teutoburger Hermann-Heros plante, setzte er sich von der Antike ab und suchte die Gotik als den »deutschen« Stil. Das Hermannsdenkmal ist aus der Opposition zur Walhalla entstanden und verkörpert das Imperium des Schwertes und nicht des Geistes.

An den Schweizer Historiker Johannes von Müller hatte der junge Kronprinz geschrieben: »Größe muß in der Bauart sein, hohe Einfachheit, verbunden mit Pracht, spreche sein Ganzes aus, würdig werdend dem Zwecke.« Klenze hat sich an die Ausmaße des Parthenon-Tempels in Athen gehalten, das soll den Rang der eigenen Schöpfung bezeichnen. Aber er hat, vielleicht um seine Reverenz vor der Hinterlassenschaft der Alten zu bezeugen, jeweils einen halben Meter eingespart.

In der Höhe der roten Marmorwände gibt es 64 Tafeln mit Namen derjenigen, die kein Porträt hinterlassen haben. Es ist ein Gang durch die Vorzeit, durch Völkerwanderung und Germanien und die Namenstafeln erscheinen als Aureolen einer Geschichte, die noch in die Sagenwelt hineinreicht. Besonders die Westgoten hatten es Ludwig angetan; sie treten in gehäuften Exemplaren auf. Aber auch Hermann der Cherusker und der Markomannenführer Marbod, die germanische Seherin Velleda und Julius Civilis, Heerführer der Bataver, haben ehrendes Angedenken erhalten. Oft artet das *Who is who* in ein historische Quiz aus. Wer war Hengist? Er eroberte Mitte des 5. Jahrhunderts Teile von England. Was hat es mit Teutelinde auf sich? Sie stammt von einem bayerischen Vater ab und wurde Königin der Langobarden. Muß man Heribert den Heiligen kennen? Er war Erzbischof von Köln. Und »der Dichter des Nibelungenliedes«? Hat es ihn als Einzelperson überhaupt gegeben?

Die Arme der Betrachter anderer Bildnisse weisen nach oben und sinken resigniert, in verneinender Gebärde, wieder herab: Keine Ahnung, wer dieser oder jener war. Das geschichtliche Fragespiel besteht vor diesen schattenlosen Physiognomien im milden Verklärungslicht keiner der Prüflinge ganz. Ist der Name Burkhard Christof Graf Münich überhaupt erwähnenswert? Der Oldenburger war Feldmarschall in russischen Diensten und baute die baltischen Häfen aus, bis er nach Sibirien verbannt wurde. Zum Beispiel Graf Diebitsch-Sabalkanski, Vertrauter des Zars Nikolaus I.; seine bedeutende Tat war wohl die Niederschlagung der Dekabristenverschwörung und des polnischen Aufstands von 1832. Ausgestellt ist auch der versteinerte Surrealismus der Großen, die niemand mehr kennt.

Der Montsalvat des deutschen Geistes war nicht nur auf einen Kanon entrückter Größen ausgerichtet. Er bot an seinen Wänden immer schon viel Platz für zukünftige Mitglieder des geschichtlichen Zentralkomitees. Er war als offenes Denkmal angelegt. Das aber hat den Widerspruch gegen den Bestand von Anfang an aufgeheizt. Im Besucherbuch motzte ein nachmaliger Biograph des Königs: »Uns steht stille der Verstand. Hast Du keine anderen Großen aufzuweisen, Vaterland?« Leo von Klenze murmelte angesichts der nicht verstummenden Kritik an der Auswahl resigniert, die Walhalla sei »eine in politischer Beziehung, welche dem Könige doch zunächst am Herzen lag, todtgeborene Creation«. Die Untertanen und Bildungsbürger nahmen Gleichheit und Kritik eben deutlicher auf, als sie vom König intendiert waren. Metternich, über das standardisierte Format der Büsten anscheinend politisch verärgert, spottete über den »Wald von abgeschnittenen Köpfen«, als handle es sich bei den Insassen des ludovicianischen Tempels um Opfer der Französischen Revolution.

Ursprünglich war vorgesehen, auch eine Luther-Büste aufzustellen. Sie war bereits gemeißelt und damit vorrätig, aber sie wurde bis zur Einweihung nicht aufgestellt. Sie fiel, wie Ludwig Thoma 1909 schrieb, einem »grobschlächtigen Geschrei« zum Opfer. Im Jahr der Einweihung feierte man den 300. Jahrestag der Einführung der Reformation in Regensburg, was einen Konfessionsstreit entfachte und ihm den Stempel »Spalter der Nation« verlieh. Und Hoffmann von Fallersleben höhnte: »Katholisch gekoschert, so kommt man allein / In unsere deutsche Walhalla hinein. / Denn Alles wol läßt sich auf Erden verzeihn, / Doch nimmer und nimmer die Ketzerei'n. / Und wollte der Luther ein Heide nur sein, / So käm' er am Ende wol auch noch hinein.« Erst 1847/48 konnte der marmorne Reformator die Schwelle zur Walhalla-Würde überwinden.

Die 1813 in einem eigenen Gesetz formulierte Glaubensfreiheit der Israeliten hat nicht dazu geführt, daß jüdische Geister in die Ruhmeshalle aufgenommen worden wären. Moses Mendelssohn wenigstens hätte sich angeboten, wurde jedoch nicht auserkoren; erst die Büste Albert Einsteins, 1990 aufgestellt, hat die Lücke ein wenig kleiner gemacht.

Es durfte nach Ludwigs erklärtem Willen »kein Stand, auch das weibliche Geschlecht nicht« ausgeschlossen werden. Aber es haben nur fünf Frauen von 127 Auserwählten geschafft, als Büste in die kalte Ruhmeshalle des Erinnerns aufgenommen zu werden: zum Beispiel Amalia von Hessen-Kassel, die Zarin Katharina II. und Maria Theresia.

Nach königlicher Verfügung sollen die Büsten in klassizistischem Stil gehalten sein. Die Anforderung ist heute nicht mehr zu leisten. So sind die neuesten Kreationen nicht gerade ausdrucksstark geraten. Aber auch die früheren weisen einige Merkwürdigkeiten auf. Die schönsten Locken hat wahrscheinlich Johann von Dalberg, Bischof zu Worms. Tondichter Mozarts Gesicht ist entschieden in die Länge gerutscht. Er schaut, um einverständige Mitwisser bemüht, etwas infam nach oben. Beethovens Gesichtszüge sind allerliebst verbissen; anscheinend kämpft er gegen den Dämon der Schwerhörigkeit. Erwin von Steinbach starrt übermäßig nach oben, wo die Turmspitze seines Straßburger Münsters zu vermuten ist. Ganz schwach: Johann Sebastian Bach. Schubert und Bruckner – die Bildhauer konnten es nicht besser. Stifter: lächerlich.

1998 ist eine weitere Frau hinzugekommen: Karolina Gerhardinger, die den meisten Besuchern hier wohl zum erstenmal begegnet. Sie war 1833 die Gründerin des Ordens der »Armen Schulschwestern von Unserer Lieben Frau«. Inmitten der anderen thront ihre Büste auf der Marmorkonsole an der Wand. Adenauer wird von ihr und von Johannes Brahms gerahmt. Rechts neben dem Eingang ist seit 2002 Sophie Scholl postiert – im Kreis der Nationalmethusalems die unvergleichlich jüngste. Sie wurde am 22. Februar 1943 in München-Stadelheim hingerichtet. Roland Freisler war eigens aus Berlin angereist, um den Tod durch Fallbeil wegen »landesverräterischer Feindbegünstigung, Vorbereitung zum Hochverrat und Wehrkraftzersetzung« zu verkünden. Nicht Deutschlands Größe wurde von dem seit 1962 für die Auswahl zuständigen Bayerischen Ministerrat beglaubigt, sondern eine Widerständlerin, die sich gegen die Hybris der teutonischen Größe wandte. Pars pro toto: auf einer Gedenktafel darunter wird das Andenken für alle anderen aufgerufen, für jene, »die gegen Unrecht, Gewalt und Terror des ›Dritten Reiches‹ mutig Widerstand leisteten«. Ihr Mut in Marmor wirkt wie ein Widerruf der Pantheonsidee: eine ganz andere Nation aus Dissidenten und Abweichlern, Widerständlern und demokratischen Gefährten ist in dieser Ruhmeshalle nicht vorgesehen.

Sophie Scholls Präsenz schließt jedoch ein, daß sie künstlerisch vollständig in die Galerie der 126 deutschen Jubelgreise und Großmütter eingereiht worden ist. Die Statuten der Bayerischen Akademie der Wissenschaften sehen einen engen ästhetischen Rahmen vor:

der Walhallianer muß nach den Richtlinien physiognomisch getreu gemeißelt sein: »In der Walhalla soll den Besuchern die Bedeutung großer Persönlichkeiten der deutschen Geschichte durch ein möglichst lebensnahes Abbild vor Augen geführt werden«, heißt es. Der Bildhauer Wolfgang Eckert konnte sich seines Auftrags nur mit gebührender Verlegenheit entledigen. Er hatte die gleichen Schwierigkeiten wie weiland seine Vorgänger mit Heinrich dem Löwen oder Eberhard im Bart: es standen zu wenig Bildvorlagen zur Verfügung. Die wenigen Fotos der blutjungen Frau geben auch nicht viel mehr her als die idealisierten Holzschnitte der Altvorderen.

Schon Heinrich Heine hat über die »marmorne Schädelstätte« gespottet. Und es hat sich seitdem optisch nichts an diesem Sachverhalt verändert: die erhabenen Toten wirken ein wenig toter als tot, die Versammlung des deutschen Geistes ergibt ein Wachsfigurenkabinett. Die Beschwörung der großen Vergangenheit mag nicht gelingen: es schleicht sich der destruktive Argwohn ein, es handle sich um eine allerfeinste Deponie verschollener Dekoköpfe aus einem Theaterfundus. »German Fatherland« (William Turner) rückt durch sie noch mehr in die Abwesenheit eines vormaligen Erlebnisses. Aber wohl schon der königliche Stifter ist von diesem Befund ausgegangen. In seinem glanzvollen Buch »Der Weg nach Walhalla« hat der Regensburger Kunsthistoriker Jörg Traeger bündig erklärt: »Streng genommen, stand hinter den monumentalen Beschwörungen von Geschichte eine Ästhetik der Abwesenheit.« In diesem Raum kommt jeder zu spät.

Als streitbar erweist sich nur eines: der Disput, wer aufgenommen werden soll. Das Spiel um den Kanon, so unerheblich seine Ergebnisse sein mögen, kann nicht veralten, denn er dreht sich um eine der anziehendsten Illusionen, die uns beherrschen: daß wir mit der Geschichte noch verbündet wären.

1857 widmete Ludwig I., die abgedankte Majestät, diese größte Tat seines Mäzenatentums dem künftigen Deutschen Bund, und fünf Jahre später ergänzte er seine Verfügung: »Würde, was Gott verhüten möge, der deutsche Bund aufhören, so fällt die Walhalla an Bayern als Staatseigentum.« Anscheinend regiert in der Münchener Staatskanzlei die Vorstellung, Deutschlands Einheit sei noch immer nicht hergestellt: Bis heute gehört die Weihestätte dem bayerischen Staat.

Auch wenn Klenze nach seinen eigenen Worten das Kultrevier

eines »germanischen Elisiums« geplant hat, ist die Stiftung des Künstlerkönigs von allem Nationalismus fern und eines der schönsten Monumente des bayerischen Sonderwegs. Aber die säkularisierte Bildungsreise mag mit gebührendem Ernst niemand mehr antreten: die versammelten Marmorköpfe porträtieren überwiegend verschollene Größen, mit denen sich keine Identifikation verbinden, an die sich nicht einmal Kenntnisse heften wollen. Und die Intention des Königs für die Ruhmeshalle, »auf daß teutscher der Teutscher aus ihr trete, besser als er gekommen«, ist seit urvordenklichen Zeiten stillgelegt; kein Verwandlungszauber haftet an diesem mit Bedeutung und Marmor nobilitierten Bau. Durch Anschauung historischer Größe will sich niemand mehr veredeln lassen. So ist der hellenistische Bau mit seinen leblosen Antiquitäten, dieser Tempel für Ruhm in der Geschichte, ganz und gar zum Ausflugsziel geworden: Attrappe des Ehemals, dessen Gefühls- und Erinnerungswerte abgestorben sind. Wir sind nicht mehr die vom König ersonnenen Bildungspilger und können dort nur als fotografierende Visiteure ankommen.

Die Blicke sind entgegen der ursprünglichen Raumweite gestört. Die vorstädtischen Banalbauten, mit denen sich Regensburg weit in die Landschaft hineinschiebt, rücken bereits in greifbare Nähe. Vor dem Aufgang zur Walhalla hat sich ein Schrebergarten breitgemacht. Vom heiligen Hain um den Ruhmestempel herum ist nur gewöhnlicher Mischwald übriggeblieben. Von unten drischt der Lärm zweier Schnellstraßen herauf. Die Donau, die an dieser Stelle einen romantischen Bogen macht, wird durch ihre notorisch braune Farbe daran gehindert, noch Hölderlins Strom abzugeben. Mittendrin ankert ein Container-Doppelschiff. Der Treppenaufgang, der den Weg empor zur deutschen Kulturnation vollziehen sollte, ist wegen Baufälligkeit verriegelt. So rückt der Bau in den Rang eines falschen Zitats, eines kuriosen Altertums und die Wahlverwandtschaft zwischen Kunst und Natur ist im Blick des Betrachters nicht mehr herzustellen.

Ein Abschiedsblick gilt dem Marmorstein, auf dem Worte Ludwigs eingemeißelt sind. In seinem typischen abgehackten Stil schrieb er: »Möchte Walhalla förderlich sein der Erstarkung und Vermehrung deutschen Sinnes! Möchten alle Deutschen, welchen Stamme sie auch seien, immer fühlen, daß sie ein gemeinsames Vaterland haben, ein Vaterland, auf das sie stolz sein können, und jeder trage bei, soviel er vermag, zu dessen Verherrlichung.« Die Gebrechlichkeit dieser vaterländischen Voraussetzungen erweist sich im Umgang mit dem Kanon der historischen Größen, der zu einem Buch mit sieben Siegeln des Bildungsnotstands geworden ist. Auch wollen die deutschen Zuschauermassen anscheinend nicht mehr so recht strömen. An diesem Sommerwochenende, dieser Verlockung in die Natur, sind in der Walhalla untertags fast nur Amerikaner aus Georgia und Finnen zu zählen. Sie schreiben vorwiegend Ansichtskarten und lassen sich – »press your own penny into a souvenir design« – ihre kupfernen Fünfcentstücke von einem Automaten zu ovalen Erinnerungsmedaillons verbiegen. Die Walhalla wird niemals mehr den Tiefenraum der Nation abgeben. Gemessen an dem, was in Deutschland seit 1842 passiert ist, scheint es, sie sei immer schon ein Monument aristokratischer Vergeblichkeit gewesen.

Haus der Nation
Die Paulskirche

Der berühmte Bau scheint vor der Silhouette von Mainhattan zu verschwinden. Das Agglomerat der Bankentürme ergibt eine Hinterbühne aus Glas und Stahl, von der dieser Zentralraum mit seinem Turm vereinnahmt wird. Im Innern des Plenarsaals fröstelt es einen unwillkürlich: dominantes Weiß im festlichen Großraum, Rednerpult aus Granit, spartanische Nüchternheit, das Pathos der Würde und protestantische Kälte erzeugen einen leisen Schauer. Die Frankfurter Paulskirche ist und bleibt: der Ort, von dem unsere parlamentarische Demokratie herkommt, der Schauplatz der politischen Debattenkultur, aber auch der folgenarmen Rhetorik und der gescheiterten Bemühungen um die bürgerlichen Rechte und Freiheiten von 1848. Sie ist als sakraler Raum erbaut worden, aber sie wurde zur Kathedrale einer politischen Ordnung und einer Einheit, die »Deutschland« heißt.

Die Paulskirche wurde geplant für eine verwinkelte Stadt, in der noch die Gotik regierte und eine nüchterne Rechtschaffenheit den Rat und die Bürgerschaft lange daran gehindert hatte, eine großzügige, zeitgemäßere Planung zu wagen. 1786 wurde die gotische Barfüßerkirche am Römer wegen Baufälligkeit abgerissen. Die »Barfüßer«, die unbeschuhten Franziskaner, waren schon mehr als 250 Jahre zuvor ausgezogen und die evangelische Gemeinde hatte sich zu einem Neubau entschlossen, da sie ihre Hauptkirche »dünn und alt und ganz aus der Mode« fand. Mit den Plänen wurde 1782 der Stadtbaumeister Andreas Liebhardt beauftragt. Wenn er allerdings geahnt hätte, welchen Ärger ihm dieser Auftrag einbrachte, hätte er ihn wohl eher abgelehnt. Es begann nämlich ein zähes Hin und Her, das bis zur Einweihung der Kirche 1833 nicht enden wollte. Man hatte in Frankfurt durchaus den Mut gefunden, einen Großbau zu wagen und mit der Kirche ein dominantes Zeichen zu setzen. Das gewiß, und es ging auch darum, der katholischen Konkurrenz einen Bau entgegenzusetzen, der durch seine Majestät sich behaupten konnte. Der Gegenreformation, die gleichsam in Barock regierte, galt es, mit anderen stilistischen Mitteln zu begegnen. Liebhardt trug dem Rechnung mit seiner Empfehlung: »Meines Erachtens nach ist die ovale Form die einzig mögliche und geeignete, den Platz bei Erreichung eines hohen Kirchengebäudes auszunutzen.« Er zeichnete eine Anlage mit zwölf Rundbogenfenstern und einer umlaufenden Empore im Innern. Vier Zugänge über die Achsen und zwei vorspringende Treppenhäuser sollten den Zugang zur Galerie erschließen. Ein dreieinhalbgeschossiger, hochragender Turm im Westen erinnerte an römische Vorbilder und die vorgesehene Kuppel über dem Kirchenoval an die Dresdner Hofkirche. Doch der Rat der Stadt war anscheinend ebensowenig damit einverstanden wie die lutherische Gemeinde. Die Angelegenheit zog sich mit Gegenentwürfen und Gutachten hin. 1788 starb Andreas Liebhardt, ohne daß es zu einer Einigung gekommen war. Sein Nachfolger, der Stadtbaumeister Georg Hess, übernahm die Aufgabe, den Plan zu überarbeiten und eine Reihe von Auflagen mit einzuarbeiten. Er behielt Grund- und Umriß im Plan seines Vorgängers bei, näherte das Projekt aber deutlicher dem Klassizismus an. 1789, als die Französische Revolution ausbrach, wurde mit dem Bau begonnen. Wegen der Enge der Umgebung war der Transport der Baumaterialien schwierig, der sumpfige Baugrund erforderte für die

Fundamente einen Rost von 1000 Eichen- und Eschenpfählen. Bereits drei Jahre später standen die Außenmauern des Kirchenovals, aber dann verzögerten sich die weiteren Arbeiten. Jedenfalls wurde erst sieben Jahre nach Baubeginn das Dach aufgebracht, der Weiterbau des Turms unterbrochen. Es folgten schwere Jahre: fünfmal wurde die Stadt besetzt, beinahe zwölf Millionen Gulden hatte sie an Kontributionsleistungen den Franzosen zu entrichten.

Aber auch die unfertige Paulskirche hat mächtig Eindruck gemacht. Goethe kam auf einer Schweizerreise durch seine Heimatstadt und war von der Kirche angetan, »ob sie gleich im allermodernsten Sinne gebaut ist«, aber sie habe in Frankfurt keine repräsentative Umgebung: »Sie stickt, da man ringsherum wohl schwerlich viel wird abbrechen lassen, zwischen Gebäuden, die ihrer Natur und Kostbarkeit wegen unbeweglich sind.« Man kam mit ihr nicht weiter, erwog zeitweilig sogar den Abriß. Französischen Truppen diente sie als Versorgungslager, Kaufleute mieteten sie als Magazin, und sogar die Heißluftballons der Madame Blanchard wurden in ihr ausgestellt.

1816 starb auch Baumeister Hess, ohne die Vollendung seines Baus erlebt zu haben. Sein Sohn Friedrich Christian Hess nahm sich des unvollendeten Erbes an. Er plante einen weitaus höheren, monumentalen Turm und wollte die Innenausstattung streng klassizistisch halten. Ein Muster dafür gab es in nächster Nähe: Georg Moller hatte in Darmstadt die Ludwigskirche vollendet. Aber die Entscheidungen verzögerten sich wiederum von Jahr zu Jahr. 1822 schlug Hess vor, »das so außerordentlich häßliche, das Innere wie das Äußere der Kirche entstellende Dach abzubrechen und durch eine aus Bohlen zu fertigende mit Zink und Kupfer zu deckende Kuppel mit großem einfallenden Lichte zu ersetzen«. Es gab Vergleichsbeispiele: Mollers Ludwigskirche, den Ahnensaal auf Schloß Wilhelmshöhe bei Kassel und die Rotunde Schinkels im Berliner Museum. Im übrigen lehnte sich dieser Vorschlag eng an das römische Pantheon an. Endlich konnte 1829 weitergebaut werden, allerdings ohne Genehmigung der Kuppel. Der Senat hatte ausdrücklich und ziemlich pingelig betont, das Schieferdach müsse bleiben, »und unsere Vorfahren haben nicht ohne Grund die Solidität einem gefälligeren, aber minder soliden Dach vorgezogen«. Der Turm durfte nach Geheiß der Behörden doch nicht erhöht werden, so daß die Silhouette der Kirche es optisch nicht mit dem Dom aufnehmen konnte. 1830 wurde Paulus als Namenspatron gewählt, nachdem sie zuvor immer nur als »Centralkirche« oder als die neue »Predigerkirche« fungiert hatte. Wieder glomm in der Freien Reichsstadt die Konkurrenz der Religionen auf: man wollte sich wenigstens auf einen Stifter der christlichen Kirche berufen und suchte mit dem Prediger Paulus eine Entgegnung auf den Apostel Petrus, der Wunder vollbracht hat und der zentralen Kirche der katholischen Christenheit in Rom den Namen gegeben hatte. Die lange und komplizierte Baugeschichte wirkt wie ein Vorausecho auf dem verschlungenen deutschen Weg zur Demokratie: keine architektonische Setzung etwa im Stil kühner klassizistischer Extravaganz und keine revolutionären Taten, sondern parlamentarische Rhetorik – das entspricht einander.

1833 wurde die Paulskirche eingeweiht. Überzeugend war das antike weiße Oval des Innenraums, ein Amphitheater für protestantische Prediger; die Lichtfülle, die umlaufende Empore, die, von zwanzig ionischen Säulen getragen, 1200 Besucher aufnehmen konnte; eindrucksvoll war das Ensemble aus Altar, Kanzel und Orgel, die mit rund 4000 Pfeifen, drei Manualen und 73 Registern zu den größten in Europa zählte. In dreißig Metern Höhe war unter das Schieferdach eine flache Voutenkuppel eingehängt.

Am 18. Mai 1848 zogen zunächst 384 in freier Wahl bestimmte Abgeordnete in die Paulskirche ein. Frankfurt »in floribus« hatte sie empfangen. Böllerschüsse krachten, und die Kirchenglocken läuteten, als die Volksvertreter sich in feierlichem Zug zu ihrem Versammlungsort begaben. Für die Beratungen der Volksvertreter hatte man diesen Ort gewählt, weil er als einziger in der Stadt 2000 Menschen einen Versammlungsraum bot und weil er mit Kanzel und amphitheatralischem Rund für die Ideale der freien Rede und des Parlamentarismus geradezu ein Idealgehäuse bot (von der miserablen Akkustik abgesehen). Die Rotunde war mit grünem Tuch verkleidet, überall prangten die Farben Schwarzrotgold. Alterspräsident Lang eröffnete die Versammlung, »deren Beruf es ist, ein bedeutendes Stück Weltgeschichte zu machen, einen Abschnitt in unserer Zeit, die, so Gott will, als segenbringend von der fernsten Zukunft begrüßt wird«.

Den Eingang der Paulskirche zierte ein Satz, der die doppelte Bestimmung des Baus als Gotteshaus und als politischer Tempel bezeichnete: »Es muß sein, denn Gott will.« Vor die Orgel war ein Gemälde der Germania von Städeldirektor Philipp Veit gehängt. Der

Altar war durch ein Tuch mit dem Emblem des Reichsadlers verhüllt. Davor der Präsidententisch, dazu Fahnen in den Bundesfarben.

In Frankfurt lebten damals rund 60 000 Einwohner. Nur knapp zehn männlichen Prozent aus bürgerlichen und adeligen Familien war das Wahlrecht gegönnt. 200 Zuschauerplätze waren für Frauen reserviert, keine einzige von ihnen war abgeordnet. Die Nationalversammlung war zusammengesetzt aus einem guten Drittel Juristen, einem Fünftel Beamten, 15 Prozent Professoren, dazu kamen Schriftsteller, Ärzte, Offiziere, Geschäftsleute. Nicht ein einziger Arbeiter fand sich unter ihnen ein; sie waren nicht einmal wahlberechtigt. Und auch die Bauern fehlten: die Agrarier in der Liste waren fast alle Großgrundbesitzer. Aber der »große Volksrat« fand begeisterte Reporter. Der Abgeordnete Wilhelm Zimmermann schwärmte: »Da saß neben dem Abgeordneten aus dem fernsten Preußen, wo der Kosake auf der Wacht war, der aus Welschtirol, der das Deutsche nur gebrochen und die Sprache des Landes der Orangen als Muttersprache spricht, da saß der reichste Grundbesitzer Oberschwabens, der noch den Fürstenmantel trägt und dessen Vater noch souverän war so gut wie die Kronen von Preußen und Hannover, nicht weit von dem wackeren Landmann, der seinen Meierhof im Traunkreise mit eigener Hand bebaut; da saßen der feuereifrige Ritter des katholischen Glaubens und der kühle dialektische Prediger der deutsch-reformierten Gemeinde, der Lichtfreund, der Philosoph, der Bischof, der Pietist und der Jesuit auf einer Bank; alle Glaubensbekenntnisse Deutschlands waren vertreten, nicht wenig zahlreich auch jüdische, und zwar das letzte durch ausgezeichnete Talente und Caraktere.«

Die Paulskirche war der Gegenort zur Versammlung des Deutschen Bundes, der aus den Befreiungskriegen und dem Wiener Kongreß entstanden war. Die Gesandten aus 37 deutschen Ländern und vier freien Reichsstädten versammelten sich wöchentlich im Stadtpalais von Thurn und Taxis.

Die Nationalversammlung forderte »Provisorische Zentralgewalt« und die Ablösung der Bundesversammlung. Am 29. Juni wurde Erzherzog Johann von Österreich, der Onkel Kaiser Ferdinands, als Reichsverweser gewählt. Er war im Volk beliebt, hatte eine Bürgerliche zur Frau, hatte sich im Tiroler Freiheitskampf bewährt. Er zog am 12. Juli feierlich in Frankfurt ein und bildete am 15. Juli bereits sein erstes Kabinett.

Ein dreißigköpfiger Ausschuß nahm Ende Mai seine Arbeit an einem deutschen Grundrechtekatalog auf. Nicht einmal vier Wochen später wurde ein Entwurf dem Parlament zugeleitet und dort nach sechsmonatiger Debatte am 20. Dezember verabschiedet, wiederum eine Woche später im Reichsgesetzblatt Nr. 8 verkündet. Deutschland hatte einen ersten Teil der bürgerlichen Verfassung, auch wenn diese Grundrechte von Österreich, Preußen, Bayern und Hannover nicht anerkannt und Ende August 1851 durch Bundesbeschluß wieder aufgehoben wurden. Immerhin haben die Grundrechte auf die Verfassungen der Weimarer und der Bonner Republik großen Einfluß ausgeübt. Die neue deutsche Demokratie ist aus der Erinnerung an Reden geboren.

In große Bedrängnis geriet das Paulskirchenparlament durch den Septemberaufstand in Frankfurt. Preußen hatte den dänischen Willen zur Annexion von Schleswig-Holstein militärisch beantwortet, sich aber im Waffenstillstand von Malmö von den Großmächten zu Zugeständnissen drängen lassen. Die Nationalversammlung fand keine klare Position zu den Vorgängen, bestätigte das Abkommen mit knapper Mehrheit und wurde daraufhin von der außerparlamentarischen Opposition bedrängt. 20 000 Demokraten versammelten sich am 17. September auf der Pfingstweide zum Protest. Der Sturm auf die Paulskirche konnte nur durch Militär verhindert werden. In der Stadt errichteten die Aufständischen Barrikaden, die Abgeordneten Auerswald und Lichnowsky wurden auf der Bornheimer Heide ermordet.

Die Verfassung selbst konnte am 28. März 1849 verabschiedet werden und trat am 18. Mai in Kraft. Sie hob den Adel als Stand auf, schaffte die Todesstrafe ab und garantierte die Freiheit der Berufswahl. Eine Deputation von 32 Frankfurter Abgeordneten trug am 3. April 1849 dem preußischen König die Kaiserwürde an, doch der lehnte mit der vorgeschobenen Begründung ab, es fehle die Zustimmung der Einzelstaaten. Heine spottete: »Sie bieten mir an die Kaiserkron, / Die Liebe ist kaum zu begreifen; / Sie tragen mein Bild auf ihrer Brust / Und auf ihren Tabakspfeifen. / Ihr Deutschen seid ein großes Volk, / So simpel und doch so begabet! / Man sieht euch wahrhaftig nicht an, daß ihr / Das Pulver erfunden habet.« Damit hatte das Paulskirchenparlament seine entscheidende Niederlage erlitten. Schon zuvor war die Arbeit der Abgeordneten bei insgesamt 99 Sitzungen in einem Meer an Spott und Hohn ertrunken. Die graphische Abrechnung mit dem politischen Fortschritt war inflationär. »Reiterkampf«: Früher saß der Fürst auf dem Rücken Michels, jetzt ist es umgekehrt. Der Witz aber besteht darin: das Früher kann auch das Morgen sein. »Der Reichs-Kanarienvogel«: Satire auf einen linken Abgeordneten mit der Unterschrift: »Singt wenig – spricht viel – und lebt von Diäten –.« Auf einem Blatt, »politischer Damenclub« überschrieben, wurden die Bemühungen von Frauen, in die Politik-Domäne der Männer einzubrechen, verhöhnt. Dargestellt sind sie als eine keifende Horde von Stricklieseln. Es gab Lithographien zum Ausschneiden und zum Zusammensetzen der Einzelteile zu Hampelmännern. Das Parlament wurde als Kasperle-Theater veräppelt, die Abgeordneten erschienen als Puppen und von fremder Hand gelenkt.

Österreich rief seine Abgeordneten zurück. Nachdem die zweite preußische Kammer sich zur Verfassung bekannte, wurde sie aufgelöst. Danach gab es kein Halten mehr. Im Südwesten Deutschlands und in Sachsen brachen Aufstände los, die Mai/Juni 1849 blutig erstickt wurden. In Wien war der Abgeordnete Robert Blum bereits im November 1848 unter Mißachtung seiner Immunität standrechtlich erschossen worden.

Endgültig lehnte Friedrich Wilhelm IV. die deutsche Kaiserkrone am 28. April 1849 ab. Danach wurden auch die preußischen Abgeordneten abberufen, die Volksvertretung in Frankfurt fiel auseinander. Ein Rumpfparlament, in der Paulskirche nicht mehr sicher, als »die letzten Zehn« von St. Paul verspottet, tagte am 6. Juni in der Stuttgarter Reitbahn und wurde bereits zwölf Tage später vom württembergischen Militär gesprengt. Die Frankfurter »Didiskalia« berichteten am 22. Juni 1849: »Die Reitbahn, in welcher wir vor einigen Tagen mit so vielen Hoffnungen einzogen, ist zerstört; die Fahnen sind zerrissen, die Kränze zertreten; Bänke, Fußboden, Stühle, alles zerschlagen und zertrümmert und die deutsche Volksvertretung abermals obdachlos. Deutsche denket der Blütentage des Vorparlaments, denktet der Hoffnungen, welche euch damals beseelten! Ihr sahet sie schwinden und zunichte werden! Ihr bemühet euch nun, da die Reue euch erfaßt, die Spuren zu verlöschen. Einst wird kommen der Tag, da ihr euch zurufen werdet: Das war ein Lenz!« Bismarck, preußischer Vertreter in der bis 1866 tagenden Bundesversammlung, hat 1851 die Paulskirche wie die Walstatt eines Sieges besichtigt und bemerkte, daß es »grabesstill über den leeren Bänken« sei, »daß man sich das Parlamentsgeschrei schwer vergegenwärtigen kann«. Von den Schreibpulten prominenter Abgeordneter habe man sich Trophäen abgeschnitten. Auch in der Verachtung, die er dem demokratischen Parlament entgegenbrachte, akzeptierte Bismarck noch den dramatischen geschichtlichen Stoff, der ihm (wie allen Besuchern heute noch) vom Bau angetragen wurde.

Auch die Folgenlosigkeit hatte ihren Ruhm. Die Niederlage von 1849 hat die Paulskirche mit einer Gloriole des moralischen Ernsts und der feierlichen Würde versehen, von denen in der historischen Praxis wenig aufzufinden war. Die Paulskirchenbewegung überlagerte den Versuch einer deutschen Revolution. Sie selbst wurde von der Reichsgründung 1871 überblendet. Die Altliberalen gerieten an den Rand, 800 000 Menschen sollen nach 1848 ausgewandert sein. Die Achtundvierzigerjubiläen wurden fast ausnahmslos außerhalb der Paulskirche gefeiert. Der Frankfurter Dichter Friedrich Stoltze klagte 1873 zum 25. Jahrestag: »Ein Gestern! War's ein Träumen? / Wir sehen uns verwundert um / Nach Deutschlands Freiheitsbäumen. / Wo sind sie, die das Volk gepflanzt / Und jubelnd drum herumgetanzt? / Nach Freiheit schrieb sich's heiser. / Wo ist sie denn? Ich sehe nichts / Als einen deutschen Kaiser.« Das Erbe, das sich verspätet: Der Nation, auf ihrem geschichtlichen Weg durch keinen grundlegenden Umsturz nach vorne gebracht, mit einer kleindeutschen Lösung nach preußischem Militärgeschmack abgefunden, mit einem Verständnis, das den teilnehmenden Demokraten ein emigrantisches Peripheriebewußtsein zuwies, hat sich die Paulskirche nicht nur als Ursprungsort der parlamentarischen Demokratie, sondern auch als Zentrale der Vergeblichkeit ins Bewußtsein gesenkt.

Wo die politische Ohnmacht groß ist, blüht der Pazifismus: Im August 1850 fand in der Paulskirche der erste Internationale Friedenskongreß statt. Hundert Jahre später wurde an gleicher Stelle erstmals der Friedenspreis des Deutschen Buchhandels vergeben.

Im Oktober 1852 wurde die Paulskirche von der evangelischen Gemeinde mit einem Gottesdienst wieder in Besitz genommen. Aber die Rückführung des Baus in eine schlichte Gemeindekirche wollte nicht recht gelingen. Man fand zu einer zwittrigen Vorstellung, daß der Außenbau der Erinnerung, das Innere dem Gottesdienst zu weihen sei. Und sie erhielt nun kirchliche Repräsentanz: 1854 versammelte sich in ihr der siebte evangelische Kirchentag, wobei der Gründer der Inneren Mission, Johann Heinrich Wichern, eine bedeutsame sozialpolitische Rede hielt. 1887 tagte in der Paulskirche der »Evangelische Bund zur Wahrung der deutsch-protestantischen Interessen«. Das waren für Jahrzehnte die herausragenden Ereignisse.

Die Reichsgründung 1871 hat es offensichtlich nicht erleichtert, des Paulskirchenparlaments zu gedenken. Die Feier zum 25. Jubiläum der Achtundvierziger wurde nicht in der Kirche veranstaltet, die Gemeinde nahm von dem Ereignis keine Notiz. Erst ein weiteres Vierteljahrhundert später, zum Fünfzigsten, ließ die Stadt beiderseits des Eingangs zwei bronzene Erinnerungstafeln anbringen. Man wollte sich auch an das Selbstverständnis einer freien Reichsstadt erinnern. In der Paulskirche fand eine offizielle Feier statt; die Festrede hielt Friedrich Payer, der Führer der Schwäbischen Volkspartei. Im Innern hatte man die geistliche und die weltliche Bedeutung des Baus durch Dekor schon zuvor zaghaft angedeutet. 1886 wurden Engel und die vier Evangelisten auf eine inzwischen – zur Verbesserung der Akustik eingezogene – Decke gemalt. Philipp Veit hatte vor der verhüllten Orgel eine Germania aufgestellt. Mit Schwert und Ölzweig, Eichenlaub im Haar und dem Habsburger Doppeladler auf der Brust symbolisierte sie, nicht gerade preußenfromm, die eine und einzige großdeutsche Nation.

1903, zum neunzigsten Jubiläum der Freiheitskriege, ließ der Frankfurter Magistrat ein Einheitsdenkmal aufstellen: einen Obelisken aus Sandstein mit einer Statue auf der Spitze und Reliefs an der Basis neben der Kirche: »Abschied des Jünglings vom Vater«, »Schmieden der Waffen«, »Bereit zum Kampfe«. Sie stellen eine wehrhafte Fassung der wehrlosen Demokratiebewegung dar. Man hat sie gleichsam in den martialischen Wilhelminismus gekleidet. Andererseits ist auf die Spitze eine geradezu zierliche Germania drapiert, die mit Füllhorn und Fackel nichts von einem deutschtümelnden Masseweib hat. Und der halblaute Oppositionsgeist in Frankfurt ging noch weiter. Die Hinweise auf die »Sänger von Freiheit und Einheit« am Denkmal konnte man noch mit den lyrischen Heldentenören Arndt oder Körner in Verbindung bringen, aber der Verweis auf das »freie Bürgertum« und die »deutschen Hochschulen« zielte auf die Geschehnisse in der Paulskirche ab.

Die Arbeiterbewegung hat die Ideale der bürgerlichen Revolution tradiert, gleichsam als Ersatz für die Ohnmacht der eigenen. Niederlagen fördern die Erinnerungskultur. Die Weimarer Republik, selbst ein Geschenk der militärischen Niederlage, hat die Erinnerung genutzt. Reichspräsident Friedrich Ebert warb am 18. Mai 1923 zum 75jährigen Jubiläum der Nationalversammlung eindringlich für die parlamentarische Demokratie. Sein Auftritt bedeutete Offensive und Kapitulation zugleich. Die Republik besann sich auf ihre legitimen Vorfahren und hatte schon auf die Durchsetzung des Verfassungsartikel: Sozialisierung der Grundindustrien, auf das Resterbe der Revolution, verzichtet. Alfred Weber hielt sich in seiner Festrede an die Knechtung der Deutschen durch das Diktat von Versailles: »Heute handelt es sich um die Frage, ob die europäischen Fundamente, auf denen die Männer der Paulskirche standen, wieder sichtbar gemacht und zu wirklich lebendiger Kraft gebracht werden können, welche Wege dazu führen und welche Konsequenzen für unser Handeln daraus folgen. [...] In Europa gibt es Ausweisungen, Einsperrungen, Wegnahme von Privateigentum, Ignorierung aller selbstverständlichen persönlichen Freiheitsrechte in brutalster Form, vollzogen mitten im Frieden und in seinem Herzen. Alles ursprünglich Europäische ist in Europa selbst zerrüttet.«

An der Außenwand wurde bereits 1925, ein Jahr nach Eberts Tod, eine Bronzeplastik für den ersten Reichspräsidenten angebracht. Die Weimarer Republik hatte durchaus den Willen, sich gleichsam in Erinnerungszeichen zu situieren. 1929 hielt Theodor Heuß zum hundertsten Geburtstag eine Laudatio auf Carl Schurz, der wegen seiner Beteiligung am badischen Aufstand 1849 hatte ins Ausland fliehen müssen, in den USA zum General, später zum Innenminister befördert worden war. Es war in Frankfurt das letzte größere Erkennungszeichen einer demokratischen und republikanischen Tradition, die sich an den Schauplatz des ersten deutschen Parlaments band.

1938, im neunzigsten Jahr, kam Hitler nach Frankfurt. In die Paulskirche wollte er nicht gehen, er fand den Ort abstoßend. Keinesfalls mochte er sich mit den Idealen von 1848 identifizieren. Aber er berief sich auf einige der national Gesonnenen unter den Volksvertretern; er fälschte sie zu Chauvinisten um. Der Einmarsch in Österreich sollte vorbereitet werden.

Sechs Tage nach dem letzten Gottesdienst wurde die Paulskirche im März 1944 von englischen Phosphorbomben getroffen. Gemeindepfarrer Georg Heinrich Stockmeier war Augenzeuge der Katastrophe: »Die noch brennenden Teile des Daches stürzen in die Kirche, schlagen die Empore mit ihren 1200 Sitzplätzen herunter. Wie in einem ungeheuren Kessel kracht und platzt es. Die Paulskirche stirbt. Ihr leuchtendes Goldkreuz, neben dem Dom Wahrzeichen der Stadt, hängt rauchgeschwärzt kopfüber an dem ausgeglühten Turm herunter. Noch viele Tage rumort es in ihrem Leibe, bis sie endlich, auch als Ruine noch eindrucksvoll, zur letzten Ruhe kommt und die Schauer des Todes sich über sie senken.« Der Beobachter des Unglücks blieb nicht der einzige, den die Ruine faszinierte. Unter vielen anderen war auch der Architekt Rudolf Schwarz von den bis zu 28 Metern in den Himmel ragenden Wänden, den leeren Fensteröffnungen, den Säulenresten, die, Stalagmiten gleich, ins Blau stießen, von den Trümmern im Innern magisch angezogen: »Die große Ruine war weitaus herrlicher als das frühere Bauwerk, ein riesiges Rund aus nackten ausgeglühten Steinen.« Durch den Brand sei der Raum »gegen die Absichten seines Erbauers zu einer römischen Größe gediehen« (an Mies van der Rohe, 21. Mai 1947). Ohne jeden Dekor, ohne Erinnerungstafeln, in seiner allerletzten Schmucklosigkeit, nur als Raumzeichen erhielt die Paulskirche eine beeindruckende Symbolkraft. Der Untergang des Deutschen Reiches war in ihr ebenso sinnfällig wie die Tabula rasa der Werte, und besetzt wurde diese leere Hülle eines Einst mit den Impulsen des Wiederaufbaus, der geistigen Wandlung und der Erneuerung des demokratischen Erbes.

Eine ungemein gefühlsgeladene, pathoserfüllte Debatte ging dem Beschluß zum Wiederaufbau voraus. Man spürt die Diskussionsenergie noch im Enthusiasmus, mit dem der Frankfurter Oberbürgermeister Walter Kolb am 20. Nov. 1946 den Aufruf zum Wiederaufbau begründete: »Sollte man nicht lieber in solcher Not den Wiederaufbau der Paulskirche auf bessere Zeiten vertagen, für Dächer und Stuben sorgen und sich zur Jahrhundertfeier der deutschen Demokratie bescheiden in ihrer Ruine versammeln? Nein! Und nochmals Nein! Ein großes Volk schafft nicht nur Dach und Brot für jeden einzelnen Bürger: es braucht auch ein Haus für sich selbst! Wie sich unsere Väter im Mittelalter in den Domen das Haus Gottes auf Erden bauten und sich an und in ihm erbauten, so muß auch unser werdender neuer Staat sich im Symbol neu erbauen. Ganz Deutschland muß die Paulskirche wieder aufbauen, von außen und von innen im Stein wie im Geiste!«

Historisten und Modernisten stritten um den Bau, als ginge es um ihr eigenes zukünftiges Leben. Anhänger des Historismus wollten den Bau mit Empore und Dekor, wie er bis zum Brand überkommen war, wiederherstellen; Modernisten, die sich durchsetzen konnten, erkannten in der Ruine eine Möglichkeitsform. Die Rechenschaft der Planungsgemeinschaft, im März 1948, wenige Wochen vor der Neueröffnung in der Zeitschrift »Die neue Stadt« erschienen, knüpft an die Verwandlung an, die der Bau im Fegefeuer erfahren habe: »Die Flamme hatte unter oberflächlichen Verzierungen und Stukkaturen einen Bau bloßgelegt, der bereit war, herrlich zu werden. In den Gesprächen über den Wiederaufbau wurde sogleich ausgesprochen, daß das Unglück uns hier eine neue große Form geschenkt hatte. Sie war unerwartet in bitterster Stunde hervorgetreten, und es kam zum Ausdruck, daß die Form so bleiben mußte.«

Genaugenommen waren es zwei Kontroversen, die fast gleichzeitig um den Wiederaufbau berühmter Frankfurter Denkmäler geführt wurden. Zum Kampf um die Paulskirche kam auch eine Kontroverse um das Goethehaus, das in der gleichen Nacht des 22. März 1944 zerstört worden war. Nur einzelne Reste waren noch übriggeblieben, nicht eine erhaltenswerte Grundmauer. Sollte man das Gebäude als eine historische Replik wieder herstellen? Gleichsam mit verteilten Rollen und mit unterschiedlichem Personal wurden die gleichen Alternativen durchgespielt.

Die Debatte über die »casa santa der europäischen Bildung«, das Goethehaus, wurde mit erbitterter Heftigkeit geführt. Ernst Beutler vor allem, aber auch Dolf Sternberger, Reinhold Schneider und Gustav Radbruch beteiligten sich daran 1947 mit Stellungnahmen für den Wiederaufbau des verschwundenen Bürgerbaus. Walter Dierks forderte in den »Frankfurter Heften« (August 1947) »Mut zum Abschied«. Der Grundstein zum Wiederaufbau, »unverändert und am alten Platze«, wie der Magistratsbeschluß lautete, war bereits am 5. Juli gelegt worden. Dierks schrieb also seine Philippika im nachhinein, wohl wissend, daß nichts mehr zu ändern sei. Er führte mehrere Gründe für seine Widerrede an. Er gab der Hoffnung von Architekten recht, die »nicht die Städte unserer Großväter, sondern die unserer Kinder bauen« wollten. Er dachte sich das Neue »nicht nur sparsamer, schlichter, sachlicher« als die zerstörte Substanz, »sondern auch würdiger, nobler, sozialer, geistiger, kurz: schöner«. Er sah in der

Wiederherstellung des sogenannten Originalzustandes nur die falsche Alternative »schlechte Nachahmung oder peinliche Fälschung«, fand die Aura der Überreste zerstört – das, was er »das Numinose« nannte: »Man wird durch das Haus gehen in dem Gefühl (dem gleichgültigen, dem bitteren, dem resignierten, je nach Stimmung und nach dem Verhältnis, in dem man zu Goethe steht): hier hat Goethe *nicht* gelebt. Und es wird kein Ort mehr in Frankfurt sein, da man sagen kann: hier hat er gelebt. Man ist daran, den Ort endgültig zu zerstören.« Er plädierte für ein neues Gebäude mit den geretteten Reliquien, in den alten Dimensionen, von dem aus man den ganzen Hirschgraben neu gestalten sollte. Er sah sich in einem kritischen Verhältnis zu Goethe und bezog von da aus ein weiteres Argument gegen den Wiederaufbau: »Das Haus am Hirschgraben ist nicht durch einen Bügeleisenbrand oder einen Blitzschlag oder durch Brandstiftung zerstört worden; es ist nicht ›zufällig‹ zerstört worden, genauer gesagt: in einer Kausalkette, die keine Beziehung zu dem eigentümlichen Wesen dieses Hauses hätte und also ihm gegenüber äußerlich wäre.« Er suchte einen Zusammenhang zwischen dem Geist der Goethezeit und seiner Vernichtung: Goethe selbst habe in der Politik Entfernung von seinem tätigen Realismus genommen, habe in politicis resigniert, und das gehöre zu den Voraussetzungen für die Zerstörung seines Hauses. Das müsse man anerkennen. Dem Neubau der Paulskirche wollte er den historischen Innendekor wieder hinzufügen.

Es hat sich nicht bewahrheitet, was der Architekt Otto Bartning 1948 behauptete: »Frankfurt wird auf die Paulskirche stolzer sein als auf die Unwahrheit des echt imitierten Goethe-Hauses. Dieses wird das Urteil der Zukunft sein, so wahr wir überhaupt an unsere Zukunft glauben.« Die spröde Nüchternheit, die Tugenden des Neuanfangs, die Sehnsucht nach Reinigung, die das mönchische Ideal dieses Baus ausdrücken, hat sich gegen die Wiederherstellung von Gemütlichkeit und altdeutscher Behäbigkeit nicht durchsetzen können.

Die zerstörte Paulskirche rufe »Erinnerungen an die Ruinen der Caldarien römischer Thermen (Trier)« wach, schrieb Hans Eckstein, Beobachter für den »Tagesspiegel« am 18. Dezember 1948. Hier konnten sich die Befürworter eines »original«-getreuen Wiederaufbaus nicht, wie beim Haus am Hirschgraben, durchsetzen. Ein Wettbewerb wurde ausgeschrieben, der vom »großartigen Raumeindruck« der Ruine ausging. Unter dem Zeichen der Moderne sollte die Paulskirche, besser: eine neue Ausgabe von ihr erstehen. Die Wiederanknüpfung an die Moderne der zwanziger Jahre wurde angestrebt. Sie erschien als Befreiung vom Staatsmonumentalismus der Nazibauten, sie versprach ein Symbol gesellschaftlichen Neuanfangs zu bieten und betonte die geschichtliche Wende; sie demonstrierte jenen demokratischen Willen, der einst in der Paulskirche vergebens durchgesetzt werden sollte und den die Nazis mit ihrer Verfemung des Bauhauses annulliert hatten.

Das Neue Bauen galt als Synonym der neuen Demokratie und setzte sich in Geist und Buchstabe gegen die Historisten durch, die vom alten Frankfurt so viel wie möglich wieder aufbauen wollten. Deren größere Niederlage sollte allerdings noch bevorstehen: bei der Nachkriegsplanung der zerstörten Altstadt wurden nicht ohne Arroganz und mit dem Mut zur Häßlichkeit ab 1952 die noch verwendungsfähigen Reste abgerissen und durch vorwiegend zweifelhafte Zweckbauten ersetzt.

Der Paulskirchenwettbewerb brachte einen ersten Preis, aber kein überzeugendes Ergebnis. So wurde unter Leitung des Kölner Architekten Rudolf Schwarz, der sich mit eindrucksvollen Kirchenbauten im Nachkriegsdeutschland hervortun sollte, eine Planungsgemeinschaft gegründet. Maßstäblich blieb die Ruine, die – nach Schwarz – »von fast römischer Gewaltsamkeit« sei.

Vorausgegangen war ein Spendenaufruf an alle deutschen Städte und Gemeinden, zum Wiederaufbau des »Hauses der Deutschen« beizutragen

Aus ganz Deutschland kamen Spenden: die SED übermittelte 10 000 Mark (in Westgeld) wie die Stadt Potsdam, das Land Sachsen ließ sich auf 100 000 Mark ein. Die Erinnerung an die bürgerliche Revolution war in der Ostzone noch nicht gekappt. Der Kreis Rügen schickte einen Waggon Kreide, 100 000 Kilo Zement kamen aus Sachsen-Anhalt, die Gemeinde Bad Orb verstand sich auf 2000 Zigaretten, von der Mosel kamen Weinflaschen.

Bei der Grundsteinlegung 1947 wurden Exemplare der Frankfurter Tageszeitungen eingemauert, dazu eine Übersicht der Zerstörungen von 1943 bis 1945, Lebensmittelmarken und ein politischer Fragebogen. Auf der beigefügten Urkunde war zu lesen: »Heute beginnen wir mit dem Wiederaufbau der Paulskirche. Sie wurde zerstört, weil wir die sittlichen Gesetze mißachteten. Mögen unsere Nachkommen sich selbst überwinden und über die Grenzen hinaus allen Völkern die Hände reichen.« In feierlicher Selbstbezogenheit wurde die Versöhnung, die nur von den ehemaligen Gegnern kommen konnte, zur eigenen Aufgabe gemacht. Das Feuer hatte alle ornamentalen Zutaten versehrt, hatte die reine Form des Baukörpers erzeugt. »Sie war unerwartet in bitterster Stunde hervorgetreten.« (»Die neue Stadt«, 1948). Das läuternde Feuer wurde zur zentralen Metapher: tektonische Form und politische Wende kamen darin moralisch überein. Die Flammen stellten das Fegefeuer dar, hatten einen christlichen Bezug, betonten den Erlösungsgedanken. Sie setzten ihn ins kollektive Bild, weshalb auch das goldene Kreuz wieder auf den Turm gesetzt wurde, obwohl die Paulskirche als Gotteshaus nicht mehr infrage kam. Rudolf Schwarz hat den Neubau bewußt als weltlichen Sakralraum angelegt.

Man tritt fast stufenlos hinein, geht durch einen schachtartigen, tonnengewölbten Gang in ein neu angelegtes dämmriges Foyer, in das nur spärliches Tageslicht dringt. Vierzehn schwere Rundpfeiler, als handle es sich um Markierungen des Kreuzwegs, betonen einen ovalen Kern, in dem ein kleiner Aufenthaltsraum eingebaut ist. Er dient der Vorbereitung auf einen schier kultischen Auftritt. Über Treppen beiderseits des Westeingangs geht es hinauf in die lichtüberflutete Höhe des Plenarsaals wie in einen Gemeinschaftshimmel. Schwarz deutete den Gang: »Wir wollen damit ein Bild des schweren Weges gehen, den unser Volk in dieser seiner bittersten Stunde zu gehen hat.« Ein Aufstieg ins Licht: ein riesiger weißer Saal, hohe Rundbogenfenster mit Rohglas übereinander, eine leichte Zeltdecke aus weiß gestrichenen Balken und Latten, durchbrochen von einem großzügig bemessenen Oberlicht. Das ist der Raumeindruck. Dazu kommen die 14 Lichtketten, Neonröhren, die von der Decke herabhängen, Lichterketten, die auf die Pfeiler im kryptaähnlichen Foyer anspielen und ihre tragende Funktion umdeuten. Der Architekturkritiker Dieter Bartetzko deutete sie so: »In diesem Gebilde, worin Stützen gleichsam reiner und schwebender Gedanke geworden sind, zeigt sich die Demokratie in ihrer Verletzlichkeit und buchstäblichen Leuchtkraft.« Rudolf Schwarz kam von diesem Bau nicht mehr los; noch 1960 lud er sein Gehäuse ethisch auf: »Der Bau dient heute hohen geistigen Dingen von hohem Rang, und er ist von solch nüchterner Strenge, daß darin kein unwahres Wort möglich sein sollte.« Das Staatsgebäude war auf moralischen Stützen errichtet, ohne schmükkende Zutaten, allein aus symbolischen Formen entwickelt, spartanisch in seiner kubischen Strenge des Rundkörpers.

Mit der Paulskirche wurde das erste große Zeugnis architektonischer Neubestimmung im Nachkriegsdeutschland geschaffen. Nirgendwo anders hat der werdende westliche Nachkriegsstaat sich einen so klaren architektonischen Selbstausdruck erschaffen. Die evangelische Kirche mußte 1947 nach schwierigen Verhandlungen auf den Besitz verzichten. Statt als Kirche diente der Bau nun als Sakralgehäuse der sich entwickelnden parlamentarischen Demokratie. Der Schriftsteller Fritz von Unruh, nach 16 Jahren Exil zurückgekehrt, setzte in seiner Eröffnungsrede am 18. Mai 1948 ein utopisches Weihelicht: »Sollte dann nach hundert Jahren etwa wieder einer hier stehen zur Feier einer Deutschen Republik, möge er von uns berichten können, daß wir hier eine erste Zelle der Entsühnung und Versöhnung mit dem Geiste gebildet haben.« Gerade die Abweichung vom historischen Bau machte ihn zum Denkmal der geistig-moralischen Wende.

Eugen Kogon hatte Anfang 1946 für Frankfurt als zukünftige deutsche Hauptstadt plädiert. Zur Jahrhundertfeier sollte ein Bundesparlament in der Paulskirche tagen und die Bundesregierung möglichst im I. G.-Farben-Haus untergebracht sein. Man hatte damit spekuliert, daß Frankfurt der Sitz einer künftigen Bundesregierung würde. Wie hatte es in Paragraph sechs des ersten deutschen Verfassungsentwurfs von 1848/49 geheißen? »Das Reichsoberhaupt residiert zu Frankfurt am Main.« Das war damals eine Entscheidung für die Freie Reichsstadt und gegen die beiden größeren Mächte Österreich und Preußen, für eine ausbalancierte Distanz zu Wien und Berlin. Das Parlament sollte auch symbolisch dem Schutz des freien Bürgertums unterstellt werden. Adenauer hatte sich im November 1946 auf Frankfurt festgelegt, denn hier sei die deutsche Schnittachse, »kein deutsches Kolonialland, sondern uralter deutscher Boden«. Carlo Schmid meinte, die zukünftige deutsche Hauptstadt müsse zwischen Reben liegen und nicht zwischen (preußischen) Kartoffeläckern. Als es um das zukünftige Parlament ging, hatte Heuß hingegen praktische Einwände. Er fand die Paulskirche kalt und ungeeignet für ein reges parlamentarisches Leben. Auch wollte er nicht an die historische Situation eines großdeutschen Reichsgedankens anknüpfen.

An der Peripherie der Frankfurter Innenstadt wurde nach dem

Zweiten Weltkrieg von dem Architekten Gerhard Weber ein vollständig verglaster Rundbau errichtet – im Vorgriff auf die zukünftige Hauptstadt, mit direktem Bezug zur Paulskirche: eine Rotunde, roter Sandstein in den Treppen, eine flache Kuppel aus Kupferblech. Ausgeführt wurde ein Bürogebäude für die künftigen Abgeordneten. Aber Adenauer entschied sich dafür, nicht umziehen und seine Rosen in rheinischer Umgebung pflegen zu wollen. Möglicherweise spielte eine Hauptrolle die Überlegung, daß mit Bonn das »Provisorium« des westdeutschen Teilstaats besser gewahrt sei als in Frankfurt. Am 15. Mai 1949 wurde Bonn zur künftigen Bundeshauptstadt bestimmt. Der Bau an der Bertramswiese in Frankfurt wurde dem Hessischen Rundfunk übergeben.

Für den ovalen Kern in der Wandelhalle der Paulskirche war schon in den Plänen von Rudolf Schwarz ein künstlerischer Schmuck vorgesehen. Die darstellerische Aufgabe hieß: »Die Schönheit des Friedens, der den Staatsbau trägt und in dessen Glück das Volk erblüht.« So wolkig das Programm, so unausführbar die Aufgabe. Der Ulmer Maler Geyer wurde bei einem Wettbewerb zwar mit dem ersten Preis ausgezeichnet, aber eine Realisierung seines Konzepts kam nicht zustande. Mit dem Bilderfries von Johannes Grützke über den »Zug der Volksvertreter« setzte sich 1991 ein hochironischer Entwurf durch: ein monumentaler Aufzug von rund 200 Gestalten – historische Physiognomien und heutige Gesichter, eher ein grotesker Leichenzug als die freudige Prozession vom 18. Mai 1848. Die Abgebildeten sind Leute wie du und ich. Die Revolution ist das Ereignis, das zwischen uns stattfindet. Oder sie findet überhaupt nicht statt, hat es nie gegeben oder sie ist stillgelegt. Das könnte die Botschaft dieses 32 Meter langen Panoramabildes sein. Es handelt sich um Historienmalerei des späten 20. Jahrhunderts, die dessen Einblicke in die Welt der Täter und Opfer, in die Geheimnisse der wilden Psyche aufnimmt. Um ein Defilee von drastischen Figuren, pathetisch und komisch zugleich, um anarchische Szenen. Dieser »Zug der Volksvertreter« wirkt wie eine theatralische Pandämonie des Parlamentarismus; sie ist Huldigung an einen Souverän, der keine Macht hat: der absurde Humor und die abgründige Ironie, mit ihnen wird das heilignüchterne Pathos der Nachkriegswende zur Demokratie, aus dem der Bau lebt, spielerisch gebrochen.

Ein wenig verlegene Größe, die in ihrer erwünschten Funktion nie gedient hat, behauptet sich die Paulskirche heute aus der Distanz vor den Geldtürmen der Frankfurter City nur noch mühsam. In deren spektakulärer Kulissenschieberei droht sie vereinahmt zu werden. Aus der belebten Nähe nimmt es der Rundbau mit den hochmütigen Vertikalen des praktizierenden Geldverkehrs durchaus auf. Er hat die Würde einer verjährten Größe. Das liberale Bürgertum, das sich in der Paulskirche noch immer auf seinen historischen Aufbruch beruft und auf die Illusion des Weltfriedens dazu, begeht nicht nur hochmögende Gedenktage und verleiht würdige Preise in diesem Bau, es feiert mit ihm inzwischen sein vielleicht würdigstes Grabmal. Und wir können sagen, wir seien, umringt von den Wahrzeichen der globalisierten Entbindung an bürgerliche Werte, dabei, wenn der säkulare Kult der sozialen Demokratie sich zur Leichenfeier verwandelt.

Die Paulskirche ist heute gewiß kein Ort mehr, an dem Zukunft geplant und erstritten wird, vielmehr ein zentraler Ort der deutschen Erinnerungskultur, ein Repetierereignis. Die sittliche Kraft, die einst von der Nationalversammlung ausgehen sollte, hat sich rückverwandelt in historisches Gedächtnis. Der Münchner Bildhauer Hans Wimmer hat ein »Mahnmal für die Opfer des Naziterrors« geschaffen: eine gefesselte, überlebensgroße Gestalt und die Namen von 53 Konzentrationslagern im Sockel. So ist, wie Theodor Heuß einmal schrieb, aus der »Herberge deutscher Hoffnungen« eine »Schaubühne deutscher Tragik«, eher: deutscher Verfehlungen geworden.

Das hohle Weib
Die Bavaria

An der Münchner Theresienwiese steht die erste Kolossalstatue seit römischen Zeiten. König Ludwig I., der von 1825 bis 1848 regierte, brüstete sich selbst mit einem imperialen Vergleich: »Nero und ich sind die Einzigen, die so Großes gemacht haben, seit Nero keiner mehr.« So mißt sich die Bavaria, ähnlich berühmt wie das Oktoberfest, die Lederhose, das Hofbräuhaus und andere Drollerien für vagabundierende Amerikaner, am Koloß von Rhodos, an des Phidias Kultbildern des Zeus und der Athena Promachos. Am nächsten, aber nur in ferne Nachbarschaft, kam ihr damals, auf die Kühnheit des handwerkenden Gewerbefleißes bezogen, der Herkules im Schloßpark Wilhelmshöhe bei Kassel, eine mehr als neun Meter hohe, aus Kupfer getriebene Statue. Aber all die Vergleiche, auch mit erzenen oder steinernen Denkmalsfrauen, können nur zu dem Satz verleiten: die Bavaria ist einmalig, nach der amerikanischen Liberty das größte Weib der künstlerischen Weltgeschichte, über alle Gender studies erhaben wie über jeden Spott, immun gegen den Wechsel der Zeitläufte und demokratische Gleichmacherei.

Und das kam so:

Bayern benötigte im 19. Jahrhundert mehr denn je sprechende Zeichen und repräsentativen künstlerischen Ornat. Das Land war seit 1806 Königreich, war in territorialer Hinsicht gewachsen, München stieg zu einer Metropole auf und grenzte sich künstlerisch von der »Provinz« ab. Ludwig I. hatte seine Leidenschaft für die Antike, die Renaissance, die klassische Formensprache bereits als Kronprinz auf seiner »Grand Tour« nach Italien 1804/05 entdeckt. Er hatte München als Kapitale eines Kunsttraums erkoren: »Ich will aus München eine Stadt machen, die Teutschland so zur Ehre gereichen soll, daß keiner Teutschland kennt, wenn er nicht München gesehen hat.« Für ihn war die Kunst nichts anderes als Macht, war keine Verweisgröße für Politik, sondern letzte Verkörperung: sein Königtum bestand in Romantik und Klassizismus. Heine, allzeit zur Stelle, stichelte: »Er liebt die Kunst und die schönsten Fraun / Die läßt er porträtieren;/ Er geht in diesem gemalten Serial / Als Kunst-Eunuch spazieren ...« Aus München sollte nach Ludwigs Willen ein bayerisches Athen werden. Der Bildhauer Bertel Thorwaldsen fand sich in München ein, und vor allem über den klassizistischen Baumeister Leo von Klenze hielt Ludwig I. seine huldvolle Mäzenatenhand. Er veranlaßte den Bau von Prachtstraßen, war Urheber der Propyläen, der Pinakothek, der Glyptothek, der Feldherrnhalle und was nicht alles sonst. Er schrieb 1833 einen Wettbewerb für eine bayerische Ruhmeshalle aus, und der Auftrag fiel durch wundersame Regie an den Herrschernächsten, an Klenze, und nicht an einen der drei Konkurrenten Friedrich von Gärtner, Georg Friedrich Ziebland oder Joseph Daniel Ohlmüller. Klenze hatte ihm nach der Walhalla bei Regensburg ein besonderes Behältnis für einheimische Ruhmesgrößen souffliert. Er hatte seine Planung für die bayerische Ausgabe einer Walhalla lange zurückgehalten, jedenfalls so lange, bis er die Angebote seiner Konkurrenten zu Gesicht bekam. Er entwarf eine offene Halle mit dorischen Säulen und zwei rechteckig vortretenden Flügeln. In den Giebelfeldern postierte er die Allegorien von Bayern und Pfalz, Schwaben und Franken. Die Halle ist mit einem Fries aus Metopen versehen, mit Viktorien und mit Symbolen von Krieg und Frieden, Künsten und Gewerbe geschmückt. Vor die Ruhmeshalle, deren Vorderfront die »Brustbilder vorzüglich ausgezeichneter Bayern« (königl. Order) aufnehmen sollte, projektierte Klenze eine Bavaria.

Schon als Kronprinz hatte sich Ludwig mit Plänen für eine bayerische Ruhmeshalle herumgeschlagen. Er verfolgte das Projekt seit 1809, durchaus parallel zur Walhalla. Was dort für Deutschland, sollte hier als patriotische Tat für Bayern geschehen. Ein Vorzeigeort für die Büsten verdienstvollster Männer der Tat und des Wortes, des Schwertes, der Staffelei und des Griffels, »damit an der ewigen Leuchte ihres Wirkens das bayerische Volk sich fort und fort erwärme und in ihrem Vorbilde eine unversiegliche Quelle und eine ewige Anregung zu ruhmwürdigen Taten und zu fortschreitender Vervollkommnung finde«. Die Liste der um »Bayern oder die Pfalz hochverdienten« Männer, vom 15. Jahrhundert an bis in die zeitgenössischen Tage, beginnend mit Martin Schongauer und damals endend mit Peter von Cornelius (auch Klenze hat ein Plätzchen), gab der König beim Archivmenschen Maximilian Prokop von Freiberg in Auftrag. Schließlich bestand die historische Größe Bayerns aus 72 schneeweißen Marmorbüsten vor scharlachroter Wand. Sich selbst oder seinesgleichen sah der König nicht vor. Er verfügte 1834 an Klenze: »Die Ruhmeshalle hat keine Beherrscher Bayerns zu enthalten, vielmehr sollten nur die Leuchten aus dem Volke durch Büsten versammelt werden.« Aber posthum konnte er nicht mehr widersprechen: auch seine Büste ziert der Ausgezeichneten Folge.

Der König sah ein weißblaues Pantheon vor, und zu Füßen der Bavaria brodelte das 1810 aus einem Pferderennen und einer Landwirtschaftsschau entstandene Oktoberfest. Die bayerische Heroine und das preisgekrönte Vieh in räumlicher Symbiose, fürwahr ein heiteres Parlando von Ausgezeichneten im Agrarstaat Bayern. Später spottete Ludwig Thoma über die »bayerische Spezialwalhalla« mit ihrer Topographie, »hinterhalb von der Bavaria und oberhalb der Oktoberfestwiese, von wo der Rauch gebratener Würste und Fische zu den Denkmälern bayerischer Größen emporkräuselt«. Noch heute schaut sie ungerührt auf das Schützenzelt und andere Lustbarkeiten in unmittelbarer Nähe, schweigt eisern zum Festeslärm, der jedes Jahr Ende September zwei Wochen lang veranstaltet wird. Sie hat schon vieles gleichmütig ertragen: zum Beispiel die Revolution in Bayern, die zu Füßen der Bavaria und früher als in Berlin begann, und die Kolossalfigur allein wird wissen, ob als erster Kurt Eisner oder Erich Mühsam die Parole des Umsturzes ausgegeben hat.

Klenze, der auch Entwürfe für die Bavaria gezeichnet hat, stellte sich zunächst eine griechische Athena Promachos als Beschützerin der

Polis mit Helm, Lanze, Ägis und Schild vor. In der Stadt an der Isar sollte eine Wiedergeburt Athens stattfinden. Der Bildhauer Ludwig von Schwanthaler, 1837 mit der Ausführung der Plastik beauftragt, bewegte sich anfangs innerhalb der antikisierenden Skizzen des königlichen Oberbaumeisters Klenze, aber fünf Monate nach Vertragsschluß ging er bereits andere Wege. Er warf der Bavaria ein Bärenfell über und germanisierte sie damit. Später, bei der Arbeit an einem vier Meter hohen Modell, ersetzte er den vorgesehenen Helm durch einen Kranz aus Eichenlaub, nahm dem Fell seine animalische Wildheit, indem er den Bärenkopf entfernte; ein Schwert, ursprünglich steil nach oben gereckt, wurde nun von einem angewinkelten Arm in Ruhelage gehalten. Der beigesellte bayerische Löwe mußte sein Maul weitgehend schließen und steht seitdem friedlich wie ein gut dressierter Hund bei Fuß. Entworfen wurde eine griechische Göttin, aber als durch und durch deutsches Weib, ohne jede aggressive Note. Das Schwert hat bei Schwanthaler seine kriegerische Funktion verloren; wichtiger ist der Kranz aus Eichenlaub, den Bavaria mit der Linken emporhält. Diese »Corona civica« weist auf die bürgerlichen Tugenden hin. Sie erscheint als Inbild der bayerischen Stärke und Lebenskraft.

Aber vor dem dorischen Klassizismus der Ruhmeshalle plaziert, ergibt sich eine stilistische Unstimmigkeit: Germanentum und griechische Antike sind in diesem Ensemble zusammengezwungen. Es war das deutsch-romantische Ideal, das über Klenzes Klassizismus und die hellenische Sehnsucht siegte: eine Personifikation der Kraft und Stärke Bayerns, mit Eichenlaub und Bärenfell ins Germanische weisend, heroisch ohne heldische Züge, von Klenzes Ruhmeshalle sich eher emanzipierend, auf die freie weite Landschaft und die wogende Menschenmenge des Oktoberfests bezogen. Schwanthaler krönte mit seiner Bavaria eine Entwicklung. Schon als Zweiundzwanzigjähriger hatte er in der »Genossenschaft vom Bären«, bei einem Fest, eine Papierfigur der »Graecia« als nichtdeutsch verbrannt. Aber er verband mit dem Deutschen nichts Blutrünstiges.

Bis es zur definitiven Bavaria kam, erlebten die Freunde und Kollegen Schwanthalers besessene Änderungswut. Seit 1840, drei Jahre vor der Grundsteinlegung der Ruhmeshalle, wurde am Modell des Kolosses gearbeitet. Der Erzgießer Ferdinand von Miller rekapitulierte die Arbeit: »Als das Gipsmodell vollendet dastand und ich glaubte, das

Formen beginnen zu können, ging die eigentliche mühsame Arbeit erst an, da Schwanthaler eine wahre Wut hatte, an diesem Koloß zu ändern, so ließ er z. B. an der linken Hüfte drei Fuß auftragen, den Kopf ließ er dreimal anders auf die Schultern setzen, den linken Arm bald höher, bald tiefer hängen, den Löwen den Rachen bald auf, bald zu machen. War eine solche Änderung glücklich beendet, so mußten die sechzig Fuß hohen Bretterwände abgenommen werden. Dann kam einmal eine Nachricht, heute habe Schwanthaler einen Gichtanfall und könne nicht kommen. Ein andermal zwang uns ein heftiger Sturm, rasch die Bretter wieder an ihren Platz zu bringen, und wenn es endlich einmal gelang, daß das Wetter gut und Schwanthaler gesund war, dauerte mich der Arme oft, wenn er so jämmerlich lahm an Arm und Fuß in der Sandgrube saß und mit seinem frischen Geiste tausend schönere Gestalten heraufbeschwor, als die war, die vor ihm stand und die er nicht schöner machen konnte, denn die Wucht materieller Hindernisse ertränkte seinen Geist und so kam der Winter 1843 als letzter unabänderlicher Termin, wo er das Modell dem Gießer überlassen mußte, unzufrieden mit sich und seiner Arbeit ...« In Originalgröße wurde ein Gipsmodell hergestellt.

Doch so weit sind wir, chronologisch gesehen, noch lange nicht. Mit dem Rohstoff, aus dem die Bavaria gefertigt ist, hatte es seine besondere Bewandtnis. Die Bronze stammt von den Kanonen der türkisch-ägyptischen Flotte, die 1827 in der Seeschlacht von Navarin der vereinten Macht von Rußland, Frankreich und England vergeblich trotzen wollte und unterging. Die Befreiung Griechenlands vom türkischen Joch war nun möglich geworden. Otto, der zweite Sohn Ludwig I., wurde fünf Jahre später König der hellenischen Gefilde. Die im Meer versunkenen Beutekanonen wurden gehoben und in die Münchner Erzgießerei Stiglmaier geschafft. Man schmolz sie dort ein und goß daraus den bayerischen Schutzengel samt Löwen. Das wenigstens behauptet eine Mär, die so schön ist, daß man ihr nicht widersprechen mag, auch wenn die Wahrscheinlichkeit gegen sie spricht.

Ferdinand von Miller, der die königliche Hofgießerei übernommen hatte, sah sich vor einer ungeheuren Aufgabe. Das Risiko war in geschäftlicher Hinsicht kaum kalkulierbar. Er konnte nur mit einer Pauschalsumme aus der königlichen Schatulle rechnen; ein Entgelt im Falle eines Mißlingens des ersten Gusses war nicht vorgesehen. In sechsjähriger Arbeit wurde die Bavaria fabriziert; es ergab sich für den Betrieb ein nicht unerheblicher Verlust von 1300 Gulden, rund sechs Prozent der Gesamtkosten.

Ein Guß der Figur im Ganzen war unmöglich: selbst wenn er gelungen wäre, hätte man die Figur nicht transportieren können. Im Hof der Erzgießerei wurde eigens eine Installation aus Turm und Gerüsten, Gängen, Lauf- und Zugwerk gefertigt, um das Vorhaben logistisch bewältigen zu können. Ferdinand von Miller teilte die Bavaria in einzelne, horizontal geschnittene Segmente auf. Aus nur sieben Gußteilen, von einigen kleineren Stücken abgesehen, sollte die hehre Frau zusammengesetzt werden. Eine spätere Broschüre merkte die Kunst der Verbindung aller Teile als eine durchaus zeichenhafte an: »Die Gußtheile haben an den Rändern sich begegnende Falzen, die nach Innen verschraubt, verkeilt und verniethet worden, während man die feinen Gränzlinien der Baustücke nach Außen so kunstreich verhämmerte, daß sie gänzlich unsichtlich sind. So wird sich die Bavaria durch innere Festigkeit und eigene Wucht selbst halten und tragen, gleichsam als symbolisches Zeugniß, daß Bayern keiner fremden Stütze bedarf, wenn es im Innern einig und muthvoll auf eigenes Kraftgefühl sich stützet.« Begonnen wurde im September 1844 mit dem riesigen Haupt, für das rund 400 Zentner Metall eingeschmolzen werden mußten. Dann folgte das Bruststück, allein »290 Ctr.«. Noch war das Oberteil der Bavaria nicht gefertigt, da dankte am 20. März 1848 der König ab. Die Tänzerin und Konkubine Lola Montez hatte die Massen gegen ihn aufgebracht. Seine Sorge galt bei diesem schmerzhaften, abrupten Vorgang vor allem der Apanage, denn Ludwig wollte weiterbauen: »Es war kein Opfer für mich, die Krone niederzulegen«, behauptete er wahrheitswidrig, um dann dringlich fortzufahren: »nur die Unmöglichkeit, weiter für die Kunst so viel zu tun wie bisher ist der Schatten dabei. Denn wenn auch alles längst in Nichts versunken sein wird, die Kunst und ihre Werke bleiben ewig.« Der Auftrag blieb bestehen, und der Exkönig bedrängte Miller, in seinen Anstrengungen nicht nachzulassen. Als der Guß des Löwen mißlang, wollte Ferdinand von Miller verzagen. Ludwig I. richtete ihn wieder auf: er verwies auf das Beispiel des Lysippus, der Alexander den Großen zum Reiterkolossalarrangement am Granikus beredet hatte.

Der Transport des Kopfes geriet zum Festumzug; dem zwei Jahre zuvor abgedankten Monarchen im Reich der Schönheit und der ästhetischen Erhabenheit wurde wegen seiner »Kunstthätigkeit« gehuldigt. Die royalistischen Gefühle der Bevölkerung bewährten sich schon damals am liebsten bei gekrönten Häuptern, die abgedankt hatten.

Zehn Jahre nach den ersten Planungen, am 9. Oktober 1850, wurde die Bavaria enthüllt. Den Volkszorn ob der unnütz erscheinenden Ausgaben besänftigte der Hof dadurch, daß er den Staatsakt auf die Zeit des Oktoberfests legte. Die Bretterwände, die das fertige Standbild verbargen, fielen unter Kanonendonner, das kolossalste Standbild der Neuzeit schimmerte den ergriffenen Zeitgenossen entgegen. Ein namenloser Zeitgenosse beschrieb den Anblick: »Der Künstler, ein anderer Polyklet, liebt dadurch seinen Gestalten Leben einzuathmen, daß er sie wie im Begriffe vorzuschreiten darstellt, wodurch das eine Knie gehoben und den Faltenwurf nach vorn kruppirend und bedingend erscheint, während das Gewicht des Leibes auf der Hüfte der entgegengesetzten Seite lastet. So gesellt sich Leichtigkeit zur Kraft, kömmt Ruhe in die Bewegung, Bewegung in die Ruhe, überhaupt Lebenstäuschung in die ganze Erscheinung. Über dieser aber thront das mit dem Eichenlaubdiademe bekränzte, nach den Schläfen des Antlitzes mit gescheiteltem Haare gezierte Haupt in stolzer Anmuth und bewußter Würde, während dessen reiche, deutsche Haarfülle, ober dem Scheitel gegen die Stirne zu im hohen Rauschbogen gefesselt, noch nach hinten über den Rücken bis unter die Hüfte in ungeflochtenen welligen Strähnen leicht auseinanderfällt. Was an diesem Bilde anstaunenswerth, ist daß es, von welcher Seite immer betrachtet, von allen Seiten schön und vollendet erscheint, es ist plastisch vollkommen in jeder Richtung gedacht und gemacht.« Ludwig I. hielt die Stunde der Enthüllung in poetischen Wendungen fest: »Glühend schien die Sonne, noch glühender schlugen die Herzen / Bei dem glänzenden Fest, welches die Liebe beseelt.« Ihn bewegte noch einmal die Illusion der Innigkeit mit seinen Untertanen: »Meine alten Münchner, sie waren, wie sie gewesen / Eh' sie der Taumel gefaßt, welcher ergriffen die Welt.« Dem vom Thron Vertriebenen wurde reichlich Ehre zuteil. Ein gewisser Gottlieb Bodmer hat »Ludwig I. und seine Bauten« lithographiert; das Blatt zieren die ehrfürchtigen Verse: »Wenn staunend wir vor Deinen Werken stehen / Regt sich im Herzen Stolz und Dankbarkeit. / So viel des Schönen ist durch

Dich geschehen / Und mit Bewunderung sieht auf Dich die Zeit. / Es ziemt der Mitwelt freudig zu bekennen. / Was Du o König Deinem Volke bist: / Doch wenn die Gegenwart entschwunden ist / Wird erst die Nachwelt Dich den Großen nennen.« Das könnten Widmungsverse für die Fachabteilung Touristik sein.

Der Schwanthaler-Schüler Ernst von Bandel hatte zwar fast gleichzeitig mit seinem Hermannsdenkmal begonnen, konnte es jedoch erst 1875 fertigstellen. Die Germania des Johannes Schilling vom Niederwald kam 1883 hinzu. Die Bavaria geht ihnen voraus, und sie ist auch in technischer Hinsicht einmalig: alle anderen entstanden in einem Verfahren, bei dem getriebene Kupferplatten auf ein Gestell montiert sind. Die Bavaria hingegen ist ein Kunstguß und überragt darin auch die erste bayerische Lokomotive »Der Münchner« (1840/41), die bei Krauss & Maffei hergestellt worden ist. Die Bavaria, auch als Germania gedacht, zum pompösen Zeichen für historische Größe aufgeblasen, ist immer auch das Monument des Handwerkerfleißes gewesen – und ist heute nicht mehr als das staunenswerte Gütezeichen Ferdinand von Millers, der ein Bismarck der Erzgießer und ein Don Quichote zugleich war.

Das Monument ist vom Piedestal bis zur Kranzspitze knapp 29 Meter hoch. Allein der Kopf hat eine Länge von 1,87 Metern. Der Arm zieht sich mehr als sieben Meter hin und der Zeigefinger der Bavaria erstreckt sich 93 Zentimeter in den Luftraum. Vor solchen Kapitalien blieb die drei Jahre später eingeweihte Ruhmeshalle immer eine kümmerliche Zutat.

Sie beherbergt an den scharlachroten Wänden heute 92 Marmorbüsten. Neun sind im Krieg oder durch schießwütige Besatzer demoliert, andere zur Walhalla gebracht worden wie etwa Frundsberg und Schelling. Die Philosophen heißen durchweg »Weltweise«; auch der »Großbrauer« Pschorr ist verewigt, angenehm wenig Feldmarschälle und Generäle finden sich, entsprechend der Schütternis bayerischen Militarismus', in der Reihe. Der Ruhm war ausschließlich Männern vorbehalten: Nur zwei Frauen haben es in der jüngsten Zeit in die Ahnengalerie geschafft. Seit 1966 wird die Büstenfolge komplettiert und so dürfen nun die Schauspielerin Clara Ziegler und sogar die Schriftstellerin Lena Christ als illustre Ausnahmen im Ruhmestempel thronen. Da nach der Folge der Sterbedaten aufgestellt wird, ergibt sich manch komische Nachbarschaft: Franz Marc neben Pfarrer Kneipp;

und neben der Christ, die sich 1920 auf dem Münchner Waldfriedhof umbrachte, ruht der Widerstandskämpfer Claus Graf Schenk von Stauffenberg auf seiner Konsole. Der Ministerrat verfährt anscheinend zurückhaltend mit dem Ruhm: nach dem Dichter Georg Britting stockt von rechts nach links die Zelebritätenreihe; es bleibt noch viel scharlachrote Wand für zusätzliche Applikationen und die Frage ruft durch die dorische Ehrenhalle: Wann wird das Hundert voll?

Die Bavaria ist innen begehbar. 66 Marmorstufen führen hinein, dann beginnt der Aufstieg durchs hohle Weib über eine Wendeltreppe. Von oben fällt Licht ein. Im Kopf der Bavaria können auf zwei metallenen Ruhebänken mit gegossenen Sitzkissen und Troddeln sechs bis acht Personen Platz nehmen, wenn sie im Sommer wegen der mörderischen Hitze im Bronzehaupt nicht den Schlagfluß fürchten. Durch vier Luken in den Haaren der Bavaria eröffnet sich eine Fernsicht über München hinweg bis ins Gebirge. Man schaut gleichsam aus ihrem Haupt in ein divinatorisches bayerisches Fernenpanorama. Die Weite wiederholte sich in der ursprünglichen Anordnung: die Theresienwiese wirkte damals wegen ihrer Leere viel größer, die Denkmalsanlage gewann Monumentalität erst beim Näherkommen, Sendling, noch ein Dorf, lag ein Stück weit entfernt. Die Säulen des »Portikus im dorischen Styl«, wie ihn Klenze 1833/34 entworfen hatte und wie er – wenigstens ähnlich – auch ausgeführt wurde, gliedern das städtische Panorama: in ihrem Rahmen erscheint die Stadt in artefaktischen Ausschnitten. Mit der Ästhetik des Wahrzeichens am Rand der Landwirtschaftsschau ereignete sich ein Ausgleich zwischen Stadt und Land, Bavaria ist als imperialer Koloß auf dem Feld des Rustikalismus zu verstehen.

Ihre Wirkung war eine globale: die amerikanische Freiheitsstatue, nach einem Entwurf von Frédéric Auguste Bartholdi, 46 Meter hoch, aus 300 Kupferstücken über einem Stahlgerüst von Gustave Eiffel montiert (und 1886 eingeweiht), mußte das Vorbild an Ausmaßen selbstverständlich übertreffen. Aber auch der Monumento Vittorio Emanuele II in Rom, 1885-1911 erbaut, ist als Nationaldenkmal von Bavaria und Ruhmeshalle geprägt. Kolossalstatuen gerieten in Mode: zur Erinnerung an die Verteidigung der Festung Belfort ließ Bartholdi 1878 einen 22 Meter langen und 11 Meter hohen Löwen in den Fels hauen. Auf dem Mount Rushmore in South Dakota ließ Gutzon Borglum vier 18 Meter hohe Präsidentenköpfe ausmeißeln.

Einen höheren Sinn hat die Bavaria wohl nie gehabt: sie begnügte sich damit, ein Wahrzeichen zu sein. Irgendwie ist sie nicht mehr als volkstümlich und hat an sich genug. Das hat wohl kein anderes Nationaldenkmal fertig gebracht. Der Andenkenkult um die Bavaria brach unmittelbar nach ihrer Fertigstellung aus. Ferdinand von Miller ließ die ersten beiden Glieder ihres kleinen Fingers als Multiple in Bronze gießen. Mit einer Höhe von 30 Zentimetern ergab dieses plastische Fragment einen fülligen Trinkpokal, in dem drei reichliche bayerische Maß Bier Platz finden können. Und Ludwig von Schwanthaler hat sein Wohnzimmer, wie eine Zeichnung von Gustav Seeberger ausweist, gleich als Andenkenbude eingerichtet. Es gibt Künstler, die auch mit einem verkleinerten Nachleben schon zu Lebzeiten zufrieden sind.

Der germanische Recke
Das Hermannsdenkmal

»Das Auffallendste an Denkmälern ist, daß man sie nicht bemerkt«, meinte Robert Musil. Wenn sie in den Alltag eingemeindet sind, verblassen sie auf dem Radarschirm der Aufmerksamkeit. Der Teutoburger Hermann ist das Dementi dieser Behauptung. Von welcher Seite aus man sich ihm auch nähert, er ist auf der Grotenburg des Teutberges schon da und setzt sich mit seinem aufgereckten Schwert in Szene, über alle Baumwipfel bei dem Örtchen Hiddesen hinweg. Er verkörpert Deutschlands monumentalste Drohgebärde. Nationaldenkmäler in Deutschland stellen fast ausnahmslos eine Peinlichkeit dar: die ins Großformat getriebene Fassung des unsicheren Deutschlandgefühls. Aber der Recke Hermann ist die Steigerungsform: das Teutonium ersten Grades. Er starrt wachsam gen Südwesten und droht mit seiner Waffe, im nächsten Moment wenigstens den Teutoburger Wald niederzumähen, wenn es schon keine andere Arbeit zu verrichten gibt. Angeblich ist er 237 Zentner schwer und hat eine Gesamthöhe von 53,46 Metern. Das wäre nicht so wichtig, aber nur mit Zahlen über Größe und Gewicht ist seine erdrückende Imposanz zu ermessen.

»Nicht anders wirkt Gott auf der Erde, als durch erwählte, größere

Menschen«, hatte Herder versichert. Zu den unseligen Mißverständnissen, die der Weimarer Pastor hervorrief, gehört auch dieser Spruch. Er hat, selbstverständlich ohne es zu ahnen, die Größe des Denkmals als historische Wahrheit der geschichtlichen Figur beglaubigt. Nicht daß den Herderschen Sentenzen solche eisernen Fehlschläge innewohnen, aber seine Sätze sind oft mißverständlich, da durch protestantische Predigerweisheit um jene Gran Zweifel bereinigt, die Fehldeutungen erschweren.

Die Germanen wurden entdeckt, als die Deutschen anfingen, Tacitus zu lesen. Das betrieben die Humanisten des 16. Jahrhunderts, als Mönche im Kloster Corvey um 1500 auf eine Abschrift der »Annalen« stießen. Und dabei kam das Volk auf dem Bärenfell zum Vorschein. Die Sehnsucht nach der Wurzel im Urgrund des geschichtlichen Seins band sich an Germanien. Und nicht nur dies: es bot sich die Chance, einen deutschen Raum zu umgrenzen, der Griechenland und Rom konterkarieren konnte. Mit der Wiedergewinnung einer römischen Schriftquelle also begann die deutsche Geographie. Seit dem 16. Jahrhundert gab es eine Unzahl literarischer Bearbeitungen des Stoffes vom dreitägigen »Blitzkrieg« gegen drei welsche Legionen des Feldherrn Varus im Jahre 9 nach Christus, als die Römer in einen Hinterhalt gelockt und vernichtet wurden und für kurze Zeit die nordgermanischen Stämme geeint erschienen.

Um 1529 begründete Ulrich von Hutten einen poetischen Hermann-Kult. Der Humanist war aus Rom zurückgekehrt, wo er in den »Annalen« über Arminius gelesen hatte: »Er war ohne Zweifel der Befreier Germaniens, und zwar ein Mann, der das römische Volk nicht, wie andere Könige und Heerführer es taten, in seinen ersten Anfängen, sondern auf der Höhe seiner Macht anzugreifen wagte. War er auch in der einzelnen Schlacht nicht immer erfolgreich, so hat er doch nie einen ganzen Krieg verloren.« Sein »Arminius« ist kühn, tugendhaft und der Befreier der Deutschen von der römischen Tyrannei. Die »Germania« des Tacitus bot ein Bild an vom starken und wilden Volk jenseits der Alpen, das nach seinem eigenen Recht lebt und aus eigener Kraft. Bei Hutten erhält Arminius, der in den römischen Legionen gedient und dort seinen Aufstieg genommen hatte, den Preis als größter antiker Heerführer von Minos, dem König der Unterwelt, und der germanische Edelguerillero ruft aus: »Im Geist bin ich niemandem jemals untertan gewesen. Ich war immer auf Freiheit bedacht, denn ich habe nur im Sinn gehabt, wie ich dem Vaterland bei sich bietender Gelegenheit dienen könnte.« Auch Luther hatte Arminius »von hertzen lib«. Bei ihm heißt er denn nun »Hermann«, aber es ist unklar, wie es zu diesem Namenstausch kam. Der Barockdichter Daniel Caspar von Lohenstein schrieb sich in ein Arminius-Epos ein, konnte es jedoch nicht mehr vollenden. Der Tod nahm ihm 1683 die Feder aus der Hand. Das gewaltige Schriftmal aus 3000 Seiten führte ein Christian Wagner fünf Jahre später zu Ende, und 1689 erschien: »Großmüthiger Feldherr Arminius ider Herrmann, Als ein tapffrer Beschirmer der deutschen Freyheit, Nebst seiner Durchlauchtigsten Thusznelda In einer sinnreichen Staats- Liebes und Helden-Geschichte dem Vaterlande zu Liebe Dem deutschen Adel aber zu Ehren und rühmlichen Nachfolge«. Der Roman entwirft eine Figur von welthistorischem Format, einen Typus, der Tugend und Heldenmut präsentiert. Das Rom, gegen das er sein Heer führt, liegt erstmals nicht im Süden, sondern im Westen.

In den Zeiten der Aufklärung wird der Großdeutsche ästhetisch beweglicher. Er tritt in 37 Opern auf, erscheint in Singspielen und Theaterstücken, ist lyrisch bewegt und ein Romanheld, aber auch die Beispielfigur von Traktaten. Seine Rolle ist erweitert: das Nationale schließt nun auch das Antifeudale ein. Politisiert wird die Gegenwelt zum französisch-absolutistischen Geist, eine Figur des bürgerlichen Emanzipationswillens, eine Saft- und Kraftnatur der Ursprünglichkeit. Er rückt damit in die Nähe von Michael, dem heraldischen Heros der deutschen Heere, der erst noch der nationalen Erweckung dient, bevor er als »deutscher Michel«, als der ewig herrschaftsfromme Untertan und Nationalschläfer verspottet werden wird. Warum nur konnten es die Deutschen bei Michael mit seinem Flammenschwert nicht belassen?

Als dramatischer Held taucht Hermann bei Johann Elias Schlegel 1740/41 auf, und Klopstock hat sogar drei Stücke über Hermann geschrieben. Bei ihm ist er ein Volkskönig, der gegen die Franzosen wettert: »Ich will die höhnische Dämonenbrut nicht lieben! / Solang sie in Germanien trotzt, / Ist Haß mein Amt und meine Tugend Rache!« Er dient als Partisan und antifranzösische Gefühlsmarionette.

Die größten Schlachten finden auf dem Papier statt, wenn die Lettern wie Soldaten aufmarschieren; die Propaganda der Sätze ist wirksamer, als Schwerthiebe es sein können. Kleists »Hermannschlacht«

diente als eine Parallelaktion des nationalen Geistes: zur Einweihung des Völkerschlachtdenkmals in Leipzig am Vorabend des Ersten Weltkrieges ebenso wie bei den Nazis. Kleist und der Teutoburger Hermann sind die schrillen Kreissägen des Nationalismus; sie haben sich noch in jedes differenziertere Nationalgefühl hineingefressen.

Der kupferne Hermann aus Detmold jedenfalls hat im fortgeschrittenen 19. Jahrhundert nichts mehr vom bürgerlich-liberalen Geist, der das Nationalgefühl bis zur Niederlage der Achtundvierzigerbewegung bestimmt und mit dem Eros der tätigen, ihrer Zwecke gewissen Gemeinschaft aufgeladen hatte. Nichts mehr von jener integrativen Kraft in der deutschen Kleinstaaterei, von der Sehnsucht nach dem sozialen Ausgleich in der Klassengesellschaft.

Denkmalreif geworden ist der Nationalheld Hermann erst, als er sich dieser Botschaften entledigt oder sie stillgelegt hatte, als er nur noch die Nachricht des Schwertes und der als Verteidigung getarnten Aggression verkörperte, mit dem starren Pathos der Befreiungskriege und ihres Chauvinismus aufgeladen war, als purer Affront diente. Wenn er in seiner unschuldigeren und reichhaltigeren Fassung aufgetreten wäre, als das Denkmal gegossen wurde, hätte man vielleicht einen deutschen Rousseau erfunden. Aber ein anderer Typus ist Denkmal geworden: ein männerkultisches Wesen, eine sakralisierte Marionette des Heroentums aus dem Dämmer der Frühzeiten, pathologisches Pathos von Kraft und Kern, eine Regressionsfigur.

Illustriert wurde nicht die historische Situation im Teutoburger Wald neun Jahre nach Christi Geburt. Der giftgrün oxydierte Hermann im Lipperland erhebt das Schwert, seinen Kampfphallus, ja nicht gegen die Römer, vielmehr gegen die Franzosen. 1875, als das Denkmal enthüllt wurde, war der deutsch-französische Krieg nur vier Jahre vorbei. Das deutsche Militärreich, in Versailles, auf dem zentralen Ausstattungsort des französischen Absolutismus gegründet und damit die Grande Nation schmähend, wurde mit einer Riesengestalt der Warnung an den »Erbfeind« ausgestattet und gleichsam altgermanisch archaisiert.

Die preußische Niederlage bei Jena und Auerstedt von 1806 hat die Idee für ein Hermannsdenkmal geweckt, der Sieg bei Sedan (1870) seine Vollendung ermöglicht. Schon Kleist hatte 1801 die Riesengestalt des Arminius gegen die deutsche Kleingeisterei aufgerufen: »Wenn ein Jüngling gegen den Feind, der sein Vaterland bedroht, mutig zu den Waffen greifen will, so belehrt man ihn, daß der König ein Heer besolde, welches für Geld den Staat beschützt. – Wohl dem Arminius, daß er einen großen Augenblick fand. Denn was bliebe ihm heutzutage übrig, als etwa Lieutenant zu werden in einem preußischen Regiment?« 1814/15 entwarf Schinkel ein kolossales Denkmal für Arminius, eine riesige Reitergruppe für den Sieg über die Römer im Teutoburger Wald – eine Analogie für die Befreiungskriege gegen Napoleon. Aber die Skizze wurde niemals ausgeführt. Die Verlaufskurve der Hermann-Karriere war gar nicht so eindeutig: auch der Mangel an Einigungswillen, den die deutschen Fürsten nach den Befreiungskriegen an den Tag legten, verhinderte ein Hermannsdenkmal. Die Germanenmythe vom freien, natürlichen Volk auf freiem Grund kam ihnen nicht zupaß. Die regierenden Häuser befürchteten wohl, daß sich bei Detmold etwas Aufrührerisches wie das Hambacher Fest von 1832 noch einmal ereignen könnte, und verhielten sich zurückhaltend, obwohl es viele Pläne gab. Und ein Arminius, der einem Sockelhelden als leibhaftige Anschauung und Verehrungsgröße hätte dienen können, fand sich in ihren Reihen keineswegs. Hätte es nicht den Bildhauer Ernst von Bandel gegeben, wäre Hermann wohl niemals auf einen Denkmalssockel geraten. Er hatte bereits als Student der Architekturkunde 1819 sich mit einem solchen Monument befaßt und einige Skizzen verfertigt. Bandel, ein Schwanthaler-Schüler, machte sich 1837 erstmals im Teutoburger Wald auf die Suche, wo idealiter der beste Punkt für das Denkmal und der historische Schauplatz der überlieferten Schlacht festzulegen sei. Er hatte sich vorgenommen, den Ort seiner Suche als geschichtlich wahre Walstatt auszugeben, aber das oberste Prinzip scheint für Bandel die schöne Aussicht gewesen zu sein. Noch nachträglich, als seine eigene Schlacht geschlagen war, geriet er ins Schwärmen: »Berge in Nähe und Ferne, dazwischen bebaute Täler, mit Städten, Dörfern und Höhen wie übersät, Waldschluchten mit dem üppigsten Laubholz in der Nähe, mit nie urbar gewesenem Sumpf und Sandflächen wechselnd. Das Auge erschaut hier über der schönen Bergreihe des Teutoburger Waldes, des Eggegebirges und Osnings gen West die bis zum Horizont aufsteigende Westfälische Ebene, in der der Lippe und Ems Anfänge blitzen, gen Nord im Halbkreis bis Südost die Weserberge, die sich an die Hessenberge anschließen, gen Süd die Auerländischen und Bergischen Berge, über die gen Südwest das Siebengebirge ragt.

ERNST VON BANDEL, Erbauer des Hermann-Denkmals bei seinem Werke im Teutoburger Wald.

Lange sah ich mit freudigem Staunen in diese nicht erwartete Wunderwelt. Da belebte es sich; die im großen Buch der Geschichte verzeichneten Taten verbildlichten sich in meiner Phantasie, Kämpfe in Waldwildnis verdrängten das lachende Bild; die bebauten lichten Flächen wurden ein Sumpf und Moor in greulicher Verwirrung. Von allen noch mit Wald bewachsenen Höhen, aus dem Schatten und Schirm hochstämmiger, gewaltiger Eichen hervor brachen unsere Voreltern zu immer erneutem Kampfe mit aufwirbelndem Siegesjauchzen.«

»Wo Hermann den Varus« schlug, ist zu einer heiß umkämpften Frage von Hobbyarchäologen, Lokaltümlern und Privatmystagogen geworden. Die Suche nach dem Kampfplatz, ob bei Hiddesen südlich von Detmold oder bei Osnabrück, ist die entscheidende gewesen. Karl Immermann ließ in seinem satirischen Großroman »Münchhausen« einen dieser Ortsgeschichtler auftrumpfen, er habe »nun wahr und wahrhaftig den Ort gefunden«, was er für ungemein wichtig hielt, denn: »Auf der Hermannsschlacht beruht das gesamte deutsche Wesen.« Die historische Ortssuche korrespondiert mit dem Mangelgefühl, daß Deutschland nirgends zu lokalisieren sei. Schon Schiller hatte gefragt: »Deutschland? Aber wo liegt es? Ich weiß das Land nicht zu finden.« Und in Kleists »Katechismus der Deutschen« von 1809 wird gleichlautend rhetorisch gefragt: »Wo find' ich es, das Deutschland, von dem du sprichst, und wo liegt es?«

Am nächsten kam der Historiker Theodor Mommsen mit seiner Bemerkung von 1885, daß wohl bei Kalkriese, rund 20 Kilometer nördlich von Osnabrück, die historische Varusschlacht stattgefunden habe. Die Behauptung wurde nicht weiter verfolgt: zehn Jahre zuvor hatte Wilhelm I. den Teutoburger Wald durch seine Anwesenheit bei der Denkmalseinweihung beglaubigt, und einem Kaiser wollte auch Mommsen nicht offen widersprechen. Der Offizier Tony Clunn von der britischen Rheinarmee wandte hundert Jahre später den Metalldetektor an und grub seit 1987 immer mehr Fundstücke aus. Rund 5000 Objekte ergaben sich bisher – genug, um Kalkriese fast zweifelsfrei als Schauplatz der Varusschlacht zu beglaubigen.

Bandel war mehr oder weniger auf sich gestellt, als er davon träumte, den Deutschen seinen Hermann zu schenken. 1838 gelang es ihm, mit dem Fundament zu beginnen, bis 1846 war der steinerne Unterbau für die Figur gefertigt, aber dann ging das Geld aus. Der Detmolder Heimatverein, der mit seinen Ablegern in ganz Deutschland viel Geld gesammelt hatte, war mit seinen Mitteln am Ende und zerstritt sich mit dem germanischen Visionär Bandel. Der weigerte sich, einen anderen Entwurf auszuführen: ein von Schinkel und Rauch entworfener Arminius sollte auf einem römischen Säulensockel stehen und das Schwert gesenkt halten. Einen solchen »Essenkehrer auf Teuts Schornstein« aber wollte Bandel keinesfalls errichten. Er zog sich schmollend nach Hannover zurück, und die Bauhütte verfiel. 16 Jahre Stagnation, dann fand sich ein neuer Kreis von Geldbeschaffern, wonach Bandel 1871 wieder auf dem Hauptplatz seines patriotischen Herzens erschien. Da die Kupferplatten nach den kleinen

Vorlagezeichnungen von niemand geschmiedet wurden, erlernte er angeblich selbst das Handwerk und dengelte sie nach und nach mit eigener Hand formgerecht. 1869 machte König Wilhelm von Preußen, der nachmalige Kaiser, einen Werbebesuch beim Hermannsfanatiker – ein Ereignis, das sich gut vermarkten ließ, aber selbst wollte Wilhelm keine Mittel zusagen.

Erst der deutsch-französische Krieg und die Reichsgründung führten dazu, daß es mit ihm wieder aufwärts ging. Größere Dotationen der Hohenzollern und des Reichstags brachten die bereits wieder verfallende Baustelle im Teutoburger Wald in Schwung. Nun standen Hermann und Wilhelm plötzlich nebeneinander wie Brüder. In der vierten gotischen Nische des Unterbaus findet sich ein Relief Wilhelms I. und darunter Bandels Inschrift: »Der lang getrennte Stämme vereint mit starker Hand, / Der welsche Macht und Tücke siegreich überwand, / Der längst verlorene Söhne heimführt zum Deutschen Reich, / Armin, dem Retter, ist er gleich.« Aus dem Hoffnungsmal für die deutsche Einheit war nach der Reichsgründung ein Ruhmesmal geworden. 1875 konnte das elf Zentner schwere Schwert angehoben und mit der Reckenfaust verbunden werden. Nun stand das Utensil mit der goldenen Inschrift: »Deutsche Einigkeit meine Stärke – meine Stärke Deutschlands Macht« programmgemäß drohend in der Luft. Von der Losung der Freiheit war nicht die Rede.

Bandel hatte seinen 37 Jahre andauernden Kampf mit seiner Gesundheit bezahlt; zeitweilig wohnte »der Alte vom Berge«, der mit seinem Rauschebart die Hermann-Physiognomie anscheinend nach seinem jugendlichen Ebenbild modellierte, in größter Bedürfnislosigkeit in einer primitiven Holzhütte. Er hat sein Vermögen geopfert und ein anderes eingesammelt, aber nur Hermanns wegen. Als der aufgestellt war, sollte Bandel eine fürstliche Ehrenpension verliehen werden; er lehnte das Angebot ab. Die Fama berichtet, er habe, weitgehend erblindet, das abgeschlossene Monument nur noch schemenhaft sehen können. Ein Jahr nach der Einweihung starb er.

Kaum waren das Deutsche Reich und das Denkmal von 1875 vollendet, geriet der kupferne Arminius in den Strudel des Bedeutungsverlusts. Die völkische Radikalisierung des Denkmals erwies nur, daß die Figur bereits kurz nach ihrer Erhebung auf den Sockel unnötig geworden war. Auf dem Piedestal konnte nur ein einziger Herrscher

Platz nehmen. Wilhelm I. und die aktuelle monarchische Idee bedurften für ihren innenpolitischen Erfolg keines Cheruskers mehr.

Schon die Festschrift zur Einweihung des Denkmals hatte in germanischer Mord- und Totschlagslust geschwelgt: »Furchtbar war jetzt die Rache des Germanen, seine Mordlust war entfesselt, nicht der Gedanke an Beute beschränkte ihn in dem Gemetzel, er schritt ins Blut hinein bis zu den Knöcheln. Schreckliches Gericht harrte der Gefangenen: in den heiligen Hainen an den Altären sanken sie hin, ein wohlgefälliges Opfer den heimischen Göttern.« Ernst von Bandel hat weniger die sagenhafte historische Figur des Arminius zum Denkmal erheben wollen als eine Geste monumentalisieren, die er »die uns Deutschen allen verständliche Schwerterhebung« nannte. Deshalb wirkt das Denkmal kaum wie eine leibhaftige Figur, auch wenn sie sich, ein wenig schlaff, mit dem linken Arm auf einen Schild und die Parole »Treufest« stützt, während der linke Fuß auf einen römischen Legionsadler und ein Rutenbündel tritt; es handelt sich vielmehr um einen Tonnenkörper, der an dem Schwert hängt, das in den Himmel sticht.

Die Nazis mußten dieses Bild nicht ummünzen, es war wie für sie bereitet: das aufgestaute Immergleiche dieses Hermann, diese Gier nach dem primitiven Zeichen, das durch Masse und Größe überwältigt und stumm vor Staunen macht. Dieser Hunger nach dem Erlebnis aller im einigenden Wirgefühl.

Die Verständigung auf eine Geste, die wie eine Zeichensprache von Stummen wirkten. Der peinigende Affront des guten Geschmacks und der zivilen ästhetischen Maßstäbe.

Schon die pure Existenz dieses Denkmals übt Gewalt im öffentlichen Raum aus. Der riesige Sockel mit seinen neogotischen Nischen kann vom Betrachter in kein Verhältnis zu sich selbst gebracht werden; in seiner steinernen Nacktheit, ohne jeden figuralen Schmuck, trumpft er mit einer nackten Entrückungsbotschaft auf. Diesem Hermann kann man keine andere Sprache als die der nationalistischen Drohung beibringen. Sein Schwert erscheint als der blutige Finger der deutschen Geschichte.

Hitler und Göring veranstalteten 1932 am Fuß des Hermannsdenkmals eine gigantische Wahlkundgebung. Hitler wollte als die neue germanische Übergröße, als Verkörperung der stählernen Romantik und des Blutbads unter den Verrätern und den Volksfeinden erscheinen. Alfred Rosenberg, Chefideologe der Nazis, hatte 1927 über eine Münchner Aufführung der Kleistschen »Hermannsschlacht« geschrieben: »Wir wissen, daß heute Juden, Polen und Franzosen die ganze Brut ist, die in den Leib Germaniens sich eingefilzt wie ein Insektenschwarm. Wir wissen, daß ein Ende sein muß mit der Liebespredigt für unsere Feinde, daß heute noch viel mehr als vor 1000 Jahren Haß unser Amt ist und unsere Tugend Rache.« Kleist wurde damit quasi in die SA aufgenommen.

Das Panoptikum wurde ausgespart, als Mussolini nach Deutschland auf Staatsbesuch kam. Seine nationalen Gefühle wollte man mit dem antiwelschen Popanz nicht beleidigen.

Merkwürdig: die Franzosen illustrieren ihre Denkmäler der Résistance gerne mit schönbusigen Weibern, die nach vorwärts stürmen, und die Deutschen haben einen barbarischen Koloß auf den Zentralsockel ihres Nationalgefühls gehoben.

Aber, wie schon Ludwig Uhland bemerkte, dieser Hermann hat eine Doppelnatur: nach außen sollte er dräuen, nach innen jedoch kuschen: »Der teutoburgische Hermann darf sein Riesenschwert drohend nach Westen strecken, nach innen darf er keinen warnenden Finger heben.«

Am Hermannsdenkmal könnte heute wenigstens noch ein ideengeschichtlicher Streit ausgetragen werden. Gab es eine Unschuldsgeschichte der Aufklärung, die einen zivilisatorischen Nationalismus mit sittigender Wirkung gebar, oder war sie von vornherein dem blank gezogenen Säbel des imperialistischen Wollens, der Kriegslüsternheit im Namen des eigenen Deutschen preisgegeben? Möge aber auch diese Frage auf sich beruhen.

Der »Liberator Germaniae« spielt im Gefühlshaushalt der Deutschen nicht mehr die geringste Rolle. Nicht einmal bei der Wiedervereinigung konnte er kurzfristig als Ikone der Sehnsucht nach »einig Vaterland« dienen. Zu entlegen ist Germanien heute. So wurde der schwerthafte Ingrimm des Denkmals samt Jahnseiche und Bismarck-Denkmal, Cheruskerschänke, Mufflonkamp, Hünenring und Bandelhütte zur touristischen Attraktion, zur fotografischen Kulisse. Der Landkreis Lippe samt der Stadtverwaltung von Detmold unternehmen alles, um die Invasion zu fördern: »Heute läßt sich der Teutoburger Wald, dessen landschaftliche Reize wie geschaffen sind für Erholung, Besinnung und Entspannung, gern eine friedliche Eroberung durch den Fremdenverkehr gefallen«, heißt es in einem Prospekt. 1999 hat man Hermann ein Fantrikot angezogen: Werbung für eine Biermarke. Heute weht die Bundesfahne neben der von der Brauerei. Aber noch immer rund eine Million deutscher Menschen pilgert jährlich zum kupfernen Nationalgespenst auf der Grotenburg im Teutoburger Wald. Bei jedem einzelnen stellt sich die Frage nach dem Warum.

Gralsburg des Historismus
Literaturschloß Lichtenstein

Alles hat angefangen mit einem Roman, der nur als Sprosse auf der Leiter literarischen Erfolgs gedacht war: 1826 veröffentlichte der Hauslehrer Wilhelm Hauff aus Stuttgart, einigen Vertrauten als Musterschüler in Erinnerung, als Theologe auf dem Tübinger Stift, der Elite-Dressuranstalt des Landes, mit achtbarem Ergebnis promoviert, zu dieser Zeit hingegen für die Schriftstellerei beurlaubt und damit weit abseits von seiner vorbestimmten Bahn, einen kühl kalkulierten Schmachtfetzen. Der Roman »Lichtenstein« war als »romantische Sage aus der württembergischen Geschichte« an großgläubige Herzen und patriotische Gefühle adressiert. Der Roman führt in ein heroisch verklärtes Mittelalter hinein, präsentiert reichlich viel männliche Bewährung und weiblichen Adel, pochende Sehnsucht und verzehrende Blickwechsel. Über Abgründe an Eifersucht hinweg und durch Tränennebel hindurch führt er einen Ritter und ein Schloßfräulein zu idealer Ehe zusammen. Hauff hatte sich einiges vorgenommen: er wollte in Deutschland den Erfolg haben, den Walter Scott mit seinen »Waverly Novels« in England erzielt hatte: »Mein Entschluß stand fest; einen historischen Roman à la Walter Scott mußt du schreiben, sagte ich zu mir, denn nach allem, was man gegenwärtig vom Geschmack des Publikums hört, kann nur diese und keine andere Form Glück machen. Freilich kamen mir bei diesem Gedanken noch allerlei Zweifel; ich mußte die Werke dieses großen Mannes nicht nur lesen, sondern auch studieren, um ihm sein Geheimnis abzulauschen, und dann mußte ich irgendein Stück aus der Geschichte ausfindig machen, um es zu meinem Zweck zu benützen.«

Machwerke solcher Art sind zum raschen Vergessen bestimmt. Im Fundus falscher Gefühle und herziger Verlogenheiten, die mitten in der Restaurationszeit zu einer vielgestaltigen Kunstmode aufblühten, wirkt heute alles verstaubt. Überdies ist nichts schwieriger, als einen Trivialroman haltbar und wetterfest für einige Jahrzehnte zu schreiben; unter diesem Gesichtspunkt ist die Leistung von Hedwig Courths-Mahler ebenso bemerkenswert wie die von Fontane. Aber der 24jährige Wilhelm Hauff legte einen Geniestreich vor. Dieser nachgeborene Spätromantiker aus der schwäbischen Provinz versammelte die Wonneschauer ganzer Leihbibliotheken in seinem Buch; er legte es als kompletten Spielplan zeitgenössischer Fluchtphantasien an.

Die rührende Liebesgeschichte wurde mit dem Drama des irrenden, aber edlen Landesfürsten Ulrich von Württemberg aus der Reformationszeit verbunden. Er wird durch ein Heer des Schwäbischen Bundes 1519 vertrieben. Der edle Ritter Georg von Sturmfeder liebt die Grafentochter Marie von Lichtenstein, wechselt ihretwegen ins fürstliche Lager und hat entscheidenden Anteil an der Rettung des bedrängten Herrschers. Auf Schloß Lichtenstein winkt dafür ein unvergängliches Familienglück – ganz in der bürgerlichen Gloriole. Einige wenige historische Tatsachen leuchten im Halbdunkel der Erzählung als erhabene Sagenbilder auf. Die Ritter- und die Liebesgeschichte schlingen sich vor prächtigen Prospekten altdeutscher Masken- und Kostümfeste ineinander, laben sich an munter sprudelnden Kommentaren über vorbildlichen Anstand und rühmenswerte Sitte unserer Ahnen wie an einem moralischen Jungbrunnen. Als mythischen Gegenort zur hellen Burg gibt es das dunkle Versteck, die Nebelhöhle, den *schwäbischen Kyffhäuser*. Dort hat Wilhelm Hauff seinen Herzog Ulrich von Württemberg zeitweilig versteckt. Und so wird noch jedes Landeskind zu einem kryptonymen Ausflug verschleppt. Die Stalagmiten im Dämmerlicht wachsen dem Fremdenführer zu Kapelle und Kanzel, zu Schlössern und zu Goethe, Bischof mit Dienern und Fröschen aus. Seine Arme vollführen den Zickzack-

taumel von Fledermäusen nach, während sich beim Besuchertrupp ein erdgeschichtlicher Grusel breitmacht. Früher haben die Fackeln die Sinterformationen unweigerlich verrußt, heute ist elektrisches Licht installiert. Weil sich durch die ständige Beleuchtung und heftig atmende Besucher die Binnentemperatur erhöht, wächst den Kegeln, Zapfen und Säulen ein Pelz aus Algen. Bisweilen weiß sich die Natur durch ihre eigene Verunstaltung der Funktion als Denkmal zu erwehren.

Als patriotisches Heldenbuch, als kulturgeschichtliches Gemälde eines aufgeräumten Mittelalters, als Brevier beständiger Lebensregeln hat der »Lichtenstein« ein Jahrhundert lang zum poetischen Hausschatz gehört. Enthusiasten aus gegensätzlichen Lagern haben sich auf dieses regionale Kulturgut berufen. Auch die Burschenschaften bezogen sich, nach dem Hambacher Fest von 1830, im Zeichen der demokratischen Farben Schwarzrotgold, auf Wilhelm Hauff. Der konnte seinen Ruhm nicht mehr genießen, denn er war bereits 1827, im Alter von 25 Jahren, unerwartet an »Nervenfieber« verstorben und wurde von kundigen Sachwaltern als »Jünglingsgestalt der deutschen Literaturgeschichte« in einen wurmstichigen Klassikerolymp geschoben.

Der zeitgenössische württembergische König verstand den Roman als Apotheose des Landesfürsten und als Anschauungsunterricht für Untertanentreue. Jedenfalls schenkte er die Grafschaft Lichtenstein einem Vetter, damit dieser auf verfallenden Grundmauern und statt eines verlotterten Jägerhäuschens eine »ideale Burg des Mittelalters« wiedererstehen lasse. So wurde 1840/41 in der Nähe von Reutlingen getreu nach dem Roman ein Literaturschloß gebaut, eine Märchenburg aus neogotischen Versatzstücken, eine Theaterkulisse mit Zugbrücke und Zinnen, Türmchen und Erkerchen, Waffenkammer und Trinkstube, Andachtskapelle, Rittersaal und schöner Aussicht.

In dieser Gestalt ist Hauffs Spekulation auf verschollene Größe versteinert und hat die Krisen des vaterländischen Bewußtseins und zwei Weltkriege sieghaft verschlafen. Noch heute pilgern die Schulklassen aus Deutschlands Südwesten zu dieser Gralsburg des Historismus auf der schwäbischen Alb. Sie bleibt ein Traumgelände frühkindlicher Vorstellungsgaukeleien. Als Zauberberg mit Waldesweben und Sagenraunen, Legendenspiel und Mythengeflüster mag der Lichtenstein ausgedient haben, aber er hat sich als solcher noch in den Bildvorrat jenes Kindes hineingeschmuggelt, das ihn in den fünfziger Jahren auf einer frühen Klassenfahrt kennenlernte. Andererseits ist diese Bilderbuchburg, dieses schwäbische Neuschwanstein für fast jedes württembergische Kind ein Alltagsbekannter. Er thront als Modell in unzähligen Gärten. In unserem Fall in dem eines Sattlers. Im Sommer war er hinter einem Vorhang aus Kletterrosen fast verborgen, aber im Herbst trat er leuchtend aus dem Dickicht hervor, und der Wind strich durch zwei Äolsharfen in der Nähe. So lebt der Lichtenstein als tönende Burg in der Erinnerung auf. Der Sattler hingegen hatte ein Kehlkopfleiden und mußte auf einen Knopf drücken, wenn er sprechen wollte. Weil ihm oft kaum mehr als ein Pfeifen und Gurgeln entfuhr, hat er seine Redseligkeit auf eine Folge von unverbundenen Preßwörtern beschränkt. So trat die Geschichte des Lichtenstein dem Kind als gestammeltes historisches Telegramm und im Augenschein ohnmächtiger Bedürftigkeit entgegen.

Das Liliput-Monument im Garten gehört zu den schwäbischen Auffälligkeiten wie die von einem pietistischen Pfarrerfanatiker verursachte einheimische Uhrenindustrie, das Bausparerwesen, die Kehrwoche und die paragraphenreichsten Hausordnungen der Welt. Man möchte in Schwaben gerne zurück bis zu jenem Ursprung, wo das Mittelalter überall war, wo sich die Bilder zu einem Arsenal an hellen Siegen und dunklen Ängsten zusammenfügten und die Innenwelt mit Helden und Flüchtlingen, Schreckensfiguren und Sehnsuchtsbräuten bevölkert wird. Deshalb die Sucht zum steinernen Jugendtraum. Fachkenntnisse im Modellbau werden für den Lichtenstein im Garten verlangt und von den Miniaturexperten ausgebreitet: Innengerüst aus Beton und Zementguß, Sandsteinsorten und Bearbeitungsarten. Bastlerfleiß und Burgenseligkeit gebären Wahrträume. Mancher Garten ist zum monströsen Spielfeld mutiert: Breitspureisenbahnen rollen über Abgründe und durch Tunnels, Seilbahnen führen von Gipfel zu Gipfel und immer in der Mitte thront der Lichtenstein, der anbetungswürdige. Gegen die Möglichkeit zum unvorhersehbaren Geschmackswechsel und gegen das eigene Altern haben sich diese Landschaftsgestalter mit Tonnen von Gestein gewappnet. Wenn die Nachfahren einst den Garten als Grünfläche zurückerobern wollen, werden sie mit Sprengstoff arbeiten müssen. Es gibt den Lichtenstein als Hundehütte und Rückzugsort für Goldhamster, als Kombination von Blumentisch und Modell. In den hohen Sockel ist häufig auch die Nebelhöhle eingelassen, in die Hauff den aus seinem Land vertriebenen Herzog Ulrich plazierte.

Selten genug, daß einer dieser Traumarchitekten die literarische Vorlage gelesen hat. Man kann auch ohne sie auskommen, die Erzählung aus großen Zeiten hat sich von ihrem Verfasser gelöst und selbständig gemacht. In der Erinnerung irrlichtert sie als verjährte Jugendaffäre herum. Der Roman von Wilhelm Hauff dient, wenn überhaupt, nur noch als Wegmarke für die Literaturgeschichte: mit ihm ist der Beginn des historischen Heimatromans in Deutschland zu datieren.

Die Bastlerleidenschaft, die eine unnennbare Sehnsucht zu einem zähen Freizeitringen um ein Burgenmodell treibt, ist wortkarg: keiner der Baumeister wüßte zu begründen, was genau ihn angetrieben hat. Dieser stumme Enthusiasmus wirkt komisch und monströs – und er wird kaum mehr benötigt. Die Winkel und Nischen auch der schwäbischen Gärten werden zunehmend von grinsenden Gartenzwergen aus dem Kaufhaus besetzt.

Von Röcken nach Schulpforta
Fritz Nietzsche entwirft sich

Nichts vom Lama, von der Geißel der Syphilis, Schreimartern und vom umnachteten Genie – oder nur so viel als nötig, um einen Anfang zu beschreiben: die Geburt des Schriftstellers aus dem Geiste der Provinz sowie den Tatort seines Werdens, das Pfarrhaus, und alles, was es nach sich zog an inwendiger Ausstattung. Das protestantische Seelengebäude seit altersher und dazu die geistliche Kadettenanstalt, die dazugehört, heiße sie Stift in Tübingen oder Schulpforta in Sachsen.

Auf der alten Landstraße zwischen Frankfurt am Main und Leipzig kann man seine Lebensspur aufnehmen. Nahe bei Weißenfels, wo das Grab von Novalis liegt – in Röcken bei Lützen. Von dort stammt Nietzsche her. »Ich bin als Pflanze neben dem Gottesacker, als Mensch in einem Pfarrhause geboren.« Ein rätselhafter Satz, aber nur für den, der keine Bilder aufnehmen kann. Auf einem Foto ist das Pfarrhaus nämlich umringt von Pappeln, Weiden und Ulmen, verschattet von drei Akazien, und Sträucher blühen in üppiger Pracht. Da hat sich einer mit den frühesten Erinnerungen in die Natur eingeschrieben.

Nietzsche ist am 15. Oktober 1844, am Geburtstag des Königs Friedrich Wilhelm IV., geboren; so wurde er vom Vater, der zeitweilig Prinzessinnenerzieher am Hof in Altenburg gewesen war, auf dessen Namen getauft. Mit dem allerhöchsten Preußen gemeinsam hat er auch das Ende: beide verfielen in Wahnsinn. Zuletzt sei er dieser König gewesen, wird der geisteskranke Nietzsche in der Basler Klinik erklären.

Die Häuser in Röcken stehen eng beisammen, als hätten sie einander nötig. Die Straße führt vorüber, nimmt alles mit, das Dorf behält nichts, keinen Fremden, kann sich bei keinem Besucher situieren. Jede Poststation forderte mehr zum Verweilen auf.

Von den rückwärtigen Fenstern des Pfarrhauses kann man auf den Friedhof blicken. Die Gräber sind fast alle aufgelassen in gleichmütiges Grün, ohne Kreuze und andere Feldzeichen des Todes. Protestantische Rechtschaffenheit und Gottesfurcht werden in den Kammern dieses gewichtigen Hauses noch immer geschliffen. Der Pfarrer ist heute für zehn Gemeinden zuständig, eine mobile Größe, Nietzsches Vater war es nur für drei. Da steht er in der Vorwelt herum, auf einem vergilbenden Foto, »zart, liebenswürdig und morbid«, ein »nur zum Vorübergehn bestimmtes Wesen«, »eher eine gütige Erinnerung an das Leben, als das Leben selbst«, wie ihn der Sohn mit Worten streichelte. Zur Ausstattung der Familie gehört die erheblich jüngere Mutter, zu rechnen ist auch mit Auguste und Rosalie, den Tanten, diesen Karyatiden im Gebäude protestantischer Besserwisserei, den alten Jungfern seit altersher. Zeitweilig haben sich sechs weibliche Wesen an dem kleinen Jungen zu schaffen gemacht. Vielleicht blieb er deshalb in den ersten Jahren radikal stumm.

Als Fritz Nietzsche fünf Jahre alt war, starb der Vater nach rund einjähriger »Gehirnerweichung«. Der Sohn hat Gesichte, hört Orgelton wie bei einem Begräbnis, sieht den Vater aus dem Grab steigen und ein kleines Kind mitnehmen unter die Erde. Hat er sich selbst in seiner Angstnähe beim toten Vater gesehen oder seinen jüngeren Bruder ins Grab geträumt? Der stirbt sehr kurz danach. Die Damen samt Großmutter und Dienstmädchen übernahmen, Zank- und Schokoladenorgien eingeschlossen, ihr geziertes Regiment, erst recht, als der familiäre Umkreis nach Naumburg verlegt wurde. »Vielleicht war es nun ein Übelstand, daß meine ganze Entwicklung von da an von keinem männlichen Auge beaufsichtigt wurde« …

Aber einstweilen verharren wir noch in Röcken, dieser Kindheit, die Nietzsche so schwer abschütteln konnte, durch die einer von heute so schnell durch ist wie angekommen. Die wenigen Fachwerkhäuser des Dorfes rund um die gedrungene romanische Wehrkirche halten sich in der mürben Facon ruinöser DDR. Was in der doppelten Umklammerung des Tagebaus und der Leunaer Chemie existierte, lebte im Wartezustand des Vergehens, und da hat sich auch ein Jahrzehnt danach nichts geändert. Der Gutshof steht leer; nicht nur die Herrschaft ist verschwunden, sondern auch der Sinn einer Anwesenheit. Wer will schon in solch giftverseuchte Abgeschiedenheit ziehen, um seine Felder zu bestellen? Nur das Pfarrhaus mit seinem gemütlichen Walmdach, Triumphbau ewiger geistlicher Wiederkehr, ist aufwendig renoviert.

Zur Kirche ist Nietzsche im Sarg zurückgekehrt, nachdem er am 25. August 1900 an den Folgen einer Lungenentzündung gestorben war. An die derbe Mauer im Süden gerückt, liegt er unter poliertem rötlichem Granit. Zwischen den Bruder und die Eltern hat sich Elisabeth gedrängt, die auf Fotos unter ihren Hauben aussieht wie eine verdatterte Märchenerzählerin der Brüder Grimm. Vor ihrem Tod 1935 hat sie anscheinend die gleiche Größe und Ausstattung des Grabes verfügt, so daß hierdurch ihr Rang sichtbar werde.

Der Friedhof ist des jungen Nietzsches Paradies der Nacht. Am liebsten wandelt der Träumende in den alten Ruinen seiner Kindheit, in den Trümmern der Vergangenheit. In einem von Petöfi-Lektüre befeuerten, wildromantischen Heldengedicht von 1862 ist der Vater, dieser leere Umriß, noch einmal anwesend, und der Junge stirbt (anstatt seiner?): »Es geht eine Kunde trüb und alt / Wie der Mond die Erde überschleicht. / Durch die Wälder und durch die Höhen schweift / Und heiße Thränen niederthaut / Auf eine Leiche stumm und kalt. / Die Wange gebleicht / Schaut er und schaut / Und schleicht und weint so laut, so laut. –« In allerlei anderer Gestalt taucht der Vater auf: Götter und Helden sind für den Schülerdichter Nietzsche seine Verkleidungen. »Ich betrachte es als ein großes Vorrecht, einen solchen Vater gehabt zu haben; es scheint mir sogar, daß sich damit Alles erklärt, was ich sonst an Vorrechten habe.« Der Vater bleibt lange das Riesenphantom, das nicht beruhigt werden kann. Sein Phantasma ist die offene Flanke an der Ich-Grenze. In dieser Bresche dringt Spuk ein, mal das Sehnsuchtsbild eines entrückten, milden Gottes, mal die böse Furie. Als Stimme im Ohr hat der Verblichene weitergeredet, hat sich in seinem ältesten Sohn als Seelenakteur festgesetzt. Zarathustra wird sagen, »nur wo Gräber sind, giebt es Auferstehungen«.

Der Schüler verfaßt viele Gedichte über die Entfernung von der Heimat, die Vertreibung aus dem Paradies. Fast immer ließe sich das Schlüsselwort »Heimat« durch »Vater« umschreiben. Er wurde in ein anderes Wort umgetopft.

Kein »Obst- und Grasgarten« mehr, auch kein »Blumengarten« mit »Lauben und Stützen«. Der Abschied, 1850, von Röcken: »Nie erschien mir meine Zukunft so dunkel und ungewiß, als damals. Sobald der Morgen graute, wurden die Pferde angeschirrt; wir fuhren durch den Morgennebel fort und riefen unserer lieben Heimat wehmütig ein Lebewohl zu.« Aus der Entfernung wird Röcken für ihn zum untergegangenen Karthago.

Noch dem Vierzehnjährigen war Naumburg gewöhnungsbedürftig. Bei Ausflügen, etwa nach Pobles zu den Großeltern, kam er sich vor »wie ein Vogel, der seinem Käfig entflieht«. Die Mutter war zu Beginn der Naumburger Zeit erst 25, gewiß noch sehr hübsch, aber sie verhielt sich wie ein schwarzer Trauervogel, die Weibersippe betete, nähte, musizierte ein wenig und hielt sich vorwiegend in den dunklen Hinterzimmern der Wohnung auf. In »Ecce homo« bekannte Nietzsche, er habe »keine willkommene Erinnerung« an diese Jahre, und an anderer Stelle wiederholte er, daß der Ort »nichts in meinem Herzen hat, was für ihn spricht«.

Liefern wir uns in Naumburg dem Romantiker Ludwig Bechstein als Fremdenführer aus: »Es zeigte sich nun des Domes ehrwürdige Gestalt mit seinen Turm-Oktogonen, von denen zwei byzantinische Fenster- und Schallöffnungen haben, während der nach Westen gerichtete dritte Turm von ausgezeichneter architektonischer Schönheit ist. Der Hochbau eines vierten Turmes unterblieb aus Geldmangel und wurde nur bis zur Höhe des Kirchendaches aufgeführt. Am Schiffe der Kirche mit dem hohen Chor und den vielfach angebrachten Ornamenten wird der rein gotische Stil und Geschmack vorwaltend angetroffen.« Vom Innern des Doms ist wenig wahrzunehmen. Die Insassen eines kompletten Altersheims, Freigänger für einige Stunden, durch eine quäkende Führerin in die Krypta und zu den Stifterfiguren getrieben, lähmen den Blick. Von Uta kann man erfahren, daß diese »deutsche Ikone« so schön ist wie auf den Abbildungen

und Ekkehart noch mehr Doppelkinn aufweist als vermutet. Das Gelände läßt sich auf leichten Sohlen verlassen: Der Dom wird vom Pastorensohn auffallend wenig erwähnt. Die Knabenbürgerschule, dann das Webersche Institut, die Privatschule am Ende der Neugasse, schließlich das Domgymnasium – die Befremdungen des jungen Nietzsche lassen sich kaum mehr ermessen. Er erschloß seine unterschiedlichen Begabungen: mit zehn die Komposition einer Motette, und außerdem hatte er bis dahin bereits fünfzig Gedichte verfertigt. Er türmte gewaltige Naturschrecken vor sich auf. »Grauenhafte Seeabenteuer, Gewitter mit Feuer« bestand er lyrisch, um seine Alltagsverlassenheit zu bemeistern. Im Krimkrieg (1853–56) spielte er, wie seine beiden Jugendfreunde, die Juristensöhne Wilhelm Pinder und Gustav Krug, mit Zinnsoldaten heroische Gegenwart, nämlich die russische Verteidigung von Sewastopol. Die umkämpfte Festung ersetzte das Spießernest. Martialische Entschlossenheiten triumphierten im Geiste: »Kriegsgesetze. Wer eine Festung verräth komt auf 4 Jahre auf die Festung. Wer einen der Soltaten tödtet in Trunkenheit, wird erschoßen. Wer von einem Regiment in das feindlich(e) übergeht wird erschoßen. Ein Spion wird gehenkt. Wer aus der Festung flieth, bekomt den Arest doppelt.«

Naumburg, in der DDR-Zeit eine ins Anthrazitfarbene verkommene Großruine, ist in ein Vorzeigerevier des Denkmalschutzes verwandelt. Es gibt nur prächtige Häuser oder noch letzten Verfall, beides wirkt ähnlich familiär. Eine strahlende Zukunft als altdeutsches Museum ist dieser Stadt gewiß.

Nietzsche hat sie als das Hoheitsgebiet sächsischer Betulichkeit verachtet. Seit 1850 lebte die Familie in einem Mietshaus des Eisenbahn-Spediteurs Ott. Das Haus Weingarten Nr. 18 erreicht man über den ein wenig verlassenen Holzmarkt. Die Geschäfte werden rarer, dann beginnt unversehens mit geduckten Fachwerkhäuschen das Dorf. Im Hinterwinkel der Naumburger Welt, an der Stadtmauer, ein stattlich wirkendes, spätklassizistisches Eckhaus. Mit einer Gedenktafel aus der DDR-Zeit, die schönfärbt: »Hier wohnte der Philosoph Friedrich Nietzsche zum Besuche bei seiner Mutter in den Jahren zwischen 1890–1897.« Die Mutter hatte den Irren aus der Klinik in Jena heimgeholt, um ihn, wie sie hoffte, gesundzupflegen. Die möblierten Herren, die in diesem Haus wohnten: Gymnasiasten, Studenten, Referendare, zogen nach und nach aus, weil der Patient so unmäßig brüllte.

In der DDR war er der falsche Philosoph, ein sorgsam vermiedener Nicht, eine in Unkenntnis vermauerte Unperson, der Wolfgang Harich wenigstens einige lauthalse Verwünschungen, zischende Wörter wie »Talmieleganz«, »Essaygeschwafel« und »Riesenkloake« nachrief. Das Haus wurde nach der Wende dem Verfall, aber auch dem historisierenden Denkmalschutz abgetrotzt. Einige ausgesuchte Bilder zu Werk, Leben, Reisen, Krankheit, der Geschichte des Hauses, einige spartanische Leseräume, die weiß gestrichene, überwucherte Veranda, gedämpfte Ruhe, ein nobel einfaches Silentium sind eingerichtet. Vor dem Haus, der Stadtmauer zu, ein Streifen Kopfsteinpflaster und davon durch einen Zaun abgetrennt, der Kräutergarten der Mutter. Darin eine einfache Bank, eine Memorabilie: auf ihr wird der zermarterte Denkgott in seinem katatonischen Stupor gesessen haben.

Eine Art Weissagung ist überliefert. Im Zirkus soll ein Pferd namens Pylades den klügsten Zuschauer herausfinden und bleibt vor Fritz Nietzsche stehen, verneigt sich dreimal. Ist die Anekdote vielleicht rückwirkend erfunden, nachdem er in Turin angeblich den Klepper umarmt und als seinen Bruder angefleht hat?

Die Stadtmauer ist an dieser Stelle verdoppelt. Den Streifen dazwischen und einen Turm hat Nietzsche nach seiner Basler Lehrtätigkeit für sechs Jahre gemietet, um tätiger Bukoliker zu werden. Er versuchte sich in einer nachschaffenden Geste, wollte mit diesem Garten des Dionysos Natur erschaffen, die ihm unter der Herrschaft der »Naumburger Tugend« gefehlt hatte. An die Mutter, Juli 1879 aus St. Moritz: »Der Gemüsebau entspricht ganz meinen Wünschen und ist auch eines zukünftigen ›Weisen‹ keineswegs unwürdig. Du weißt, daß ich zu einer einfachen und natürlichen Lebensweise hinneige, ich bestärke mich immer mehr darin, es gibt auch für meine Gesundheit kein anderes Heil. Eine wirkliche Arbeit, welche Zeit kostet und Mühe macht, ohne den Kopf anzustrengen, thut mir noth. Hat nicht mein Vater gemeint, ich würde einst wohl Gärtner werden?« Nach sechs Wochen trat er vom Pachtvertrag zurück, gab das Projekt mit seinen Obstbäumen, Rosen, Lilien, Nelken, Erdbeeren, Stachel- und Johannisbeeren auf; er war der körperlichen Betätigung nicht gewachsen. Die Aufbrüche des Jungen kann man nicht beschreiben, ohne den Widerruf der Heimkehr zu bedenken. Sein Dehnen in die Welt und die arbeitenden Zerrüttungen der Psyche ergeben eine Pendelbewegung.

Mit vierzehn hat er seine erste Autobiographie verfaßt. Sie ist der Introitus in ein neues Leben: Internat in Schulpforta. Nietzsche brach am 5. Oktober 1858 auf – seine zweite Vertreibung, in sich »eine solche Dämmerung«, »die Zukunft in grauen Schleiern gehüllt«, von den »Schrecken der bangen Nacht« belastet.

Das ehemalige Zisterzienserkloster St. Mariae de Porta, 1137 gegründet, aus der Vorzeit, ein Alter, da die Zeitrechnung hinter dem Gebetsmurmeln verschwand. Der Gottesmutter geweiht wie alle Zisterzienser-Klöster. Es hatte einen denkbar frommen Namen: Himmelspforten. Nach vier Jahrhunderten hatte es damit ein Ende: Herzog Heinrich führte 1539 die Reformation ein und die letzten Ordensbrüder verließen die Abtei. Danach gründete Moritz von Sachsen in Schulpforta eine der drei Fürstenschulen (neben Meißen und Grimma), mit dem Zweck, lammfromme Gottesmänner, gehorsame Beamte und pedantische Altphilologen, »gelahrte Doctores, Magister, Zuchtmeister der Jugend«, zu erzeugen. Nach der Devise, eine »ziemliche Kost und die lare umsunst«, wurden in Schulpforta an den Eleven sechs Jahre lang »lehr und underweisung« exerziert und zwar für »edelmann, burger oder pauer, so zu der lar geschickt und geneigt«.

Klopstock, später Ranke zählten zu den Schülern. Die Abschlußarbeit des Alumnus Fichte von 1780 hielt die Dankbarkeit fest, die er mit Schulpforta gehorsamst verband: »Wenn ich einmal ein Amt antreten werde: der Männer wird meine Seele sich erinnern, die meinen Geist so ausgebildet haben, daß ich diesen Beruf bekleiden kann.« Achtzig Seiten hat er auf diese Weise zusammengeschrieben.

Seit dem 19. Jahrhundert wurden aus den über die Bücher gebeugten Schülern herausragende Exemplare ausgewählt; sie erhielten (wie Nietzsche) Freistellen. Nach 1933 wurde die Schule in eine »Nationalpolitische Bildungsanstalt« (Napola) der Nazis umgewandelt, mit einem liberalen Zwischenspiel nach dem Krieg war sie seit 1949 unter der Knute der SED. Die Absolventen hatten danach auf sowjetischen Hochschulen zu studieren. Später wurde daraus eine der mausgrauen »Erweiterten Oberschulen« (EOS).

Schulpforta, diese mönchische Festung hinter hohen Mauern, exakt 1,7 Kilometer umfassende Abwehr, ist in der Überlagerung von spartanischer Zisterzienser-Geschichte und pädagogischer Provinz ein Brutplatz der Stille geblieben. »Betsäule, 1521, ehemaliges geistliches Inspektorat, neogotisches Torhaus mit Stifterfiguren, Diakonat, Panstermühle, Klopstockquelle, Turnhalle, Friedhof mit Totenleuchte« – insgesamt mehr als 30 Gebäude. In einer stummen Revolte hat sich der Primus Nietzsche selbst erschaffen. Revolte begriffen als Tätigkeitsdrang, als »dieses planlose Irren in allen Gebieten des Wissens«, in Dichtung, Musik, Heldengeschichten, verehrten Alten, olympischen Göttern.

1861 die Konfirmation. Auf dem Erinnerungsfoto lehnt er an einem Postament, seine Rechte im Überrock versteckt wie Napoleon die seine in der Uniform; die Linke wird vom Ärmel fast verschluckt. In diesen Bratenrock soll er erst noch hineinwachsen. Für die Geste des Lehnens ist er jedoch schon zu groß gewachsen, so krümmt er sich seitlich, mit verlegenem Ungeschick, was unterstreicht: da paßt für den religiösen Anlaß schon nicht mehr alles. In der Kindheit hat er Gott aus der Hand gefressen. Jede Krume Religion wurde ihm zur frommen Gewißheit. Aber dann die Entfernung von Kreuz und Altar, sie ging sehr lautlos vor sich. Kein Damaskus-Erlebnis, keine jähe Wendung, keine glühenden Kohlen, nichts von Seelenqualen. Nietzsche widerlegt die Annahme, daß man katholisch sein müsse, um Atheist werden zu können.

Ein ausgeklügeltes System von Ersatzpatriarchen regelte in Schulpforta die Verhältnisse. Familiäre Kraftströme sollten in die Organisation der Schule nicht hineindringen. Unmittelbare Berührung mit dem Mammon war nicht gestattet. Tutoren bezahlten die Anschaffungen, die notwendig wurden, und rechneten sie vierteljährlich über die Schule mit den Eltern ab. Auf Belegzetteln wurden die Gesuche des Schülers in der dritten Person formuliert. Einer von 197 erhaltenen: »Nietzsche bittet um die gütige Erlaubnis, sich ein Buch von Papier, eine Lage Briefpapier, vier blaue Hefte anzuschaffen.« Man konnte für die bescheidensten Sottisen bestraft werden wie Nietzsche für den Satz: »Im Auditorium soundso brennen die Lampen so düster, daß die Schüler versucht sind, ihr eigenes Licht leuchten zu lassen.«

Aus dem Kreis der Schüler wurden »Inspektoren« zu Aufsehern ihresgleichen bestimmt, was die Einübung in Machtverhältnisse garantierte.

Friedrich Gottlieb Wezel hielt die Gegend für familiär. »Es ist so etwas Heimisches, Befreundetes in dem Boden«, meinte er und sichtete »im heiligsten Schatten majestätischer Wälder die Geister der alten deutschen Romanze«. Den schwelgerischen Ton hat Fritz Nietzsche als nachhallende Romantik beerbt: »Ihr Vöglein in den Lüften / Schwingt mit Gesang euch fort / Und grüßet mir den theuren, / den lieben Heimathsort. / Ihr Lerchen, nehmt die Blüthen, / Die zarten mit hinaus! Ich schmückte sie zur Zierde / Fürs theure Vaterhaus.« Man könnte Heine und Lenau in seinen Jugendgedichten studieren. Er hat, siebzehnjährig, Hölderlin verehrt und setzte sich dabei über alle Mißkritiken hinweg, so daß er den dämpfenden Rat eines Erziehers erhielt: »Ich muß dem Verf. doch den freundlichen Rath ertheilen, sich an einen gesundern, klareren, deutscheren Dichter zu halten.« Nietzsche hat sich dann ausgerechnet vorgenommen, Jean Paul zu lieben, der pädagogisch auch nicht wertvoll war.

Ein Wunder, daß er sich gegen den gleichmacherischen Beschäftigungszwang, der das Schuldasein in Pforta von vier Uhr früh bis um neun Uhr abends regelte, durchsetzen konnte. Einsilbiges nur hat der Alumnus Nietzsche über Zucht und Ordnung mitgeteilt, sie scheinen ihm den Mund versiegelt zu haben. Ein kühler Schrecken überfällt ihn, wenn ihm ein Jahr nach seiner Entlassung die Zöglinge in den Sinn kommen: »Eben denke ich daran, daß heute die Pförtner wieder in ihre Mauern einziehen. O über die Armen, die mit kaltschauerlichen Empfindungen zum ersten Male wieder in den neuangestrichenen, ungemütlichen Betsaal hinuntersteigen!« Er hat sich die Daumenschrauben von Selbstverpflichtungen angelegt und das, was vor ihm lag, in Portionen von Leistungserwartungen aufgeteilt. Dazu dieses halb enthusiastische, halb planerisch kalte Ungestüm, sich in die Zukunft zu verschwenden, in eine ewige Zukunft. Ein Seelengebirge türmt sich da auf.

Als Schüler schon jonglierte er mit Welten, spätestens 1862, in dem Aufsatz »Fatum und Geschichte«. Die Welt ist eine Uhr, auf der unerbittlich die Zeiger weiterrücken. Die Uhr: die Geschichte, das »Zifferblatt sind die Ereignisse«, die Bewegung im Kreis seine eigene. Was legt die Menschen so unerbittlich fest? »Ein fatalistischer

Schädel- und Rückgratsbau, der Stand und die Natur ihrer Eltern, das Alltägliche ihrer Verhältnisse, das Gemeine ihrer Umgebung, selbst das Eintönige ihrer Heimat. Wir sind beeinflußt worden, ohne die Kraft zu einer Gegenwirkung in uns zu tragen, ohne selbst zu erkennen, daß wir beeinflußt sind.« Wer allen Ballast, genannt Schicksal, abstreifen könnte, wäre er selbst: ein Gott. Der gekrönte Rebell, das Oberhaupt, und alle Metaphysik hätte ein Ende wie der nächtliche Spuk am Morgen, man wäre »wie ein Kind, das beim Morgenglühen aufwacht und sich lachend die furchtbaren Träume von der Stirn wischt«.

Dieses Schülerich hingegen war von Nachtmahren, Phantomen und Traumkatastrophen unterspült. Nietzsche hat sich ein unheilvolles Testat ausgestellt: »Er ist ein vollsaftiger, gedrungener Mensch mit einem auffallend stieren Blick, kurzsichtig und oft von wanderndem Kopfweh geplagt. Sein Vater starb jung an Gehirnerweichung und war im hohen Alter gezeugt; der Sohn in einer Zeit, wo der Vater schon krank war. Noch sind keine schweren Zeichen sichtbar, wohl aber Rücksicht auf die Antecendentien nötig.«

Die Stuben der Alumnen, die Lehr-, Speise- und Schlafsäle, dazu Räume fürs Beten und fürs Tanzen, der Kreuzgang, die Kirche mit ihren vielen Grabplatten, die in der DDR-Zeit verheizte Orgel, die Stelle, wo Klopstock am liebsten gedichtet – um solche Realien ranken sich Anekdoten, die ins Gedächtnis von heute 420 Schülern, Jungen wie Mädchen, sickern. Der Geruch nach Plaste und Elaste hat sich noch nicht ganz verloren, aber der Neubeginn dieser Legende eines Elitegymnasiums ist auch schon wiederum selbstverständlich geworden.

Die weitere Umgebung lockt mit einer Liste von Bukolika: Rudelsburg und Saaleck, die Dornburger Schlösser, die Ruine von Greifenstein, Rudolstadt, Schwarzburg und ein Abend in Paulinzella. Er hat jedoch in Schulpforta üben müssen, was er später im »Ecce homo« geißelte: »das Sitzfleisch« sei »die eigentliche Sünde wider den heiligen Geist«. Eine Ahnung tut sich auf, er könnte schon den starken Satz vorbereitet haben, daß man »keinem Gedanken glauben schenken« möge, »der nicht im Freien geboren ist, bei freier Bewegung«.

Seine Valediktionsarbeit, seinen Abschluß in Schulpforta, hat er 1864 in Latein über Theognis von Megara geschrieben – der Philologe erprobt sich. Abitur in der Tasche, einer von 20 000, die bis heute

Schulpforta durchlaufen haben, der Eingang ins neue Leben, kurze Rückkehr nach Naumburg, um nach Väter Weise zum Studium der Theologie aufzubrechen, die Berufung auf einen zweideutigen Gott: auf den, der entdeckt, studiert, erforscht werden soll in seinen christlichen Kanonika, und auf den in Träumen, Gedichten, Heldendramen erprobten, versunkenen Vater: »Ich will dich kennen, Unbekannter / du tief in meine Seele Greifender, / mein Leben wie ein Sturm durchschweifender / du Unfaßbarer, mir Verwandter! / Ich will dich kennen, selbst dir dienen.« Eine Bewegung am Ende von Schulpforta in widersprüchlicher Hinsicht: Regression und Selbsterschaffung zugleich. Heidegger hat die Lebensgeschichte des »Herrn Nietzsche« ebenso unwirsch wie folgenlos für unerheblich erklärt. Der Abwehrbann gegen den biographischen Umriß funktioniert jedoch nicht. Aber der Schüler Fritz Nietzsche ist unter allen anderen Gestalten, die er auch verkörperte, das unbekannteste Wesen geblieben.

Wanderung um ein Gewässer
Der Stechlin

Neu-Globsow · Stechlinsee, Blick auf die Halbinsel, Abendstimmung

Acht Meilen sind es nur von Berlin, und man kann sie »in einer Pace« machen. Das behauptet, majestätisch untertreibend, der märkische Adelige Dubslav von Stechlin und denkt dabei wohl an seine verflossenen Jugendabenteuer als Offizier. Er müßte es besser wissen, denn die Gegend, in der Fontanes letzter Romanheld siedelt, ist ziemlich abgelegen, eine »verengerte« Landschaft in der nordöstlichen Ecke der ehemaligen Grafschaft Rheinsberg. Kein Ausflugsdampfer könnte dorthin, um Erlebnistouristen auszuspucken; die märkische »Halbstraße« mit Robinien als Riesengestikulanten am Wegrand ist eher ein Zufallsfund als selbstverständlich. Nur 200 Meter Badeanlage sind gewährt und das Campen dazu. Aber wo dürften diese Bumsschachteln nicht aufgestellt werden?

Von der Abgeschiedenheit wird wenig Gebrauch gemacht. Ein FDGB-Heim ist längst außer Verkehr, einige Gastzimmer und viel vergebliche Hoffnung auf ihre Benutzung bietet Neuglobsow, sehr am Rande des Sees, eine Kleinhäuslersiedlung, in der vormals Glasbläser und Landarbeiter wohnten. Mit einer »gewissen Unausreichendheit« hat schon Fontane den Landstrich markiert. In der tiefsten Provinz – warum hat das Land immer diese notorische Tiefe? – schlagen die Abschiedsglocken. In eine »mit ein paar Dörfern, sonst aber ausschließlich mit Förstereien, Glas- und Teeröfen besetzte Waldung« hat er sein Panorama des Beharrens und Vergehens, sein Abendbild der Skepsis und der Zeitgeist-Ironien gesetzt.

1898 ist Theodor Fontane über den Korrekturfahnen seines »Stechlin«-Romans gestorben. Das Säkulum, das inzwischen vergangen ist, hat der Gegend nichts Nennenswertes hinzugefügt. Und schon der Erzähler mußte alles herantragen und an den See lagern, um ihn einigermaßen zu beleben: ein Dorf aus hundert Häusern im Süden, ehrerbietige Bewohner, auch wenn sie »verbebelt« sind und sozialdemokratisch wählen; eine Kastanienallee, durch die ein mildes Herbstlicht leuchtet, und einen Anblick von Herrenhaus, »geradezu märchenhaft, Fata Morgana«, dazu zwei Findlinge, »die stehen da wie die Cherubim«. So schwadronieren Jungoffiziere vor hundert Jahren und glauben komischerweise, »hochgradig verwöhnt im Ausdruck« zu sein.

Dem Gewässer hat Fontane unterirdische Verbindungen zugeschrieben, in seiner persönlichen Chaostheorie Korrespondenzen behauptet nach »weit draußen in der Welt, sei's auf Island, sei's auf Java«, oder wenn »gar der Aschenregen der hawaischen Vulkane bis weit auf die Südsee hinausgetrieben wird«. Dann antwortet der Stechlin, »ein Wasserstrahl springt auf und sinkt wieder in die Tiefe«. Am Grund des Sees lauert ein roter Hahn, der dem mutwilligen Kahnfahrer mit schäumenden Wassern auflauert. Im Stechlin brodeln die Weltereignisse, bisweilen bilden sich Fontänen und Trichter, die Mooskarpfen überleben Revolutionen. Die Stelle im Wasser, wo der Zeitgeist aufwallt, kann der alte Gutsherr leicht ausmachen: von einer Steinbank vier Bootslängen in den See hinein ist der Punkt, wo, »wenns sein muß, mit Java telephoniert« wird. Solche Turbulenzen kann nur jemand erfinden, dem die Stille in den Ohren klingelt.

Viereinhalb Quadratkilometer verschattete Silbrigkeit präsentieren sich und weisen, mangels äußerer Belebung, jede Beschreibung von sich. Der Stechlin ist einfach ein See, an dem nichts los ist. Ganz von Wald umringt, weniger See als eine Ansammlung von Buchten, eine Skala an Grün von den durchscheinenden Buchenblättern bis zum schweren Dunkel in den Kiefernpartien. Von nirgendwo ist das Gewässer, ein Ergebnis zweier Eiszeitschründe, die einander kreuzten, ganz einzusehen, es privatisiert sich.

Der See soll bis zu 70 Meter tief sein – das ist die Zauberzahl aller verwunschenen Wasser. Er bildet die Hohlform des Lärmraums, ohne den gewöhnliche Zeitgenossen, also wir alle, sich selbst nicht mehr erfahren, ohne den sie in Verzweiflungspein über die Langeweile implodieren. Die Verlassenheit hat keine Grenzen, keine Rundwege für Touristen oder Naturlehrpfade. Nur ab und zu keucht überflüssigerweise ein Radfahrer 16 Kilometer rundum und fügt seinem Gefährt beim Ausritt über die Wurzeln treffliche Achter hinzu. Aber weil jede Einsamkeit beschriftet sein will, fehlt es nicht an Schildern mit dem barschen Hinweis »Totalreservat«.

Die Ironie des Erzählers gilt dem Anblick und auch der Verfassung dieses stummen Helden. »Alles still hier.« Am moosigen Ufer nicken die Buchen in den See. Sie sind die Figurinen der Fontaneschen Alterseinsicht, daß jede Tektonik der Verhältnisse einmal ermüdet und resigniert.

Wie bescheiden und halblaut verdämmert bei Deutschlands damals führendem Romancier das 19. Jahrhundert. Nichts von den Entdecker- und Versprechensgebärden der Naturwissenschaftler wirkt nach, kein Schlachtenlärm von 1870/71, den der Kriegsberichterstatter Fontane miterlebt hatte, keine Grellheit des Kapitals seit den Gründerzeiten, nicht der theatralische Pomp des jungen Kaisers und auch nicht die stürmische Verkleinerung des Raums durch die Facilitäten des Verkehrs. Gerade mal das Telephon und der Eilbote sind in dieses Gravitationsfeld der altgedienten Ruhe eingedrungen. Von Tolstois »Krieg und Frieden« und erst recht von Zolas Großstadtmoloch scheint Fontane ein halbes Zeitalter und eine ganze Welt getrennt.

Im Roman nennt sich alles gleich: Dorf, See und Herrengeschlecht heißen Stechlin. So läßt sich nach dem Harmoniewillen dieser Ironie das meiste miteinander verbinden: daß die kurzen Wellen an diesem Nachmittag ins Nirwana dahinplätschern und die Devise des alten Dubslav, die lautet: »Er ließ sich gern was vorplaudern und plauderte selber gern.« Der See, dieser Zeichenheld, kennt die Wirbel der Welt nur als Sagenbehauptung. Im Roman passiert, nachdem er als osmotisches Gefäß ferner Katastrophen auf der ersten Seite eingeführt worden ist, auf ihm und an ihm nichts weiter. Er ist im Gang der Erzählung geradewegs verschollen. Erst hundert Seiten später, nachdem der alte Gutsherr dort seine achtlosen Kringel der Zeitvergessenheit in den Sand gezeichnet hat, taucht das Gewässer wieder auf: im Winter des einen Jahres, das den Romanrahmen abgibt, ist er zugefroren und mit Schnee bedeckt. Und Woldemar von Stechlin meint: »Das Eis macht still und deckt das Revolutionäre.« Die alten Verhältnisse sieht er als ein Leichentuch.

Die Schwester seiner Zukünftigen wehrt sich instinktiv, als ihr der Gendarm Uncke anbietet, ein Loch ins Eis zu hacken. »Um Gottes willen, nein. Ich bin abergläubisch und mag kein Eingreifen ins Elementare. Die Natur hat jetzt den See überdeckt; da werd' ich mich also hüten, irgend was ändern zu wollen. Ich würde glauben, eine Hand führe heraus und packte mich.« Sie heißt Melusine. »Melusine? Hören Sie, das läßt aber tief blicken.« Sie erweist sich als anziehend, hätte Woldemar mehr als verdient, sollte, wenn es auf ihren sprechenden Namen und das damit gegebene Märchenmotiv ankäme, ins Wasser gehen, aber darf es nicht – nach dem Willen des Erzählers. Bloß keine dramatischen Effekte. Der waltenden Ordnung der Natur soll sie sich anvertrauen, still verzichten zugunsten ihrer Schwester, der faden Armgard, und Stifters sanftes Gesetz ist durch sie in den Roman gelagert, als wäre es eine Insel im See.

Zum »Stechlin«-Roman gehört ein Fragment, eine nicht weiter verfolgte Alternative. Melusine nennt sich darin Oceane von Parceval, und sie schreibt, kurz bevor sie ins Wasser geht, dem Helden einen Abschiedsbrief: »Ich gehe fort. Es war doch recht, das mit dem Elementaren. Es fehlte mir etwas für die Erde, dessen ich bedarf, um sie zu tragen. Ich geh' nun unter in dem Reich der Kühle, daraus ich geboren war. Aber auch dort die Deine. Oceane.« Sie ist das Geschöpf der Verführung und des Wassers, die Sphinx, eben die originale Melusine der Sage – und sie ist die vom Erzähler verworfene Möglichkeit. Er hat sie gleichsam aus dem Roman gescheucht, wie er sich von den Liebesgeschichten bereits mit »Effi Briest« verabschiedet hat. Vielleicht wird der See deshalb auch im Roman über so viele Kapitel hinweg achtlos beiseite gelassen.

Noch einmal taucht er auf – als Gedankenbild, nicht als mehr. Das Paar Woldemar und Armgard, auf Hochzeitsreise und gerade in Capri eingetroffen, sieht den Vesuv rauchen und beobachtet eine Unruhe, »als vernähme man ein dumpfes Rollen und Grollen«. Die beiden vermuten einen baldigen Ausbruch, und Woldemar fällt ein, daß dann »unser Stechlin mittut, wenn auch bescheiden«. Das steht fast

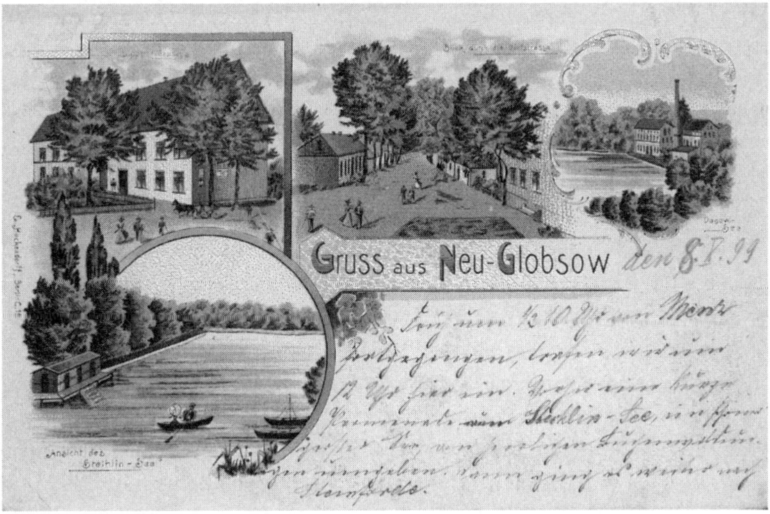

am Schluß des Buches, der Alte ist dahingeschieden und in der Erde, die überkommenen Verhältnisse sind nicht mehr, alles andere wird sich ändern. Vordem hat im Roman das Abendrot durch die Zweige geglüht: das Alte stand in bengalischem Licht. Aber nichts hat richtig gegrollt, kein Lüftchen des Zeitgeistes hat den See auch nur gekräuselt. Ganz am Ende des Buches erweist Melusine in einem Brief noch einmal dem See ihre Reverenz: »Es ist nicht nötig, daß die Stechline weiterleben, aber es lebe der Stechlin.« Da ist es für einen Roman der unterirdischen Gefühle und der dunklen Gewässer schon zu spät, und die Parole der schönen Komtesse wirkt wie ein aus dem Kommersbuch entliehener Trinkspruch.

Wer den Roman heute liest, kann nicht umhin, das Neue, wie es der alte Fontane musterte, als ein Hauchbildchen der Angst zu sehen. Ins Beben gerät in diesem Spätlichtroman der preußischen Provinz so gut wie nichts. Nach hundert Jahren wirkt die Fontanesche Altersironie, die auch noch den borniertesten bigotten Dünkel einer Adelheid von Stechlin, der Domina von Kloster Wutz, rettet, ein wenig abgestanden. Wie der See, dieses »pièce de résistance«, langweilig.

Der Stechlin übertreibt mit seiner Stille, die über alle Kofferradios und jedes Gekreisch siegt. Die Landschaft will nicht nach draußen, sucht keinen Horizont, bleibt in ihrem »cercle intime«. Immerhin werden, wo der Zeitgeist kein Zeichen setzt, die Erscheinungen von Natur wieder augenfällig – glasklares Wasser mit farbigen Kieseln auf dem Grund, was dem See den Namen gab. »Steklo« ist slawisch und bedeutet »Glas«. Ein Fischreiher rudert durch den Azur, bei anderer Gelegenheit könnte es ein Schreiadler oder ein Kranich sein. Ein Schwarzspecht klappert die hohlen Bäume ab. Auf dem Waldboden, Geäder von Wurzeln auf Moosgrün, wachsen vereinzelt Orchideen. Farne und Bärlapp sind noch nicht verschwunden. In der Verwunschenheit kann man zusehen, wie es die Libellen umständlich und endlos miteinander treiben und sogar noch im Flug kopulieren.

Doch das Studium der Natur in ihren restlichen Einzelheiten am Stechlin-See wäre ein weites Feld. Und es bleibt dabei, was Fontane murmelte: »Aber die ungelöste Zunge weigert ihm den Dienst, und was er sagen will, bleibt ungesagt.« Über den See ist wissenschaftlich alles bekannt: Er gehört zu den besterforschten Gewässern der Welt. Er war nämlich an den Kühlkreislauf des Atomkraftwerks Rheinsberg angeschlossen. Versagen wir uns diese Kenntnisse, sie höben jede Ironie auf. In dieser trügerischen Ruhe kommt das meiste abhanden, z. B. das Wissen, daß Hans Fallada an diesem Gestade einige Jugendzeiten verbrachte und Armin T. Wegner die zwanziger Jahre und daß sich jetzt beim Abschied das An-Tucholsky-denken-Gefühl einstellen müßte. Der harmlose alte Dubslav hat das Schlußwort: »Ins Innere der Natur dringt kein erschaffener Geist.«

Lebensform und Lustrevier
Heinrich und Thomas Mann in Lübeck

Man schlägt ein Buch auf und erwirbt eine Stadt. Wo denn anders als im Lübeck der »Buddenbrooks« kann das geschehen? Gewappnet mit den Schicksalen einer weitverzweigten Familie betreten wir das hanseatische Altertum, das wirkliche Romangehäuse, tragen das leichte Gepäck des Vorwissens in die Kulissen, verhüllen die Kriegswunden und Nachkriegssünden der Architekten mit der Aura einer unvergänglichen Seelengeschichte des deutschen Bürgertums.

In Lübeck bewegen wir uns mit vorgegebenen Vokabeln. Eine Insel, eine ovale Erhebung, umflossen von Trave und Wakenitz, das hat jedermann zu erlernen. Liubice, die Liebliche, ein wendischer Name. Das siebentürmige Oberhaupt der Hanse. Die Kaufmannsdynastien hatten in der Kinderzeit der Manns schon siebenhundert Jahre blühenden Handel und bewaffneten Wandel hinter sich.

Die Fischform der Altstadt: wie eine Scholle. Im Norden die Burg, im Süden der Dom, auf der Westseite die Kaufleute mit dem Rathaus und der mächtigen Marienkirche des Rats, der einen Baukampf mit dem Bischof gewann; im Osten das Viertel der Handwerker, fast ein rationalistischer Grundriß. In den weiß gerandeten Scheiben der Patrizierhäuser – einer festlichen Einladung, Wohlstand zu besichtigen – ziehen die Wolken dahin. Auf die 30 000 Einwohner um 1871, als Heinrich Mann geboren wurde, kamen 170 Großkaufleute. Zwischen den Straßen und *Gruben* die *Gänge*, Wohnzeilen für die armen Leute aus giebellosen *Buden*. Der Backstein mit seinem vielgefächerten Rot bindet alles zu einem einzigen gedrängten Raum zusammen. Thomas Mann, 1875 geboren, sah Lübeck »voll gotischen Spuks, da sei etwas hängengeblieben von der Verfassung des Menschengemüts – sagen wir: in den letzten Jahrzehnten des 15. Jahrhunderts, Hysterie des ausgehenden Mittelalters, etwas von latenter seelischer Epidemie«. Den fünf gotischen Kirchen kann man nicht ausweichen: Bei jedem Blick rückt einer der Türme, Fingerzeig der Gottesfurcht und Frömmigkeit, ins Bild, überschneidet sich bisweilen mit Bureaus und Kontoren, steht in seliger Eintracht mit dem Erwerbssinn.

Der ältere Bruder Heinrich Mann, Lübecks verschollenste Größe, sah die Stadt von Jugend an mit satirischem Blick. Gerade achtzehn geworden, schrieb er »Fantasien über meine Vaterstadt L.«: »Halten Sie sich nicht das Näschen zu, mein Fräulein, wenn Sie, zum ersten Male die Straßen meiner geliebten Vaterstadt durchschreitend, durch den in einigen derselben herrschenden, Fremde mehr oder weniger beleidigenden Unwohlsgeruch unangenehm berührt werden sollten. Das ist nämlich kein gewöhnlicher Gestank, das ist ein Gestank, wie ihn nicht jede Stadt besitzt, das ist ein Millionengestank.« Anscheinend haben ihm die Einwohner ein Jahrhundert lang nicht verziehen, daß die Stadt in dreien seiner Romane mitspielt. Der Schultyrann Professor Unrat geht dort seine verworrenen Wege zum »Blauen Engel«, der »Untertan« Diederich Heßling macht seine miese Karriere in einer vertrauten Stadt, die mit dem Namen Netzig nur wenig getarnt ist; in »Eugénie oder Die Bürgerzeit« findet sich ein leicht erkennbarer Spekulant, der sich als »Abenteurer« versteht, der ein Doppelleben voll »dunkler Hintergründe« führt. Aber halten wir uns an den berühmteren Roman und seine architektonische Fassade: Mengstraße 4, das Buddenbrook-Haus. Was wird an Ahnenvorrat benötigt, um die beiden Brüder entstehen zu lassen? Vorfahren von weit her: aus Nürnberg und Rostock, aus der Schweiz und aus Brasilien. Verwandte in St. Petersburg. Sie handelten mit Getreide, Gewürzen, Zucker, Wein, Öl, Eisenwaren, Zink, Tabak, Mahagoni, Häuten, Fellen, Wolle. Sie bezahlten in Louisdors, Karolinen, Dukaten, Gulden und Mark, um schließlich, nach vier Generationen, unterzugehen in diesem Romanhaus. Eine barocke Fassade von 1758 mit zwei allegorischen Figuren auf Giebelhöhe: der Reichtum und die verrinnende Zeit. Das Haus hat beherbergt und überstanden nach den Manns: Laternenwächter und die Staatslotterie, eine Infanteriebrigade, den Fremdenverkehrsverein und eine Buchhandlung, aber im Zweiten Weltkrieg versank es – bis auf die Fassade. Nun also ist es ein »Zentrum« für Heinrich und Thomas Mann geworden: ein grundsolides, umfassendes mit gesicherten Kenntnissen.

Neue Kunde sorgte bei manchen Lübeckern für erneuerten Ärger. Bislang unbekannte Entschlüsselungslisten, wer unter welchem komischen Namen in den »Buddenbrooks« karikiert wurde, sind vor einiger Zeit veröffentlicht worden. Doch das Haus ist nicht nur ein Gebäude, eingerahmt von Kaufhaus und Schuhgeschäft: Es ist auch ein erzählerischer Zusammenhang, eine Anschauung für Vergänglichkeit, eine Auffassung von Welt, ein Denkmal der Weltliteratur. Aber: Die Brüder haben dort nie gewohnt. Beide sind anderswo geboren. Im Buddenbrookhaus, seit dem Jahre 1841 im Familienbesitz, wohnte die Großmutter.

Heraus aus dem Schattenbezirk der Marienkirche und um die Ecke: nur eine Archäologie im Nirgendwo bleibt übrig für den, der die Räume der Kindheit und Jugend ermitteln will. Zwei Adressen nur und kein Anhalt mehr. Gegenüber einem Bauklotz, darin ein Tanzcafé wie eine Leihgabe von St. Pauli, ist die Familienanschrift zu vermuten: Breite Straße 38. Nebendran, wie als Meteorit aus einem eisigen 21. Jahrhundert gefallen, der Glas- und Granitkasten eines dänischen Restaurants. An der Seite eine Marmorstele, aufgefaltet wie ein Buch mit der Aufschrift, daß Thomas Mann hier »seine Kindheitsjahre 1875/82« verbracht habe. Dazu der mit Lyra, Pfeil und Bogen verzierte Lokalpatriotismus: »Es kam der Tag und die Stunde, wo mir klar wurde, daß niemals der Apfel weit vom Stamme fällt, daß ich als Künstler viel ›echter‹, viel mehr ein Apfel vom Baum Lübecks war, als ich geahnt hatte.« Heinrich Mann hingegen schien den Stadtvätern damals noch nicht bekannt gewesen zu sein. Er war zwölf, als die Familie ein neues Heim bezog: Beckergrube 52. Die britischen Bomber haben 1942 das Haus und seine Umgebung ausradiert: Vergeltung für Coventry. Zwischen Bausparkasse und Lesering-Filiale ist die Erinnerung verlorengegangen.

Thomas Mann meinte, er habe »doch immer der Musik nahe gewohnt«. Ganz besonders nahe dem Theater in der Beckergrube, nur einige Schritte vom Wohnhaus entfernt. Trotz des Umbaus 1908 in einen etwas monströsen Jugendstilkasten hat sich am Theater etwas vom republikanischen Geist erhalten: In einer Front mit den Bürgerhäusern vermittelt es etwas von ziviler Gediegenheit. Das Haus habe wohl nie »einen empfänglicheren, einen hingenommeneren Zuhörer« gehabt als ihn, bekannte Thomas Mann mit getragener Feierlichkeit. Er hörte dort zum erstenmal »Lohengrin«: »Die Geigen des kleinen Orchesters waren nicht edelsten Klanges, obgleich mein Violinlehrer Winkelmann mitspielte, der Schwan kam manchmal ein bißchen ruckweise herangeschwommen, und namentlich im Chor gab es sonderbare Gestalten.« Bruder Heinrich hingegen hat Wagners Hervorbringungen in seinem Erstlingsroman »In einer Familie« zum Stimmungsraum einer erotischen Verführung gemacht, sich aber dann im »Untertan« dafür entschieden, sie als deutschtümelnde Blechmusik zu karikieren. Im Theater betätigte sich der geschiedene Gatte der Mann-Tante Elisabeth als Kassierer, den »Buddenbrooks« wurde er als Bendix Grünlich einverleibt.

Der junge Heinrich Mann sah die Aufgaben des Etablissements noch pikanter: »Welch ein bedauerliches Institut! Wer verdient denn etwas dabei? Kaum der Direktor; denn die weit einträglicheren und erfolgreicheren Geschäfte, welche gewisse Damen vom Theater zuweilen mit wohlaccreditierten Herren eingehen, sind viel zu discreten Geruches, um hier erwähnt zu werden.« Da sind wir, Besucher eines Einst, das sich verliert, schon überredet von Geschichten, und haben uns im Geviert von Mengstraße und Beckergrube kaum von der Stelle bewegt. Deshalb rasch abwärts zur Trave, hinaus über die dreißig Hausnummern Kindheitsrevier »vom Kramer Dreifalt bis zum Hotel Duft«, zum Fluß, wo früher die Nordland- und Nowgorodfahrer anlandeten, wo jetzt und morgen altersmüde Trawler von überallher auf Ersatzteile, Reparatur und goldene Erinnerungen warten, zartes Filigran von Masten und Takelage im blaßblauen Himmel.

Wenn sich in den »Buddenbrooks« die Kinder Tony und Thomas am Kai herumtreiben, oder der Konsul den kleinen Hanno ins Kaufmannsleben einweihen will, riecht es »nach Butter, Fischen, Wasser, Teer und geöltem Eisen«. Von den Speichern der Getreidehandlung Mann, von Walfisch, Linde, Adler, Löwe, gibt es noch einen: »Zur

Eiche«, ein sechsstöckiger, altersdunkler Backsteinbau mit Läden, blau lackiert wie der Himmel. Hoch oben die Inschrift von Großvater und Urahn: »Johann Siegmund Mann«. Parterre werden Seile, Spleißen und Pressen verkauft, gegenüber am Kai stochern Angler in der Langeweile herum. Zwei Häuser weiter könnte man beim »Schauermann« die Heuer vertun, wenn man Seemann wäre. Aber die verirren sich nur noch selten her. Am Kai gibt es noch alles für sie: Segelzeug, Schiffsmotoren, Mützen und Stiefel, aber das meiste ist mit den Altersrunen des chronischen Wartezustands versehen.

Seitlich in die Gänge, einem unverblümten Hinweis auf einer Mauer folgend, gerät man ins Erotische: Man kann Professor Unrat auf seinen Abwegen ins schummrige Viertel am Hafen folgen, wobei er wiederum von detaillierten Kenntnissen Heinrich Manns geleitet wurde. Auf der verschwiegenen Route der Heimlichkeiten tauchte bereits der Schüler aus der Gegenwart von Patriziertum, Rechtschaffenheit und Pietistenfrömmelei ein. Aber die Etablissements namens Goldene 7 und Venusbar halten gerade keine Verlockungen bereit. Es herrscht eine taube Frühe, und die Damen gähnen den Morgen an.

Das andere Vergnügen, auf sicherer Höhe über dem Hafen, sitzt in langen Reihen an Holztischen aus Schiffsplanken, hat über sich ein

Dutzend Koggen hängen, Fische und Schiffe bewegen sich in roten Lampen als Schattenriß. Altersmatte Gemälde erzählen biblische Geschichten von Abraham und Isaak, vom verlorenen Sohn und vielen anderen, die man erkennen könnte, falls Licht auf sie fiele. In der Schiffergesellschaft, halb Arche Noah, halb Museum der Geselligkeit, sind lübische Vorvätergeschichten greifbar. Dieses Gildehaus, 1535 für die Seeleute gegründet, gegenüber von St. Jakobi, ihrer geistlichen Einkehr, grüßt mit den Wappen der Riga-, Bergen- und Revalfahrer, mit heraldischen Zeichen von Ausfahrt und Einkehr, weist auf mürben Leinwänden Bilderzählungen von gewisser Rettung und sicherer Geborgenheit vor.

Ganz so möchte es (im Gegensatz zur Verfallsgeschichte der »Buddenbrooks«) der Vater Thomas Johann Heinrich Mann noch empfunden haben: die Handelsverbindungen verzweigt, die Geschäfte einträglich, die Reputation verbürgt, alles an seinem Platz, sichere Wohlhabenheit schon in der dritten Generation. Seinen Söhnen waren solche Gewißheiten verwehrt. Es hat sie nach einem Viertel ihrer Lebenszeit aus der Stadt getrieben und später in ein Exil, das unwiderruflich war. Dabei hätte sich Thomas im Alter gern wieder nach Lübeck gesetzt – aber er blieb in der Schweiz. So legt sich, die Emigration als Ausfahrt ohne Wiederkehr vor Augen, in der Schiffergesellschaft, an diesem Ort des beharrlichen Sitzfleisches und der vollen Teller, die Melancholie ins warme Halbdunkel, und die Hansekoggen hängen wie müde Fledermäuse vom Trinkerhimmel.

Als die Lübecker Manen waren die Brüder nie wirklich zu übersehen, aber die Erinnerung an sie wurde lange Zeit gut versteckt. Der Heinrich-Mann-Ring liegt in einem Vorort, nahe der Strafanstalt, die Thomas-Mann-Straße ist genausoweit weg, aber wenigstens mit einer Schule versehen. Wenig Verehrung für Dichter: Das ist der Stadt geblieben. Vor den beiden hatte es auch nicht viel Erwähnenswertes gegeben, nur Emanuel Geibel, den vaterländischen Gedichteschmied.

In der Königstraße drängelt sich der Bürgersinn, den die entlaufenen Söhne ins Ethos des Schreibens verwandelten. Ganz nahe liegt die »Gesellschaft zur Beförderung gemeinnütziger Tätigkeit«, die sich ums Soziale kümmerte, um Wissenschaft und Kunst und Geld für Stiftungen. Sie findet sich im »Untertan«, schmerzlich verklärter Abgesang auf eine untergehende Welt des vornehmen Freisinns, im

»Harmoniehaus« wieder. Ein Ball findet statt, und das überkommene Bürgertum dankt ab vor der Erwerbsgier des wilhelminischen Emporkömmlings Heßling. An den Wänden Malereien, »das Leben von ehemals, das verblichen und heiter den ganzen Saal umgab, mit dem Umkreis der Stadt, wie sie gewesen war, mit verschwundenen Wiesen und Gärten, und den Menschen allen, lärmend, einst als Herren hier in diesem Festhaus, nun aber in hingetäuschten Tiefen gebannt vor dem Geschlecht, das eben jetzt lärmte«.

Wie oft ist in den Büchern der Brüder die Welt der Väter untergegangen und eben dadurch erhalten und gerettet worden? Wenig Uhren zeigen in dieser Stadt öffentlich an, was die Zeit geschlagen hat. Über die Stunden verfügten die Bürger und ihre Erzähler großzügig. So könnten wir, verloren zwischen sprechenden Denkmälern, mit Geschichten und raunenden Figuren, die aus den Büchern treten, das Ende des Textes versäumen.

Es bleibt nur das Eingeständnis, das meiste verpaßt zu haben. Nicht im Rathaus gewesen, aus dem der Herr Konsul und Senator »den Zylinder lüftend, zwischen den präsentierenden Infanterie-Wachposten« zu seinem Sohn Thomas geht; nicht im klassizistischen Prachtbau der Reformierten Kirche, wo der Geist Calvins in französischer Revolutionsarchitektur bewahrt ist; nicht den Apothekersohn, Anarchisten und Nachbarn Erich Mühsam bemüht, kein Blick ins staubige Schulgrab des Katharineums, nicht im Sommerhaus der Familie, Roeckstraße Nr. 7, der vermutlichen »Villa vor dem Tor » gewesen, wo (oder möglicherweise anderswo) Unrat mit seiner Barfußtänzerin Rosa Fröhlich Orgien feiert; und schon gar nicht die drei Droschkenstunden nach Travemünde, zu Kurhaus und Badefreuden und nicht die epische Breite der Lübecker Bucht ermessen. Und, und. »Man muß früh genug fortgehen, um dann nach Hause zu kommen«, raunt Thomas Mann aus Kilchberg bei Zürich herüber. Und Bruder Heinrich schweigt auf dem Dorotheenstädtischen Friedhof zu Berlin.

Auf dem Zauberberg der Gegenkultur
Der Monte Verità

Angenommen, es befiele all jene Historiker, die sich der mitteleuropäischen Geschichte des zwanzigsten Jahrhunderts zugewandt haben, gleichzeitig eine unheilbare Krankheit. Vorausgesetzt, es handelte sich um *dementia scriptoris*, um Schreibverfall – was würde dann an Darstellung unterbleiben? Ein Nachruf auf unsere Geschichtsschreiber fände kaum Stoff zur Klage. Die beiden Weltkriege sind umfassend dargestellt, die Wurzeln und die Entwicklungen des europäischen Faschismus sind ausgegraben, die jeweiligen ökonomischen Verhältnisse bekannt gemacht, die herrschenden Ideen beschrieben. Für alles findet sich die entsprechende Schublade mit Sekundärliteratur, das Wissen ist umfassend katalogisiert, die Benennungen sind gefunden, das 20. Jahrhundert in seinen Schrecknissen aufgebahrt.

Vermutlich hat sich kein anderes Säkulum mit gleicher Neugier der eigenen Retrospektive zugewandt als dieses. Aber inmitten des objektiven Fakten- und Strukturwissens, inmitten dieser ausgenüchterten Tatsachenwelt ist eine Unbekannte: die Traumgeschichte. Sie läßt sich kaum als ein geordnetes Neben- und Nacheinander von Kräften und Bewegungen beschreiben: Sie folgt der Art, wie wir unsere eigene, die Personalgeschichte bewahren – in einem Raum vergangener Erlebnisse, die im Gedächtnis willkürlich und gleichzeitig vorhanden sind. Große gesellschaftliche Systeme, wie der Wilhelminismus eines war, läßt die Individualität auswildern und führt auf langen, verschlungenen Fluchtwegen zu einem Potential von Träumen, Sehnsüchten, Phantasien, die dem Raster der Zweckmäßigkeit und den Sachzwängen entlaufen sind. Dieses sakralisierte Ich entfaltet sich am liebsten im lokalen Rahmen.

Die intensivste Topographie vergangener Hoffnungskultur findet sich in Ascona im südlichen Tessin. Rund sechshundert einzelne haben dort auf höchst unterschiedliche Weise seit 1900 versucht, ihre Träume vom erfüllten Leben, einer entbundenen Individualität auszuleben. Zwanzig Quadratkilometer Prospektlandschaft und in ihr das Unermeßliche: die Fanatismen und Verzückungen des bürgerlichen Ichs, das sich auf der Alternativspur wähnt und ein Gegendeutschland verwirklichen möchte. Seit der Wende zum 20. Jahrhundert siedelte sich dort an, was von der Geschichte inzwischen längst widerlegt ist, aber in ihr sich ständig erneuert: die Utopie vom Dritten Weg, vom anderen Leben. Sie bewegte Lebensreformer und Revolutionäre, Künstler und Schönheitsjünger, Sonderlinge und Heilsbringer. In Bergen, Himmel, Licht und Inseln fanden sie eine südliche Provinz ihrer Wünsche.

Über den Anblick des Lago Maggiore hatte schon Jean Paul geschwärmt: »Die erste Reise, zumal wenn die Natur nichts als weißen Glanz und Orangenblüthen und Kastanienschatten auf die lange Straße wirft, beschert dem Jüngling das, was oft die letzte dem Mann entführt – ein träumendes Herz, Flügel über die Eisspalten des Lebens und weit offene Arme für jede Menschenbrust.« Das Inventar der Gegend umfaßt das ehemals abgelegene Fischerdorf Ascona, von Norden her erreichbar nur über den St. Gotthard; die Bergtäler des Valle Maggia und des Valle Onsernone; in der Nähe Locarno, das noch lange darauf warten muß, zum mondänen Treffpunkt aufzusteigen, der Lago Maggiore, lackblaue Fläche, mit seinen Inseln. In diesem südlichen Kopfort, Sehnsuchtspunkt und Seelenraum versammelte sich eine ekstatische Jugend und betete das Licht, die Sonne, das Wasser an. Ein Hans von Mosch dichtete 1892: »Durch die Nacht, dem Strahl entgegen, / Aufwärts, immer aufwärts nur, / Klomm ich hoch die fels'gen Stufen, / Unentwegt des Lichtes Spur! / Denn ich bin von deinem Wesen, / Bin ein Teil von deinem Geist; / Heiß im Busen flammt das Sehnen, / Das mich dir entgegen reißt! / Kann dich denken nicht und nennen, / Fühle nur, ich werde dein, / Immer mehr und mehr geläutert / Durch millionenfaches Sein!« Die Sehnsucht nach kosmischer All-Einheit beschreibt eine zweifache Bewegung: die Flucht aus der Zivilisation in die Natur und die Entgrenzung des Ichs in einem größeren Erlösungskosmos.

Im Herbst 1900 kam in Ascona ein denkwürdiges Paar mit einigen Gesinnungsgenossen an. Der belgische Industriellensohn Henri Oedenkoven und die deutsche Klavierpädagogin Ida Hoffmann hatten sich in einem Sanatorium schätzengelernt. Sie zogen mit dem Programm der Naturheilkunde in den Süden, in einem Selbstversuch. Der vom Luxus Verwöhnte soll durch die Wirkung des Vegetarismus von einem Leiden geheilt worden sein, das einmal vornehm als Gelenkrheumatismus, vulgo: Syphilis, bezeichnet wurde. Die Lehrerin wurde durch die streng pflanzliche Ernährung angeblich von einer Gemütskrankheit kuriert. In der aussichtslosen Verfassung, in der die beiden Seelendesperados gewesen seien, habe diese Therapie wie ein Wunder gewirkt, bekannten sie später. Ida Hoffmann faßte ihr gemeinsames Programm zusammen: »An die Natur müssen wir uns halten. Wir müssen uns in den Schutz ihrer alles frei gewährenden Gesetze stellen, durch sie gesunden, von ihr, die jedem Lebewesen freie Entwicklung läßt, lernen. Ihre Gesetze sind so weise, so milde, so selbstverständlich, daß sie uns nicht drücken dürfen. Erkennt man sie richtig, so gibt es nichts Einseitiges, sondern nur den regelrechten Austausch von Gut und Böse als Wirkung und Ursache.« Eine Sammlung von Glaubenssätzen, die in allgemeinen Großwörtern verdämmern. Natur ist ein gedachter Entwurf von höherer Harmonie, nicht als reale Erscheinung begriffen.

Die Zivilisationsflüchtlinge gründeten auf einem kleinen Hügel bei Ascona eine vegetarische Siedlung. Ihren neuen Wohnort tauften sie Monte Verità, Berg der Wahrheit. Die Bezeichnung gibt an, wie ethisch vorbildhaft sie ihre Gründung verstanden: als Modell einer Reform des Lebens im wuchernden Grün und als Keimzelle einer neuen Gemeinschaft, die mit dem patriarchalischen Staat, der kapitalistischen Wirtschaftsform und dem Konkurrenzprinzip brechen wollte, ohne sich im Marxismus einem neuen Patriarchat hinzugeben. Unter den ersten Siedlern, die mitten in die Wildnis gezogen waren, befanden sich ein abgedankter k. u. k. Offizier, ein Wehrdienstverweigerer, die Tochter eines Ministerialen. Bürger wollten aus Lebensekel, Überdruß an der langweiligen Leere ihres Daseins, aus Mangel an Sinn ihrem Stand entlaufen. Henri Oedenkoven und Ida Hoffmann strebten eine totale Reform an: rein pflanzliche Ernährung, die Befreiung des Körpers aus dem Modediktat durch Reformkleidung, eine Maskerade aus griechischen Gewändern und altdeutscher Tracht, Wohnen in Licht-Luft-Hütten, die nach einem Mustergrundriß von den Siedlern selbst zu erstellen waren. Hinzu kamen Nacktkultur und Askese, Verzicht und Verbot von Genußmitteln wie Alkohol und Tabak, materielle Genügsamkeit.

Am 1. Januar 1905 wurden für die Siedlung provisorische Statuten verabschiedet. Sie regelten das Zusammenleben auf genossenschaftlicher Grundlage. Dem einzelnen wurde das Privateigentum belassen, doch durfte er nur so viel Land erwerben, als er selbst verwalten und bearbeiten konnte, denn niemand sollte für andere arbeiten. Abhängigkeiten, die sich durch Arbeitsteilung ergeben könnten, waren verpönt. Der genossenschaftlichen Organisation sollte das Prinzip der Brüderlichkeit im geistig-seelischen Bereich entsprechen. Die Statuten für die »Vegetabilier« entfalten einen Katalog des wertvollen Lebens: Durch die Prinzipien der Makrobiotik »schwinden allgemach lästige und kleinliche Conventionen, – anstelle neidischen Wettbewerbs tritt brüderliche Mitarbeiterschaft, – anstelle gezwungener Arbeit tritt freiwillige Beschäftigung, – engherzige Autorität oder Willkür weichen kluger Verständigung und der Freiheit, – Schmeichelei, Scheinheiligkeit und Lüge weichen der Wahrheit, und über Eifersucht, Neid und Eitelkeit triumphiert die Liebe«. Die Zukunft, sowieso immer zentralperspektivisch gedacht, wird als ein Reich der Harmonie und des befriedeten, geschichtslosen Daseins anvisiert. Die Siedler wollten nicht nur siedeln, sondern das ethisch geadelte Selbst im Erlebnis der Natur gestalten.

Seine Majestät, das bürgerliche Ich, hatte in der Gründerzeit wirtschaftlichen Aufstieg und politische Bedeutung erlangt. Noch in der Flucht vor dieser Bestimmung, einer Tätigkeit im Machtbereich und in der ökonomischen Sphäre, wiederholt und erneuert es seine Bedeutung, indem es sich nicht einfach der Unbedingtheit spontanen Lebens verschreibt, sondern sich zum ethischen Zukunftsarbeiter erklärt, sich also mit einen repräsentativen Auftrag belegt.

Aus dem Norden kam zu den Pionieren reichlich Nachschub. Um 1905 waren wohl rund hundert Deutsche mehr oder weniger eng um die Naturmenschen auf dem Berg der Wahrheit gruppiert. Darunter viele, die sich hier, wo die Lebenshaltungskosten niedrig waren, eine angenehme Zeit machen oder sich auskurieren wollten. Oedenkoven gliederte seiner Arbeits- und Lebensgemeinschaft ein Sanatorium an, in dem zum Beispiel Hermann Hesse 1907 vom Alkoholismus geheilt worden sein soll. Nicht erst die Überfrachtung mit Aufgaben am Berg der Wahrheit brachte das Unternehmen zum Scheitern. Es war vor allem der Zug ins Sektiererische, ins Reine, Fanatische, der die Neuankömmlinge anzog und zugleich brüskierte.

Die Bedingungen der wilhelminischen Gesellschaft hatte man in den Wildniszauber mitgeschleppt, auch wenn man in die Natur zurücktauchen und die zivilisatorischen Verunreinigungen abwaschen wollte. Der Leistungsbegriff als autoritäre Fixierung blieb erhalten – gerade dort, wo man sich von den angestammten Autoritäten befreien wollte. Ein Gründungsmitglied der Landkommune wurde mit alttestamentarischer Strenge vertrieben, weil er sich aufs Sorglose allzusehr verstand: Gusto Gräser, ein Hippie mit einer härenen Tunika, einem ledernen Stirnband und einer erdtrunkenen Privatphilosophie, die er auf Vorträgen ambulant verbreitete. Ida Hoffmann bemerkte bissig: »Kinder knien vor ihm nieder, denn sie meinen, der Heiland erschiene ihnen. Davon ausgehend, daß Schöpfung und Menschheit seiner Entwicklung dienen, daß Geldbesitz schlecht sei, verschanzt sich hier Bettelei und Arbeitsscheu hinter angeblicher Bedürfnislosigkeit. Selbst zu träge, um ein angeborenes Künstlertalent weiterzubilden oder auf andere Art seinen Lebensunterhalt zu bestreiten, hält Gustav Gräser, um satt zu werden, skrupellos in den Gärten der Bauern Einkehr und meint, die Menschheit für milde Gaben, Speisung und Wohnung durch seine volltönende Stimme und ein allgemeines Phrasentum über Liebe und Brüderlichkeit voll zu entschädigen. Es gelingt ihm oft, kleine Geister durch sein Auftreten zu verblüffen.« Ein harmloser Guru, der sich – nicht wie die heutigen Heilsapostel – aufs Kapital, sondern aufs Schnorren verlegte, wurde als Außenseiter von den Außenseitern verbannt, um die Gemeinschaft nicht zu gefährden.

Das Ziel der Kolonisten war die autarke Siedlung, geplant waren Obstplantagen, später Fabrikationsbetriebe für Reformwaren, eine

Kindererziehungsanstalt. Auch nur die bescheidensten Arbeiten in der steinigen Öde des Monte Verità nötigten die Naturapostel zum Ausschluß aller, die sich nur nach dem Lustprinzip daran beteiligen wollten. Die komische Paradoxie der Flüchtlinge, die sich um der ethischen Menschlichkeit willen absonderten und die neue Gemeinschaft mit dem verschärften Rigorismus aufluden, dem sie entflohen waren, findet mit Gräsers Vertreibung einen denkwürdigen Paradefall.

Wie ein Magnet hat die lebensreformerische Siedlung alle möglichen Sonderlinge angezogen. Darunter befand sich Karl Vester, der aus der damals deutschen Kolonie Samoa nach Ascona kam, um im Tessin Mitstreiter für seine in der Südsee geplante Kommune zu werben, in der Gegend jedoch hängenblieb und nach Streitigkeiten mit Oedenkoven seine eigene Wirtschaft betrieb. Er überlebte am Berg der Hoffnungen als einer der wenigen, weil er sich frühzeitig von der Ideologie der Hoffnungskultur löste und praktische Feldarbeit betrieb. Unter der Heerschar der Ausgeflippten war auch der Wanderprediger Josua Klein, ein Theosoph, der sich in Ascona mit einem größeren Gedankenradius versorgen wollte. Später geriet er, nachdem er sich vergeblich Hitler als Werkzeug Gottes angeboten hatte, in eine Irrenanstalt. Zu den Naturmenschen pilgerte auch Gustav Nagel, ein Barfußprediger, Kleider- und Schriftreformer. Er war entmündigt worden und suchte nun, um der Masse Mensch zu entkommen, einen Zwischenaufenthalt auf seinem Weg nach Palästina oder Ägypten. Ein Missionar der Selbstverwirklichung war der Hungerkünstler Arno Ehret, der sich im Panoptikum als Meister des Fastens ausstellte und sich 1909 unter notarieller Aufsicht zu einem 51-tägigen Hungerversuch einschließen ließ. Er nannte sich »diätetischer Gesundungslehrer« und trug den Künstlernamen Num Nafar. Als Original war in Ascona der ungarische Ingenieur Vladimir Straskraba-Czaja bekannt. Der Anhänger Tolstois gründete eine vegetarische Volksküche und die Kommune »Heidelbeere«, der er als ersten Grundsatz verschrieb: »Du sollst nicht glauben, daß Gelderwerb die Richtschnur der ›Heidelbeere‹ sei, es sind vielmehr Grundsätze der Lebensanschauung.« Hinzu kamen Theosophen, Okkultisten und Hermetiker in Regimentstärke. Die Missionare der Selbstverwirklichung haben in der Siedlung einen Reigen von gesteigerten Sozialfällen um sich versammelt – und sei es auch gegen ihre Absicht.

1904 reiste der Berliner Schriftsteller und Bohemien Erich Mühsam in Begleitung eines jungen Freundes nach Ascona, auf der Suche nach den »Ausnahms-Deutschen«, die er den Philistern und bourgeoisen Fettwänsten entgegenstellen konnte. Über die Kolonie schrieb er nicht viel später einen ernüchterten Bericht: »Die ersten Ansiedler also bauten dort eine oder mehrere Holzhütten, und anfangs soll sich ein recht hübsches kommunistisches Leben entwickelt haben, hübsch besonders für all diejenigen, die mit leerer Tasche sich zu den Kommunisten hinzufanden. Der Dilettantismus eines solches Beginnens liegt auf der Hand. Kommunistische Siedlungen, die nicht auf der Basis einer revolutionär-sozialistischen Tendenz erwachsen sind, werden stets Fiasko machen müssen, zumal wenn das Band, das die Teilnehmer seelisch aneinander bindet, ein so belangloses ist wie das Prinzip des Vegetabilismus. Natürlich konnte das ideale Zusammenleben nicht von langer Dauer sein. Man mußte daran denken, den steigenden Kosten des gemeinsamen Betriebes in gewinnbringenden Anlagen ein Äquivalent zu schaffen, und so entstand das Sanatorium, das sich allmählich mit zwingender Notwendigkeit zu einem rein kapitalistischen Unternehmen entwickelt hat, an dem eigentlich nur noch einige in der Hausordnung gebotene Primitivitäten und der radikal durchgeführte Vegetabilismus an den ethischen Ursprung erinnern. Erstere dürften wohl in absehbarer Zeit den höheren Ansprüchen verwöhnter Kurgäste zum Opfer fallen. Der Bruch mit dem Prinzip einer sozial-ethischen Gemeinschaft mußte den Bruch der Teilnehmer untereinander selbstverständlich mit sich führen.« Hier spricht eine ganz andere Stimme: nicht nur daß sie einen (nicht näher bestimmten) Kommunismus meint, wo es um Reformen aus dem Geist ging. In den kritischen Beobachtungen wird der Wert des sozialen Experiments an einer anderen Konsequenz gemessen: Mühsam dachte an eine Siedlung für die wirklich Ausgestoßenen der Gesellschaft, die sich hier erholen und die ein Zusammenleben erproben sollten. Er meinte die Lumpenproletarier. Diese sozialrevolutionäre Utopie hätte den bürgerlichen Umkreis der Lebensreform gesprengt.

Mühsam beschrieb in seiner Schrift von 1905 schon wenige Jahre nach Gründung der Kolonie ihre Krisenerscheinungen: die Zwietracht der Siedler, die Spaltpilze der ethisch forcierten Geister, den Mangel an politischem Konsens. Nach fast zwei Jahrzehnten zähen Taktierens und einem entfremdenden Taumeln von einem Kompromiß zum nächsten mußte Henri Oedenkoven seinen Besitz auf dem Monte Verità verkaufen. Seine Flucht ging weiter: bis nach Brasilien ist er seiner Ernüchterung entlaufen.

Den Hügel haben die Siedler mit literarischen Wortzeichen versehen: Walkürefelsen, Harrassprung, Casa Loreley. Man begeisterte sich wie das wilhelminische Bürgertum, dem man entrinnen wollte, für Wagner, verstand die Arbeit in der Natur wohl selbst als eine Art Gesamtkunstwerk. In all ihrer Bürgerfeindschaft waren diese Naturmenschen auf ihrem Zauberberg der Gegenkultur doch geblieben, was sie waren: auf reinliche Ordnung bedacht, auf spirituelle Durchdringung des Bestehenden, auf symbolische Handlungen, die stabilisierten, anstatt zu verändern.

Die Leitlinien der Vegetarier, nicht ihre Körnerpassionen, entsprachen im Prinzip anarchistischen Ideen, dem Gedankenkonvolut eines Gustav Landauer, der die Landkommune in Deutschland am genauesten entwickelt hat. Der Weg vom *Ich* zum *Wir* hatte vor 1900 bereits eine jahrzehntelange Vorgeschichte. Diese sozialen Zukunftsträumer entfalteten die Vision einer herrschaftslosen, vom Vater Staat und seinem drakonischen Regiment befreiten Gesellschaft. 1869 hatte Michail Bakunin, einer der Großväter des Anarchismus, die Gegend entdeckt. Nach einer langen und komplizierten Flucht aus Rußland hatte er sich in Locarno eingefunden und dort niedergelassen. In den folgenden Jahren brach er vollständig mit den Marxisten: »Sie behaupten, nur eine Diktatur – selbstverständlich die ihre – könne zur Entstehung eines Volkswillens führen, während wir darauf erwidern: Keine Diktatur kann ein anderes Ziel haben als ihre eigene Perpetuierung, und sie kann nur Sklavengeist zeugen in dem Volk, das sie duldet; Freiheit kann nur durch Freiheit geschaffen werden, d.h. durch eine allumfassende Rebellion von Seiten des Volkes und freie Organisation der arbeitenden Massen von unten nach oben.« Man könnte an 1989 denken, wenn man sich in der späten Mitte des 19. Jahrhunderts aufhält.

Eine Momentaufnahme aus der Geschichte des Anarchismus: drei Jahre nach Bakunin kam der russische Großfürst Peter Kropotkin in die Schweiz. Im Jura, nicht im Tessin, habe er sich zum Anarchisten gewandelt, schrieb er später. Er hat an der Erfindung des mündigen politischen Individuums gearbeitet wie ein Herrgottsschnitzer am Bild des Gekreuzigten, der die Erlösung verspricht. Anstelle der

Zwangsform des Staates forderte er »die gegenseitige Hilfe unter den Menschen«. Er reiste nach Locarno, um seinen Landsmann und Gesinnungsgenossen Bakunin zu besuchen, traf ihn jedoch nicht an. So ist damals das Gipfelgespräch der avanciertesten Vorkämpfer für die individuelle Freiheit versäumt worden.

Nimmt man den Einfluß Leo Tolstois hinzu, dessen religiöse Begründung des Sozialismus gerade im Kreis um Gustav Landauer (der ihn in Deutschland popularisiert hat), so hätte Ascona auch zu einer Kapitale des Umsturzes werden können – mit den Lebensreformern als den Tentakeln eine Gruppe von Revolutionären. Ein Observationsbericht des örtlichen Kommissars an die kantonale Polizei von 1906 verzeichnet geflissentlich die politischen Umtriebe: »Obwohl der Sache meinem Dafürhalten nach keine große Wichtigkeit beigemessen werden kann, fühle ich mich doch verpflichtet, Ihnen Kenntnis zu geben von dem seit wenigen Monaten erfolgten Auftauchen gewisser Elemente in Ascona und über deren Treiben. Es sind einige angeblich deutsche Studenten hergekommen, um, wie sie sagen, die Ferien zu verbringen und sich auf die Schlußexamen vorzubereiten. Was sie bis jetzt in Ascona getan und was sie überhaupt machen, weiß man nicht; eines nur ist gewiß, daß sie sich bei verschiedenen Familien einlogiert haben und sich täglich bald da bald dort vereinigen und anarchistische Reden führen. Vor noch nicht ganz zwei Wochen versammelten sie sich eines Abends in der Wirtschaft des Pietro Poncini in einem separaten Zimmer, wo das Nachtessen vorbereitet war. Es waren da wohl mehr als ein Dutzend Teilnehmer, und man bemerkte darunter Leute, die man sonst nie gesehen hat. Reden wurden nicht gehalten, dagegen eifrig Diskussionen gepflogen, natürlich in deutscher Sprache, so daß der Wirt, der diese Sprache nicht versteht, nicht sagen konnte, über was für ein Thema gesprochen worden ist. Wenn man den Aussagen eines jungen Kellners, der sie bedient hat und behauptet, etwas von der deutschen Sprache zu verstehen, Glauben schenken kann, so handelt es sich um die Gründung einer Gesellschaft, die das fremde anarchistische Element im Bezirk Locarno zusammenfassen sollte. Es sei dafür und dagegen geredet worden, und die Versammlung habe sich aufgelöst, ohne zu einem Resultat gekommen zu sein. Wenn auch die Quelle dieser Mitteilung nicht ohne weiteres als zuverlässig angenommen werden kann, so kann doch aus dieser Mitteilung und aus den Beobachtungen geschlossen werden, daß wir es da mit Fanatikern zu tun haben.« Der wackere Spitzel hatte die Situation wohl zutreffend beschrieben, aber das anarchistische Organisationstalent überschätzt. Es kam nie eine Gruppierung zustande, die mehr gewesen wäre als eine Runde von befreundeten Bohemiens, die der Zufall und die schöne Gegend, auch der Ruch erotischer Abenteuer zusammenführte. Der Ort hätte sich als Schauplatz eines aufregenden sozialen Experiments geradezu angeboten: eine anarchistische Siedlung im Kleinen zu schaffen und damit den Schritt von der Lebensreform zur politisch bestimmten Kommune zu tun. Eine mütterliche Landschaft lud zum einfachen Leben ein und zum Versuch, den Traum von der freiwilligen Neugestaltung des Zusammenlebens, von der Verwandlungsarbeit am Ich, von der Überwindung der Arbeitsteilung, auszuleben. Doch der Streitbund der Vegetarier, die ihre Utopie vom Dritten Weg mit viel Kulturwillen verschwisterten und dabei Politik fast ganz ausklammerten, immunisierte den Anarchismus.

Erich Mühsam hat sich bei den »ethischen Wegelagerern«, wie er die Naturmenschen verspottete, öfter aufgehalten, ohne seinen Plan einer kommunistischen Siedlung auch nur annähernd in die Praxis umzusetzen. Ascona war für jene Außenseiter der Gesellschaft, die sich »Anarchisten« nannten, vor allem ein philisterferner Ort, wo sich die Kulturrevolution mühelos darstellen ließ. Sie bestand vor allem im Ausleben einer enthemmten Sexualität, wodurch die sozialen Schranken seelischen Erlebens überwunden werden sollten. Mühsam und einige seiner Freunde waren in dieser Zeit wohl ein bißchen mehr homo- als heterosexuell.

Als Magnet erwies sich Raphael Friedeberg, der Mäzen und Schutzpatron, Arzt und Förderer aller südentrunkener anarchistischer Asconesen. Als Mediziner hatte er in Berlin die Not der Proletarier aus eigener Anschauung kennengelernt und sich der Sozialdemokratie angeschlossen. Die Krankenkassenbewegung, die damals nicht nur gesundheitspolitische Forderungen erhob, sondern auch ein kulturelles und ideelles Programm verfolgte, wurde von ihm vorangetrieben. Er propagierte den Generalstreik als Kampfmittel der Massen, geriet in eine Kontroverse mit August Bebel und wurde wegen Linksabweichung 1907 aus der SPD ausgeschlossen. Bereits im gleichen Jahr nahm er am dritten internationalen Kongreß der Anarchisten in Amsterdam teil und schloß sich nun ganz dieser Richtung an. Seit 1906 zog er sich zunehmend nach Ascona zurück, wohin er – wohl auf den Ratschlag Mühsams hin – bereits 1904 zur Erholung gekommen war. Er wurde das Oberhaupt jener Entwurzelten und Außenseiter, die der anarchistische Arbeiterarzt Fritz Brupbacher als »psychopathische Internationale« bezeichnete. Sie alle suchten bei dem reichen Friedeberg Linderung der Geldnöte und Heilung von diversen anderen Leiden. Friedeberg hat Kropotkin behandelt, war befreundet mit Max Nettlau, dem Historiker des Anarchismus, aber auch mit dem Sozialdemokraten Otto Braun, ließ unter anderen Albert Ehrenstein, Fritz Hochwälder und Ignazio Silone bei sich wohnen.

In ihrer Nachbarschaft hat sich der anarchistische Psychoanalytiker Otto Gross aufgehalten, der wie kein anderer aus diesem Kreis den Konflikt mit seinem Vater auslebte und an ihm zerbrach. 1909 und 1911 stellten die Polizeibehörden von München und Zürich Nachforschungen wegen der ungeklärten Selbstmorde zweier Frauen an, die mit dem jungen Privatdozenten befreundet gewesen waren. Sie erbrachten kein kriminaltechnisch verwertbares Ergebnis, doch dürfte der geradezu terroristische Verfechter der freien Liebe und notorische Drogenapostel Gross an den seelischen Krisen der Selbstmörderinnen nicht unschuldig gewesen sein. 1913 ließ ihn sein Vater Hans Gross, ein berühmter österreichischer Kriminologe, widerrechtlich in Berlin verhaften und in eine Grazer Irrenanstalt einsperren. Der Fall Gross entzündete vor allem unter den Expressionisten einen Skandal, erkannten sie in ihm doch eine psychosoziale Herrschaftstechnik des Patriarchats. Der Privatdozent der Psychologie wurde erst 1914 entlassen, ohne sich vor der Justiz rechtfertigen zu können. Otto Gross, über dessen Psychosen sich Freud und C.G. Jung gebeugt haben, um ihren wissenschaftlichen Zwist noch einmal zu begütigen, indem sie den Patienten beide für unheilbar erklärten (der erste Verrat in der neuen Wissenschaft der Psychoanalyse), war der Schriftführer jener Sexualität, die sich aus allen moralischen und zivilisatorischen Übereinkünften entbinden wollte. Die Erforschung des Unbewußten verstand Gross als revolutionäre Vorarbeit. Über die hemmungslose Sexualität, durchaus seine Zwangsvorstellung, strebte er die Befreiung der Frau an. Für die entscheidende Menschheitsverirrung hielt er die Abkehr vom Matriarchat. In Ascona gedachte Gross eine Schule für Anarchisten aufzumachen, doch hätte er wegen seiner Kokain- und Morphiumsucht über die eruptiven Bruchstücke seiner politisierten

Psychoanalyse nicht hinausgelangen können. Und die Zivilisationsflüchtlinge waren unter der Wirkung der begütigenden Mutter Natur um den Lago Maggiore gewiß zu locker, um sich diesem Leninisten der Libertinage unterordnen zu wollen.

Aber Ascona war nicht nur das projektierte Internat für liebesbefreite Seelen, sondern auch ein Ort der Erfüllung. Der Schweizer Anarchist Ernst Frick, wegen versuchter Gefangenenbefreiung mittels Sprengstoff in Zürich verurteilt, zog sich nach Verbüßung seiner Haft in den Tessin zurück, um fortan der praktischen politischen Tätigkeit zu entsagen. Nun arbeitete der gelernte Metallgießer als Maler und Bildhauer. Seine Leidenschaft galt einem einzigen großen Ziel: der Erforschung der einheimischen Vorgeschichte. Radikaler konnte man aus der Gegenwart kaum fliehen als Ernst Frick; von der politischen Arbeit entwand er sich in die Amateurarchäologie. Er suchte an einem Nachbarhügel des Monte Verità nach einer keltischen Fluchtburg, erforschte Schalensteine, machte Ausgrabungen, vermaß die Gegend, die Fernsichten, den Sonnenstand. In entlegenen Wörtern aus verschiedenen Sprachen grub er nach Beziehungen, verwandten Bedeutungen, wortgeschichtlichen Ableitungen. Alles auf der Suche nach einem geheimnisvollen Ursprung in vorgeschichtlicher Erfahrung. In einem mystisch-kubistischen Anbetungsbild hat er die Berge als Dürers betende Hände gemalt. Diesen Anarchisten beseligte und verschluckte die Naturgeschichte.

1920 ist der Apodiktiker der freien Liebe, Otto Gross, gestorben: in Wien auf der Straße verhungert. Sein saisonaler Freund Franz Jung erbrunstete das Paradiesweib im Matriarchat: »Sie wird in einer Hütte wohnen, zu der die Menschen wallfahrten. Sie will eine Zigeunerin sein, die Freunde werden kommen und bei ihr schlafen, der, dem sie einen Blick schenkt, wird kommen. Und ich bleibe immer bei ihr. Ich sitze zu Füßen. Ich habe an allem teil. Ich will immer mit ihr glücklich sein. Ihre Söhne werden kommen und bei ihr schlafen. Niemand wird mehr hinter mir herrufen. Keiner wird sagen: Feigling, da geht er, Trottel so einer. Sie sind nicht mehr da, sie fürchten sich. Ich küsse ihre Hände. Alle Frauen werden zu mir kommen. Sie werden über mich lachen und mich liebhaben.« Es sollte keine Uhr und keinen Vater mehr geben.

Bald nachdem Gross gestorben war, gaben die Gründer der vegetarischen Landkommune auf dem Monte Verità ihre gelebte Utopie auf.

Doch die Geschichte des alternativen Lebens hat mit dem Scheitern an dieser Stelle kein förmliches Ende. Schon einige Zeit zuvor, noch vor dem Ersten Weltkrieg, war der Zusammenbruch dieser Lebenspraxis zu erahnen. Noch bevor er besiegelt war, erfuhr sie ihre künstlerische Verklärung. Der Ausdruckstänzer Rudolf von Laban gründete 1913 auf dem Monte Verità eine Sommerschule seines Tanztheaters, das damals als die Avantgarde der Körperkunst gelten konnte. Die Tanzdramen des Laban-Kreises entfalteten die neu gewonnene Körperlichkeit der Lebensreform, die Natur diente als Kulisse einer orgiastischen Selbstdarstellung. Die Gruppe mit Mary Whigman, Suzanne Perrotet und Isidora Duncan als Gast entwickelten ihre künstlerische Arbeit neben Säen, Jäten, Ernten, Hausarbeit und Webstuhl. Die Tänze sollten heidnische Mythen darstellen, sollten einen kultischen Bereich erschaffen. Laban fragte rhetorisch: »Wird nicht der zukünftige Tempel ebenso wie die kommende Schaubühne aus schwingenden, singenden und klingenden Menschenleibern und Menschengruppen gebildet werden?« Die Kunst als Heiligtum eines neuen Menschentums, das Leben als nie aufhörende Bewegung – die religiöse Hingabe der Utopisten war unbegrenzt, wenn sie sich nicht an die Stadt, die Technik, die Industrie band. Laban schrieb Tanzstücke wie »Istars Höllenfahrt« nach einer babylonischen Erzählung oder ließ sich von mexikanischen Tempelsprüchen zu dem rhythmischen Werk »Der Trommelstock« anregen. Immer galt als Maß der Rhythmus, der, sich zur Ekstase steigernd, als ein Urelement der Natur angesehen wurde. Der Höhepunkt solcher Veranstaltungen auf dem Monte Verità aber war 1917 die Aufführung des dreiteiligen Tanzdramas »Sang an die Sonne«, das von dem erotischen Mystiker Otto Borngräber stammte. Das Bewegungsfest begann mit der untergehenden Sonne und zog sich über zwölf Stunden hin. Es bildete den Abschluß eines internationalen Kongresses von Okkultisten, Freimaurern und Spiritisten, dem Orden der Templer des Orients, einem Bund mit Geheimriten.

Von dem Spuk dieser Hermetiker ist nicht eine Spur erhalten. Bloß die Benennungen sind überliefert, keine Inhalte. Es findet sich das Gerippe aus Begriffsschablonen – nicht mehr. Die Flüchtlinge, die nach der Jahrhundertwende in dieser unhistorischen Landschaft ihre Gegenwelten suchten, ihre Paradiese zurechtphantasierten, sind alle tot. Nach ihnen kamen Emigranten anderer Art, die Pazifisten, die vor dem Kriegstaumel des Wilhelminismus in die neutrale Schweiz flohen, schließlich die Exilanten, die den Nazis entkommen waren. So hat sich Ascona zu einem Asyl entwickelt, wurde zum Kurort, mondänen Treff, Refugium. Aber auch mit diesen Flüchtlingen hat die Historie der bürgerlichen Flucht kein Ende. Sie wiederholt sich unaufhörlich, gegen alle Einsichten, daß sie in die Sackgasse, in den Fanatismus, ins hochgradige Scheitern führt. Diese Figur scheint unbezähmbar: die Utopie als der allzeit bereite Sisyphos.

1950 zog sich in ein Seitental der Gegend ein gewisser Armand Schulthess zuruck, ein Berner Ministerialbeamter. Mit fünfzig Jahren wollte er nur noch für seine Idee leben – die Enzyklopädie im Walde, der kosmogonische Garten, das begehbare Gehirn. Armand Schulthess beschriftete viele tausend Tafeln, Deckel, Kartons mit Benennungen, Stichwörtern, Titeln, Zitaten, Verweisen aus der Welt des Wissens und hängte sie in die Bäume seines 18000 Quadratmeter großen Kastanienwaldes. Der Einsiedler wollte das Wissen um sich versammeln, eine Privatmythologie aus Informationen aufbauen. Armand Schulthess ist 1900 geboren, im Jahr, als die ersten Siedler auf den Berg der Wahrheit kamen. Dieser verrückte Waldmensch hat sein Wissen der Natur überantwortet. Die Blechtafeln verrosteten, kaum daß sie beschriftet waren, die Kartons lösten sich auf oder vergilbten. Auch er wollte autark werden; seine materiellen Bedürfnisse hat er unerbittlich eingeschränkt, den Kapitalismus schroff abgelehnt. Seinen Lesestoff holte er sich zuletzt aus dem Müll. Er wußte um seine Vergeblichkeit, schrieb auf einen Dosendeckel: »Der größte Vogel kann nicht fliegen.« Sein Paradies war die Frau. Alles, was mit ihr zu tun hatte, versammelte er im Haus, eng um sich herum, im Schlafzimmer. Sein Paradies lag außerhalb seiner Möglichkeiten: an seinen Exilort im Valle Onsernone hat er keine Frau herangelassen. Diese Monade ist vielleicht die bezeichnende Figur für die Utopien vom großen Ich: eine gigantische Anstrengung, die zum Scheitern verurteilt ist, die aber jederzeit über dieses Wissen sich hinwegspielt, die sich unaufhörlich erneuert und jeden Tag zum Weltrekord des einzelnen erklärt.

Ein hallendes Monster

Das Völkerschlachtdenkmal

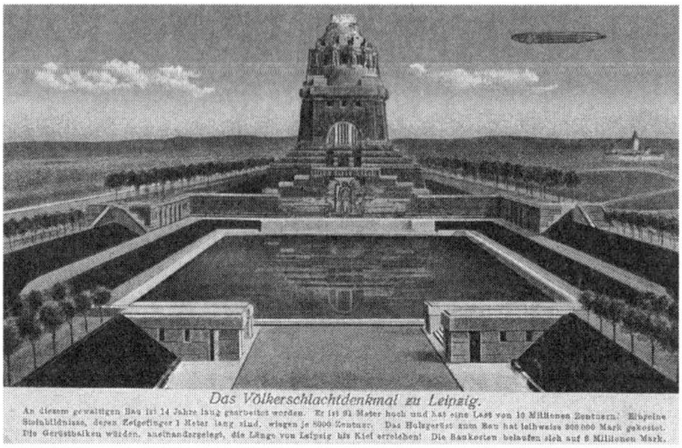

Eine schwarze Drohung im Gegenlicht, eine dräuende Masse auf einem Hügel, kilometerweit sichtbar in der Leipziger Tiefebene. Aus der Nähe wiederholt sie sich als zitternde Silhouette in einem rechteckigen Bassin. Der Baukörper ist als Pyramide angelegt, aber eher ein ungeschlachter Rumpf ohne Kopf, als hätte ein Riesenwille mit der Faust dem Wachstum ein vorzeitiges Ende gemacht. Das Völkerschlachtdenkmal ist ein unabgeschlossenes Monster und setzt das Wort von der »unvollendeten Nation« in Parallele. Der schwarzgraue Schatten, verwitterter und verrußter Stein, den in neunzig Jahren nie ein Sandstrahlgebläse gelichtet hat, ist angefüllt mit Strenge und Düsternis, die weder aus einem Himmel noch aus einer Hölle stammen, sondern aus dem Ausdrucksgebaren einer Steinzeit: des regierenden Wilhelminismus.

Die Völkerschlacht bei Leipzig, die vom 16. bis 19. Oktober 1813 stattfand, war der bis dato größte militärische Kampf auf europäischem Boden und ein Gemetzel sondergleichen: mehr als eine halbe Million Soldaten standen einander gegenüber, hieben, stachen und schossen aufeinander ein. Fast jeder fünfte Soldat starb. Vorausgegangen waren im August und September die Schlachten von Großbeeren,

Kulm, Katzbach und Deunewitz. Die handelnden Figuren auf der Seite der Alliierten waren Kaiser Franz I. von Österreich, der Schwiegervater Napoleons, König Friedrich Wilhelm III. von Preußen, der vordem eine schmähliche Niederlage eingesteckt hatte, Zar Alexander I. von Rußland, der Napoleon vor Moskau zum Rückzug gezwungen hatte, der ehemalige französische, nunmehr schwedische Marschall Bernadotte. Die militärischen Anführer waren Gebhard Leberecht von Blücher, Befehlshaber der schlesischen Armee, und Karl Philipp, Fürst von Schwarzenberg, Oberkommandierender der verbündeten Truppen. Den Cunctator auf der falschen Seite spielte König August von Sachsen, der zu lange und zu treu mit Napoleon verbündet blieb; er wurde in Leipzig gefangengenommen. Folgenreich für die Mythenbildung, für den Kampf um die Erinnerung nach der Schlacht war Lützows Freikorps, das mit seinen schwarzrotgoldenen Streifen die republikanischen Nationalfarben vorprägte.

Die organisierte Bluttat ist als Völkerschlacht von Leipzig in die Geschichtsbücher eingegangen. Napoleon hat in der sächsischen Tiefebene seine zweite große Niederlage nach der vor Moskau einstecken müssen. Die richtige beim belgischen Waterloo sollte im Juni 1815 erst noch folgen, aber nichts war nach dem 19. Oktober 1813 noch so wie zuvor. Kurze Zeit später war der Usurpator mit seiner Armee von deutschem Boden rechts des Rheins verschwunden. Das erste Signal für die endgültige Abdankung Napoleons war gegeben. Den Wechsel der Österreicher vom dynastischen Handel *(tu felix austria nube)* zur Diplomatie (also zum Verrat), das Changieren der regierenden Franzosenfreunde und ihren Opportunismus hat Johann Peter Hebel voller Ironie beschrieben; aber weil er es infolge der Zensur nicht offen tun konnte, bezog er solche Vorgänge in seinem »Rheinischen Hausfreund« zurück auf sich selbst, spielte mit sich als dem Chronisten gleichsam über die Bande: »Die Leipziger Schlacht ist anzusehen wie ein Abweiser, der den Weltbegebenheiten auf einmal ganz andern Strom und Lauf gibt, ja wie ein Register in der Orgeluhr, welches, wenn es gezogen wird, auf einmal ein anderes Stücklein und eine andere Melodie pfeift. Viele schimpfen jetzt, denen vorher alles recht schien. Das muß man nie tun. Andere dachten in der Stille darauf, nimmer lang französisch zu sein und wie sie sich mit Glimpf aus der Sache ziehen wollten. Der Hausfreund nicht. Auf einen Kalendermacher schauen viele Augen. Deswegen muß er sich immer gleich bleiben, das heißt, er muß es immer mit der siegenden Partei halten. Es ist immer ein gutes Zeichen für eine kriegführende Macht, wenn die Kalendermacher des Landes auf ihrer Seite sind.« Die Ereignisse erfuhren, als sie mit dem Begriff der »Völkerschlacht« versehen wurden, eine semantische Umformulierung. Aus dem Kampf der »Heervölker«, einem Wort der Militärstrategen, wurde die Schlacht der Nationalvölker. So hat der Armeebericht eines Obersten von Müffling, der auch den militärischen Sandkasten erfand, das Ereignis umgedeutet. Über der Völkerschlacht von Leipzig schwebt die Wolke martialischer Poesie, die von Ernst Moritz Arndt und Theodor Körner stammt. Ihre im Stahlbad des feurigsten Nationalismus gehärteten Metaphern, mit denen Schüler und Studenten anderthalb Jahrhunderte lang traktiert worden sind, haben den Blick auf einen Deutungskonflikt hinter der Völkerschlacht vernebelt. Diente sie nur der Befreiung von Fremdherrschaft oder auch der Durchsetzung republikanischer Freiheiten gegenüber feudaler Despotie und Fürstenwillkür? War sie die Erfüllung kollektiver Wünsche oder nur ihre Ablenkung? Das Spielfeld der Absichten war jedenfalls weitaus größer als das Schlachtfeld. Ernst Moritz Arndt hat, die Toten wegdichtend wie die Frage nach dem Sinn des Massenmords, das Ereignis als solches gefeiert: »Laßt Witwen und Waisen die Toten beklagen, wir singen noch fröhlich in spätesten Tagen die Leipziger Schlacht.«

Kaum war die Schlacht vorbei, ging es bereits ans Gedenken. Der einundzwanzigjährige Theodor Körner schrieb bündig, »eine große Zeit will große Herzen!« Der heilige Furor wollte Erinnerung und Zeugnis, einen Andachtstempel. Die erste Forderung, »auf den blutgetränkten und sieggekrönten Blachfeldern um Leipzig« ein »Siegesmal« zu errichten, stammt von dem Verleger Friedrich Arnold Brockhaus. Wahrscheinlich hat die Denkmalsucht sich nie so sehr in Gestaltungsplänen ausgetobt wie nach den Freiheitskriegen. Die Traumschmiede und Projektartisten der nationalen Sache überboten sich in abenteuerlichen Entwürfen. Caspar David Friedrich trumpfte mit dem Entwurf einer Stadtlandschaft plus Scharnhorst-Denkmal auf. Der badische Oberbaudirektor Friedrich Weinbrenner aus Karlsruhe wollte eine gotische Festung bauen. Durch sie sollten zwei Straßen kreuzweise laufen. Auf den Schnittpunkt wollte er eine Germania stellen. »Mit der Linken«, erläuterte er, »hebt sie schüchtern den Trauerschleier, der über ihrem Antlitz hing, und läßt mit der Rechten den unter dem Schleier gehaltenen Reichsapfel hell erschrocken wieder als selbständiges Wesen hervorblicken.« Das war ein süddeutsches Projekt: die deutsche Einheit, unter Kautelen. Von oben sollte man einen Ausblick gewinnen auf die »Ehrenbahn blutigen Männerstreits«. Der Stuttgarter Bildhauer Dannecker dachte an eine Menschenstele, männlich, mit Löwenhaut bekleidet. Am Fuße sollten die Genien der Staatsgewalt Platz nehmen und die der »allgemeinen Glückseligkeit der Länder«. August Kotzebue griff zurück auf die Zeit der Völkerwanderung und wollte eine altrömische Säule aus dem Odenwald aufstellen – »zur Erinnerung an den herrlichen Sieg über die letzten Unterjocher der Deutschen«.

Das erste realisierte Zeichen galt der militärischen Ehrung: Schinkel entwarf 1813 das Eiserne Kreuz als einen Orden, der auch dem einfachen Soldaten verliehen werden konnte. Nach dem Willen Friedrich Wilhelm III. sollte es nach den Befreiungskriegen nicht mehr ausgegeben werden: er hatte seine Medaille an einen bestimmten Feldzug gebunden, aber die militärische Raison setzte sich über den Willen des Stifters hinweg.

Für Ernst Moritz Arndt, den führenden lyrischen Stimmungsapostel, war das alles nicht genug. Schon am ersten Jahrestag der Leipziger Ereignisse, da war Napoleon noch in seinem kaiserlichen Amt, forderte er das erinnernde Großformat: »Ein kleines, unscheinbares Denkmal, das sich gegen die Natur umher in nichts gleichen kann, thut es nicht; ein zierliches und blankes, etwa in Leipzig selbst auf einem Platze hingestellt, würde in seiner Armeseligkeit von der großen That zu sehr beschämt werden. Es muß draußen stehen, wo so viel Blut floß, es muß so stehen, daß es ringsum von allen Straßen gesehen werden kann, auf welchen die verbündeten Heere zur blutigen Schlacht der Entscheidung heranzogen. Soll das Denkmal gesehen werden, so muß es so groß und herrlich sein, wie ein Koloß, wie eine Pyramide, ein Dom zu Köln!« Aber trotz aller Emphase wurde nichts verwirklicht. Es lag weder am Geldmangel noch an der patriotischen Begeisterung, und auch selbstlose Initiatoren fehlten nicht. Vielmehr war die politische Eindeutigkeit nicht gegeben. Vier Jahre später verbrannten Studenten auf dem Wartburgfest die Requisiten der feudalen Obrigkeit, Korporalstock, Schnürleib und Zopf.

Ein Denkmal war erst möglich, als in der Innenpolitik die Restauration gesiegt hatte, als der republikanische, antifeudale Impuls erlahmt bzw. unterdrückt war. Als keine vorlaute Stimme mehr an die Kumpanei der deutschen Fürsten mit dem Usurpator erinnerte, als die Völkerschlacht in den Militärkult eingemeindet war. Ein innenpolitischer Umdeutungsakt, aufgehalten durch Vormärz und 48er-Revolution, mußte erst vonstatten gehen, um diese pompöse Totenfeier in Gesteinsschichten verewigen zu können. Der Sieg des »Volks in Waffen« wurde erst im Lauf langer Jahrzehnte zum Sieg der Fürsten umgeschrieben. Man hatte ja seine Verständnisschwierigkeiten mit ihnen: die Sachsen waren erst auf dem Schlachtfeld zu den Alliierten übergelaufen. Droysen, Sybel und Gustav Freytag hatten an dieser Umdeutung, die sich schließlich auf die Hohenzollern verengte, einen gewichtigen Anteil. 1863 hatte man zur »Begleichung der Ehrenschuld des deutschen Volkes« nur einen Grundstein in die Erde versenken können, aber er blieb ohne Folgen. Drei Jahre später wurde der deutsche Einigungskrieg geführt.

Erst 1871 wurde der Ruf nach einem Leipziger Denkmal wieder laut. Nach dem Sieg im deutsch-französischen Krieg und der Reichsgründung von oben fuhr der Imperialismus in die Seelen. 1894 wurde von dem Leipziger Architekten Clemens Thieme der Deutsche Patriotenbund zu keinem anderen Zweck gegründet, als ein Völkerschlachtdenkmal zu errichten. Der Verein umfaßte in seinem Triumphjahr 90 000 Mitglieder: Sänger, Turner, Schützen, Militärs, Traditionalisten, Korporierte. Aus Goethes Weltbürgern waren wilhelminische Untertanen geworden. Die Leipziger Initiatoren waren Mitglieder von Freimaurerlogen, vor allem der sächsischen Loge »Apollo«. Man führte Pfennigsammlungen durch, betrieb eine eigene Lotterie.

An sich waren die Patrioten mit einer anderen Denkmalssorte ausgelastet: unzählige Büsten und Standbilder für Wilhelm sowie für Bismarck besetzten die Lande. Ein Preisausschreiben ergab nicht die erwartete Lösung, die Entwürfe boten nicht genügend Monumentalität und wurden verworfen. Erst der Berliner Architekt Bruno Schmitz setzte ohne Einschränkung auf den Byzantinismus einer machtvollen Denkmalskulisse. Er hatte sich am Deutschen Eck bei »Kolbenz« (Tucholsky), an der Porta Westfalica und am Kyffhäuser zu schaffen und verdient gemacht. Professor Schmitz war der Spezialist für Kaiserschwulst in Stein und Erz, und wenn sein Name fällt, kann man des Kalauers über den gebürtigen Rheinländer nicht entraten: Ach, wärst du doch in Düsseldorf geblieben. Wilhelm II. verlieh ihm auf der Großen Kunstausstellung in Berlin 1898 eigenhändig eine Goldene Medaille. Im gleichen Jahr kam es in Leipzig zum ersten Spatenstich – an der Stelle, an der Napoleon in der Schlacht angeblich seinen Gefechtsstand gehabt hatte.

43 000 Quadratmeter Fläche wurden südlich von Leipzig requiriert, sechs Millionen Zentner Denkmalsmasse aufgehäuft. Die Leipziger schütteten zehn Jahre lang ihren Müll auf den Platz, bis ein Sichtbarkeitshügel entstand. In 15 Jahren wurden sechs Millionen Goldmark verbuddelt. Eine Unmasse Stampfbeton und Granitporphyr in 26 500 Werkstücken ergaben einen Fall für die Ewigkeit. Joseph Roth nannte ihn einen »historisierenden Alpdruck«. Man könnte sich vorstellen, daß in den verschiedenen Stockwerken die Überreste aller Toten aus dieser Schlacht ihren Platz fänden: 12 000 Österreicher, 16 000 Preußen, 22 000 Russen, 300 Schweden und 30 000 Franzosen.

Das Denkmal mit seinen 91 Metern Höhe überragt das damals höchste Monument, die New Yorker Freiheitsstatue, um einen Meter. Es ist die deutsche Spielart des Pariser Invalidendoms. Drei Funktionen waren dem Bau zugedacht: er sollte ein Ehrenmal für die Gefallenen sein, ein Ruhmesmal für die alliierten Völker und ein Mahnmal für kommende Geschlechter. Deshalb wurde die Trias von Krypta, Ruhmeshalle und 12 Freiheitswächtern hoch oben am Kuppelbau entwickelt. In der Krypta, auf grünen und schwarzen Granitplatten aus dem Fichtelgebirge, an Pfeilern befinden sich acht Schicksalsmasken sterbender Krieger mit blicklosen, brechenden Augen, davor, mit gesenktem Haupt, jeweils zwei Krieger zur Totenwache.

Für die Ruhmeshalle meißelte der Monumentalbildhauer Franz Metzner, Mitglied der Wiener Sezession, aus den verfugten Werkstücken an Ort und Stelle, jeweils neuneinhalb Meter hoch, seine vier deutschen Tugenden. Aufgefaßt sind sie als typisch deutsche: Die *Volkskraft* nährt zwei Kinder, vielleicht Zwillinge, jeweils vier Meter siebzig hoch; die *Glaubensstärke* ist männlich und hat einen nackten Sieben-Meter-Knaben zwischen den Beinen. Bei dieser Tugend könnte man auf päderastische Gedanken kommen. Die *Tapferkeit* kann nur männlich sein und ihre Muskeln spielen lassen. Die *Opferwilligkeit* macht auch etwas, freilich etwas Unklares, und ist ebenfalls männlich.

In der Kuppel ziehen in endlosem Zug 324 Reiter in elf Zonen übereinander durch die Gegend. Auf die Aussichtsplattform gelangt man über 324 Stufen einer Wendeltreppe. Erzengel Michael, elfkommafünf Meter, der heraldische Fahnenheld der deutschen Heere im Mittelalter, ist aus dem Schlaf erlöst, in den er während des 18. Jahrhunderts, als »deutscher Michel« zum Bauerntölpel degradiert, zu fallen begann. Fast alle Figuren erscheinen als mittelalterliche Ritter, die das Monument schützen wie eine ihnen anvertraute Burg. Fenster wie Schießscharten. Die Wehrwilligkeit des kaiserlichen Deutschland nimmt Gestalt an. Ohne Erbfeind ist diese steinerne Erhebung nicht zu denken. Alle sind in der gleichen Mystik vereint, ergeben ein kollektives Wesen, das keinen Führer betont. Nur der pyramidale Bau mit seinen abgestuften Segmenten zeigt etwas vom hierarchischen Ständestaat. Obendrauf thront kein Friedrich und kein Wilhelm, oben ist eine Plattform für zweihundert Menschen, ein ganzes Regiment. Idealisiert wird die »Volksgemeinschaft«, wie auch in Heinrich Manns »Untertan«. Der Roman, fast aufs Jahr genau entstanden mit dem Völkerschlachtdenkmal, ist der Antipode dieses Bauwerks, ein literarisches Gegendenkmal. Um das Leipziger Monstrum zu verstehen, muß man *ihn* lesen: die Bildungsgeschichte des wilhelminischen Bürgers, der tritt und kuscht, des Untertans als Herrenmenschen.

Im Innern des Bauwerks gerät man in Empfindungsnöte: wabernde Musik zerrt an den Nerven. Langgezogene Echos überlagern jeden Ton und fallen übereinander her. Selbst der Widerhall ist übermenschlich und die steinerne Ausstattung sowieso. Der Betrachter wird von den Kolossalfiguren zum Liliput im Reiche Gullivers degradiert. Heinrich Manns Untertan Diederich Heßling mit seiner Sucht, den Stiefellecker der Macht zu geben, wäre der angemessenste Besucher: die Haupt- und Titelfigur im Machtrausch der Unterordnung: »Die Macht, die über uns hinweggeht und deren Hufe wir küssen! Gegen die wir nichts tun können, weil wir sie alle lieben! Die wir im Blut haben, weil wir die Unterwerfung darin haben! Ein Atom sind wir von ihr, ein verschwindendes Molekül von etwas, das sie ausgespuckt hat! ...«

Die steinernen Übermenschen in ihrer arroganten Statuarik sind eine einzige Nötigung. Die Münchner Bavaria ragt optisch höher hinauf als es diese Zeugen der nationalen Ehemalszeit vermögen, aber sie grüßt ins freie bayerische Blau hinein und zu den föhnnahen Alpen. Außerdem kann man im hohlen Weib unbemerkt Allotria treiben. Die schweigende Sippschaft des Völkerschlachtdenkmals jedoch umzingelt den hilflosen Besucher, steht nur spätnietzschehaft herum, fest auf zwei Stampfern, ohne Spiel- und Standbein. Bei Nietzsche wissen ja auch nur die Nietzscheaner, warum er seinen Übermenschen proklamiert hat.

Die Sehnsucht nach dem befreienden Attentat ist unvermeidlich. Der Destruktionstraum, daß diese Drohkulisse zusammenfalle. Das Denkmal ist ein Verlies, das die Seelen seiner Besucher zu Gefangenen macht. Vielleicht kommt von daher die Anwandlung, mit der Bombe zu hantieren. Der Schriftsteller Erich Loest, als Einheimischer hochtrainiert, hat dieser Neigung literarisch nachgegeben. In seinem Roman »Völkerschlachtdenkmal« ist die Hauptfigur ein Sprengmeister, der ans Denkmal Hand anlegen will und, in Haft, dreizehn Geschichten aus der sächsischen Geschichte von Napoleon bis Ulbricht erzählt. Eine komische Entweihung: Wenn die Symbole außer Kraft sind, endet unweigerlich die Herrschaft.

Das Fossil aus Prähistorie und verbunkertem Sinn war 1913 ein Prototyp des kaiserlichen Deutschland – wie Krupps Dicke Berta, die größte Kanone der Welt, wie Wilhelms rednerische Ausschweifungen und seine Reklamesucht mit 300 Uniformen im Schrank. Übrigens hat Wilhelm selbst mit feiner Witterung verstanden, daß der preußischen Legitimation im sächsischen Leipzig nicht ganz Genüge getan ward: für ihn war anscheinend zu wenig Hohenzollerisches appliziert. Er ließ sich zwar beim Festakt gemeinsam mit dem sächsischen König Friedrich August und allen deutschen Fürsten sehen, aber er wollte – ganz gegen seine Neigung – nicht das Wort ergreifen und verließ den Festakt vorzeitig.

Nur zehn Monate vor Beginn des Ersten Weltkrieges eingeweiht, wirkt das Denkmal wie ein Vorzeichen von Stellungskrieg und Westwall. Das Fort Douaumont kann man sich hinzudenken, und wenn der steinerne Zyklop auch rückverwies auf seine nationalistischen Vorredner wie Arndt und Körner, Fichte und Schenkendorf, so ist doch die Radikalisierung zum »totalen« Krieg, zu den Toten als industrielle Verfügungsmasse, wie sie in den Köpfen Hindenburgs und Ludendorffs geschah, bereits präsent. Vielleicht stünde das Völkerschlachtdenkmal besser in Verdun und nicht auf sächsischem Gelände, auf der Walstatt der ewigen Verlierer. Der martialische Stein begräbt ihre Geschichte und läßt mit den hundert Jahren, die benötigt wurden, um das Memorial zu errichten, die Verspätung der sächsischen Seele ahnen. Der Schriftsteller Thomas Rosenlöcher (ehem. Sächsische Dichterschule) ermittelt darin listig einen Sinn: »Doch gerade indem das Denkmal zu spät kam, kam es früh genug für die nächsten Kriege. Und stellt als Ausdruck granitbewehrter Kraftmeierei eine Kriegsursache gleich an sich selber dar.« Das Erwachen deutscher Kraft und anderer obig gestreifter Tugenden kommt mit einem gewissen archaisierten Barbarentum einher.

Schmitzens Werk ist auch ein Vorläufer der Brutalität in Stein von Albert Speer. Dafür griff der Urheber, der seinen rasch verblassenden Ruhm auf eine verwickelte Weise mit dem Architekten Clemens Thieme teilen mußte, weit zurück: zu ägyptischen und frühgermanischen Formen, zum Theoderich-Grab in Ravenna; er germanisierte die Neoromanik, die er sich vom amerikanischen Architekten H.H. Richardson angeeignet und beim Kyffhäuser-Denkmal ausgebreitet hatte.

Der Sedanstag wurde am Völkerschlachtdenkmal begangen, denn schon der Autor der Festschrift hatte die Schlacht als »das Sedan des ersten Napoleon« gepriesen und dezidiert, »hier erwachsen die Grundsätze, auf die nachher der im Kampfe gegen den letzten Napoleon entstandene, machtvolle deutsche Einheitsstaat gegründet wurde«. Nach dem Ersten Weltkrieg schrumpfte die nationale Größe, und in Mode kamen die Kriegerdenkmäler, die an die Toten erinnerten. Das Gedenken am Schlachtplatz wurde vor allem von völkischen Antidemokraten veranstaltet, so zum Beispiel auf dem Reichskriegertag 1925.

In der Nazizeit wurde das Denkmal aktuell, als die deutschen Armeen Napoleons Ostfeldzug wiederholten. Zu Hitlers Lieblingserinnerungsorten hat es nicht gehört. Er hielt es mit Tannenberg, wo die Russen vernichtend geschlagen worden waren. Immerhin war das Völkerschlachtdenkmal im Dritten Reich als Zeichen der »Volksgemeinschaft«, der wehrhaften Masse und später des »totalen Krieges« brauchbar. Nach Stalingrad entstand eine Verlegenheit: die Parallelen zum Geschick der Napoleonischen Truppen in Rußland war zu offensichtlich.

In der DDR erhielt das Denkmal erneut einen ideologischen Nutzwert zugesprochen. Es ging um Aneignung des historischen Ereignisses, um Selbstbespiegelung im geschichtlichen Rückraum. »Für uns«, raunte es, »ist die Bedeutung des Denkmals größer als für die Menschen zur Zeit seiner Entstehung.« So verstiegen sich zwei Professoren der Geschichte, R.F. Schmiedt und R. Zeise, zwei Quislinge ihres Fachs, zu der geradezu täppischen Ungeheuerlichkeit: »In den Wochen des patriotischen Aufbruchs, im Frühjahr 1813, kam die Opferbereitschaft des deutschen Volkes am eindrucksvollsten zum Ausdruck in dem klassischen Bekenntnis: Gold gab ich für Eisen. Es war dieselbe Opferfreudigkeit, die gegenwärtig Tausende deutscher Patrioten selbstlos mithelfen läßt beim Aufbau eines neuen sozialistischen Staates.« Hätte die DDR noch länger gedauert, wäre schließlich noch Wilhelm II. zu ihrem Ehrenbürger ernannt worden. Die NVA war in der offiziellen Deutung die Erbin der »fortschrittlichen« Traditionen, der Einheitsgedanke fand in der SED seinen Brutkasten, die deutsch-sowjetische Freundschaft vollzog sich wie in der Allianz von 1813 vorgelebt, und die Parole galt: »Klassenbrüder – Waffenbrüder, vereint unbesiegbar!« Napoleon war Handlanger »des Großbürgertums«, wie es gegen die BRD als Wirkungsstätte des »Monopolkapitals« ging. Als nach dem Bau der Mauer die Einheitsdevise verdampfte, wurde das Völkerdenkmal bald zu einem »Mahnmal für den Weltfrieden« rhetorisch umgeschminkt. Sehr erfolgreich war auch diese Falschmünzerei nicht: der Bau strahlte wenig ideologische Schlüssigkeit für das DDR-Volk aus.

In der alten BRD war die Erinnerung an die Völkerschlacht fast gelöscht. Ein Staat, der sich, um einen Platz im Westen zu erwerben, mit der Teilung Deutschlands abfinden mußte, konnte sich nicht auf die Symbolgröße der einen, einzigen, erwachenden Nation, auf die politische Romantik als Erbe berufen.

Es muß Zeiten gegeben haben, wo der Stein schillerte, golden, rot und blau im Licht glomm. Davon ist nichts mehr zu ahnen. Abgase und Schmutz haben sich in den Stein gefressen. Der Regen hat weiße Ausschwemmungen an Salzen verursacht. Im Innern entsteht die Vorform einer Tropfsteinhöhle. Über Mutter Volkskraft befindet sich ein größeres, mit Brettern nur notdürftig vernageltes Loch: am Ende des Zweiten Weltkrieges haben die Amerikaner mit einer Granate gearbeitet, als sie aus dem Innern der deutschen Wehr vom Volkssturm und von Hitlerjugend beschossen wurden. Das Loch hat sich bis heute erhalten, als sei es ebenfalls denkmalfähig. Das Völkerschlachtdenkmal ist ein Reparaturfall, den niemand lösen will. Es sinkt allmählich in den Untergrund, geht mählich unter wie die Titanic. Oder es passiert etwas anderes. Wenn es mit dem Abbau der Braunkohle immer so weitergeht, wird eher die Leipziger Ebene abtauchen, kann sie geflutet werden und das Völkerschlachtdenkmal wird für die Binnenschiffer auf Sachsens Fluren zum Kap der Guten Hoffnung. Es bleibt der schwarze Schatten der Beklommenheit. Gewiß ist nur: das Memorial, von dem der Sinn abblättert wie Schorf und allmählich nur noch eine senile Attraktion übrig ist, rottet still vor sich hin. Darüber können viele Generationen hingehen. Es ist Made in Germany, zusammenfallen wird es noch lange nicht.

Der Jude, der Preuße sein wollte
Walther Rathenau in Freienwalde

Wer auf der B 158 von Berlin aus nach Osten in die Mark Brandenburg fährt, und das eine gute Autostunde lang, hat wenig zu erwarten. Man muß schon Abstecher von der Route machen, um auf anziehende Namen zu stoßen, etwa auf das »Zisterzienserkloster Chorin«. Nach fünfzig Kilometern landet man in Bad Freienwalde, und Fontane, dem hier ein Denkmal aufgestellt ist, kann noch immer als Gewährsmann für den ersten Eindruck dienen: »Die Schönheit der eigentlichen Stadt ist mäßig, ihr Reiz liegt draußen in den Bergen. Diesen Bergen verdankt sie alles, was sie ist: von dort kommen ihre Quellen, von dort aus gehen die Fernsichten ins Land hinein.«

Freienwalde wirbt für sich mit einem Gesundbrunnen als »älteste Kurstadt Brandenburgs«, als das Rheumaparadies. Jenseits der Lahmen und Leidenden ist der Ort aus anderen Gründen der Aufmerksamkeit wert: Diese märkische Entlegenheit enthält ein Refugium, eine Geistesherberge und eine Auftrittskulisse für einen der glanzvollen Köpfe im ersten Drittel des zwanzigsten Jahrhunderts. In einem Hohenzollernschlößchen hat er für mehr als zehn Jahre Sommeraufenthalt genommen, dort hat er höfische Welt im bürgerlichen Format nachgespielt. Dort vollzog sich Katastrophengeschichte: die denkwürdige Geschichte des Juden Walther Rathenau, der gerne Preuße geworden wäre.

Er hatte Talente, die für mehrere führende Personen ausgereicht hätten. Wären sie alle gleich intensiv ausformuliert worden, hätten sie einander geradezu dementiert. Mit einer Reihe von Patenten hat sich Rathenau als Erfinder erwiesen. Er war einer der wichtigsten Industriellen seiner Zeit und als Typus des Managers wohl ohne Konkurrenz. Als Intellektueller war er einer der überragenden Köpfe der Kaiserzeit: Gesellschaftstheoretiker, Philosoph der mechanischen Welt, Liebhaber der Literatur, Feuilletonist, Aphoristiker. Rathenau hätte als Maler bestehen, als Musiker sich durchschlagen, als Architekt einiges Herausragende leisten können. Hätte er sich als geborener Jude evangelisch taufen lassen, wäre ihm schon unter Wilhelm II. eine glanzvolle Karriere als Politiker oder Diplomat möglich gewesen. Aber seiner Energie zur Selbstentfaltung stand mindestens der Hang zur tragisch umwitterten Einsamkeit gegenüber, und die Liste seiner Verhinderungen durch mißgünstige Gegenspieler ist groß. Er war ein von Sieg zu Sieg eilender Verlierer der Geschichte. Sein erster Biograph, der Freundfeind und passionierte Beobachter Harry Graf Kessler, bemerkte, »daß seine Figur oft zu einer Halluzination wird, die den, der ihr zu nahe kommt, wie ein Golem in Besitz nimmt«. Und in einer emphatischen Variante: »Rathenau trug in sich Schicksal!«

Der Vater hatte in Berlin eine Eisengießerei gekauft und sie zur Maschinenfabrik ausgebaut. Die Wohnung lag darüber und der 1867 geborene Walther Rathenau erinnerte sich seiner vom Maschinenlärm erfüllten Kindheit. Es muß in seiner Jugend ein ungemeiner Druck auf ihm gelastet haben. Der Vater, keineswegs geliebt, wollte ihn nach seinem Selbstbild erziehen und lehnte alle musische Betätigung ab. Emil Rathenau erwarb 1881 auf der Weltausstellung in Paris von Thomas Alva Edison die europäischen Patente für die Glühlampe. Er gründete die »Deutsche Edison-Gesellschaft für angewandte Elektrizität«, den Vorläufer der A.E.G. Emil Rathenau hat Deutschland elektrifiziert. Er hat den Schritt zur marktbeherrschenden Kapitalgesellschaft, die sich vor allem ihren Aktionären verpflichtet sieht, mit ungeheurer Tatkraft betrieben. Er war das Inbild jenes »Zweckmenschen«, den der Sohn als Typus ablehnte und dessen Normen er dennoch übernahm: »Die Dinge selbst, vernachlässigt und verachtet, bieten (ihm) keine Freude mehr, denn sie sind Mittel geworden. Mittel ist alles, Ding, Mensch, Natur, Gott; hinter ihnen steht gespenstisch und irrend das Ding an sich des Strebens: der Zweck. Der nie erreichte, nie erreichbare, nie erkannte: ein trüber Vorstellungskomplex von Sicherheit, Leben, Besitz, Ehre und Macht, von dem je soviel erlischt, als erreicht ist, ein Nebelbild, das beim Tode so ferne steht wie beim ersten Anstieg. Ihm drohend gegenüber erhält sich, realer und tausendfach überschatzt, das furchtbare Bild der Not. Von diesen Phantasmen gezogen und getrieben, irrt der Mensch vom Irrealen weg zum Irrealen hin: das nennt er leben, wirken und schaffen, das vererbt er als Fluch und Segen denen, die er liebt.« Dem Tätigkeitsfeld des Vaters wich Walther Rathenau nicht aus: nach Schule, Abitur mit siebzehn, Studium der Physik, Chemie und Philosophie promovierte er mit einer Arbeit über »Die Lichtabsorption der Metalle«. Der 26jährige übernahm 1893 die Leitung der »Elektrochemischen Werke« in Bitterfeld, blieb dort, wechselnd vom Pech verfolgt und vom Erfolg begünstigt, sieben Jahre. Eine Art Enklave in einem Chemienest, in weitgehender Vereinsamung.

Sein Schlüsselerlebnis klingt banal, aber es hat ihn tief getroffen: dem Einjährigen wurde, weil jüdischer Herkunft, die Ernennung zum Reserveoffizier bei den Garde-Kürassieren verweigert. »In den Jugendjahren eines jeden deutschen Juden gibt es einen schmerzlichen Augenblick, an den er sich zeitlebens erinnert: wenn ihm zum ersten Male voll bewußt wird, daß er als Bürger zweiter Klasse in die Welt getreten ist, und daß keine Tüchtigkeit und kein Verdienst ihn aus dieser Lage befreien kann.« Anfang 1895 schrieb er eine förmliche »Austrittserklärung aus dem Judentum«, trat aber nicht dem Christentum bei, obwohl er sich den Evangelien verpflichtet wusste. Aber er wollte das dezidiert nicht, hielt seine Zurücksetzung für einen »Rechtsbruch«, den er mit einem offiziellen Religionswechsel nicht kaschieren wollte. Der Essayist Rathenau debütierte im März 1897 mit einem programmatischen Aufsatz ausgerechnet zu diesem Thema. Sein Text »Höre, Israel!« ist ein Ausdruck jüdischen Selbsthasses, ein Dokument des jüdischen Antisemitismus. Er unterschied zwischen dem blonden germanischen Tatmenschen und dem jüdischen Furchtmenschen. Er verstand sich als Angehörigen einer Sklavenrasse, sein Judentum als eine Notlage: »Doch ich weiß, es sind einzelne unter euch, die es schmerzt und beschämt, Fremde und Halbbürger im Lande zu sein, und die sich aus der Ghettoschwüle in deutsche Waldes- und Höhenluft sehnen. Zu ihnen spreche ich.« Er hatte für einige Jugendjahre den Gedanken der gegensätzlichen Völkerpsychologie, der unterschiedlichen Rassen, des bestimmenden Bluts übernommen – all die Ingredenzien, die das fatale Gebräu des Antisemitismus in intellektuellen Kreisen um die Jahrhundertwende aufschäumen ließen.

In der A.E.G. übernahm Walther Rathenau 1899 mit 31 Jahren einen Direktorenposten. Ein ewiger Versuch des *double bind* zeichnete sich ab: den väterlichen Lebensweg zu umgehen durch künstlerische Betätigung und ihn doch auszuschreiten. So war er auch stets stolz darauf, auf einem Feld etwas zu leisten, auf dem er sich talentlos glaubte »wie eine Kuh« – auf dem wirtschaftlichen. Zweifellos gehörte Walther Rathenau zur Oligarchie jener dreihundert Männer, die »die wirtschaftlichen Geschicke des Kontinents« leiteten. Nach und nach saß er im Vorstand oder im Aufsichtsrat von 86 einheimischen und 14 ausländischen Firmen. Von 1899 bis 1902 übte er sich bei der A.E.G. in der Rolle des alternden Kronprinzen, danach wechselte er in den Vorstand der Berliner Handelsgesellschaft, der Hausbank des AEG-Konzerns, über. Seine Neigungen liefen in eine andere Richtung: den »Elektrikerjungen« drängte es, »noch einmal mit Händen den Zauberring der Romantik zu berühren«.

Stefan Zweig, gut bekannt mit ihm, fügte einen Umriß dieses Zwiespalts hinzu: »Seine ganze Existenz war ein einziger Konflikt immer neuer Widersprüche. Er hatte alle denkbare Macht geerbt von seinem Vater und wollte doch nicht sein Erbe sein, er war Kaufmann und wollte sich als Künstler fühlen, er besaß Millionen und spielte mit sozialistischen Ideen, er empfand sich als Jude und kokettierte mit Christus. Er dachte international und vergötterte das Preußentum, er träumte von einer Volksdemokratie und war jedes Mal hoch geehrt, von Kaiser Wilhelm empfangen und befragt zu werden.« Seine Dissonanzen nannte Rathenau selbst »Polyphonie«.

Vielleicht sah er sich am deutlichsten, wenn er zurückblickte: auf vier Generationen einer jüdischen Familie und ihren Versuch, in Deutschland heimisch zu werden; auf sich, der im Preußentum ähnlich dramatische Vater-Sohn-Konflikte studieren konnte, wie sie ihm beschieden waren; auf einen Hof von preußischen Bedeutungswörtern, die ihm entsprachen: Pflicht, Exerzitium, Entsagung, protestantische Innerlichkeit. Damit hatte er, der Vergangenheit nachsinnend, auch seine Zukunft vor sich. Er verstand sich selbst als Spätling – wie übrigens auch den Kaiser. Er ahnte sich selbst im Bildnis Wilhelms II: »Ein Freund fragte nach dem Eindruck der Erscheinung und des Gesprächs. Ich sagte: ein Bezauberer und ein Gezeichneter. Eine zerrissene Natur, die den Riss nicht spürt; er geht dem Verhängnis entgegen.«

So weit war es mit Walther Rathenau noch lange nicht. Er hatte noch nicht einmal alle seine Talente erprobt. Er verkehrte am Hof, war, wenn vielleicht nicht wohlgelitten, doch unverzichtbar genug durch wirtschaftliche Macht, geistige Brillanz und gewinnendes Auftreten.

1909 kaufte Rathenau Schloß und Garten in Freienwalde vom Hofmarschallamt für 262 500 Mark, womit die Verwaltung der Hohenzollern gewiß einen guten Schnitt machte. Der neue Hausherr hatte damit das Anwesen, »ein einstöckiges Landhaus von fünf Fenstern Breite und vier Fenstern Tiefe«, gerettet: es war nämlich als Gerichtsgebäude vorgesehen, und der Park sollte parzelliert werden. Rathenau ließ einiges Äußere verändern, verstärkte behutsam, aber merklich die klassizistischen Elemente. Er hatte aus Kronbesitz ein Anwesen erworben, dessen Inneres noch weitgehend dem Originalzustand entsprach: Papiertapeten, Möbel, Kamine, Spiegel, Lampen. Eine Inventarliste der Kaiserlichen Hofkammer half Rathenau, die anderswo deponierten Teile der Ausstattung wieder zu beschaffen. Nach einem Dreivierteljahr schrieb er, der sich seit 1907 für kurze Zeit als »Privatmann« verstand und damit ungeheuerlich beschäftigt war, an Gerhart Hauptmann: »Ich denke nächste Woche dort einzukehren und einen Teil des Sommers – wenn auch mit Unterbrechungen – zu bleiben.«

Das Haus, einstmals entworfen vom Hofarchitekten David Gilly, ist mehr Villa als Schloß, hat wenig aufwendige Proportionen, einen betont zurückhaltenden Eingang auf der Rückseite, im Innern keine Säle und keine festlichen Treppenaufgänge, sondern schmale Korridore, wovon die Zimmer abgehen. Die Ankunft des bürgerlichen Zeitalters ist spürbar in diesem Bau, in seiner kommod schlichten Anlage aus dem frühen Klassizismus.

Zwei Jahre, bevor er das Haus bezog, hatte Rathenau erstmals

als Kommentator ins politische Geschehen eingegriffen; er forderte nichts weniger als eine Neuorientierung der Politik. Der Artikel »Die neue Ära« vom Februar 1907 bezog sich auf das Säbelrasseln des Kaisers, auf die verstärkte Rüstung und auf die Flottenpolitik. Rathenau hielt Deutschland für einen veralteten Staat. Mit Blick auf die anderen Länder vermißte er die entschiedene Beteiligung des Bürgertums an der Macht und kritisierte, daß sich die Entscheidungsträger noch immer aus der Adelskaste rekrutierten: »Ein Volk von Millionen ist metaphysisch verpflichtet, zu jeder Zeit und auf jedem Gebiet eine starke Willensrichtung und eine Vielheit höchster Begabungen zu erzeugen; geschieht das nicht, oder werden diese Kräfte durch Einseitigkeit, etwa des Erwerbstriebes oder der Technik oder des Müßiggangs abgelenkt, oder werden sie aus politischer Indolenz und Verantwortungslosigkeit nicht aufgefunden, so hat das Volk sich sein Urteil gesprochen.« Er hat vor dem Krieg einige Bücher veröffentlicht, vor allem in zwei grundsätzlichen Schriften seine große Wirkung als Zeitdiagnostiker entfaltet. 1912 erschien seine »Kritik der Zeit«, ein Jahr danach die »Mechanik des Geistes«. Der Grundgedanke seiner Analyse bezieht sich auf die Lebensverhältnisse in der Gegenwart. Ihre vollständige Mechanisierung ist der Ausdruck aller sozialen Gegebenheiten. Rathenau übertrug seinen inneren Zwiespalt von ökonomischem und technischem Rationalismus auf der einen Seite und zurückgestautem Künstlertum auf der anderen in die Gesellschaftsdiagnose. Emil Ludwig hat dafür ein ironisches Aperçu gefunden: »Mit dem Riesenscheinwerfer des egozentrischen Geistes warf er das Bild seines inneren Schicksals auf sein Jahrhundert.« In Rathenaus groß geartetem Entwurf ist die »Mechanisierung« ein Oberbegriff für die Ökonomisierung des Lebens, die Ausbreitung eines phantastischen Kapitalismus, für die Zwangslagen, in die der Staat seine Bürger bringt, die Regentschaft des Materialismus, das Übel des Nationalismus, die Klassenlage. In einem genialischen Panorama des Gesellschaftslebens tauchen Diagnosen aus den Schriften der Sozialisten in seiner persönlichen Handschrift auf. Aber im Gegensatz zu den Marxisten sah Rathenau in der Umverteilung keinen Hebel zur Überwindung der Mechanisierung. Er glaubte, daß aus ihr selbst Kräfte des Widerspruchs erwachsen könnten: Entsagung vom Machtwillen, Solidarität, Opferbereitschaft verstand er als die spirituellen Kräfte beim Kampf um die Verinnerlichung der Gesellschaft. Von diesem Zeitpunkt an, als er seine grundsätzlichen, in Freienwalde geschriebenen Bücher veröffentlichte, datiert wahrscheinlich eine wachsende öffentliche Abwehr seiner Person, da seine Doppelnatur als wirtschaftende und als intellektuelle Existenz gegen ihn ausschlug.

Der Zeitdiagnostiker lebte in anderen Zeiten, in einem anderen Jahrhundert. Gegenüber Julius Bab bekannte er nicht ohne Stolz, daß er zu den wenigen gehöre, die »seit mehr als hundert Jahren« in Berlin ansässig seien. Er rechne sich einer Vergangenheit zu, die ihm »durch Verwandtschaft und Vätererzählungen heimatlich« sei: Für viele Gäste erschien das Schloß in Freienwalde, dieses altpreußische Gehäuse, mit seinen an der Wand aufgereihten Antiquitäten als ein steifes Museum. Sie waren an üppiges Neo, sei es in Barock oder Renaissance, oder an ausschweifenden Jugendstil gewöhnt und lebten nun als Gäste in einem strengen, eher spartanisch-bürgerlichen Umfeld. Der Schriftsteller Gustav Hillard bemerkte die Paradoxie, daß die antik eingerichteten Zimmer nicht zum Wohnbereich Rathenaus gehörten: »Jedesmal, wenn ich in Freienwalde zu Gast war, in einem der sehr einfachen Gastzimmer im Obergeschoß logierte, wo auch seine eigenen, fast puritanischen Schlaf- und Arbeitszimmer lagen, bewegte es mich, wie er seinen Wunschtraum mit dieser preußischen Vergangenheit möbliert hatte, ohne ihn doch selbst zu bewohnen. Wenn ich in den musterhaft assortierten Räumen des Erdgeschosses mit den handbemalten Tapeten und Landschaften, mit den bunten Gardinen vor den tiefreichenden Fenstern zwischen Kommoden und Spiegeln, Vasen und Bildern herumging, hatte ich plötzlich das Gefühl, ohne Filzpantoffeln für Schloßbesichtigungen nicht hinreichend ausgerüstet zu sein. Ich scheute mich, auf die blumigen Bezüge der sanft geschwungenen Möbel mich zu setzen oder in dem ergötzlichen chinesischen Salon mit seinen zopfigen Zierlichkeiten auf einem der verschnörkelten Stühlchen Platz zu nehmen. Und in dem lichten Speisesaal mit seiner über Wand und Decke, Sesseln und Sofa fortblühenden Blattdekoration saßen wir mehr zum Beschauen und Bewundern als zum Essen.« Fritz von Unruh, der die Gastfreundschaft Rathenaus oft und lange genoß, hat dessen Prussomanie glossiert. Er überlieferte eine Anekdote: Der Kaiser habe verlangt, daß Rathenau die Preußenkrone auf einem Fahnenmast in Freienwalde abmontieren lasse. Er habe sich mit der Begründung geweigert, sie gehöre zur Ausstattung: »Nee! diese preußische Königskrone, die hab ich mit gekauft und da glänzt sie nun!« Der Jude Rathenau wollte sich in einen Preußen mit haltbaren protestantischen Tugenden verwandeln, als dessen oberster Vertreter, der Kaiser, sich gerade anschickte, mit seiner cäsarischen Theatralik aus dieser Rolle zu fallen.

Freienwalde war ein Rückzugsrevier, aber für die Geselligkeit gedacht: einen Strom von Bekannten, Interessenten, Neugierigen, Passanten der Literatur und der Künste, prominenten Geistesgrößen zog es dorthin. Rathenau besuchten Annette Kolb und Gerhart Hauptmann, Carl Sternheim und Emil Ludwig, Stefan Zweig, Fritz von Unruh und Robert Musil, die Kunsthistoriker Gustav Pauli und Ludwig Justi, der Nationalökonom Werner Sombart, auch Samuel Fischer, in dessen Verlag viele seiner Bücher erschienen. Oft kamen die Damen und Herren nur, um nachher ausgiebig zu lästern. Ein befremdlich abfälliger Ton zieht sich durch die Erinnerungen der Besucher und Nutznießer der Rathenauschen Gunst. Es endet häufig im gleichen Muster: die reichen Juden Berlins sind soziale Aufsteiger, die als Parvenus und Nabobs zur Geltung kommen wollen.

Aufgehoben war in Freienwalde auch der Verzicht: auf ein schöpferisches Dasein als Maler. Rathenau hat dort alles bewahrt, archivalisiert, musealisiert und gebannt, was in ihm unterdrückt, abgebogen, der Laufbahn geopfert war: Freienwalde ist vor allem ein seelisches Arkadien des anderen Rathenau: Schriftsteller, Maler, Mäzen, Gesprächspartner, Zuhörer.

Er wartete nach 1907 auf ein politisches Amt, auf Berücksichtigung bei Hofe, aber außer einer wenig bemerkenswerten offiziellen Reise nach Afrika kam nichts heraus. Auch ein Mandat als Reichstagsabgeordneter zerschlug sich bei der Kandidatenaufstellung. Er war gleichzeitig in Opposition: er sah den Krieg voraus, hätte ihn, soweit es in seiner Macht lag, gerne verhindert, schlug Rüstungsbeschränkungen vor, warnte 1911: »Ich sehe Schatten aufsteigen, wohin ich mich wende. Ich sehe sie, wenn ich abends durch die gellenden Straßen von Berlin gehe; wenn ich die Insolenz unseres wahnsinnig gewordenen Reichtums erblicke; wenn ich die Nichtigkeit kraftstrotzender Worte vernehme oder von pseudogermanischer Ausschließlichkeit berichten höre, die vor Zeitungspartikeln und Hofdamenbemerkungen zusammenzuckt. Eine Zeit ist nicht deshalb sorgenlos, weil der Leutnant strahlt und der Attaché voll Hoffnung ist. Seit Jahrzehnten hat Deutschland keine ernstere Periode durchlebt als diese.« Am 31. Juli 1914 erschien von ihm ein Artikel »Zur Lage« im »Berliner Tageblatt«. Er warnte vor blinder Gefolgschaft gegenüber Österreich. Er war, als der Weltkrieg wirklich ausbrach, wie vernichtet, aber dank seiner multiplen Natur erwuchs ihm daraus neue Tatkraft.

Der Jude Rathenau hat dem deutschen Generalstab massiv unter die Arme gegriffen. Dessen Weststrategie sah als einzige Weisheit nur den Schlieffen-Plan vor: Hinhaltekrieg im Osten, an der anderen Seite die Umgehung der französischen Festungslinie durch einen Einfall in Belgien, einen schnellen Sieg in wenigen Wochen. Über die wirtschaftlichen Reserven hatte sich niemand Gedanken gemacht. Rathenau erhielt den Auftrag, die deutsche Rohstoffwirtschaft zu organisieren, die Beschaffung von Metallen, Chemikalien, Jute, Wolle, Kautschuk, Baumwolle, Leder, Leinen, Roßhaar zum Beispiel. Als eine der ersten Maßnahmen ließ er, wegen des Phosphatanteils, bei den Bauern den Kunstdünger beschlagnahmen. Er hat dafür gesorgt, daß der Generalstab überhaupt mehr als einige Wochen lang Krieg führen konnte. Rathenau war nun an einem seiner Ziele: der jüdische Bürger hatte ein politisches Amt. Er hat noch dem letzten Antisemiten erklären wollen, daß von den Juden keine Gefahr ausgehe. Er glaubte nicht einmal an eine jüdische Gemeinschaft außerhalb der Konfession. Allzu lange hat sein Amt als Abteilungsleiter im Kriegsministerium, quasi im Rang eines Generals, nicht gedauert. Bereits im März 1915 war dieses wichtige Zwischenspiel zu Ende, Rathenau aus dem Amt bugsiert.

Nach Ausbruch des Ersten Weltkrieges fand er vorläufig keine Zeit mehr, in Freienwalde Tage der diskursiven Ruhe zu verbringen. Erst 1916 suchte er, ziemlich vereinsamt, die Abgeschiedenheit wieder auf. In seinen Aufzeichnungen gibt es Naturbeobachtungen von großer Empfindungskraft, so zum Beispiel in einem Brief an seine platonische Geliebte Lili Deutsch: »Ich verlasse den Garten nie. Von dem vielen Regen ist die Erde noch immer feucht, die Bäume schwer. Tagsüber ballen sich weiße Wolken und verglühen abends. Nachts schweben zwischen den hellen Fixsternen ganze Berge von halb unsichtbaren kleinen Gestirnen wie Schneeflocken. So klar ist die Luft. Vorgestern mußte ich einen Tag in Berlin sein. Gequält kam ich zurück, und als ich die Gartentür öffnete und in die dunkle Kühle in den ruhenden Raum unter den schweren Baumkronen trat, da fühlte ich, daß ich nur noch eine Sehnsucht habe. Auf meinem Tisch liegen Bücher, kaum geöffnet. Gegen Abend gehe ich manchmal auf den kleinen Berg hinter dem Hause und bringe ein paar Pilze mit zum Abendessen. Wenig Menschen haben mich besucht. Sie finden mich still und gehen bald wieder. Es wird Herbst.«

1917 erschien sein Hauptwerk »Von kommenden Dingen«, eine Zusammenfassung seiner Thesen. Das meiste davon hatte er im Jahr zuvor in Freienwalde geschrieben. Es handelt sich dabei vor allem um eine Umschrift des Marxismus; sie war Rathenaus erfolgreichste Arbeit als Autor: 65 000 Exemplare wurden in einem Jahr verkauft. Er rückte wie Heinrich Mann in die Rolle des Propheten.

1918, als die Front zusammenbrach, die Soldaten meuterten, Ludendorff sich einem Nervenzusammenbruch hingab, der amerikanische Präsident Wilson in 14 Punkten seinen Diktatfrieden forderte, in Berlin demonstrierende Massen die Revolution ankündigten, schlug Rathenau dem Kriegsminister Durchhalten vor. In der »Vossischen Zeitung« forderte er einen Aufstand des Volkes gegen den Defätismus an der Front. Seine Überlegungen hat er noch ein Jahr später, Ende September 1919, verteidigt. Anfang Oktober 1918 hätten sich die Alliierten über die Kampfkraft des deutschen Heeres getäuscht. 47 Tage hätten die Truppen standgehalten, »ohne daß etwas zu ihrer Verstärkung geschah und unter dem Eindruck der Hoffnungslosigkeit«. In dieser Zeit hätte man den Frieden aushandeln müssen, »während tatsächlich nur die Modalitäten unserer Wehrlosmachung vereinbart wurden«. Das ist, man kann es nicht leugnen, aus der Position der Weltfremdheit geschrieben. Die Massen hatten 1918, durch Hunger zermürbt, mit desparaten Aussichten über die militärische Lage konfrontiert, die Parolen der Obersten Heeresleitung satt und wollten sich nicht weiter in die kaiserlichen Abenteuer stürzen. Rathenaus Aufruf *zur levez en masse* rückt ihn in die Nähe der Erfinder der Dolchstoßlegende. Er provozierte damit ungemein.

Aber Rathenau teilte auch in die andere Richtung aus. Er geißelte nun das preußische Lakaientum, die bornierte Fassung des Untertanen, die Jugend in Uniform – die »Patentscheißer, aufgeschwemmte Burschen, schnöde und zynisch im Auftreten, mit geklebtem Scheitel, gestriemten Gesichtern, Reiterstegen an den gestrafften Beinkleidern, schnarrender Stimme, die den Kommandoton des Offiziers nachahmte. Den Hochschulbetrieb verachteten sie, die kümmerlichen

Prüfungsstreifen erlangten sie durch sogenannte Pressen, ein feindseliges und herausforderndes Wesen trugen sie zur Schau, außer wenn es sich um Konnexionen handelte, ihre Zeit verbrachten sie mit Pauken, Saufen und Erzählen von Schweinereien. Solche Gestalten wurden geduldet, ja anerkannt; sie waren bestimmt, zu denen zu gehören, die das Volk regieren, richten, lehren, heilen und erbauen.« Nach wie vor erregten Rathenaus arbeitende Widersprüche die Zeitgenossen, als wäre eine jüdische Haltung der Kritiklosigkeit und des wahnhaften Identitätsbegehrens die einzig mögliche. In der Zeitschrift »Die Republik« wurde er Ende 1918 scharf glossiert: »Jesus im Frack, [...] Inhaber von 39 bis 43 Aufsichtsratsstellen und Philosoph von kommenden Dingen, Schloßbesitzer und Mehrheitssozialist, erster Aufrufer – nach Ludendorffs Zusammenbruch – für die nationale Verteidigung und beinahiges Mitglied der revolutionären Sozialisierungskommission, Großkapitalist und Verehrer romantischer Poesie, kurz – der moderne Franziskus von Assissi, das paradoxeste aller paradoxen Lebewesen des alten Deutschlands.« Es ist der Antisemitismus von links, der hier zusammengefaßt erscheint, bündig auf die Formel gebracht, daß Abweichung nicht möglich, erst recht nicht die Dialektik von Gegensätzen in der öffentlichen Person.

Rathenau selbst hat sich auch noch an einer anderen, innerjüdischen Front bemerkbar gemacht: er lehnte den Zionismus mit schneidender Schärfe ab, war nichts anderes, wollte nichts anderes sein als Deutscher: Mögen andere ein Reich in Palästina begründen –: »uns zieht nichts nach Asien.« Mit dem gleichen aggressiven Stolz hat anderthalb Jahrzehnte später Victor Klemperer seinen Antizionismus mitten im Nazideutschland formuliert, und wie bitter wurden beide widerlegt samt den Gefühlen, die sie offenbaren.

Rathenau hat seinen Tod vorausgeahnt: schon einige Jahre, bevor er eintrat, und mit einer rätselhaft gesteigerten Intensität. Er sah seine Mission als Schriftsteller für erfüllt an, er glaubte, nicht mehr lange leben zu dürfen. Angesichts der Hetze gegen ihn, Ende September 1918, schrieb er an Wilhelm Schwaner: »Ich bin wie einer, der beim Packen ist ... In jenem neutralen Lande, zu dem keine Eisenbahn führt, erwarten mich mein Vater und mein Bruder, sie begreifen nicht, warum ich verweile. Ich habe noch ein paar Rückstände zu erledigen, aber nichts, das mich selbst betrifft. Ich bin ruhig und nicht betrübt und trage keinem etwas nach.« Immerhin kam er zu neuen

Ehren. Reichskanzler Wirth berief ihn Ende Mai 1921 zum Minister für Wiederaufbau, am 1. Februar 1922 zum Außenminister. Rathenau handelte getreu seinem Wahlspruch, daß die Wirtschaft das Schicksal sei, und projektierte den Rückbezug Rußlands mit seinen riesigen Märkten auf Europa hin, sah in der wirtschaftlichen Verflechtung Europas seine zentrale Aufgabe. Als er Minister wurde, legte er seine Ämter in der A.E.G. und in anderen Firmen nieder, aber seine Erfahrungen in transnationalen wirtschaftlichen Geflechten prägten die Grundzüge seines politischen Handelns. Er sah den Zwangszusammenhang von Reparationsleistungen, Sicherheitspolitik und wirtschaftlichem Aufstieg. Er betrieb die Erfüllungspolitik als vertrauensbildende Maßnahme und als Voraussetzung dafür, die Bedingungen des Versailler Vertrags abmildern zu können. Er suchte auch nach einem Sicherheitsrahmen, indem er die Diplomatie mit Sowjetrußland und den USA verstärkte. Seine Politik der Berechenbarkeit, der Sachlichkeit und des ruhigen Ausgleichs wurde jedoch durch den Vertrag von Rapallo geradezu sabotiert. Rathenau ließ sich dazu drängen, mit Sowjetrußland eine separate Vereinbarung zu schließen und damit ein Sonderverhältnis einzugehen. Die Westmächte waren verprellt, Erfolge auf der Konferenz von Genua im April und Mai 1922 waren nicht mehr zu erzielen. Als ein Gescheiterter, aber als einer, der auf der europäischen Bühne der Politik großes Ansehen erworben hatte, erscheint Walther Rathenau am Ende seiner Tage.

Berichtet wird, der 24. Juni 1922, ein Samstagmorgen, sei in Berlin grau und verhangen gewesen; der Reichsaußenminister verließ seine Villa im Grunewald, um zum Amt in die Wilhelmstraße zu fahren. Einige hundert Meter weiter, an der Stelle, wo die Erdener und die Wallotstraße in die Königsallee münden, befindet sich ein Granitstein mit einer bronzenen Gedenktafel. Zwei Betonschalen mit Vergißmeinnicht rahmen den Stein. Gegenüber hält die schneeweiße Herrschaftsvilla des Berliner Wissenschaftskollegs auf Distanz.

An dieser Stelle geschah das Attentat.

Die Absichten dazu lassen sich bis zum Frühjahr 1921 zurückverfolgen. Damals hatte der Marineoffizier Hermann Ehrhardt unter dem Deckmantel einer Bayerischen Holzverwertungsgesellschaft die Geheimorganisation Consul gegründet und damit seinen rechtsradikalen, nach dem Kapp-Putsch verbotenen Wehrverband in den Untergrund gerettet. Einige politische Anschläge gingen bereits auf sein Konto: im Oktober 1921 der Mord an dem Zentrumsabgeordneten Matthias Erzberger, das Blausäureattentat auf den Sozialdemokraten Philipp Scheidemann in Kassel, das gescheitert war, weil der Wind das Gas vertrieben hatte. Rathenau war gewarnt worden. Er hatte durch Reichskanzler Wirth von einem geplanten Anschlag auf ihn erfahren. Ein katholischer Priester hatte die Beichte eines Mannes, er sei zum Mörder bestimmt worden, weitergeleitet. Rathenau schlug die Warnungen in den Wind und hatte an diesem Tag seinen Personenschutz weggeschickt. Ein Auto, das seines verfolgt hatte, rückte auf gleiche Höhe, und er wurde von fünf Schüssen aus einer Maschinenpistole getötet.

Er wurde mit einem Staatsakt geehrt, sein Sarg im Reichstag aufgebahrt. Reichspräsident Ebert hielt die Totenrede. Mehr als eine Million Menschen säumte den letzten Weg des Außenministers. Der Berliner politischen Polizei unter ihrem Leiter Bernhard Weiß gelang es rasch, das Täterauto in einer Garage ausfindig zu machen und den Fahrer Ernst-Werner Techow zu verhaften. Schon nach wenigen Tagen waren die Namen der beiden Attentäter Kern und Fischer ermittelt, aber die beiden konnten mit Hilfe ihres rechtsradikalen Netzwerks für Wochen untertauchen. Halb durch einen Zufall wurden sie auf der thüringischen Burg Saaleck gestellt. Der eine wurde erschossen, der andere beging Selbstmord, bevor er festgenommen werden konnte.

Im Dezember 1922 fand vor dem Leipziger Staatsgerichtshof die Verhandlung gegen dreizehn Komplizen statt. Das Gericht bewertete die Tat als Ausdruck »blindwütigen Judenhasses«. Keineswegs wollte es bis zu der Frage vordringen, ob Rathenau von einer Einzelgruppe oder einem Geheimbund umgebracht worden war. Die Rolle der Organisation Consul blieb ungeklärt. Wegen Tatbeteiligung angeklagt war auch der Freikorpskämpfer Ernst von Salomon; er wurde zu fünf Jahren Zuchthaus verurteilt. Sein erster Roman »Die Geächteten« von 1930 nimmt auf den Mord genauso Bezug wie das 21 Jahre später veröffentlichte Buch »Der Fragebogen«. Der Helfershelfer überrascht mit der Mitteilung, daß die Tat keineswegs dem Juden Rathenau gegolten habe. In Tagebuchnotizen aus dem Gefängnis verehrte er den Ermordeten als Märtyrer. Er sei »auf dem Feld der Ehre« gefallen: »Ein großes Herz stand still. Es ist eine erschütternde Tragödie.« Für ihn war er »der edelste Jude Deutschlands«, er habe »im glühendsten, reinsten Idealismus für sein Volk« gehandelt, nur sei das notwendigerweise das Unglück des deutschen Volkes gewesen.

Abstrus: der Handlanger des Mordes verehrt den Ermordeten. Es ist einer der gespenstischen Augenblicke in jenem Vorgang, den Georg Lukacs die »Zerstörung der Vernunft« betitelt hat.

Auf welchen Geist weist diese Wirrnis hin?

Vielleicht handelt es sich nur um eine ganz und gar alltägliche Ruchlosigkeit, die unser Fassungsvermögen übersteigt, unsere Kategorien für das Böse. Martin Sabrow, der über »Walther Rathenau im öffentlichen Gedächtnis« das am meisten überzeugende Buch geschrieben hat, deutet den Vorgang so: »Mit dem Rathenaumord betrat eine politische Generation die Bühne der Zeit, auf der *ganz normale Männer* abnorme Verbrechen begingen, biedere Bürger mordeten, ohne zu hassen, junge Nationalisten ideologische Irrationalität mit hoher Zweckrationalität zu verbinden vermochten.«

Welches Zeichen hat dieser Mord gegeben?

Die bedrohte Republik erließ zum Schutz ihrer selbst ein Gesetz, vergaß aber bald, es energisch anzuwenden. Das Attentat beruhte auf dem Kalkül eines Haufens von Terroristen, die damit die Linke zum Aufstand bewegen wollte, um sich selbst als Retter von rechts aufspielen zu können. Die anschließende Militärrevolte hätte zur Wiedereinsetzung der Monarchie dienen sollen. Geschah also der Mord um der Revision der Revolution, um der Wiederherstellung von unwiderruflich vergangener Vergangenheit willen? Gewiß, aber ebenso mit einer anderen, vorausweisenden Absicht: Walther Rathenau ist auch das erste Opfer der nationalsozialistischen Diktatur und ihres Rassenwahns. Auf seine unverwechselbare Gestalt wurden all die Haßworte projiziert, die der Naziideologie eigen waren: der Jude als Volksfeind, der Erfüllungspolitiker, der Agent des Auslands, der Handlanger der Weisen von Zion, der Plutokrat, der Asphaltliterat, der Salonbolschewik, der Kosmopolit. So war Walther Rathenau, der als Jude preußische Tugenden und preußischen Geist noch einmal gelebt hat, als sie der letzte Hohenzoller auf dem Thron zum Machttheater veräußerte, das erste Opfer des Nationalsozialismus und zugleich ein letztes der alten Epoche, die in ihrem Widergeist zu Revolution und Republik seit 1918 nicht abdanken wollte. Symbolisch ist sein Tod vor allem in einer Hinsicht: der lange Weg der deutsch-jüdischen Symbiose, den Rathenau in der vierten Generation gegangen war, führte jählings in einen Abgrund.

Nicht einmal die Geschichte seines Andenkens verbürgt Kontinuität. Rathenaus Mutter starb 1926 in Freienwalde. Danach wurde das Anwesen an den Kreiskommunalverband Oberbarnim mit der Verpflichtung geschenkt, eine »Erinnerungsstätte an die altpreußische Kultur um 1800 und an den Reichsaußenminister Dr. Walther Rathenau der Bevölkerung zugänglich« zu machen. Immerhin besichtigten 1927 fast 7000 Besucher das Schloß und den Park. 1933 schieden die Rathenau-Freunde aus der Stiftung aus; die Nazis beschlossen ihre frühestmögliche Auflösung, nämlich für 1939. Nach 1945 wurde das Schloß ausgeplündert und zu einem »Puschkin-Haus der deutsch-sowjetischen Freundschaft« umfunktioniert. Das »Neue Deutschland« hoffte, daß »es zu einer Quelle der Belehrung, Erhebung, Entspannung und Freude für alle wird, die ein Deutschland des Friedens und des Wohlstandes wollen«. Die Formel verdeckt eine schändliche Vernutzung des Schlosses. An Rathenau durfte nach 1933 nicht mehr erinnert werden, an die Hohenzollern seit 1945 nicht mehr. Nur der Name der Zufahrtsstraße hatte noch mit dem ehemaligen Besitzer zu tun. 1971 hat man die barocken Steinplastiken im Park zerschlagen, um auf der Wiese Raum für die Aufstellung eines sowjetischen Kampfflugzeuges zu gewinnen. Der Nachlaß, rund 60 000 Blatt, wurde nach Moskau geschafft und liegt als Beutegut in einem Archiv. Immerhin gibt es seit 1997 im Schloß von Bad Freienwalde wieder eine Rathenau-Gedenkstätte.

Der letzte Borussomaniker
Doorn oder Der Kaiser als Holzfäller

Es ist die Geschichte vom stillgelegten Preußentum, vom Nachspielen seiner letzten, seiner theatralischen Grundlagen in der Abgeschiedenheit zu besichtigen. Der Ort, an dem die Historie der Hohenzollern alt, mürbe und bizarr wurde, liegt in einem grünem Winkel zwischen Arnhem und Utrecht; er besteht aus gerade soviel Häusern, daß man ihn *das Dorf Doorn* nennen kann, und einem Schlößchen am Rande, wie es in der Gegend viele gibt: nobler Buen Retiro für den holländischen Landadel, der sich zwischen Wiesen, Feldern und Wäldern auf gehobene Weise langweilt.

In diesem Asyl aus 29 Zimmern und bescheidenen 35 Hektar Grund hat der letzte deutsche Kaiser im Exil gelebt. Wilhelm II. war mit 29 Jahren an die Macht gekommen, mit 60 verlor er sie restlos, mit 82 Jahren starb er an einer Lungenembolie. Eine Spanne, die zwei Drittel seiner Regierungszeit ausmacht, verbrachte er im Exil mit der notorischen Erwartung, eines Tages wieder seinen Thron einnehmen zu können, und mit dem unbeirrten Nachleben eines höfischen Daseins im Zwergenformat. Die Bühnen von Berlin und Potsdam fehlten, aber in Doorn wurde weitergespielt, mit kleinerer Besetzung und einem allmählich welkenden Hofstaat. Nach seinem

Tod wurde diese Residenz im Wartezustand übergangslos ein Museum. Die Preußenschau ist am falschen Ort in ihrem letzten Aufführungsbild erstarrt. Allen, die ins Exil gehen müssen, fehlt es nicht an verrutschter Würde, am Eindruck, sich nur unangemessen bewegen zu können. In Doorn sind alle diese Gefühle gesteigert; hier enthält das Exil eine Freilichtbühne für eine deutsche Luftexistenz.

Wilhelm hatte schon vor 1918 das Heft nicht mehr in der Hand gehabt. »Lord of the war«, wie ihn die Engländer nannten, war er vielleicht niemals zuvor gewesen. Hindenburg und Ludendorff hatten das Sagen. Der Kaiser seufzte: »Politik hält im Krieg den Mund, bis Strategie ihm das Reden wieder gestattet.« Generalquartiermeister Ludendorff machte alle Versuche zunichte, zu einem Verständigungsfrieden zu kommen; dann forderte er Anfang Oktober einen sofortigen Waffenstillstand, schwatzte wiederum von einer Offensive, erlitt einen Nervenzusammenbruch und trat Ende Oktober zurück, um sich seiner Verantwortung für das Debakel zu entziehen. Der Einfall mit der Dolchstoßlegende hat ihn und Hindenburg schon früh beschäftigt. Am gleichen Tag, an dem die Matrosen in Kiel sich weigerten, mit den Schiffen auszulaufen, um kurz vor Toresschluß noch den heroischen Heldentod zu sterben, verließ Wilhelm Potsdam auf Nimmerwiedersehen und begab sich in sein belgisches Hauptquartier nach Spa.

»Wilhelm der Plötzliche«, »Wilhelm der Letzte«, »Lehmann« (so genannt nach seinem Großvater, der 1848 geflohen war) geriet in eine Woge des Volkszorns. Er wollte zunächst standhalten, dann nur als Kaiser zurücktreten, aber nicht als König von Preußen, ein andermal wollte er seinen Platz für den zwölfjährigen Sohn des Kronprinzen frei machen – aber nur für ihn. Eine aktive Front, an der er mannhaft hätte sterben können, gab es nicht mehr. Für einen Schuß in die Schläfe, die alte Ehrenlösung verworrener Offiziere, war er zu fromm. Erst Hindenburgs Warnung, er werde in die Hände von Kommunisten fallen, erzeugte eine gewisse Nachgiebigkeit. Entnervt hatte Reichskanzler Max von Baden nach einem Telefonat mit Wilhelm, bei dem er Allerhöchstdenselben vergeblich zur Aufgabe gedrängt hatte, am 9. November 1918 um zwölf Uhr eigenmächtig den Thronverzicht des Kaisers bekanntgegeben. Gegen Friedrich Eberts Willen rief Philipp Scheidemann um 14 Uhr die Republik aus, kurze Zeit danach erklärte Karl Liebknecht von einem Portal des Kaiserlichen

Schlosses aus die »Freie Sozialistische Republik«. Aber auch danach war Wilhelm zur Abdankung nicht fest entschlossen. Vermutlich konnten erst die Generalstäbler Hindenburg, Groener und Plessen ihn überreden, von Spa nach Holland zu flüchten. Es gab für diesen Schritt bereits seit Tagen, vermutlich hinter seinem Rücken, einige Sondierungen. Oberstleutnant A. Niemann erschien mit dem Gepäck. Quälende Wartestunden vergingen, dann erklärte sich Wilhelm von Gottesgnaden endgültig bereit, ins holländische Exil zu gehen – aber erst zum nächsten Morgen. Als Hindenburg am 10. November in der Frühe kam, um sich zu verabschieden, rollte der weißgoldne Hofzug bereits aus dem Bahnhof. Seinem Generalstab hinterließ Wilhelm nichts, zu groß war seine Erbitterung über den vermeintlichen Verrat. Nur dem Kronprinzen schrieb er – »Dein tiefgebeugter Vater, gez. Wilhelm« – einige Zeilen.

Er hätte auch, wie der österreichische Kombattand auf dem Thron, in die Schweiz fliehen können, aber der Weg dorthin war für die unsichere Lage doch ein wenig zu weit. Aus Furcht, der Zug könne auf seinem fünfzig Kilometer langen Weg zur Grenze in Lüttich von Revolutionären gestoppt werden, stieg der Kaiser unterwegs ins Auto um und umfuhr die Stadt weiträumig. Gegen halb sieben Uhr erreichte das Gefährt die Grenze bei Eijsden. Der Kaiser bat, als »einfacher Privatmann« passieren zu dürfen. Dem verwirrten Posten übergab er seinen Degen. Ein Offizier rief beim Regierungssitz in Den Haag an, Königin Wilhelmina rief das Kabinett zusammen. Nach zwanzigstündiger Wartezeit wurde Wilhelm II. ein Aufenthalt als Gast gewährt. Am Nachmittag des 11. November holte Graf Godard Bentinck den Exilanten am Bahnhof in Maarn ab, »an einer toten Strecke«, wie Lady Norah Bentinck, eine Verwandte des Gastgebers und künftig die wichtigste kaiserliche Klatschtante, schrieb. Es hatte zweier nötigender Anrufe aus dem holländischen Außenministerium bedurft, um dem deutschen Kaiser Quartier zu schaffen. Der Gastgeber fuhr mit dem Allerdurchlauchtigsten auf sein zwölf Kilometer entferntes Schloß Amerongen. Er soll, als sich der Wagen der Behausung aus dem siebzehnten Jahrhundert näherte, nach Feindesnahrung verlangt und ausgerufen haben: »Jetzt müssen Sie mir eine Tasse heißen, guten, echten, englischen Tee geben lassen!« Eine hochmögende Offiziersclique gehörte zu seiner Entourage: ein Generaloberst, ein Generalleutnant, vier Generalmajore, ein Oberst, ein Generalarzt und fünf Hauptleute, dazu reichlich Personal, so daß sich die Reisegesellschaft auf rund fünfzig Personen belief. Seine erste Nacht im Exil verbrachte er in einem Bett, das von Ludwig XIV. benutzt worden war, als er die Niederlande eroberte.

Er hat zweimal abgedankt: am 24. November 1918 formlos mit dem Schlußsatz: »Ich bin hier nur noch ein Privatmann« – und vier Tage später offiziell, ohne seinen Soldaten zu danken, ohne dem Volk eine Abschiedsbotschaft zu schicken.

Die zweite, formelle Erklärung war notwendig, sonst hätte die deutsche Regierung nicht Frieden schließen können.

Am gleichen Tag, dem 28. November 1918, kam die Gattin an. Lady Brendinck: »Die Kaiserin hatte im übrigen nur eine Angst: sie zitterte um das Leben ihres Mannes. Noch Wochen und Monate später konnte sie nachts beim geringsten Geräusch aus dem Schlaf auffahren und in gellende Schreie ausbrechen: ›Sie kommen ihn holen, sie kommen ihn holen –.‹ Diese Schreikrämpfe lösten sich stets in fürchterlich langen Tränenergüssen, es war schwer, sie wieder zu beruhigen. Sie hatte und hat noch die fixe Idee, daß England ganz allein diesen Krieg herbeigeführt und angezettelt hat.«

Es drohte die Auslieferung an die Alliierten; man bezeichnete den Kaiser vor allem in England als Kriegsverbrecher. Fluchtpläne wurden erwogen, Verkleidungen erprobt, der Anblick fotografiert, aber es bestand ein entscheidendes Handikap: »Mein verstümmelter Arm, an dem sie mich immer erkennen werden.« Lloyd George hat vor allem eines gewollt: Deutschland mußte die Alleinschuld am Krieg übernehmen, sonst wäre der Friedensvertrag unhaltbar gewesen. Weil der Krieg nicht mehr aufzunehmen war, unterzeichnete die deutsche Delegation am 28. Juni 1919 in Versailles. Wilhelm soll gesagt haben: »Der Krieg, der die Kriege beenden sollte, hat einen Frieden zum Resultat, der den Frieden beendet.«

Am 1. November 1919 forderten die Alliierten von der deutschen Regierung die Auslieferung von 886 Personen, angefangen vom Kaiser über den Generalstab bis zu Bethmann-Hollweg. Arthur Conan Doyle, mit Kriminalromanen erfolgreicher als mit der Einsicht in die Ursachen des Krieges, schrieb am 12. November in der »Times«, »daß wir kein Asylrecht für Personen anerkennen, die wir als Mörder betrachten«. Nach Holland wurde im Januar 1920 ein förmliches Auslieferungsbegehren geschickt. Hindenburg hat sich gegenüber Marschall Foch theatralisch erboten, an des Kaisers Stelle als Gefangener zu treten. Er hat wohl gewußt, daß diese Offerte kostenfrei war. Die holländische Antwort ließ an kühler Deutlichkeit nichts zu wünschen übrig: die Regierung habe den Versailler Vertrag nicht unterzeichnet, sei also auch nicht an ihn gebunden. Der Exkaiser konnte in den Niederlanden bleiben. Welchen Anteil an dieser Entscheidung die holländische Königin gehabt hat, läßt sich nicht mehr rekonstruieren. Als im Mai 1940 Hitlers Wehrmacht einmarschierte, wurden die entsprechenden Akten vorsorglich verbrannt.

Wilhelms Neigung zur apologetischen, keiner Einsicht nahen Selbstrechtfertigung wurde durch die englische Sucht, seiner habhaft zu werden, nur verstärkt. Alle verdammte er in den Orkus: seinen Vetter, den ehemaligen Kanzler Max von Baden, als Verräter; Fürst Bülow wegen Doppelzüngigkeit; Ludendorff wegen seiner Arroganz; Bethmann-Hollweg wegen Einfalt, Hindenburg wegen falschen Rats. Die Sozialdemokraten beschuldigte er, sie hätten seit Jahren die Moral des deutschen Volkes untergraben. Soldatenmütter seien dafür bezahlt worden, daß sie ihren Kummer an ihre im Feld stehenden Söhne schrieben und damit willentlich die Front psychisch untergruben.

Er hatte unter seinen sechs Söhnen schwächliche Nachfahren. Der Kronprinz war gegen den erklärten Willen der Obersten Heeresleitung, die von ihm gefordert hatte, in Deutschland auszuharren, zwei Tage nach dem Vater in Holland angekommen. Ihm wurde ein Pfarrhaus auf der Insel Wieringen in der Zuidersee angewiesen, wo er die nächsten vier Jahre verbrachte. Dessen jüngster Bruder Joachim kaufte eine Villa in der Schweiz, vertrieb sich die Zeit in der Spielbank und bei Zechereien; 1920 erschoß er sich in Potsdam. Ungemach gab es mit einem Enkel. Er wollte eine Dorothea von Salviati heiraten, die aber war gothatechnisch nicht ganz angemessen. Der Exkaiser drohte dem unbotmäßigen Hohenzollernsproß mit Ausschluß von der Thronfolge. Immerhin vertrug er sich mit seinen Enkeln besser als mit seinen Söhnen.

Eine genaue Zeiteinteilung mußte er, zur Untätigkeit verurteilt, erst lernen. Der Morgen verging noch einigermaßen geplant, die übrige Zeit aber blieb der Improvisation. Am Anfang beschäftigte die eingehende Fan- und Schmähpost noch vier Sekretäre, dann wurden auch sie, einer nach dem anderen, brotlos und retirierten heim ins

Reich. Er frönte wieder seiner Leidenschaft, der er schon im Hauptquartier von Spa nachgegeben war: er hackte Holz. Lady Bentinck: »Während seines Aufenthaltes in Amerongen hat er mehrere tausend Bäume zerhackt und zersägt, und die dicht von ihm selbst aufgestapelten, sauberen Scheite bedeckten einen halben Acker Boden. Graf Bentick hatte im letzten Kriegsjahr, in dem Kohle schon sehr knapp war, in den Schloßräumen Kachelöfen setzen lassen, die sich besonders für Holzfeuerung eigneten. Alle diese Öfen werden noch heute mit Holz gefeuert, das vom Kaiser zersägt wurde. Am 1. Oktober 1920 sah ich im Schloßhof einen Holzstapel von zwölf mal acht Fuß für den Winter bereitliegen, hinter den Ställen war aber außerdem noch Vorrat für ein ganzes weiteres Jahr aufgeschichtet. Da die Heizöffnungen der Kachelöfen klein waren, mußte das Holz in vollkommen gleich kleine Stücke geschnitten sein, und diese Handwerkerarbeit hat der Kaiser ganz allein besorgt.« Arbeitsproben als tätiger Waldarbeiter hat er gerne verteilt. Er gab statt Autogrammen damals lieber Holzscheiben, in die das kaiserliche »W« eingebrannt war.

Die Gräfin Bentinck hielt am 30. Oktober 1919 fest: »Der Kaiser sägt heute den 1100. Baum.« Er ließ freilich auch Bäume pflanzen, besonders Eichen, und trieb dafür Spender auf. Hinter vorgehaltener Hand wurde der kaiserliche Baumvampir verspottet: »Hier steht ein Mann, der hackt gern Holz. / Gehacktes Holz, das ist sein Stolz.« Nur noch die Leidenschaft fürs Entenfüttern kam jener hölzernen nahe.

1919 kam alle Reporterwelt nach Amerongen, um den so tief Gestürzten, den Kriegsverbrecher, das Haßobjekt, die Großprojektion der englischen und französischen Karikaturisten zu Gesicht zu bekommen und zu interviewen. Doch hinter zwei Wassergräben des Schlosses war er bestens abgeschirmt. Der Hausherr ließ nur ein, wem er zuvor eine weiße Karte mit seiner Unterschrift hatte zukommen lassen, nur im Besitz einer blauen durfte man sich entfernen. Da die Reporter des Exkaisers nicht ansichtig werden konnten, erfanden sie ihn als Gerücht: er sei wahnsinnig und müsse Tag und Nacht von Wärtern beaufsichtigt werden.

Im Juni 1920 zog er um. Nachdem klar war, daß er in Holland bleiben konnte, kaufte er das Schloß Doorn für eine halbe Million Goldmark von einer Baroneß van Heemstra, zu deren historischen Verdiensten gehört, daß sie die Großmutter von Audrey Hepburn war. Niemand wird das Anwesen mit einer Pretiose verwechseln. Von dieser durchaus bescheidenen und in den Proportionen unbekümmerten Art gibt es in der Gegend, hinter Bäumen versteckt, von Alleen betont, auf Rasenparterres hervorgehoben, Dutzende: Herrenhäuser und Güter für wohlhäbigen Landadel. In Doorn stehen auf dem Rasen heute die Kühe herum, und anderswo sieht man die Besitzer umherwandeln in Wald und Flur: ruhigen Schritts, gemessene Würde, ererbtes Vermögen.

Ein Schloß, das ganz und gar nichts Außergewöhnliches hat. Von drei Seiten weiß getüncht, an der Frontseite eine rötlichen Klinkerfassade und ein wenig Distanztheater drumherum: der Teil eines Grabens mit brackigem Wasser, seitlich zur Dekoration eine Zugbrücke. Zwei vorspringende Flügel, ein eher enger, zurückgesetzter Mittelteil. Wilhelm II. hat offensichtlich viel Geld hineingesteckt, ließ Zentralheizung, elektrisches Licht legen, Badezimmer einrichten. Das Mobiliar konnte er sich aus seiner Hinterlassenschaft in Berlin und Potsdam besorgen. In den Schlössern Wilhelms war trotz Revolution und Plünderung genügend Sperrgut übriggeblieben. Der bekennende Ästhet Harry Graf Kessler besuchte Ende Dezember 1918 das Berliner Stadtschloß und fällte ein vernichtendes Urteil: »Die Privaträume, Möbel, Gebrauchsgegenstände, übriggebliebenen Andenken und Kunstgegenstände des Kaisers und der Kaiserin sind aber so spießbürgerlich nüchtern und geschmacklos, daß man keine große Entrüstung gegen die Plünderer aufbringt, nur Staunen, daß die armen, verschreckten, phantasielosen Wesen, die diesen Plunder bevorzugten, im kostbaren Gehäuse des Schlosses zwischen Lakaien und schemenhaften Schranzen nichtig dahinlebend, weltgeschichtlich wirken konnten. Aus dieser Umwelt stammt der Weltkrieg oder was an Schuld am Weltkrieg den Kaiser trifft: aus dieser kitschigen, kleinlichen, mit lauter falschen Werten sich betrügenden Scheinwelt seine Urteile, Pläne, Kombinationen und Entschlüsse. Ein kranker Geschmack, eine pathologische Aufregung die allzu gut geölte Staatsmaschine lenkend! Jetzt liegt diese nichtige Seele hier herumgestreut als sinnloser Kram. Ich empfinde kein Mitleid, nur, wenn ich nachdenke, Grauen und ein Gefühl der Mitschuld, daß diese Welt nicht schon längst zerstört war, im Gegenteil in etwas andren Formen überall noch weiterlebt.« Aus diesem Vorrat wurde Schloß Doorn bestückt. Eine Eintrittshalle wurde von deutschen Handwerkern vorgebaut und mit einer Marmortreppe aus dem Berliner Schloß versehen. Der deutsche Kaiser hatte es gut getroffen. Ihm gewährte die republikanische Regierung im Sommer 1919 die Gunst, sich aus seinen Schlössern in Berlin und Potsdam bedienen zu dürfen. Das Umzugsgut füllte 59 Eisenbahnwaggons, die nach Holland reisten. Der Vorrat, insgesamt etwa 15 000 Einzelstücke, war so reichlich bemessen, daß sich auf dem Speicher der kaiserlichen Behausung in Doorn noch Anfang der neunziger Jahre nicht ausgepackte Kisten fanden. Ein kopfschüttelnder Beamter des Finanzministeriums in Berlin: »Herr von Gontard (der Hausmarschall) dachte eben an alles, und zugleich disponierte er wohl bis in die aschgraue letzte Zukunft des Hohenzollernhauses hinein. Unter anderen Gesichtspunkten wären seine Wünsche überhaupt nicht zu verstehen gewesen, im besonderen dann nicht, wenn man bedenkt, daß beinahe zweihundert Zimmerthermometer und ebenso viele Schreibzeuge für Kavalier- und Dienerzimmer verlangt wurden.« Der letzte Hohenzoller auf dem Thron erhielt von den gehaßten Demokraten seine private Fürstenabfindung zugestanden, bevor überhaupt über sie diskutiert wurde. Und Tucholsky höhnte: »Sie sitzen in den Niederlanden / und gucken in die Luft, / der Alte mit den hohen Granden, / der Junge in der Tenniskluft … / Sie schreiben Fibeln für die Kleinen, / drin steht: ›Ich hab' es nicht gewollt!‹ / Die Krone fiel. Wer wird denn weinen! / Das ganze Geld kam nachgerollt.« An einigen martialisch großen Koffern wird der Besucher noch immer vorbeigeführt, als wäre das Schloß noch nicht endgültig eingeräumt. Die meisten der Zimmer sind mit Utensilien zugerümpelt und, ihrer vorgegebenen Enge wegen, zu klein, um in ihnen repräsentieren zu können. So wirkt das heutige Museum Doorn in vielem wie ein Behelfsheim des Überflusses. Die Hofschranzen müssen einander ständig auf die Zehen getreten haben wie heute die japanischen Lächlerinnen mit ihren Fotoapparaten.

Wilhelm las vor allem kriegswissenschaftliche Schwarten, fuhr mit dem Finger auf den Landkarten herum, um seine vergangenen Siege und Niederlagen nachzuvollziehen. Er fällte nicht nur gerne Holz, sondern auch liebend gerne Urteile. Im nachhinein ließ sich jedes militärische Unglück ausbessern. Er spielte mit dem Alsob, mit dem geschichtlichen Optativ. In der unterdrückten Ahnung seiner kompletten Niederlage gefangen, vergrub er sich in Verschwörungstheorien. Er beschäftigte sich mit Freimaurern und Illuminaten, las die antisemitischen *Protokolle der Weisen von Zion*, glaubte an Machinationen bei der Entstehung des Ersten Weltkriegs und bei der russischen Revolution.

Bei der Hochzeit seines Getreuen Ilsemann mit Elisabeth von Bendinck, der Tochter der Klatschtante, am 7. Oktober 1920 trat er zum erstenmal in einer schwierigen Öffentlichkeit auf: auch britische Verwandte der Braut waren anwesend. Brautmutter Brendinck: »Ganz plötzlich warfen zwei hochgewachsene Türwächter, in langen blauen Röcken, mit Dreispitzhüten und Silberknopfstöcken, die beiden Flügel der großen Tür auf und meldeten:

›Der Kaiser!‹

Das Summen der Stimmen erstarb wie abgeschnitten. Seine schmächtige, steif aufgereckte Gestalt in der Uniform eines deutschen Feldmarschalls machte zwei kleine schnelle Schritte in den Raum, blieb mit zusammengeklappten Hacken stehen und grüßte mit raschen, eckigen, kurzen Verbeugungen nach rechts und links. Dann, in der Pause totenstiller Sekunden, die folgte, stand er aufgerichtet, blickte ein wenig nervös und unsicher in die Runde. Er hielt den Helm im rechten Arm an den Körper gedrückt, seine linke Hand drückte den Degengriff ein wenig nach vorn. Es war ein sehr dramatischer Eintritt, dessen Wirkung durch die beherrschte Nervosität des Kaisers eher erhöht als vermindert wurde.«

Merkwürdigerweise ist es ihm nicht gelungen, durch seine Aufführung den Royalismus madig zu machen. Der Kaiser ohne Land, außer dem Park von Doorn, war zwar aufs Haupt geschlagen, aber seine Untertanen vergalten ihm die Entfernung von der Macht mit anhaltender Treue. Hätte beispielsweise Göring, wie Wilhelm ein Byzantinist des schlechten Geschmacks, vor 1933 einen Putsch gegen Hitler versucht, wären die Deutschen beizeiten auf Willem zurückgeschwenkt. Das »dynastische Gefühl« war noch nicht verdorrt, dafür war das Volk an zu viele Festtage und Umzüge aus der Regierungszeit gewöhnt: die Geburt der sechs Söhne und der einen Tochter, die Taufen, Konfirmationen, Volljährigkeiten, Verlobungen und Hochzeiten. Andauernd war Feiertag gewesen, das verliert sich als Eindruck in zwei Generationen kaum.

Am 11. April 1921 starb die Kaiserin nach langem Leiden. Sie wollte in Potsdam begraben sein. Das haben ihr Wilhelm und die deutsche Regierung erfüllt. 200 000 deutschnationale Anhänger bereiteten Auguste Victoria ein triumphales Leichenbegängnis. In Doorn ließ Wil-

helm ihr Zimmer abschließen. Alle Gegenstände blieben, wie sie gelegen hatten, an ihrem Ort – bis heute. Jeden Morgen besuchte er das Gedenkmuseum und betete darin. Das blieb auch so, als die Neue auftauchte. Statt Auguste Victoria nun Hermine. Ihr kleiner Sohn hatte dem Exkaiser einen rührenden Brief geschrieben (oder war dazu angehalten worden): er wolle für ihn kämpfen, wenn er erst groß sei. Die Lockbotschaft verfing: Wilhelm lud Sohn und Mutter ein, und die Besucherin siegte bereits nach einer Woche mit einer Verlobung. Am 6. November 1922 heiratete der 63jährige die 35jährige Witwe Prinzessin Hermine Schönaich-Carolath aus dem Fürstenhause Reuß. Was »Hermo« an Intelligenz fehlte, glich sie durch zänkische Rancune und gebieterischen Starrsinn aus. Besonders haßte sie den Flügeladjutanten von Sell, und sie stellte ihren Gatten vor die Alternative: er oder ich in Doorn. Als sich der Kaiser für ihn entschieden hatte, blieb sie grollend in Stellung. Aber sie wollte nicht immer im Exil herumsitzen und zog sich für einige Monate im Jahr auf ihr Schloß im schlesischen Ratibor zurück. Nach dem Tod ihres Gatten zog sie unter Mitnahme von Möbeln ziemlich unverzüglich ab.

Er hat »vergleichende Geschichtstabellen« erstellt; sie lassen an Historienklitterung nichts zu wünschen übrig. 1922 erschien seine

Version der Geschichte, die Rechenschaft »Ereignisse und Gestalten«. Seine Bücher mochte kaum jemand richtig lesen. »Nicht Deutschland, sondern der Feindbund hat den Krieg planmäßig vorbereitet und absichtlich herbeigeführt.« Er wusch sich rein, wies jede Schuld von sich, übertrug sie auf seine Ratgeber. Er hatte in seiner Regierungszeit die Rolle des absoluten Herrschers beansprucht, nun verhielt er sich so, als sei er ein konstitutioneller Monarch gewesen.

Er spielte im Liliputformat von Doorn weiterhin den Kaiser, verlieh Orden, wollte Großadmiral Tirpitz wieder einen entziehen. Die Gegenwart schien er nach einer gewissen Eingewöhnungszeit mit der festen Ordnung der Dinge im Griff zu haben, aber es war nur die Erinnerung, die er damit regelte. Die Vergangenheit lief mit jedem Schritt, den er tat, mit, und sie überholte ihn: sie war immer schon dort, wo er glaubte anzukommen. Viele Geschlechter raunten, meinte er, aus ihm und sollten es: Deutschland, kehre zurück zu deinem angestammten Herrscherhaus, auch fürderhin! Das Bild, das er von der Zukunft hatte und das der Vergangenheit wie ein eineiiger Zwilling aufs Haar glich, entzog sich ihm. Seine Handlungen kamen, da sie sich im Kreis drehten, um den einen fixen Punkt, der hieß: Rückkehr auf den Thron, nicht zu einem Ziel, konnten sich nicht verbrauchen. Die Regierungsatmosphäre, diese Mischung aus Bewegung und Schaubude, wurde steril. Jetzt bewegten sich eingemottete Exzellenzen, adelige Diener ohne den Willen, einen Lufthauch von draußen zu spüren, um ihn herum. Es waren grotesk gewordene Überbleibsel, weil zur Zeitlupe verurteilt, während ringsum in der Welt alles weiterging. Es waren Servilitäten mit hohen Titeln, unter der Last der Zustimmung gebeugt, die nur noch der Reliefdruck der Visitenkarten bedeutend machte. Die Langeweile wird um das Haus geschlichen sein.

Die Idylle war unrettbar idyllisch: Hermine räkelte sich auf einer Chaiselongue, hatte weiße Glacéhandschuhe an und häkelte für ihren »Bazar«. Willem las aus nicht endenwollenden Chroniken vor, die sich durch die Jahrhunderte, die Geschlechter und die Seiten wanden. Bevorzugt wurden auch archäologische Werke. Der Vorleser bevorzugte den Größenimpuls der Geschichte aus jeder Epoche, und sei sie eine sehr entlegene. Man ließ sich deutsche Spielfilme vorführen, besonders gerne Otto Gebühr als Friedrich den Großen. Dann entflammte der Nachgeborene. Er war vor allem innerlich unterbeschäftigt.

Erika von Hornstein, Stieftochter des Flügeladjutanten und Vermögensverwalters von Sell, beschrieb den Ort in ihrer Autobiographie »Adieu Potsdam«: »Das Haus, eine Insel: Es roch danach, als wir über wenige Stufen die Halle betraten. Wie riecht eines Kaisers Haus, der kein Kaiser mehr ist? Ich hatte Museumsgeruch in der Nase, vermischt mit leichtem Moderdunst aus den Wassergräben. In der schmalen, hohen Halle glänzte kostbares Mobiliar aus preußischen Schlössern vor den stuckgeweißten Wänden.«

Die großen Momente: Krönungen, Kommerse, Selbstdarstellung bei militärischen Kostümfesten – diese Kette der ausgestatteten Ereignisse war abgerissen, nur der Drang danach nicht. So hielt er Hof im Ehemals der Bedeutungen. Eine entheimlichte Welt: aus Angst, sie könnte etwas anderem, Neuem, begegnen, enträt sie sich in der Wiederholung jeder Überraschung. Auf alles gibt es eine Antwort: so ist es immer schon gewesen, die Geschichte hängt daran. Die vermeintliche Würde dieser abgeblaßten Borussomanie höhlt die Köpfe aus. Preußen ging in Doorn am konsequentesten unter und all diese Wiederbelebungsversuche, die heute für das Berliner Stadtschloß unternommen werden, können nur diese traurige Geschichte des alten Neurasthenikers in Doorn nachspielen.

Erika von Hornstein beschrieb das Zeremoniell: »Wie im Theaterfoyer vor einer erlesenen Matinee standen bereits im Gobelinsaal Herren im Cut und Damen mit Hüten und langen Handschuhen beisammen, alles unterhielt sich gedämpft, gespannt. Ich ließ meine Blicke und Phantasien schweifen, die Szene wurde absurd: Den Herren wuchsen ihre steifen Kragen die Hälse hinauf, die Schleier um die Hüte der Damen verwandelten sich in Spinnweben, spannten ihre Köpfe dichter und dichter ein. –

Ich blieb am Rand der Gruppen und antwortete auf die Höflichkeitsfloskeln irgendeiner strenggescheitelten Exzellenz, über deren weißem Haupt ich die Göttin der Liebe schweben sah, aus abertausend zarten Stichen zusammengestickt. Von der linken Seite des weitgespannten Gobelins führte ein Hirt seine zierliche Braut zum Altar der Venus; in einem von Schwänen gezogenen Wagen, von Liebesgöttern umtanzt, näherte Venus sich auf einer Wolke.«

Der Mann, der seinen Beruf verloren hatte, wenn auch nicht seine Berufung, ihn auf der Doorner Bühne zu geben, der Rentner, der gerne laut und oft lachte, aß schnell. Wenn viele Gäste da waren, konnte leicht ein Malheur passieren. Da er auf seinem Teller, seiner behinderten Linken wegen, alles vorgeschnitten fand, schaufelte er zügig in sich hinein. Noch heute kann man das Gerät besichtigen, mit dem er unverzüglich die letzten übergroßen Brocken zerteilen konnte, falls sie nicht mundgerecht serviert waren: eine goldene Gabel mit drei Zinken, die auch eine Messerschneide enthielt. Wenn dann die von ihm entferntesten Gäste erst spät den Teller vorgesetzt erhielten und der Chef schon gespeist hatte, wurde unverzüglich abgeräumt. Zu diesem Behufe drückte er unter dem Tisch an seinem Platz auf einen roten Knopf, und die Diener walteten ihres Amtes. So haben manche Gäste das Essen auf dem Teller nur gesehen.

Es war leicht geworden, mit ihm höhnisch umzugehen. Churchill schrieb über ihn, noch ganz in der alten Gegnerschaft befangen: »Man kann sich keine entwaffnendere Enthüllung angeborener Trivialität, des Mangels an Verständnis und Gefühls für Größenverhältnisse und übrigens auch der literarischen Befähigung vorstellen. Es ist ein erschreckender Gedanke, daß vor dem Wort oder Nicken eines so beschränkten Menschen dreißig Jahre lang die Kräfte in aufmerksamem Dienst und eifrigem Gehorsam erstarben, die, wenn immer sie losgelassen wurden, die Welt in Schutt und Asche legen konnten.« Das vernichtende Urteil jedoch hatte, die eigenen Mißleistungen bei der Ausbildung nicht bedenkend, schon früher sein Erzieher Georg Hinzpeter gefällt: »Zum Repräsentanten taugt er, sonst kann er nichts. Er hätte Maschinenschlosser werden sollen.«

Nun spielte er zwar noch immer den preußischen Junker, war aber zum Gehabe eines englischen Landedelmanns verurteilt. Es gab Landwirtschaft im Park, einen guten Baumbestand, der freilich nach und nach sich lichtete, sogar ein Rosarium wurde eingerichtet. Das dramatische Ereignis, die treuesten Geschöpfe, die Hunde, ans Jenseits zu verlieren, ist mit steinernen Grabplatten verewigt. Von der Bemühung, sich als zweiter Friedrich der Große ausgeben zu können, ist die Doorner Residenz geradezu randvoll. Das Rauchzimmer: grüner Damast, Rokokomöbel, auf den Alten Fritz verweisend. In einer Vitrine dessen Schnupftabakdosen, siebzig an der Zahl. Auf Samt der Schwarze-Adler-Orden. An der Wand der junge Friedrich, der auf seinen Nachfahren blickte. Und dann: Charles Etienne, der Wissenschaftler, mit einem Buch in den Händen. Wenzeslaus von Knobelsdorff, der Sansoussi errichtet hat; Edmond de Charzot, der Flötenspieler. Dazu Diedrich von Keyerlingk, ein Begleiter Friedrichs auf Festen und Jagden. In der Eingangshalle eine Marmorbüste Friedrichs, dessen Züge sich auffällig mit denen von Wilhelm mischen. Die Sucht, sich eins zu fühlen mit dem unvergleich Größeren, hatte eine narzißtische Komponente.

Die altpreußische Devise: »Mehr sein als scheinen« hatte er von Jugend an umgekehrt. Er war nicht Person, er war Personnage. Von den rund 300 Uniformen, in denen er sich wechselnd Haltung und Kontur gab, ließ er immerhin noch fünfzig nach Doorn bringen. Er hatte stets nach der Devise gelebt, daß er nicht das Maß, sondern das Ausmaß sei. Seine Wortdetonationen in Deutschland und ringsum, mit denen er in seiner fortgeschrittenen Regierungsjugend regelmäßig die einheimische und die europäische Presse erschreckt hatte, sprachen dafür. Nun studierte er in Doorn den Raum wissenschaftlich. Einer seiner liebsten Besucher war neben dem Archäologen Dörpfeld und dem Unterhaltungsschriftsteller Rudolf Herzog der theoretisierende Völkerkundler Leo Frobenius. Er war der wissenschaftliche Souffleur für den Kardinalswunsch Wilhelms, möglichst bald seinen Thron wieder zu besteigen. 1927 wurde gar eine Arbeitsgemeinschaft für Kulturmorphologie gegründet, die in Doorn bis 1938 jährlich mehrtägige Tagungen veranstaltete. Man betrieb im Gewand der Wissenschaft royalistische Propaganda. Man saß über Themen wie »Das Wesen der etruskischen Frau als soziale Erscheinung«, über »Das Dreiblatt als religiöses oder magisches Symbol«, über »Anschauungen vom Königtum bei den alten Ariern« und »Das Feldzeichen im alten Orient«, dessen Form selbstverständlich bis zu Wilhelms Gardes du Corps führte. Frobenius verstand seine wissenschaftlichen Auftritte als Schlachten, die dem Doorner Gönner eine Kompensation für die eigenen Niederlagen im Krieg und in der Revolution wenigstens symbolisch bieten sollten. Der Wissenschaftsbold erfand eine Theorie der Urkulturen, die ihre Spannung zwar in einem Gegensatz von äthiopischer und hamitischer Lebensweise fand. Aber sie ließ sich mühelos übertragen auf die Polarität zwischen Deutschland auf der einen, England und Frankreich auf der anderen Seite. Ganz klar: die Deutschen waren – nach Frobenius – Äthiopier und raumgreifend, wogegen die Feindmächte nur ihr Gärtchen bestellten. Wilhelm sah darin eine willkommene geistige Waffe im Kampf um seinen Thron. An Frobenius, Februar 1931: »Mein hoher Waffenschmied, im jetzigen

Kampfe der Geister daheim im deutschen Vaterland. Gerade in der jetzigen Notzeit. Es geht um die heiligsten Güter, um Volk, Raum, Ehre, um König und Vaterland, um Kaiser und Reich!« Der Oberäthiopier aus Doorn sah in den Schemata von Frobenius eine halbreligiöse Begründung für seine und der Deutschen Sendung, Räume zu erobern. Das Bild eines afrikanischen Staates aus dem vierten vorchristlichen Jahrtausend diente als Begründung eines Königtums aus religiösen Dimensionen. Der seherische Schwung trieb Leo Frobenius bald in die Arme des Nationalsozialismus, was Wilhelm zu der zänkischen Randbemerkung veranlaßte: »Für H. hat er begeisterte Worte vor der Öffentlichkeit, für W II. findet er keine!«

1927 ernannte er Wilhelm von Sell zum Verwalter der kaiserlichen »Privatschatulle«. Gemeinsam mit General von Dommes wurde ihm die Aufgabe übertragen, den Reichtum der Hohenzollern zu erhalten und zu mehren. Vom Kronprinzenpalais aus, im Blickfeld das Reiterstandbild Friedrichs des Großen, betrieb von Sell die Geschäfte. Alle drei Wochen reiste er zu seiner Majestät nach Doorn, um Bericht zu erstatten von der letzten Front, die dem Feldherrn geblieben war und an der es Siege zu vermelden gab: an der Aktienfront und beim Stellungskrieg um Bergwerke und Latifundien.

Am Ende der Republik standen die Chancen für eine Rückkehr in Ehren offener denn je. Aber auf welche Karte sollte der Exkaiser setzen? Brüning spielte mit dem Gedanken, die Monarchie wiedereinführen, um Hitler zu verhindern. Oder sollte er sich Hitler als dem möglichen kommenden Mann anschließen? Dessen Haßrhetorik gegen die Sozialdemokratie, gegen die »Versailler Schmach« und gegen die Juden war ihm nicht fremd, auch wenn er sie nicht in aller Radikalität geteilt haben mag. Der Kronprinz, 1923 nach Deutschland zurückgekehrt, kannte Göring seit Kriegstagen. Hermine wurde zur inbrünstigen Nationalsozialistin, Wilhelm gestattete seinen beiden Söhnen August Wilhelm und Oskar, in die NSDAP einzutreten, was seinem Grundsatz, die Dynastie solle sich aus der Parteipolitik heraushalten, kraß widersprach. Und Hitler hatte seinerseits eine taktische Annäherung gesucht. Gegenüber dem Kronprinzen raunte er, sein Ziel sei die Wiedereinführung der Monarchie in Deutschland. Göring besuchte den Kaiser erstmals 1931 und dann, offensichtlich in Hitlers Auftrag, ein zweites Mal, um zu versichern, die Nazis strebten die Wiedereinführung der Monarchie an.

Am 21. März 1933 wurde mit großem Pomp der Tag von Potsdam begangen; Hitler verneigte sich in der Garnisonskirche, in der Friedrich der Große begraben lag, vor Hindenburg, und der Kronprinz nahm, silberverschnürt, in der Uniform eines Totenkopfhusaren an der Nazifeier teil. Er stand hinter dem leeren Stuhl seines Vaters, einer seiner Brüder trug die Uniform der SA. Der Kronprinz hatte sein Wort gebrochen, denn er hatte seinem Vater per Handschlag versprochen, der Feier fernzubleiben. Der Alte in Doorn hörte Glockenläuten, Choral und Ansprache des Reichsjugendführers Baldur von Schirach am Radio. Und überhaupt, der Kronprinz: bald trat er im Braunhemd auf. Was die Nazis mit dem Exkaiser und den Hohenzollern wirklich vorhatten, zeigte sich bereits 1933, nachdem die royalistische Klientel in der Bevölkerung für Hitler nicht mehr nötig war. Im Herbst forderte Göring die Hohenzollern auf, jegliche Kritik am Nationalsozialismus zu unterlassen, ansonsten drohte er ihnen mit Entzug der Einkünfte aus ihrem Vermögen in Deutschland. Im Januar 1934 wurde eine Feier zum 75. Geburtstag Wilhelms in Berlin kurzerhand verboten und der Hohenzollernbund wie alle anderen monarchistischen Vereinigungen aufgelöst. 1935 ließ Hitler wissen, daß er keinesfalls gedächte, eine Rückkehr des Exilanten zu gestatten.

Jede Illusion einer Wiedereinsetzung als Regent war damit auch für Wilhelm geplatzt. Danach besann er sich auf seine englischen Wurzeln von der Mutter her, las englische Bücher, redete gerne Englisch. Als durch die Nachgiebigkeit Chamberlains 1938 im Münchener Abkommen noch einmal der Friede gerettet schien, dankte er Queen Mary in einem überschwenglichen Brief: »Ich möchte mit dankbarem Herzen, das durch die Fürbitte des Himmels von schwerer Sorge erleichtert wurde, meinen wärmsten und aufrichtigsten Dank an den Herrn mit dem Deinen und dem des deutschen und des englischen Volkes verbinden, daß Er uns vor einer schrecklichen Katastrophe bewahrt hat, indem er den verantwortlichen Staatsmännern geholfen hat, den Frieden zu bewahren. Ich habe nicht den geringsten Zweifel, daß Mr. N. Chamberlain vom Himmel erleuchtet und von Gott geleitet war, der Mitleid hatte mit seinen Kindern auf Erden, als Er dessen Mission mit einem solch beruhigenden Erfolg gekrönt hat. Gott segne ihn. Ich küsse Deine Hand in ehrerbietiger Ergebenheit wie stets.«

Solch gottesfürchtig ahnungsloses Sendschreiben wurde vom englischen Hof mit einer wohlwollenden Antwort bedacht. Zum Achtzigsten wurde er mit Telegrammen aus dem Buckingham Palace freundlich bedacht; alte Feindschaft währt nicht ewig. Churchill bemerkte: »Die Zeit verschaffte ihm eine überraschende und paradoxe Rache an seinen Überwältigern. Er erlebte einen Zeitabschnitt, da der größte Teil Europas, insbesondere seine mächtigsten Feinde, Großbritannien und Frankreich, die Rückkehr der Hohenzollern, die sie vormals mit unausdenkbarem Abscheu betrachtet hatten, als verhältnismäßig hoffnungsvolles Ereignis und als ein Anzeichen, daß die Gefahren im Abklingen waren, ansahen.«

Praktisch war Wilhelm II. jede politische Tätigkeit im Doorner Exil untersagt: das Verbot gehörte zu den Bedingungen, unter denen ihm Gastrecht gewährt worden war. Aber er vertiefte sich in die Aufgabe, vor allem in den militärischen Traditionsvereinigungen für seine Sache zu werben. Sei es der »Nationalverband Deutscher Offiziere«, der »Kyffhäuser-Bund«, der »Stahlhelm – Bund der Frontsoldaten« – überall zirkulierten kaiserliche Schreiben, Grußadressen und Ermunterungen, im rechtsradikalen Treiben nicht nachzulassen. Aber die Gruppierungen waren, so mußte immer wieder festgestellt werden, schlapp, mittelmäßig und republikanisch verseucht.

Bei Ausbruch des Krieges gegen die Niederlande, am 10. Mai 1940, wurde das Personal des Doorner Hofes festgenommen und in einem Fort im Norden des Landes interniert. Dem Hausherrn beließ man sieben Diener; er mußte eine Erklärung unterschreiben, daß er den Park nicht verlasse. Nach dem 13. Mai, an dem die ersten deutschen Offiziere vor dem Tor auftauchten und sofort eingelassen wurden, ward der Exkaiser auch von seinen Landsleuten isoliert. Hitler hatte verfügt, daß Kontakte zwischen deutscher Wehrmacht und Wilhelm möglichst zu vermeiden seien. Alle Eingänge bis auf den vorderen, der mit einer SS-Wache besetzt wurde, blieben geschlossen.

16 Prinzen dienten in der Wehrmacht. Als Wilhelm, der älteste Sohn des Kronprinzen, im gleichen Monat an der französischen Front starb und in Potsdam beerdigt wurde, kam es zu einer royalistischen Demonstration. Hitler wollte alle Hohenzollern aus dem Heer entfernen lassen, wenn sich Wilhelm nicht zu einer Unterwerfungsgeste erkläre. Der schickte am 15. Juni 1940, einen Tag nach dem Einmarsch der Wehrmacht in Paris, ein Glückwunschtelegramm an Hitler, womit er seine Anhänger herb enttäuschte und vermutlich seine letzten

Gefolgsleute verlor. Er hatte immerhin seine Gastgeber auf das Schmählichste an die Okkupanten verraten. Das hat man ihm in Holland nie mehr verziehen. Nach 1945 wurde Schloß Doorn samt Inhalt zum feindlichen Vermögen erklärt und konfisziert. Der Hausstand ist heute angeblich 135 Millionen wert.

Am 4. Juni 1941 starb der letzte deutsche Kaiser im Alter von 82 Jahren. Ilsemann, die getreue Seele, nannte die Beerdigung »schlicht, militärisch kurz, preußisch sachlich und doch voll hoher Würde«. Wäre es anders gewesen, hätte es dieser innigste aller kaiserlichen Diener auch nicht anders vermerkt. Hofprediger Doehring schüttete aus einer goldenen Schale deutsche Erde über den Sarg, der greise Generalfeldmarschall Mackensen trat vor und streichelte den Sarg seines ehemaligen Dienstherrn. Das Ehrenbataillon der Wehrmacht schoß Salut an seinem Grab und trat zu den Klängen des Yorkschen Marsches ab. Hitler hatte einen Kranz geschickt. Seyss-Inquart, der berüchtigte Reichskommissar der besetzten Niederlande, hatte sich unter die Trauergäste gemischt. Vertreter des niederländischen Adels und der Königsfamilie waren selbstverständlich abwesend. Sein Grabspruch: »Lobt mich nicht, denn ich bedarf keines Lobes; / Rühmet mich nicht, denn ich bedarf keines Ruhmes; / Richtet mich nicht, denn ich werde gerichtet werden.«

Flammen und Totenlichter

Auf dem Berliner Opernplatz

Mit Helden auf Sockeln hat man es in Deutschland nicht mehr einfach, erst recht nicht in Berlin. Auf der Walstatt der Notwendigkeiten können sie, je nach Konjunktur des Gedenkens, ins Schwanken geraten oder gar fallen. Lenin und Stalin in ungezählter Ausführung, sogar Karl Marx und Rosa Luxemburg, aber auch viele Antifaschisten, falls sie kommunistische waren, verschwanden nach 1990 auf einem Abstellplatz oder gerieten in den Schmelztiegel.

Aber das Mahnmal gehört auch zum Gründungsmythos der »Berliner Republik«. Das Erinnern als öffentliches Ritual ist eine ihrer Staatsgesten. Sie erfordert sichtbares Material: die pompöse Größe des Stelenfeldes von Peter Eisenman entspricht der Monumentalität, zu der jede Gedächtnisbildung ausartet, wenn sie zum Staatsakt verformt wird. Mit der Eröffnungsinszenierung des Jüdischen Museums von Daniel Libeskind, das selbst ein expressives Mahnmal darstellt und sich über die ursprüngliche Integration in andere Sammlungen mühelos hinweggesetzt hat, erhöhte sich die Republik zum lernwilligen Schüler der Geschichte – egal, was von den ausgestellten Zeugnissen zu lernen ist.

Staat machen mit einem Denkmal gelingt auf dem heutigen August-Bebel-Platz nicht. Der Blick haftet an den ehrwürdigen Gebäuden, die dieses Viereck begrenzen. Auf der einen Seite der klassizistische Bau der königlichen Oper, heute die Staatsoper Unter den Linden, nach Palladio entworfen, gegenüber die ausschwingende Fassade der Bibliothek, »Kommode« genannt; im Winkel zu beiden die St. Hedwigskathedrale für die katholische Gemeinde, mit einer Kuppel, die an das Pantheon in Rom erinnert. So hat der Preußen-Friedrich Kunst, Aufklärung und Toleranz als gebaute Einheit verstanden. Das Zeichen, um das es geht, ist in den Boden eingelassen. Flaneure auf diesem Platz müssen das Denkmal suchen; es stellt sich nicht dar, es will aufgefunden werden.

Der israelische Künstler Micha Ullman hat 1994 auf der Mitte dieser Freifläche eine leere, grabesstille Bibliothek in den Boden versenkt. In klinischem Weiß, das an eine Totenkammer denken läßt, mit nackten Regalen, die sich niemals mehr füllen werden, erinnert diese Grube an die verbotenen, verbrannten Bücher und an die vertriebenen oder ermordeten Autoren. In der Nacht vom 10. auf den 11. Mai 1933 hat an dieser Stelle, dem damaligen Kaiser-Franz-Joseph-Platz, die Hauptaktion der nationalsozialistischen Bücherverbrennungen stattgefunden. Die Flammen und die Gesten der Werfer, vor allem Korporierte und Studenten in SA-Uniform, aufgeheizt von ihrem Professor Alfred Bäumler, gehören zum festen Bildinventar des 20. Jahrhunderts in Deutschland. Doch das Feuer an dem »Opernplatz« genannten Ort ist aufgegangen in den bedrückenderen Bildern, die es vom Reichstagsbrand bis zu den lodernden deutschen Städten im Zweiten Weltkrieg gibt. Im kollektiven Gedächtnis hat es als Signal seinen Platz, getreu dem Satz Heinrich Heines aus »Almansor« von 1823: »Das war ein Vorspiel nur, dort, wo man Bücher verbrennt, verbrennt man am Ende auch Menschen.« Eingedeutet zum sprechenden Bild, blieb die Mikrogeschichte der nationalsozialistischen Bücherverbrennung rund fünf Jahrzehnte unbeachtet.

In einer vierwöchigen Propaganda-Vorstellung hatte die Deutsche Studentenschaft (DSt), die mit dem Nationalsozialistischen Deutschen Studentenbund (NSDStB) um die Führung konkurrierte, die Bücherverbrennung vorbereitet. Mit dieser »Aktion wider den undeutschen Geist« wurden einige Absichten späterer offizieller Literaturpolitik bekanntgemacht. Ihre Plakataktion vom 12. April posaunt in zwölf Grundsätzen einen rabiaten Antisemitismus ins Volk: »Unser gefährlichster Widersacher ist der Jude und der, der ihm hörig ist. Der Jude kann nur jüdisch denken. Schreibt er deutsch, dann lügt er. Der Deutsche, der deutsch schreibt, aber undeutsch denkt, ist ein Verräter. Der Student, der undeutsch spricht und schreibt, ist außerdem gedankenlos und wird seiner Aufgabe untreu. [...] Der undeutsche Geist wird aus öffentlichen Büchereien ausgemerzt.« Hier und dort wurden Bücher an einen Schandpfahl genagelt: »Heute für die Schriftsteller, morgen für die Professoren. Im Ganzen immer bereit für die, die es nicht begreifen wollen oder nie begreifen können.«

Einen Monat später ist der Ritus der Bücherverbrennung einheitlich auf neun Feuersprüche mit einem vorgegebenen Text festgelegt, wobei neben Marx und Kautsky nur zwölf Schriftsteller namentlich erwähnt sind. Mit Listen bis zu 200 Namen, angeführt von Heinrich Mann und beschlossen von Carl von Ossietzky (der zu dieser Zeit in Haft war), wurden die Bücher aus den Bibliotheken geholt: Die Systematik der Beispiele, die in durchdringender Lakonik das politische, ideologische, wissenschaftliche Spektrum umfassen, verrät die kundige Feder eines Mannes, der den spontanen Judenhaß auf einen allgemeinen Nenner von nazistischem Kulturkampf umgelenkt hat.

An mindestens 18 Universitätsorten hat sie am gleichen Tag stattgefunden. Gab es nur Studenten als Handlanger? Welche Organisation hat die Aktion vorbereitet und in die Praxis umgesetzt? Bereits diese wenigen Fragen führten zu einem Wirrwarr von Einzelheiten, die sich nicht ins stereotype Bild fügen lassen. Am 8. Mai fand beispielsweise in Gießen eine Bücherverbrennung statt, schon vor dem 10. Mai wurden an höheren Schulen von Wuppertal antifaschistische Bücher angezündet. In Kaiserslautern wurden, ebenfalls zuvor, die Werke von Erich Maria Remarque gesondert verfeuert; in Hamburg gab es Aktionen an zwei verschiedenen Tagen und Orten. In Köln mußte die Bücherverbrennung wegen des schlechten Wetters verschoben werden und in Worms, keineswegs eine Universitätsstadt, hat man am hellen Tag und nicht erst in der Nacht mißliebige Literatur angezündet. Andererseits hat der Studentenführer und NS-Barde Gerhard Schumann die Bücherverbrennung für die württembergischen Hochschulen verboten. Die Studentenschaft der TH Stuttgart teilte mit, daß »Stuttgart nicht der geeignete Boden für Fackelzüge« sei; im übrigen müsse man »bei der ganzen Aktion sehr genau auf die landsmannschaftliche Eigenart und Prägung jedes deutschen Volksstammes Rücksicht nehmen«. Von einem Autodafé abgesehen wurde in Danzig – wegen der besonderen Stellung der Stadt. An den theologischen Hochschulen von Eichstätt, Passau und Regensburg gab es keine Autodafés. Auch der Führer der Studentenschaft im katholischen Dillingen verzichtete auf die Aktion, hob jedoch die besondere Bedeutung der »Schwarzen Listen« hervor: »Wir freuten uns, daß nun auch die weltliche Regierung einen Index schuf, um dadurch der Zersetzung deutschen Geistes und deutscher Sitte zu steuern. Unser Streben war ja längst schon draufgerichtet, die zügellose Literatur zu vernichten.« Aussagen wie diese – durchaus auf »völkischer« Gesinnung beruhend – erweisen, daß der Symbolwert des brennenden Buches hie und da auch Bedenken ausgelöst hat und daß die naßforschen Rundschreiben des studentischen Propagandachefs Hanskarl Leistritz bisweilen auch befremdeten.

Wer hat diese Teufelspropaganda vollbracht? War es jemand aus Goebbels' Ministerium? Oder ein Studentenführer? Ein Professor der Philologie? Fest steht nur, daß Goebbels erst am 8. Mai seine Teilnahme an der Berliner Bücherverbrennung zusagte (wobei er eine schwache, keineswegs besonders vorbereitet wirkende Rede hielt). Wer hat überhaupt die Initialzündung für die Bücherverbrennungen gegeben? Die lange Zeit gängige Behauptung, die Partei sei dafür verantwortlich, ist widerlegt; der Rechtshistoriker Hans-Wolfgang Strätz hat sie als Legende zerpflückt. Aber die Urheberfrage läßt sich bis heute nicht schlüssig beantworten. Als Impulsgeber ist ein ominöser Dr. Herrmann, ein Volksbibliothekar, zu vermuten. Der damals 29jährige geistert als weithin unbekannte Größe durch die Literatur über die NS-Kulturpolitik. Im Sonderauftrag des Propagandaministeriums war er mit der Erstellung schwarzer Listen betraut. Vielleicht hat er den Einfall zum Autodafé gehabt und sich zwecks Organisation an die Studenten gewandt. Doch spricht für diese Annahme kaum mehr als die frühe Emsigkeit dieses Volksgenossen.

Im Mai und Juni 1933 gab es eine Vielzahl einander widersprechender Auswahllisten dessen, was unter dem neuen Regime nicht mehr gedruckt, ausgeliehen, verbreitet und was eingezogen werden sollte. Schwarze Listen zur Durchmusterung vor allem der Volks- und Leihbüchereien haben kurz vor und nach der Bücherverbrennung der »Kampfbund für Deutsche Kultur« des Goebbels-Konkurrenten Alfred Rosenberg, der NS-Lehrerbund, die Reichsführung der Hitler-

Jugend und einige andere nationalsozialistische Organisationen hergestellt. Schlüssig läßt sich das Erstgeburtsrecht des Dr. Herrmann an den Aktionen kaum belegen. Auch über seine Biographie und seine politischen Verbindungen ist kaum etwas bekannt.

Viele Symbolbilder des Protests gegen die Bücherverbrennung wurden in Kraft gesetzt: das zugeschraubte, das zerrissene Buch, das angebrannte Buch, das Buch in Schraubzwingen sind die häufigsten. Im Fernsehen wurde der Bücherbrand in leuchtendem Color schon oft nachentfacht. Der Münchner Wolfram Kastner hat einen Brandfleck in den Rasen des Kasseler Friedrichsplatzes gesengt, die Amerikanerin Sheryl Oring zwanzig Stahlgitterkäfige mit Originalschreibmaschinen aus den zwanziger und dreißiger Jahren aufgetürmt. Ullmans Mahnmal ist das weitaus diskreteste: ein Minimal, das mit einem Schweigen operiert, das sakral geworden ist.

Es gibt Monumente, die auf den ersten Blick einleuchten, die sich sofort als Sinngestalt anbieten – und die sich durch ihre plakative Lesbarkeit rasch verbrauchen, bestenfalls nur gleichgültig werden. Und es gibt andere, gegenläufige, die sind so diskret, daß sie sich in Jahren erst entfalten. Ullmann gehört einer Generation von Künstlern an, die über die Sichtbarkeit und Zeichenkraft von Denkmälern neu nachdenken. Zu seinen Kollegen zählen beispielsweise Christian Boltanski, Jochen Gerz, Horst Hoheisel. Sie dokumentieren vor allem die Verluste, die Abwesenheiten, das Nichtsichtbare. Sie wollen die Leere begreifbar machen. Sie geben Zeichen, die nicht mehr auf das Symbol des Opfers verweisen, sondern auf die Verluste, die geblieben sind, nachdem Menschen verjagt oder ermordet wurden. Es sind rückbezügliche Mahnmale, die sich dem Betrachter nicht konfrontieren, sondern seine Mitwirkung erfordern. Sie erlösen den Nachgeborenen nicht durch die Offerte eines pädagogischen Fingerzeigs, eines rhetorischen Appells; sie belassen ihn in dieser Leere. Sie umgeben die Verlassenheit mit einem Respekt vor der Aura des Nichts, in das die Reflexion einströmen kann. Sie begreifen den Betrachter nicht als das erziehbare Wesen, das zu überreden, am besten zu überwältigen ist. Sie schaffen einen Ort der Ruhe und der indirekten Bezüge, aus denen eine Kraft meditativer Magie entstehen kann.

Mit einem winzigen Zeichen nur erinnert Ullman an das Berliner Ereignis. Ein kleines Glasquadrat, ins Pflaster eingelassen, von den vielen Füßen, die zögernd und tastend oder mutwillig entschlossen darübergetreten sind, matt geworden. Wolken spiegeln sich darin, und wenn die Sonne schwindet, scheint das Innere auf. Die Passanten sichern ihren Tritt auf das Glas, sie empfinden den weißen Raum unter sich als Fallgrube, in der man sich verlieren könnte. Das Weiß des Bibiotheksraums auf dem Bebelplatz hat eine verdoppelte Bedeutung: einerseits ist es die Unfarbe der Amnesie, das Totenhemd des erloschenen Gedächtnisses, andererseits widerspricht es durch seine Zeichenkraft diesem Befund. Man kann sich vorstellen, daß diese Gruft der Ort ist, wo sich die Geister der Vergangenheit treffen.

Die nationalsozialistischen Studenten haben sich auf zwei historische Ereignisse bezogen: auf Luthers Verbrennung der päpstlichen Bannbulle und auf das Autodafé von Büchern und Obrigkeitsutensilien beim Wartburgfest der deutschen Studenten von 1817. Mit dem Doppelgesicht des »deutschen Aufbruchs« seit den Befreiungskriegen, der nationalistischen Tradition, dem deutschtümelnden, antisemitischen Konsens von Studenten und Professoren, ist das Ereignis von 1933 in der Geschichte des politischen Denkens historisch verortet. Die Sehnsucht nach Befreiung von Fremdherrschaft und der Traum von der Wiedergeburt der deutschen Nation im 19. Jahrhundert haben schon längst ihre Radikalität gefunden; das Geschehnis ist eingemeindet in die bürgerlich situierte Universität, die sich anfällig zeigt für chauvinistische Realpolitik.

Zu belegen ist eine Entwicklungsgeschichte, die mit dem Kampf gegen die Aufklärung die Abdankung des Geistes betreibt. Der Gegensatz von Geist und Macht, dem vor allem die Reflexion des Essayisten Heinrich Mann gilt, führte nicht nur zum Haß der Mächtigen auf die Intellektuellen, sondern auch zum »Haß der Geistigen auf den Geist«. Nach dem Politologen Christian von Krockow: »Goebbels, der Demagoge mit dem Doktorhut, erkannte mit dem Scharfsinn, dem Haß und dem Selbsthaß des Renegaten, wie man den freien Geist treffen konnte.« Er habe die Akademiker die Arbeit tun lassen: »Die wirkliche und wirkungsmächtige Zerstörung des Geistes ist nur als Selbstzerstörung möglich.« Das mag zutreffen, falls Goebbels die Angelegenheit nicht eher unangenehm war, was man vermuten kann, zumal er die außenpolitischen Negativwirkungen zu bedenken wußte und aus machtpolitischen Gründen nicht auf demonstrative Akte wie diesen, sondern auf den Ausbau seines Lenkungsapparates versessen war. Vielleicht hat er sich erst an die Spitze gesetzt, als die Aktion nicht mehr zu bremsen war, hat sie mit einer lahmen Rede abgesegnet und seine Ziele vor allem in anderen Setzungen gesehen: Immunisierung seines Gegners Alfred Rosenberg, Zentralisierung der kulturpolitischen Aufsichtsorgane, Ausbau eines Riesenministeriums. Die propagandistische Bedeutung der Bücherverbrennungen hat er selbst gewiß nicht überschätzt.

Eine erhebliche Rolle bei der Fundierung des Autodafés spielt das »Gesetz gegen Schmutz und Schund«, das 1927, mitten in der Weimarer Republik, verabschiedet worden war. In ihm ist der legalistische Anschein für die »Säuberungs«-Welle von 1933 zu sehen, denn es war in den Literaturprozessen der späten zwanziger Jahre ein erprobtes Instrument, um demokratische, linke, pazifistische Literatur zu skandalisieren. Denkbar ist immerhin, daß dieses Gesetz für die Bildung völkischer Ressentiments von größerer klimatischer Bedeutung war als der theatralische Exzeß der Bücherverbrennung.

Im Mai 1933 wurden Bücher in mehr als zwanzig Städten verbrannt. Der Verlauf war monoton gleich: »Das Ritual, Bücher durch Feuer zu zerstören, ist so elementar, daß es Variationen kaum erlaubt« (Gerhard Sauder). Die Rede (oft eines Germanisten), die Feuersprüche, die Nazilieder gleichen einander in der Tat. Als Zusätze kamen klamaukartige, karnevaleske Einzelmomente hinzu: Ochsenkarren (in Frankfurt), Schinderwagen (in Mannheim) und Viehwagen (in Hannover) dienten der Verspottung der »jüdischen« und »kulturbolschewistischen« Literatur. Doch summieren sich die Einzelheiten ohne Ausnahme zu dem gleichen pseudokultischen Verlauf, der auf mittelalterliche Hexenverbrennung, Dämonenbann sowie auf altgermanischen Feuer- und Lichtzauber anspielt.

Ein Werner Schlegel hat 1934 eine Rechtfertigungsbroschüre zur Bücherverbrennung herausgebracht. Diese »Kampfschrift für deutsche Weltanschauung« über »Dichter auf dem Scheiterhaufen« begründet die »revolutionäre Tat« ebenfalls als kultische Handlung und verbindet sie mit archaischem Volksglauben: »Das Feuer als reinigende Kraft ist ein uraltes, mit der germanisch-deutschen Geschichte untrennbar verbundenes Symbol. Lodernde Flammen künden die Winter- und Sommersonnenwende. In verschiedenen Gegenden Deutschlands wird zum Zeichen des neuen Erwachens in der Natur, zu Beginn des Frühlings, eine den Winter symbolisierende Puppe öffentlich verbrannt. Wie eng das Feuer und die Verbrennung dem

deutschen Wesen verbunden sind, zeigt der Sprachgebrauch. In Deutschland nennt man die leidenschaftliche Ankündigung seiner Gegnerschaft einen ›flammenden Protest‹.«

Golo Mann hat der Verfemung seines Onkels Heinrich Mann beigewohnt, sein Freund Pierre Bertaux war ebenfalls anwesend, und auch Erich Kästner hat zugesehen, wie seine Bücher ins Feuer geworfen worden sind, bis er erkannt wurde und verschwinden mußte.

Welche Kraft zur Vergegenwärtigung geht da von heute aus? Im Gegensatz zu Eisenmans Megamahnmal, bei dem es um serielle Mengen geht, hat der israelische Künstler Micha Ullman das Format des einzelnen Menschen betont. Sein Kubus in der Erde ist im Quadrat der Grundfläche viermal so groß wie sein eigenes Körpermaß, in der Höhe nur dreimal: der Betrachter muß sich selbst dazurechnen, um auf das gleiche Maß zu kommen. Die Dimension des Raumes erfordert denjenigen, der auf ihn blickt, das ist künstlerisches Kalkül.

Die Flammen auf dem Berliner Opernplatz und anderswo haben wenig faktische Bedeutung gehabt: Von den 30 000 Büchern, die in der NS-Presse als Erfolgsbilanz der Plünderung von Buchhandlungen und Bibliotheken gemeldet wurden, sind vermutlich nicht viele verbrannt. Zumal Bücher bekanntlich schwer brennen – und so hat man sich im wesentlichen wohl mit Flugblättern und Zeitschriften der ausgeraubten Gewerkschaftshäuser und Parteizentralen der Linken begnügt. Überdies konnten die Studenten ihre Gegner gar nicht genau ausmachen: Wer in den Listen geblättert hat, mit denen die Rolltrupps ihren Diebstahl den Buchhändlern ordentlich quittierten, weiß, daß die jungen Wächter über den »undeutschen Geist« oft nicht einmal die Vornamen der verfemten Autoren kannten. Nicht zu unterschätzen war die in Betracht zu ziehende Gegenwirkung: Die inkriminierten Bücher verschwanden in Lagern und Kellern, in Hinterstuben und wurden, weil verboten, um so animierter gelesen.

Das Spinnennetz der Ämter, das Dickicht der Bürokratie und die Logik der Willkür legten sich erst Monate nach dem Mai 1933 über Buchhändler und Verleger, Bibliothekare und Autoren. 1935 kam die erste umfassende und erarbeitete Liste des »unerwünschten und schädlichen Schrifttums« heraus. Sie enthielt 3601 Einzeltitel- und 524 Gesamtverbote von Schriftstellern. Die für Jugendliche verbotenen Bücher werden auf 4000 veranschlagt. Das erst war der Flächenbrand: die organisierte, mit der Autorität einer offiziellen Klassifizierung auftretende Liste.

Die ästhetisch-rituelle Bedeutung des Feuer- und Lichtzaubers, die Propaganda für »Reinigung« und »Läuterung« durch den Vandalenakt von 1933 führt über die desparate Faktenhistorie des Ereignisses hinaus und verbindet es mit der Geschichte der Selbstinszenierungen durch das Dritte Reich. Von den nächtlichen Fackelzügen bei Hitlers Machtantritt über die Massenlichtspiele in Berlin am Ersten Mai, die Feier der »Deutschen Weihnacht« mit einem leuchtenden Hakenkreuz auf der Spitze des Tannenbaums, die Lichtregie bei den Reichsparteitagen und zu den Olympischen Spielen bis zu den lodernden Synagogen der »Reichskristallnacht« gibt es eine Folge aggressiver Inszenierungen, die mit der Sensation ästhetischer Effekte zwar keine eigenständige Nazi-«Kultur«, aber doch wirksame Strategien der emotionalen Vereinnahmung geschaffen haben. Die lodernden Scheiterhaufen bieten in diesem veroperten Kult der Gewalt zwar ein eher kümmerliches Zwischenspiel, doch schlägt die »starke, große und symbolische Handlung«, wie Goebbels die Berliner Veranstaltung umfälschte, in ein eigenes machtpolitisches Faktum um.

Von den unmittelbaren Protesten auf die Mainacht von 1933 ist keiner überzeugender als der des – zufällig in Österreich reisenden –

Oskar Maria Graf. Er fand seine Bücher – von zwei Ausnahmen abgesehen – nicht auf einer schwarzen Liste und veröffentlichte am nächsten Tag einen offenen Brief: »Das ›Dritte Reich‹ hat fast das ganze deutsche Schrifttum von Bedeutung ausgestoßen, hat sich losgesagt von der wirklichen deutschen Dichtung, hat die größte Zahl ihrer wesentlichsten Schriftsteller ins Exil gejagt und das Erscheinen ihrer Werke in Deutschland unmöglich gemacht. Die Ahnungslosigkeit einiger wichtigtuerischer Konjunkturschreiber und der hemmungslose Vandalismus der augenblicklich herrschenden Gewalthaber versuchen all das, was von unserer Dichtung und Kunst Weltgeltung hat, auszurotten und den Begriff ›deutsch‹ durch engstirnigsten Nationalismus zu ersetzen.« Graf fährt an späterer Stelle fort: »Nach meinem ganzen Schreiben habe ich das Recht, zu verlangen, daß meine Bücher der reinen Flamme des Scheiterhaufens überantwortet werden und nicht in die blutigen Hände und die verdorbenen Hirne der braunen Mordbanden gelangen. Verbrennt die Werke des deutschen Geistes! Er selber wird unauslöschlich sein wie eure Schmach!« Vermutlich war dieser rhetorisch durchgebildete Text der einzige oppositionelle, der das Bücherfeuer metaphorisch umwertet, es zu einem Akt der machtpolitischen Geistvernichtung macht. Mit dieser Philippika verabschiedete sich der bayrische Autor, der im Exil am allerwenigsten auf Publikum für seine Bücher rechnen konnte, vom nazistischen Deutschland.

Heinrich Mann wurde nicht müde, die Nazistudenten, die Bücher verbrannten, als Abkömmlinge vom gleichen Stamm, als Selbstverräter, zu benennen. Zu allen möglichen Jahrestagen hat er darauf hingewiesen, daß sich die Handlung, Bücher ins Feuer zu werfen, gegen das eigene bessere Ich gerichtet habe. Diese Perspektive des intellektuellen Selbsthasses findet sich, gewendet in die Reflexion über ein bestimmtes Künstlertum, in Thomas Manns Essay »Bruder Hitler« wieder. Die Reflexionen Heinrich Manns über die Bücherverbrennung haben diesen provokanten Text mit erzeugt. Wie unbedacht geblieben ist doch bis heute, wie oft Thomas Mann den vorauseilenden politischen Texten des älteren Bruders nachgeschrieben hat.

War die Bücherverbrennung von 1933 eine Randerscheinung in der »revolutionären« Anfangsphase der regierenden Nazis, wie etwa ihr dichtender Handlanger Hans Friedrich Blunck in der Rückschau behauptet? Wie weit reichten die Folgen des Autodafés? Erst durch die

Studentenbewegung wurde die »verbrannte Bibliothek« wieder rekonstruiert. Hat diese Verzögerung der Rezeption nicht selbst wieder untergründige Folgen gehabt? Dogmatismus erzeugt und Ideologiegläubigkeit? Den Aufbruch in sektiererische Gruppen befördert?

Man kann ein Detail nach dem anderen aus der verschütteten Geschichte holen und mit Mutmaßungen versehen. Bei Ullmans Mahnmal muß man alles Verstehen von unten heraufholen, aus der vagen Tiefe, dem Bereich des Unbewußten, des Vergessens. Aus einer Wohnung, die von ihren Benutzern verlassen worden ist und in die noch keine neuen eingezogen sind. Aus einer Reglosigkeit, die zum Totenreich gehört. Dieser dreimannshohe Raum, der die vierte Spanne, den Menschen über ihm, zu seiner Vervollständigung notwendig macht, ist auch das wahre Denkmal des Völkermords an den Juden. Die Vorstellung fällt an diesem Ort nicht schwer, daß sich die Bücherreste mit der Asche der verbrannten Menschen mischen. Das Grab in den Lüften bildet den Gegenraum zu diesem unterirdischen, lichten Verlies.

Unter den Linden am Bebelplatz hat im Jahre 2000 der restaurierte Alte Fritz in Bronze, 13,50 Meter hoch, auf seinem Pferd Condé wieder Platz genommen. Dieses, wie interessierte Kreise behaupten, »bedeutendste Reiterstandbild in Europa«, geschaffen von Christian Daniel Rauch, am 111. Jahrestag der Thronbesteigung Friedrichs 1851 enthüllt, hat seinen selbstverständlichen Platz zurückerobert. Auch wenn Bettina von Arnim spottete, Friedrich sitze auf dem Gaul »wie ein besoffener Schauspieler, der eben herunter fallen will«. Für den Erhalt der Wachsschicht, die den Großen Friedrich vor Umwelteinflüssen schützt, wird eine Stiftung gegründet. Und drumherum wird zurückgebaut: die Fahrbahnen zwischen Denkmal und Schloßbrücke werden verengt, die Gehwege verbreitert, die Parkplätze auf dem Mittelstreifen verschwinden und rutschen unter die Erde. Wie es war oder so ähnlich, soll es auf dem Forum Fridericianum, dem Ensemble um den Opernplatz, wieder werden. Das Opfer dafür: das Erdreich in der Umgebung des Denkzeichens von Ullman. Rund 450 Parkplätze in zwei unterirdischen Etagen sind entstanden.

Der Künstler hat protestiert, hat von seiner »Arche Noah« gesprochen und von einem Grab, das den Erdraum um sich herum benötige. Dieses »Bibliothekszimmer« im Untergrund, diese nur von oben einsehbare Krypta der Bücher ist ohne diese Umgebung nicht mehr zu denken. Allein die Vorstellung, daß in einem Abstand von einigen

Zentimetern, nur durch eine dünne Wand getrennt, Autos parken, erweist sich als notorischer Störenfried im Kopf.

Wenn die Luft staubig ist oder vom Regen feucht, beginnt im Abenddämmer ein matter Schein aus der Mitte des Bebelplatzes zu glimmen. Der Alte Fritz wirft einen unförmigen Schatten an die Wand eines Gebäudes der Humboldt-Universität. Die Laterna magica der Nacht verzeichnet ihn zum Reitergespenst. In fahler Helligkeit sitzen die Brüder Humboldt, denkmalskühl, vor der Universität auf ihrem Humanistenposten gegenüber dem Tatort. Treten Passanten an das Glasquadrat heran, wirken sie wie Insekten geblendet. Dann erstarren sie, Figuranten der Erinnerung, die an diesem Ort nicht verschwinden wird, für einen Moment, mit dem Totenlicht aus der Tiefe im Gesicht.

Die Idylle als Paralysium
Suche am Obersalzberg

Gott hat, falls es ihn gibt, bei der Erschaffung der Erde in dieser Gegend einen gewinnenden Tätigkeitsnachweis hinterlassen. Der Obersalzberg, eine hügelige Höhe vor hohen Bergen, gewährt strahlende Ansichten. Von den 1834 Metern des Kehlsteins raubt einem das Panorama die Sprache. Watzmann und Hoher Göll, der Untersberg, in dem nach einer alten Sage Barbarossa haust, der Königssee, das Salzburger Land, verblauende Fernen, leuchtende Gletscher. Die Gegend bei Berchtesgaden ist geübt im Ertragen von Touristen. Die jährlich 300 000 Besucher aus aller Welt kommen vor allem, um einem Paralysium nachzuspüren – dem landschaftlich üppigsten Täterort des Dritten Reiches.

Hitler war erstmals im Sommer 1923 auf dem Obersalzberg. Er besuchte dort den steckbrieflich gesuchten Dietrich Eckart, den Financier und Chefredakteur des »Völkischen Beobachters«, der in einem »Sonnenhäusl« Unterschlupf gefunden hatte. Hitler trat als »Herr Wolf« auf: den Decknamen hatte er schon 1919/20 als Spitzel der Reichswehr benutzt. Nachdem der Nochnichtführer, wegen Hochverrats am 1. April 1924 verurteilt, bereits am 20. Dezember aus der Festungshaft von Landsberg entlassen worden war, diktierte er Max

Amann auf dem Obersalzberg im Sommer 1925 in einer Blockhütte den zweiten Teil von »Mein Kampf«. Das war die Geburtsstunde einer mythomanen Fälschung: Hitler, der Privatmann, der sich in die Natur zurückzieht, um für Volk und Reich zu denken.

Die Karriere des Ortes als Verlockung für Sommerfrischler und Rentiers hat exakt 1877 mit der Umtriebigkeit einer eingesessenen Bäurin begonnen. Eine Mauritia Meier richtete auf ihrem »Platterhof« eine kleine Fremdenpension ein. Bis dato war das Berchtesgadener Land nichts anderes gewesen als abgelegene Gegend mit kärglicher Landwirtschaft und einigen Dutzend Bauern. Mit den Fremden kamen die Propagandisten der Natur und die Prominenten: Johannes Brahms und Clara Schumann, der bayrische Prinzregent Luitpold, das preußische Kronprinzenpaar und die erfolgreichen Heimattümler unter den damaligen Schriftstellern, zum Beispiel Peter Rosegger. Der Kühlingenieur Carl von Linde siedelte sich an, der Klavierbauer Bechstein unweit davon.

Die Busse, die man vom Ort aus für die Strecke von vier Kilometern benutzen kann, fahren mit der Landschaft herum: sie ist auf beide Seiten gemalt und mit der Überschrift »Festspiele der Natur« versehen. Das klingt immerhin besser als »Blut und Boden«. Hitler mietete sich von 1928 an im Haus Wachenfeld ein, und Albert Speer beschrieb den Buen Retiro in seinen Memoiren von 1969: »Nach Berchtesgaden folgte eine steile Bergstraße voller Schlaglöcher, bis uns am Obersalzberg Hitlers kleines gemütliches Holzhaus mit weit überstehendem Dach und bescheidenen Räumen erwartete: Ein Eßzimmer, ein kleines Wohnzimmer, drei Schlafzimmer. Die Möbel entstammten der Vertiko-Epoche altdeutscher Heimattümelei und gaben der Wohnung das Gepräge behaglicher Kleinbürgerlichkeit. Ein vergoldeter Käfig mit einem Kanarienvogel, ein Kaktus und ein Gummibaum verstärkten diesen Eindruck noch. Hakenkreuze fanden sich auf Nippessachen und von Anhängerinnen gestickten Kissen, kombiniert etwa mit einer aufgehenden Sonne oder dem Gelöbnis ›Ewige Treue‹.«

Die Tantiemen von »Mein Kampf« haben es Hitler erlaubt, dieses »Haus Wachenfeld« 1932 durch seine Schwester erwerben zu lassen. Nach der Machtergreifung setzte eine neue Etappe im Umgang mit den Einheimischen ein. Erst war Rudolf Heß bei der Nazifizierung des Obersalzbergs tätig, dann übernahm Martin Bormann, Hitlers

Hofschranze, die Regie, und die Nachbarn mußten weg. Ein Anwesen wurde in drei Tagen und Nächten abgetragen und die leere Fläche mit Rasen belegt, denn es wurde der Aga Khan zu Besuch erwartet, und das Haus störte die Fernsicht. Es war eine Sonderform des Terrors, diese Verwandlung des Obersalzbergs von einem Bergdorf mit verstreuten Häusern in ein Idyllensilo für die Prominenz des Dritten Reiches. Ein Gastwirt, seit 1930 Parteigenosse, wurde wegen unziemlicher Bemerkungen in »Schutzhaft« genommen und mußte dem Zwangsverkauf zustimmen. Bis 1937 eignete sich die Partei auf diese Weise 54 Grundstücke an, mehr als 400 Menschen wurden vom Berg vertrieben. Millionen flossen nach 1933 aus der »Adolf-Hitler-Spende der deutschen Wirtschaft«, die Krupp von Bohlen und Halbach begründet hatte. Das »Führergebiet« wuchs sich auf mehr als zehn Quadratkilometer aus, der Zaun drumherum umfaßte 27 Kilometer Länge. Massen vorwiegend weiblicher Hitler-Touristen machten sich nach 1933 auf den Weg zum Obersalzberg, um ihr Idol zu besichtigen. Die BdM-Seelen schwelgten inbrünstig: »Wie aber die fünfte Stunde unserer Wartezeit um ist, frieren wir nicht mehr, noch spüren wir Müdigkeit; denn es ist nur eine einzige, große, spannungsvolle Erwartung in uns. Und jetzt – jetzt wird es wirklich geschehen! Die lauten Stimmen verstummen jäh. Es sind Lichter erschienen am dunklen Hang; die sind gerade aus dem Wald herausgeglitten. Langsam nähern sie sich. Wir stehen atemlos. Nun muß er kommen. Gerade unter uns wandern die Lichter jetzt vorüber. Wir unterscheiden schreitende Gestalten. Da bricht der Jubel los. ›Heil! Heil! Heil! Heil!‹ immer wieder in die Finsternis hinein.

Und dann ist er plötzlich bei uns am Tor. Ganz nahe bei uns, der uns tausendfach Bekannte, zum erstenmal. Es ist keine Scheu, aber auch kein lautes Wort – nur ein glückseliges Herzudrängen. Hände streben ihm entgegen über den Lattenzaun. Er sieht uns an und heißt uns willkommen mit seinem Lächeln und ergreift jede Hand. Jetzt spüre ich den warmen, festen Druck. Dicht an unserem Ohr klingt seine tiefe Stimme.« Wallfahrt tat not. Der Münchner Gauleiter sprach sogar von einem »heiligen Berg aller Deutschen«. Die Mythologeme wurden planvoll erzeugt. Der Leibfotograf Heinrich Hoffmann gab mehrere Bildbände heraus, in denen er Hitler aus den eisigen Höhen der Göttlichkeit holte und zum Idol des guten Nachbarn seines Volkes machte. Den Unbekannten in seinem Privatreich hat der Artdirector der Nazis als Rolle kreiert. Auf diesen Bildern war Hitler der Kommunikator: die Einsamkeit des denkenden deutschen Genies umgab ihn inmitten seiner Alpen, in sein Herkunftsland Österreich blickte er hinein, als Imperator war er zugleich Herrscher und Diener der deutschen Massen: Ersatzvater, Blondinen-Charmeur, Gastgeber, Herr der Berge, Liebling des Volkes, Kindernarr und Tierfreund.

Der »Volkskanzler« blickt bei Heinrich Hoffmann in die Idylle, wird von seinem Volk erblickt, und die Blicke vereinen sich im Chimärischen von Blut und Boden. Die Fotos illustrieren vor allem Schweige- und Ergriffenheitsexerzitien des Blickens. Auf den meisten der Bilder ist er merkwürdig abwesend, nur als Darsteller vorhanden. Der Hitler-Biograph Konrad Heiden hat diese Defizienz bereits 1936 bemerkt: »Was es gibt, sind Zustandsaufnahmen des Rohstoffes Hitler. Er ist nie er selbst, er ist in jedem Augenblick eine Lücke von sich selbst; darum ist jedes Bild falsch ... Ein Mensch, der keine Freude an seinem natürlichen Äußeren hat, sondern es versteckt. Hitler ist als Normalmensch maskiert.«

Im Juli 1936 wurde der »Berghof« eingeweiht. Das alte Haus Wachenfeld war in drei Bauetappen einem pompösen Landhaus mit angebauten Flügeln gewichen. Der Welt größtes Panoramafenster, neun Meter breit, fast vier Meter hoch, bot ungehemmten Ausblick und war, eine technische Meisterleistung, versenkbar. Albert Speer hat für die Ausstattung ein fotografisches Gedächtnis bewahrt: »Die Halle war vom Atelier Troost zwar sparsam, aber mit übergroßen Möbeln eingerichtet: einem Schrank mit über drei Metern Höhe und fünf Metern Länge für Ehrenbürgerbriefe und Schallplatten; einer Glasvitrine von klassischer Monumentalität; einem mächtigen Uhrengehäuse, das von einem bronzenen Adler gekrönt war, der es zu behüten schien. Vor dem großen Schaufenster stand ein sechs Meter langer Tisch, auf dem Hitler Dokumente zu unterschreiben und später Lagekarten zu studieren pflegte. Es gab zwei rotbezogene Sitzgruppen: die eine, im rückwärtigen Teil des Raumes, war durch drei Treppenstufen abgesetzt und um einen Kamin gruppiert; die andere, in der Nähe des Fensters, umgab einen runden Tisch mit einer Glasplatte zum Schutz der furnierten Holzplatte. Hinter der Sitzgruppe befand sich die Filmvorführ-Kabine, deren Öffnungen durch einen Gobelin verborgen waren; an der gegenüber liegenden Wand stand eine mächtige Kommode, in die die Lautsprecher eingebaut waren und auf der eine mächtige Büste Richard Wagners von Arno Breker stand. Und über ihr hing ebenfalls ein Gobelin, der die Filmleinwand verdeckte.«

Der neue Berghof hatte eine Giebelbreite von 17 Metern, war 37 Meter lang, dazu gab es einen 33 Meter langen Flügel. Jede Zahl signalisierte Weltrekord. Die Idylle war ins Unermeßliche gewuchert – aber nur für damalige Verhältnisse. Der »Berghof«, stünde er noch, wäre heute auch nicht größer als ein oberbayrisches Hotel für den Bustourismus. Der gleiche Formenvorrat, das protzig Wohlleibige, die Techno-Ausrüstung, das Stilimitat auf Alpinbasis. Irgendeine Fundamentmauer in »Berghof«-Nähe ragt noch herum, schwarz und überlaubt. Auf einer großzügigen Fläche, in der Bäume einigermaßen verlegen herumstehen, kann man Hitlers Wohnstatt hinzudenken. Ein Familienvater mißt sie mit seinen Schritten aus und kommt auf eine zu kleine Ausdehnung. Auch die Spurenvernichtung kann die Spurensucher nicht abhalten. Sie suchen, obwohl sie wissen müssen, daß nichts mehr zu finden ist. Sie suchen symbolisch: sie wollen die Geschichte umgraben, wenn man sich zwischen die Büsche und ins dichte Unterholz schlägt. Auch die Vertrauten Hitlers durften in der Nähe siedeln. Göring wurde mit einem herrlich gelegenen Grundstück aus dem Besitz der Bayerischen Staatsforstverwaltung beschenkt. Das Haus des Kunstmalers Waltenberger wurde Albert Speer gegeben. Und so fort.

Am Kiosk neben der Busstation auf halber Höhe gibt es Murmeltiersalbe zu kaufen, Panoramapostkarten: vor und nach der Zerstörung durch die Alliierten. Das erinnert an die Werbung fürs Abnehmen und gegen Haarausfall. Mit »seltenen Bilddokumenten« wird die ewige Inszenierung des Privatlebens als historische Enthüllung getarnt. Der Führer lebt – in Hochglanzbroschüren. Den Größen von einst abgelauschte Gerüchte und verdichtete Legenden fingieren das Triviale als geschichtliche Einsicht. Die ehemalige Propaganda wird zur »geschichtlichen Aufklärung« umgemünzt. Jeden arglosen Neuankömmling befällt eine Sehnsucht nach Orientierung: wo, bitteschön, standen nur all die Villen der Verbrecher? Die Natur hat zwar gewuchert, wie sie sollte, aber die Neugier ist nicht verdorrt. Ausgerechnet einem US-Bürger ist eine Übersicht zu danken. Er hat ein Modell des Geländes für eine Magisterarbeit gebastelt und als Dauerleihgabe überlassen. Reste von Mauern, bröselig verfugte Hausteine, finden sich noch hier und dort, aber niemand, außer einigen Archäologen der Hitlerei, können sie mit der Vorstellung synchronisieren, wo welches Haus lag. Die Topographie ist entfallen, aber gerade wegen dieses Schwunds an Physiognomie wirkt jeder Reststein, als berge er ein eigenes Geheimnis.

Seit 1935 war der Obersalzberg ständig Baustelle. Die SS mußte untergebracht werden, Schießstände wurden eingerichtet, es gab einen Theaterbau, der auch als Kino diente. Der oberste Vegetarier bedurfte des frischen Gemüses, wofür ein riesiges Gewächshaus angelegt wurde; dessen Hecken sind heute zu Bäumen ausgewuchert. Gästehäuser wurden dringend notwendig. Kaum war der »Berghof« endgültig wuchtifiziert, die Aussicht durch die SS-Kasernen verschandelt, wurde die Idyllenzentrale des Oberbauern Hitler in 1000 Metern Höhe zur Machtzentrale, zum zweiten Regierungssitz. Die Gegenwelt zur Stadt, der Entwurf des Rückzugs auf die Scholle wurde zur hochtechnifizierten Erfindung. In Berchtesgaden wurde ein neuer Bahnhof gebaut, der Flugplatz Ainring erweitert, eine Kaserne der Gebirgsjäger errichtet, in Stanggassing eine Zweigstelle der Reichskanzlei hochgezogen.

Aus dem Bus auf halber Höhe steigt man, um in einen anderen einzusteigen. Der nutzt Martin Bormanns Erfindung, die kühn an den Felsen geklebte, ins Nirwana tief unten abschüssige Panoramastraße zum Kehlsteinhaus zu einem dringlichen Griff in den touristischen Geldbeutel aus: der Fahrpreis für die sechseinhalb Kilometer ist astronomisch. Es ist viel teurer, zum Führer zu fahren, als in die bayerischen Königsschlösser zu gelangen. So werden vielleicht die 500 Millionen, die Bormann auf dem Obersalzberg verbauen ließ, nachträglich doch noch rentabel.

Hinauf also, wo versprochen wird: »Gutbürgerliche Küche, gepflegte Getränke, Kaffee und Kuchen.« Man kann den erhabenen Ort auch in seiner amerikanischen Benennung anwählen: »Eagle's Nest«. Man erreicht es durch Tunnels im Fels, über scharfe Kehren; durch Fichten und Buchen hindurch lockt destruktiv die Tiefe.

Bormann hat den Straßen- und Gipfelhausbau in nur einem Jahr gegen alle Widerstände durchgedrückt. Das Projekt sollte 1939 das Geschenk der Partei zu des Führers 50. Geburtstag sein, und daß es die gigantische Bausumme von 30 Millionen Reichsmark verschlang, spielte nicht die geringste Rolle.

Die Busladung wird vor einem nässenden Tunnel aus akkuratest gesetzten Quadersteinen entladen, rund 200 Schritt weiter wartet man in einer steinernen Vorhalle, schummrig erleuchtet von Stablampen an den Wänden, über einem eine steinerne Kuppel, bei einem Schild, das ofenfrischen Schweinsbraten verspricht, auf den Aufzug, der 140 Meter hochfährt. In der spiegelnden Edelblechkombüse des Aufzugs kann man sich beim Fratzenschneiden besichtigen.

Das Kehlsteinhaus ist eine düstere Höhle: mausgrauer Granit, kleine Fenster, dicke Mauern, schwere Täfelung aus Zirbel- und Ulmenholz. Die Kassettendecke ist zwar neu, was man an der preiswerten Ausführung erkennt, aber sie könnte als solche auch von früher stammen: Der Gelsenkirchner Barock ist überzeitlich, altdeutsch unterliegt keinem Zeitenwandel und keinem Territorialverhalten. Es riecht durchdringend nach fetter Nudelsuppe. Das Kehlsteinhaus war als »D-Haus«, für den Aufenthalt von Diplomaten, vorgesehen. Mussolini schenkte Hitler einen offenen Kamin aus weiß geädertem, rotem Carrara-Marmor; davor schaufelt das heutige Jungvolk Pommes in sich hinein. Hitler soll das Geschenk nur fünfmal besichtigt haben. Ihm war in der Höhe nicht wohl.

Verweilen will gelernt und muß vorgesehen sein. Auf dem Kehlstein ist das nicht der Fall. Die Touristen kommen, sehen einmal herum, stolpern die wenigen Meter zum Gipfel hoch, schauen in die Ferne sowie auf Latschen und Geröll dichtbei und verschwinden wieder. Man muß bei der Auffahrt die Rückfahrtszeit schon auf dem Billet eintragen lassen. Die Zeitfalle hat ihre Ordnung.

Nach der Fertigstellung des »Berghofs« nahm Hitler auf dem Obersalzberg auch den Selbstumbau zum gastgebenden Staatsmann in Angriff. Als erster kam der ungarische Reichsverweser Horthy, ihm folgte der ehemalige britische Premier David Lloyd George auf dem Fuß und ließ sich dazu herbei, die Dolchstoßlegende von 1919 wiederzubeleben. Rund 20 hochrangige ausländische Gäste fanden sich bis zum Kriegsbeginn auf dem Obersalzberg ein. Im Oktober 1936 wurde die »Achse Berlin – Rom« geschmiedet. Die höchsten englischen Nazi-Sympathisanten, die Windsors, machten ihre Aufwartung. Im Vorfeld des Münchner Abkommens verhandelte im September 1938 Chamberlain über die Teilung der Tschechoslowakei. Unter dem Tarnnamen »Fall Grün« hat Hitler im Mai 1938 die Einnahme des Landes geplant, im April 1939 der Wehrmacht die beabsichtigte Okkupation Polens als »Fall Weiß« beschrieben. Vom »Berghof« aus tele-

fonierte Hitler mit Stalin und bot ihm einen Nichtangriffspakt an. Am gleichen Tag, als Außenminister Ribbentrop nach Moskau flog, schwor er den Generalstab auf den bevorstehenden Krieg ein. Das stenographische Protokoll, 22. August 1939: »Vernichtung Polens im Vordergrund. Ziel Beseitigung der lebendigen Kräfte, nicht die Erreichung einer bestimmten Linie. Auch wenn im Westen Krieg ausbricht, bleibt Vernichtung Polens im Vordergrund. Mit Rücksicht auf Jahreszeit schnelle Entscheidung. Ich werde propagandistischen Anlaß zur Auslösung des Krieges geben, gleichgültig, ob glaubhaft. Der Sieger wird später nicht danach gefragt, ob er die Wahrheit gesagt hat oder nicht. Bei Beginn und Führung des Krieges kommt es nicht auf das Recht an, sondern auf den Sieg.

Herz verschließen gegen Mitleid. Brutales Vorgehen. 80 Millionen Menschen müssen ihr Recht bekommen. Ihre Existenz muß gesichert werden. Der Stärkere hat das Recht. Große Härte.« Ende Juli 1940 rückte Hitler gegenüber den auf dem Obersalzberg versammelten Generälen mit seiner Absicht heraus, die Sowjetunion zu vernichten. Der sinnende Idylliker hatte an seinen mythologischen Vorfahren im Untersberg gedacht, als er den Überfall als »Unternehmen Barbarossa« tarnte.

Zwei Männer versuchten, ein Attentat zu verüben. Maurice Bevaud, Schweizer Student der katholischen Theologie, wollte die Nähe des »Volkskanzlers« suchen, um ihn mit einer Pistole zu erschießen. Aber er kam nicht durch die Absperrungen, fuhr wieder ab, versuchte es an der Münchner Feldherrnhalle, fand nicht das geeignete Schußfeld und fuhr wieder nach Berchtesgaden. Er hatte erneut Pech: Hitler war nach Berlin gefahren. Auch Stauffenberg plante sein Attentat ursprünglich auf dem Obersalzberg, aber zunächst hatte er noch keinen Sprengstoff und danach mußte er noch den Umgang mit Dynamit und Zeitzünder lernen. Auch waren Göring und Himmler, die ebenfalls beseitigt werden sollten, nicht anwesend.

Am Berg wurde unermüdlich gebaut, ab 1943 wieder im Großformat: die Größen des Dritten Reiches gruben sich ein. Bormann ließ Bunker, Kavernen und Stollen ausschachten. Hitler brachte sich in unterirdische Stellung, gleichviel, ob in den Führerbunkern oder auf dem Obersalzberg. Es gab acht Systeme, die miteinander verbunden waren, fast fünf Kilometer lang, 79 Kavernen, alles mit Mauerverschalung, meterdick und künstlerisch verkleidet. Schwere Stahltüren verschlossen die Eingänge. Es gab Vorrichtungen zum Abfangen von Luftdruck bei Explosionen, Gasschleusen, allerbeste Ausstattung mit Teppichen auf Parkettböden und Schleiflackmöbel.

An einer Stelle wenigstens kann man hinabsteigen in die kryptische Überlebenstiefe: 91 Stufen hinab ins Bunkerdunkel. Die Amis feierten wilde Partys, ließen die Korken knallen und wollten einen Tresor mit einer Panzerfaust sprengen, wovon noch ein Loch in den Wänden zeugt. Überall zotige Verewigungen in diversen Sprachen. Der Antifaschismus als fäkalisches Esperanto.

Irgend jemand, wahrscheinlich Goebbels, hat die »Alpenfestung« erfunden. Von ihrer Verwirklichung war freilich keine Rede. Erst zwei Tage, bevor er Selbstmord beging, erließ er eine solche Verfügung. Doch Eisenhower, von dem Phantom der »Alpenfestung« ebenso elektrisiert wie die Sowjets später vom Gespenst der »Werwölfe«, stoppte deswegen seinen Vormarsch nach Berlin.

Auf der Ruine von Hitlers Gästehaus entstand erst vor einigen Jahren ein Dokumentationszentrum: ein lichter, sehr leicht wirkender Bau, gerade das Gegenteil der betonierten Kästen, wie sie den »Platterhof« unweit davon bestimmten. Viel Glas, helle Holzlamellen, in verschiedenen Stockwerken schlendert man auf Metallrosten. Der

Besucher geht abwärts, in die Tiefe. Oben die Information über den Berg, darunter Hitlers Taten und das Dritte Reich, in einem betonierten, unterirdischen Gang Bild und Text zum Widerstand. Der Bau schürft unter einem Spazierweg durch, hinein ins Unterirdische der Bunker, ins kryptologische Reich mit halbrund ausbetonierten Gängen, aus dem Stein gehauenen Kavernen, Kläranlage und einem Aufzugsschacht so tief, daß man kein Ende ahnen kann. Die Schritte hallen nach, als wollten sie sich von jedem Zusammenhang isolieren. In einem dieser Hohlräume eine glasklare Lautsprecherstimme, die wirkt, als habe sie sich den schwarzen Gesang der Sachlichkeit auferlegt. Sie erzählt von den Praktiken, die in Auschwitz geübt wurden. Vermutlich kann man, auf beschränktem Raum, eine solche Dokumentation nicht besser machen. Aber kein aufklärendes Wort, keine Offensichtlichkeit der Bilder, keine Drastik der Dokumente hilft unwiderruflich. Andernfalls fänden sich, neben den vielen Stimmen der Bedrückung, nicht die zornigen Proteste in rechtsradikaler Kinderschrift.

Hitler hat den Obersalzberg am 11. Juli 1944 auf Nimmerwiedersehen verlassen und fuhr in die Wolfsschanze nach Polen. Seit Mitte März 1945 verbarrikadierte er sich im Bunker der Reichskanzlei. 318 Lancaster-Bomber mit 1811 Tonnen Bomben machten sich am 25. April 1945 auf, um »Eagles Nest« und »Wachenfeld at the village of Obersalzberg« zu zerstören. Sie leisteten gründliche Arbeit: fast alle Nazibauten wurden getroffen, allein das Kehlsteinhaus überstand den Angriff ohne den geringsten Schaden und Speers Atelier ebenfalls.

Seit der Bombardierung gibt es auf dem Obersalzberg ein mythologisches Negativ: da war etwas, das einst als großartig, märchenhaft und ungeheuerlich galt. Die Denkmäler des Idyllenwahns, durch Zerstörung und Schleifung der Reste unsichtbar geworden, sind zu Phantomumrissen verkommen, erhalten sich in der unterirdischen Phantasie. Deshalb gibt es diese verzweifelten Rastlosen, die zwischen den Büschen nach Zeichen und nach anderen Eingängen ins kilometerlange Tunnelsystem suchen: sie wollen die Hirnbilder dingfest machen.

Der Landrat übergab Berchtesgaden, indem er den amerikanischen Truppen mit einer weißen Fahne entgegenfuhr. Am Nachmittag des 4. Mai rollten die Panzer der 101. Airborn in Berchtesgaden ein. Die SS-Wachmannschaften waren abgezogen und hatten einige

Ruinen, unter ihnen auch den »Berghof«, in Brand gesteckt. Die amerikanische Fotografin Lee Miller, die für »Vogue« arbeitete, in einer Reportage: »Ich sah, wie der Krieg in einer Rauchfahne zu Ende ging, die aus den Überresten von Hitlers Rückzugsort in Berchtesgaden aufstieg. Als das Gebiet aus der Luft bombardiert worden war, die Häuser wie die Schalen hartgekochter Eier zerdrückt wurden und die Berglandschaft von Kratern übersät war, war Hitlers Haus noch stehengeblieben, mit leicht schiefem Dach, während jetzt das Feuer, das die berittene SS als letztes Salut gelegt hatte, aus den Fenstern schlug. Ich kroch über die von Bomben aufgeworfenen Hügel und die Ruine von Görings Nachbarhaus und sah die leere Fahnenstange, aus der das Nazibanner über der Redoute gehangen hatte. Die untergehende Sonne färbte die schneebedeckten Berge, das Feuer sorgte für angenehme Wärme. Auf dem Gipfel gegenüber entzündeten sich zwei weitere Feuer wie Fanale, und die Soldaten auf dem Jeep hielten ihre Maschinenpistolen bereit, denn falls irgendwelche rachsüchtigen Nazis noch nicht aufgegeben haben sollten, boten wir im Schein des Feuers ein treffliches Ziel.«

Der Ortspfarrer wünschte sich auf dem Kehlstein eine Sühnekapelle, die vertriebenen Obersalzberger wollten ihren Grund und Boden zurück und Entschädigung. Aber da gab es nicht den geringsten Pardon. Die Raubzüge von Heß und Bormann an Grund und Boden wurden nicht annulliert. Der Landrat wollte um jeden Preis den Fremdenverkehr wieder zurückholen. 1949 hat die einheimische Presse bereits die wirtschaftlich notwendige Amnesie herbeireden wollen: »Millionen schlummern im Fels. Sie stammen aus deutscher Arbeitskraft, bezahlt mit deutschem Volksvermögen. Sie tragen keine Zinsen. Ihr Kapitalwert verringert sich durch unnützes Brachliegen.« Es gab auch den unausgesprochenen Plan, durch Tourismus die Nazimagie zu bannen. Man hätte auf eine andere Lösung vertrauen können: alle Reste stehenlassen und nur auf die Sammler und Trophäenjäger warten. Auf die Termitenkraft und Vernichtungsenergie des visitierenden Menschen, auf die Zangenbewegung der symbolischen Habgier.

Die Amerikaner gaben die Reste der Bauten mit der strikten Auflage an den bayerischen Staat frei, die Grundmauern zum Verschwinden zu bringen. Am 30. April 1952, auf den Tag genau sieben Jahre, nachdem Hitler Selbstmord begangen hatte, wurden die Ruinen auf Veranlassung der Regierung Wilhelm Hœgners gesprengt und geschleift. Die Erinnerung sollte gelöscht werden. Das Landwirtschaftsministerium ließ das Gebiet unverzüglich zupflanzen. Der Bewältigungsversuch im Amtsdeutsch: »Die möglichst rasche Bestokkung des Geländes wird am besten erzielt durch eine raschwüchsige Pionierholzart, wozu sich die Weißerle bestens eignet; diese soll in einem Verband von 2,5 x 2,5 m gepflanzt werden, damit möglichst rasch dichtes Unterholz entsteht, das die Fläche schwer zugänglich macht.« Den größten Teil des Geländes behielten die Amerikaner bis 1996 für sich als Erholungsgebiet und richteten ein »Armed Forces Recreation Center« ein. Der »Platterhof« wurde für viel Geld instandgesetzt und firmierte als »General Walker Hotel«. Vom Keller aus gab es Führungen durch die Bunker von Hitler und Eva Braun. Unterhalb des Baus wurden Tennisplätze eingerichtet. Das vollständig erhaltene Ateliergebäude Albert Speers beherbergte als »Evergreen Lodge« amerikanische Jugendgruppen. Dazu gab es einen Golfplatz, und ein Skilift führte geradewegs zum Eckerbichl, zum ehemaligen Göring-Hügel. Auf dem Hof der SS-Kasernen wurde Soccer gespielt.

Mit dem Abzug der Amerikaner haben die bayrischen Behörden die volle Souveränität über diesen schwierigen Ort erhalten – und damit auch für jeden Fehler, der hier begangen wird. Der Wallfahrtsort lebt, wenn auch unausgesprochen. Die Devotionalienbücher gehen in die x-te Auflage. Ihr Inhalt ist von früheren Entgleisungen gereinigt, nicht vom familiär vertrauten Umgang mit den Nazigrößen. Jede sachliche Zeile scheint im Erinnerungsimperium des einheimischen Verlags der Heldenverehrung abgerungen worden zu sein.

Oben wurde mächtig an einem neuen Hotel für exklusive Internationalisten des Golfsports gebaut. Der ehemalige »Platterhof« ist abgerissen worden und der Schutt diente als Verfüllungsmaterial, um das Geländeplateau der ehemaligen SS-Baracken anzuheben. Aber dafür mußte man die Hohlräume und Fundamente in der Erde hinwegschaffen, und so wurden die Bodenfunde an Wackersteinen und Bauelementen für das tausendjährige Disneyland ausgegraben.

Die Amerikaner haben 1995 einige Holzschilder mit der Aufschrift »Private Ground« hinterlassen und einen Neun-Loch-Golfplatz, zu dem, wie es nun einmal der Brauch ist, eine entsprechende Herberge gehört. Das wird, während man etwas ratlos zwischen den Suchenden einherstapft und nach denen sucht, die sich hinter die Büsche geschlagen haben, in den Leserbriefspalten der Zeitungen heftig diskutiert. Die einen wollen den Obersalzberg als einen Unort der ewigen Verdammnis widmen und vor die hinreißenden Naturprospekte am liebsten einen Tabuvorhang ziehen, die anderen möchten der Natur ihre Unschuld und den Einheimischen das ungeteilte Geschäftsleben zurückerstatten. Der Hotelklotz für 50 Millionen Euro ist ein hufeisenförmiger Gigantobau, First Class, vier Sterne, genau dort am Hang, wo Feldmarschall Göring von seinem Ferienhaus die Aussicht genoß. Da bleibt wenigstens die Tradition erhalten, die Erholung mit einer Masse Beton zu sichern. Die bayrischen Behörden haben sich, anscheinend zur Beruhigung des Zentralrats der Juden und anderer Oppositioneller, einen amerikanischen Konzern ausgesucht: Aber für Interconti wird der einheimische Steuerzahler zur Kasse gebeten. Das nennt sich dann: Gratwanderung zwischen »Vergangenheitsbewältigung« und »Fortschritt«. Die Natur sollte sich mit ihrer wuchernden Gleichgültigkeit den Ort zurückholen, aber das Vergessensprojekt ist gründlich mißlungen.

Wenn es die Touristenmassen zulassen, kann man einen naturbedingten Frieden am Obersalzberg genießen. Aber ganz Berchtesgaden ist dazu verurteilt, mit den Zeichen zu leben und nicht zu wissen, wie sie zu behandeln sind. In den Gebirgsjäger-Kasernen von ehemals sind Gebirgsjäger von heute. Am Bahnhof kommt man in den Kulissen der dreißiger Jahre an. Der »Berchtesgadener Hof«, das von den Amerikanern gründlich heruntergewohnte Hotel der Nazigrößen, die auf dem Obersalzberg als Besucher nicht unterkamen, steht zum Verkauf, aber wer will schon ins Gestern investieren? Und dazu die Villa Schneewinkel in Schönau am Königssee, in der einst Max Reger komponiert und Freud 1929 seine Schrift »Das Unbehagen in der Kultur« geschrieben hatte und die sich dann Himmler aneignete. Die 1938 gebaute BdM-Schule, die heute Altersheim ist. Auf dem Friedhof findet sich noch heute das Grab von Dietrich Eckart. Neben einem Obergrat und gegenüber von Grabplatten aus dem 18. Jahrhundert in der Mauer hat er Platz genommen. Eine mannshohe Granitplatte, darauf nur der Namenszug, in Fraktur. Die Jahreszahlen fehlen: nichts signalisiert sein Ende. Dem Nazifanatiker der ersten Stunde dämmert keine letzte. Zwei Buchsbaumpyramiden säumen ihn, auf dem Grab eine Schale mit frischen gelben Margeriten, kein welkes

Blatt im Bodengeschlinge. Eine kundige Hand, bewegt vom Immergrün der Gefühle für den Einpeitscher des Völkerhasses, hält das Andenken sauber.

Ein Eisenbahnwaggon im Wald
Zweimal Waffenstillstand in Compiègne

Durch Großparis rund 80 Kilometer nach Norden. Der Verkehr auf der Autobahn wälzt sich unabsehbar dahin, lebensgefährlich preschen die Motorradfahrer durch die Autoreihen. Aber dann ist das Stadtdickicht plötzlich abgeschüttelt, und man reist in die Blickfreiheit. Ein weites, wolkenweiß gesprenkeltes Blau über abgezirkelten Feldern. Strahlende Glanzlichter, ein doppelter Regenbogen im flachen Land. Auf der einen Seite lockt der Forst von Chantilly mit dem schönsten Schloß des französischen Nordens, das heute der Académie Française gehört, auf der anderen der Park von Asterix, dann, fast ohne Abstand, der Hinweis auf den Wald von Rousseau: der Park von Ermenonville mit seinem Grab, fünf Pappeln um einen steinernen Sarkophag, die Toteninsel, ausgewilderte Bäume. Die Nachbarschaft von Comic und Aufklärung verspricht aparte Korrespondenzen über die Erziehung des Menschengeschlechts. Am Weg verstreut sind Namensschilder der französischen Kathedralgotik: St. Denis, Senlis, Soissons. Irgendwo südöstlicher davon muß Laon liegen, dieses weniger beachtete Wunder des Übergangs von der Romanik zur Gotik, das bis auf Notre Dame ausgestrahlt hat. Im Dreieck, das aus Paris, Reims und Amiens gebildet wird, im Kronland der französischen Könige, im südlichen Zipfel der Picardie, kann man die Residenz Compiègne nicht verfehlen.

Dort ist 1430 Jeanne d'Arc gefangen genommen worden. Park und Forst ergeben die Ehrwürdigkeit eines uralten feudalen Jagdreviers. Die vornehme Art, zu Pferde das Getier des Waldes zu bekämpfen, gibt es wieder. 1961 ist das Zeremoniell der »chasse à Courre«, der adeligen Hetzjagd, erneuert worden. Die feine Gesellschaft prescht durch die ehemals königlichen Buchenwälder, hoch zu Roß und mit Hundemeute, mit Hörnerschall und Reitpeitsche; auf den Waldschneisen, Lichtungen und Kreuzungen der Wege trifft man einander zu geselligem Treiben. Der Prinz-Präsident Louis Napoleon, der sich 1852 zum Kaiser Napoleon III. machte, und seine Frau Eugénie hielten jeweils im Herbst in Compiègne Hof. Vier Tage lang im September 1901 wehte über dem Schloß die Standarte des letzten Zaren. »Nicky« hatte sich zuvor bei seinem deutschen Vetter »Willy« zu Marinemanövern angesagt, und das erregte den Argwohn der Franzosen. Sie luden Nikolaus II. und Alexandra Feodorowna nach Compiègne ein. Mit dem kaiserlichen Hofzug holte man den Herrscher aller Reußen samt seiner Frau von Dünkirchen ab, wo die Yacht des Zaren angelegt hatte. Aus Furcht vor Anarchisten und anderem terroristischem Gelichter hatte man an der Strecke alle fünfzig Meter einen Posten mit aufgepflanztem Bajonett drapiert. Das militärische Ergebnis des Besuchs: eine engere Zusammenarbeit der beiden Generalstäbe, die bis weit in den Ersten Weltkrieg hinein anhielt.

In Compiègne bleibt alles unbesichtigt liegen, was der Reiseführer sonst noch an Altertümern verspricht: feudale Anwesen, große Sammlungen und jede Menge hochadeliger Anekdoten. Ein andermal, auf Hochglanz.

Rund acht Kilometer weiter, verschattet im Buchen- und Eichenwald, die Bäume efeudekoriert, ein wenig sumpfig der nachgiebige Boden, findet sich eine Gedächtnisschneise für zwei spiegelverkehrte Ereignisse. Getrennt durch 22 Jahre, aber auch sortiert nach den nationalen Gefühlen, sind die deutsche Niederlage vom November 1918 und die französische Kapitulation vom Juni 1940 aufgebahrt. Umstanden von einem Kranz überhoher Thujabäume, eine Lichtung: sie enthält das Grabmal der doppelten Bitternis.

Alte Kameraden und Kriegsveteranen humpeln am Arm ihrer geduldigen Ehefrauen über das Gedächtnisgelände, am Standbild ihres Marschalls Foch vorbei, der aus mehreren Lagen Stein besteht und dem Wechsel der Zeiten in seiner Uniform trotzt. Warum nur wurden die Portalfiguren an der Kathedrale von Reims in den letzten Jahrzehnten vom Steinfraß befallen und Marechal Foch steht unzernagt herum? Im Boden sind Eisenbahngleise eingelassen und führen ins Wesenlose, ein Bau im Stil der klassischen Moderne enthält ein Museum, einen Raum mit ewiger Flamme und den Restaurantwagen 2419 D, den doppelten Tatort der Weltgeschichte, den Prachtwaggon des Marschalls Foch.

Erste Rückblende. Am 29. September 1918 hatte Ludendorff abrupt verlangt, man solle dem amerikanischen Präsidenten Wilson auf der Basis seiner 14 Punkte das Angebot eines Waffenstillstands unterbreiten. Er richtete sein Gesuch an den Kaiser, der vom Ansinnen seines Generalquartiermeisters höchlich überrascht war. Ludendorff machte geltend, daß die Westfront dem Druck der Entente nicht mehr standhalten könne und daß man nur mit Wilson verhandeln solle. Er selbst nahm eine Auszeit und beanspruchte für sich einen Nervenzusammenbruch. Die deprimierende Kunde, die von der Obersten Heeresleitung nach Berlin kam, bedeutete »das Ende der Chance eines gegenseitigen Verzichtsfriedens« (Theodor Eschenburg). Am 6. Oktober wurde über die Schweizer Regierung ein diplomatisches Ersuchen um einen sofortigen Waffenstillstand an Wilson gerichtet, die Noten gingen hin und her, Wilson verschärfte mit jeder Antwort die Bedingungen. Er stand unter dem Druck des alliierten Oberbefehlshabers, Marschall Foch. In der dritten Note Wilsons wurde sogar die Demokratisierung Deutschlands und die Abschaffung des Kaisers verlangt. Am 27.Oktober erklärte sich Österreich zum bedingungslosen Waffenstillstand bereit. In Bayern wurde ein Separatfrieden und die Abspaltung vom Reich erwogen. Die Chefs der Marine wollten planvoll Märtyrer erzeugen: eine letzte, »heroische«, opfervolle Seeschlacht gegen die Engländer; der Untergang sollte die moralische Legitimation für künftigen Machtanspruch abgeben. Doch dazu ist es nicht mehr gekommen, weil die Matrosen am 3. November in Kiel meuterten. Zwei Tage später wollte Kaiser Wilhelm II. von seinem Hauptquartier in Spa einen Parlamentär zu Foch schicken, wurde aber durch seinen Generalstab davon abgehalten.

In dieser dramatischen Situation erwies ein Zivilist besondere Handlungskraft und Kaltblütigkeit. Matthias Erzberger aus dem schwäbischen Biberach, seit 1903 Abgeordneter für das Zentrum im Reichstag, Staatssekretär ohne Portefeuille, übernahm die Leitung der Waffenstillstandsdelegation. »Ob er sich zu dieser Aufgabe gedrängt hat, ob sie ihm aufgenötigt worden ist und wer die Anregung zu dieser Beauftragung gegeben hat, ist umstritten. Erzberger lag es nicht, sich um eine notwendige, wenn auch undankbare Aufgabe zu drücken. Vielleicht hat er, der die Friedensresolution veranlaßt und das Buch über den Völkerbund verfaßt hatte sowie Mitglied einer demokratischen Reichsregierung war, sich zugetraut, mildere Bedingungen zu erreichen. Er mag die Sorge gehabt haben, die Verhandlungen könnten ohne ihn ergebnislos verlaufen, sei es, daß die deutschen Militärs sie abbrechen, sei es, daß Foch sie als Delegierte abweisen würde. Bisher war es üblich, daß Waffenstillstandsverhandlungen von Heer zu Heer durch Offiziere geführt wurden. Von dieser Regel wurde zum erstenmal abgewichen.« (Theodor Eschenburg)

Er hatte als Begleiter einen alten Freund, den Grafen Oberndorff, der im Krieg Gesandter in Bulgarien gewesen war, ausgesucht; gemeinsam reisten sie nach Spa. Im Zug fand sich auch General Groener, der Nachfolger Ludendorffs, ein, mit dem er die Lage erörterte. Erst im Hauptquartier wurde Erzberger endgültig zum Leiter der Delegation bestimmt, bisher war er nur als Vertreter der zivilen Regierung vorgesehen. Anstatt des dafür disponierten Generals Gündell wurde somit ein Zivilist beauftragt, einen Waffenstillstand auszuhandeln.

Er wählte aus dem militärischen Stab, in dem ein Dutzend Offiziere zur Verfügung gestanden hätte, nur zwei weitere Begleiter aus: den früheren Militärattaché in Paris, General Detlev von Winterfeldt, und den Marinekapitän Vanselow. Hinzu kam ein Hauptmann aus dem Generalstab und ein Rittmeister als Dolmetscher. Hindenburg verabschiedete Erzberger nach dessen Darstellung formell: »Am Schluß der Konferenz erschien Generalfeldmarschall von Hindenburg und sagte mir, daß es wohl das erste Mal in der Weltgeschichte sei, daß nicht Militärs den Waffenstillstand abschließen, sondern Politiker; er sei aber ganz damit einverstanden, zumal die Oberste Heeresleitung keine politischen Richtlinien mehr auszugeben habe; die Armee brauche unter allen Umständen Ruhe. Er verabschiedete sich von mir mit den Worten: ›Reisen Sie mit Gott und suchen Sie das Beste für unser Vaterland herauszuholen.‹« Gegen Mittag am 7. November fuhr die Delegation in mehreren Wagen los, hatte unterwegs einen schweren Unfall und Erzberger kam nur durch Zufall mit dem Schrecken davon. Zurückflutende deutsche Truppen kamen entgegen und verlangsamten die Fahrt. Eine weiße Fahne wurde am Auto befestigt. An der Stelle, an der die Front passiert werden sollte, war eine Feuerpause verabredet worden. Ein Trompeter blies ein Erkennungssignal für die Franzosen, die daraufhin die Delegation um 19 Uhr 20 passieren ließen. Erzberger fielen nach eigenem Bekunden einige Zeilen aus Schumanns Lied »Die beiden Grenadiere« ein. Sie lauten: »Nach Frankreich zogen zwei Grenadier, die waren in Rußland gefangen, / Und als sie kamen ins deutsche Quartier, da ließen die Köpfe sie hangen. / Da hörten sie beide die traurige Mär, daß Frankreich verlorengegangen, / Besiegt und geschlagen das tapfere Heer, und der Kaiser, der Kaiser gefangen!« Mit französischen Wagen wurde die Fahrt fortgesetzt. Um ein Uhr morgens erhielten die Deutschen in einem Bauernhaus ein warmes Essen. Nach einigen Stunden Ruhe ging die Fahrt in einem Eisenbahnwaggon mit verhängten Fenstern weiter. Am Morgen des 8.November um sieben Uhr, als der Train hielt, stellte sich der Zielort als der Wald von Compiègne heraus. Auf einem Gleis einige Meter weiter fand sich ein ähnlicher Sonderzug, der sich als das Hauptquartier des Marschalls Foch erwies. Die Gleise führten von der Station Rethondes her, die Waggons wurden durch einen Lattensteg miteinander verbunden.

Um zehn Uhr wurden die Verhandlungen aufgenommen. Marschall Foch war in Begleitung seines Generalstabschefs Weygand und zweier englischer Marineoffiziere, der Admiräle Wemyss und Hope. Sie bereiteten den Deutschen einen überaus kühlen Empfang. Erzberger erzählte Harry Graf Kessler nach seiner Rückkehr, »die Behandlung sei gemein gewesen. Foch eisig und von oben herab«. Der deutsche Verhandlungsführer überreichte seine Vollmacht, »vorbehaltlich der Zustimmung des Reichskanzlers« ein Abkommen zu unterzeichnen. Die alliierten Offiziere zogen sich zur Überprüfung der Unterlagen in einen Nebenraum zurück und ließen die Besucher ungewöhnlich lange warten. Foch kam mit der Frage zurück, was die Herren von ihm wünschten. Erzberger teilte mit, er warte auf Vorschläge für einen Waffenstillstand, worauf Foch eisig entgegnete:

»Ich habe keine Vorschläge zu machen.« Zu verhandeln war also keineswegs, von den Deutschen sollten nur Bedingungen entgegengenommen werden. Danach verlas Weygand die entsprechenden Paragraphen des Waffenstillstandstextes, und den Deutschen wurde eine Frist von 72 Stunden zur Annahme mitgeteilt. Foch erklärte, daß er weisungsgebunden sei, aber schriftliche Mitteilungen der Gegner in Empfang nehmen werde. Die deutsche Delegation zog sich zum Studium der Texte und zur Beratung über Modifikationen zurück. Es schloß sich ein diplomatisches Hin und Her an, das ziemlich lang dauerte.

Die genannten Bedingungen waren äußerst hart: Räumung von Belgien, Frankreich und Elsaß-Lothringen innerhalb von zwei Wochen, Räumung des gesamten linken Rheinufers innerhalb von 25 Tagen, Schaffung einer rechtsrheinischen neutralen Zone, sofortige Rückführung der alliierten Kriegsgefangenen ohne Gegenseitigkeit, Verzicht auf die Friedensverträge von Brest-Litowsk, Rückzug der deutschen Truppen im Osten hinter die Grenzen vom 1. August 1914, Aufgabe der Kolonien in Ostafrika, Weiterbestehen der alliierten Blokkade, Übergabe von Riesenkontingenten an Waffen, die es Deutschland unmöglich machte, weiterhin Krieg zu führen. Die Bedingungen wurden per Kurier nach Spa und per Funkspruch nach Berlin übermittelt. Zwei Tage haben die Deutschen mit den alliierten Vertretern über Konzessionen in Abwesenheit der beiden Verhandlungsführer beraten. Erreicht wurden Lockerungen der Verfügungen über die Besetzung der Rheinzone, Verlängerung der Räumungsfristen, Kürzung der geforderten Menge an Lokomotiven, Eisenbahnwaggons und Lastwagen sowie die Aufhebung der Blockade, damit die in Deutschland herrschende Hungersnot gemildert werden konnte. Die Delegation der Entente wußte um die neuesten Nachrichten aus Deutschland, Erzberger hingegen konnte nicht genau ermessen, ob er nun im Auftrag einer kaiserlichen oder schon einer republikanischen Regierung verhandelte. Er erhielt am Abend des 10. November eine unverschlüsselte Depesche aus Berlin, die mit »Reichskanzler Schluß« unterzeichnet war. Die Franzosen fragten, wer denn dieser Politiker »Schluß« sei und wurden von Erzberger darüber aufgeklärt, daß damit nur das Wort »Punkt« umschrieben sei. Er kämpfte weiter um Erleichterungen, feilschte zäh um Zahlen und einzelne Bedingungen und konnte seinem intransigenten Partner ein weniges abhandeln.

Um 21 Uhr traf in Compiègne unter der vorher vereinbarten Schlüsselnummer 3084 ein Telegramm Hindenburgs ein mit der dringenden Empfehlung zu unterschreiben. Oberndorff erklärte gegenüber Weygand: »Ich hielt dem General vor, daß Deutschland, wenn es zur Verzweiflung gebracht werde, zwischen zwei Extremen schwanken müsse. Entweder werde die kriegerische Begeisterung neu aufflammen und mit äußerster Entschlossenheit und Härte ein Endkampf einsetzen, dessen Verlauf nicht abzusehen sei, oder der Bolschewismus werde obsiegen und das Land in ein Chaos wie Rußland stürzen. Bei dem Endkampf riskiere Frankreich den Ruin weiter Landstrekken, beim Obsiegen des Bolschewismus Ansteckung im eigenen Lande und das Ausscheiden Deutschlands als zahlungsfähiger Schuldner. Frankreich habe also, so schiene es mir, ein eigenes Interesse daran, den Sieg des Bolschewismus in Deutschland zu verhindern. Das sei aber nur möglich, wenn die Zurückziehung unserer Truppen sich ruhig und ordnungsgemäß bewerkstelligen lasse und die Ernährung der Bevölkerung ausreichend bleibe.« Die Franzosen bezweifelten diese Prognosen; sie befürchteten, daß sich die Deutschen nur auf eine zurückgezogene neue Frontlinie begeben und den Kampf wieder aufnehmen wollten.

Um viertel nach zwei Uhr in der Nacht zum 11. November begann General Weygand die 24 Artikel des Vertrags vorzulesen, um halb sechs Uhr war die deutsche Delegation bereit, das Dokument zu unterzeichnen. Nach dreistündigen Beratungen war man endlich soweit. Erzberger gab eine Erklärung ab, worin er gegen die Härte der Bedingungen protestierte und nicht ohne Emphase hinzufügte: »Das deutsche Volk, das fünfzig Monate lang standgehalten hat gegen eine Welt von Feinden, wird ungeachtet jeder Gewalt seine Freiheit und Einheit wahren. Ein Volk von siebzig Millionen leidet, aber es stirbt nicht.« Um elf Uhr des 11. November 1918 erscholl an der ganzen Front das Trompetensignal zum »cessez-le-feu«, zur Feuereinstellung. Der Erste Weltkrieg war zu Ende gegangen.

Der Waffenstillstand war auf 36 Tage befristet; er mußte dreimal verlängert werden – jeweils in Trier, wozu Foch mit seinem Salonwagen angereist kam. Den Deutschen widerfuhr, was sie selbst angerichtet hatten: sie wurden ebenso erpreßt, wie sie das unterlegene Rußland im März des Jahres in Brest-Litowsk genötigt hatten.

Nach seiner Rückkehr aus Compiègne in Spa wurde der Unterhändler Erzberger von Hindenburg ausdrücklich »für die ungemein wertvollen Dienste, die er dem Vaterland geleistet habe«, bedankt, was den doppelzüngigen Feldmarschall später nicht daran hinderte, sich an der Erfindung der Dolchstoßlegende zu beteiligen. Am 14. November kehrte Erzberger nach Berlin zurück, eine Woche nach seiner Abreise, und fand als Regierung den Rat der Volksbeauftragten unter Ebert und Haase vor. An seinem Auto hing die rote Fahne, die er sofort durch eine schwarzrotgoldene ersetzen ließ. Drei Monate später begann die rechtsradikale Hetzjagd auf Erzberger: im Reichstag attackierte ihn ein Abgeordneter der Deutschen Volkspartei heftig. Am 7. Mai erhielten die Deutschen die Friedensbedingungen der Alliierten. Deutschland verlor ein Siebtel seines Gebiets und ein Zehntel seiner Bevölkerung, die Last der Reparationen war, obwohl erst noch durch eine entsprechende Kommission festzulegen, drückend. Erzberger, in der neuen Regierung Reichsminister ohne Portefeuille, wollte mit der Entente um eine Milderung der Bedingungen verhandeln, Außenminister Brockdorff-Rantzau hingegen wollte das Diktat ablehnen in der Erwartung, daß die Alliierten dann von sich aus einen Rückzieher machen würden. Das wäre selbstverständlich nicht der Fall gewesen: Foch wartete nur auf einen Vorwand, um in Deutschland einzumarschieren, und Erzberger wollte es darauf nicht ankommen lassen. Die Oberste Heeresleitung hatte sich der Verantwortung für das militärische Desaster entzogen. Die Generäle hatten einen Zivilisten auf die Bühne geschoben und sich damit salviert. »Friedensmacher« wurde Erzberger von seinem Biographen Theodor Eschenburg genannt, als »Vaterlandsverräter« und »Verzichtpolitiker« erschien er in der nationalistischen Propaganda.

Er war schon lange im freien Schußfeld vor allem von protestantischen Alldeutschen. Er war 1917 der führende Kopf einer Friedensresolution des deutschen Reichstags gewesen, und das hatte ihm das rechte Lager niemals verziehen. Die Oberste Heeresleitung wollte die Verantwortung für die Kapitulation als Schuld einem sowieso schuldig Erklarten aufladen. Erzberger sah vermutlich voraus, daß seine weitere politische Karriere von diesem Auftrag belastet würde. Aber seinen Widerstand gegen die Rolle des Verräters tat er erst kund, als er in den Schlagschatten der Dolchstoßlegende geraten und zum Sündenbock gestempelt war – vor der Nationalversammlung am 8. und 25. Juli 1919. Inzwischen war er zu einem der »Novemberverbrecher«

und einem der Hauptverantwortlichen dafür erklärt worden, daß die deutsche Armee, obwohl ungeschlagen, den Dolch in den Rücken erhalten habe.

Die eigentümliche Mentalität der kaiserlichen Generale bestimmte die Nachkriegsentwicklung. Die »Dolchstoßlegende« wurde aus einer Psychologie geboren, in der sich Selbstgerechtigkeit, Standesdünkel, militärische Illusionen, politische Hybris und die Angst vor dem Eingeständnis der Niederlage miteinander mischten. Der nächste Krieg galt ihnen anscheinend als unvermeidlich, deshalb sollte, bevor er begann, der innere Feind: die Juden, Bolschewisten, Sozialdemokraten und Pazifisten, ausgeschaltet werden. Der »Völkische Beobachter« sprach nur von der »Pestbeule Erzberger«.

In dem Schwarzwälder Kurort Bad Griesbach wurde er nach zuvor vier mißglückten Attentatsversuchen am 26. August 1921 von zwei Rechtsradikalen bei einem Spaziergang erschossen. Finanziert wurde der Anschlag von der »Organisation Consul«, der sie angehörten, durch eine Dotation des Industriellen Hugo Stinnes. Die Attentäter flüchteten nach Ungarn, kehrten kurz vor dem Machtantritt der Nazis nach Deutschland zurück, blieben, wie sie vermutet hatten, unbehelligt, ausdrücklich auch nach dem Krieg, bis die französische Militärregierung anders entschied. Der Mörder Tillesen und sein Komplize Schulz erhielten 15 und 12 Jahre Zuchthaus, mußten aber nicht einmal die Hälfte davon absitzen.

In Compiègne tat sich Anfang der zwanziger Jahre der findige Bürgermeister mit dem Plan einer Gedenkanlage hervor. In den Wald wurde eine 250 Meter lange Schneise geschlagen und die Begegnungsstätte der beiden Waggons zu einem hundert Meter weiten Sternplatz umgestaltet. Am Eingang der Allee wurde ein Denkmal zu Ehren der französischen Frontkämpfer errichtet, dessen Steine die SS 1940 abtrug und in Kisten nach Berlin schaffte, von wo sie nach dem Zweiten Weltkrieg zurückgebracht und neu aufgebaut wurden. Ein »heiliger Gedenkstein« wurde mit dem bezweifelbaren Spruch versehen: »Hier zerbrach am 11. November 1918 der verbrecherische Stolz des deutschen Reiches, besiegt durch die freien Völker, die es sich zu unterjochen anmaßte.«

Der Erste Weltkrieg war nicht nur der erste moderne Krieg gewesen, sondern auch ein Rätsel. Niemand wußte hinterher genau, warum er überhaupt mit welchem Ziel ausgebrochen war. Desto entschiedener fielen die Meinungen über die Schuldigen aus. Die Sieger, vor allem die Franzosen, die im »Grand Guerre« 1,4 Millionen Tote zu beklagen hatten und in deren Land die deutschen Verlierer tief gestaffelt standen, kannten nur einen: den deutschen Kaiser und seinen Generalstab. Es gab schon früh in Frankreich oppositionelle Stimmen gegen die harte Behandlung der Deutschen. 1921 hat Jean Giraudoux über das Ende des »Großen Krieges« gespottet: »Der Waffenstillstand wurde von Lloyd George unterzeichnet, der wie ein Pudel aussieht, von Wilson, der einem Colley ähnelt, und von Clemenceau, der einer Dogge gleicht.« Aber die nationalistischen Stimmen überwogen.

Fochs rollendes Büro, der ehemalige Salonwagen Napoleons III., mit grünem Satin ausgeschlagen und dem kaiserlichen, umkränzten »N« versehen, diente zunächst weiter. Der Marechal fuhr mit ihm 1919 ins ehemalige deutsche Hauptquartier nach Spa, der Staatspräsident nach Verdun. Dann fand er seine Bestimmung als Museumsstück im Ehrenhof des Invalidendoms von Paris, bis er 1927 wieder nach Compiègne zurückgeführt wurde.

Ministerpräsident Poincaré machte 1922 den 11. November zum nationalen Feiertag. Der Sieg wurde sakralisiert. Die Lichtung erwies sich bald als Wallfahrtsort der nationalen Rechten, die mit ihren antideutschen Ressentiments die Zweifel an der Alleinschuld der Nachbarn überdeckte. 1927 wurde die Gedenk- und Triumphanlage, das historische Memorial und Kriegerdenkmal in Anwesenheit Poincarés eingeweiht. Der Amerikaner Henry-Flemming hatte ein Schutzhaus für die Eisenbahntrophäe gestiftet.

Zweite Rückblende. Der Zweite Weltkrieg hat den Ersten im deutschen Kollektivbewußtsein weit überlagert. So blieben lange die Fragen außer Betracht, wie es denn mit der Kontinuität der beiden Ereignisse bestellt sei. Holland wurde 1940 in wenigen Tagen besetzt. Das Land kapitulierte am 15. Mai, Belgien wenig später. In dieser Hinsicht verlief der »Blitzkrieg« ähnlich, wie der Westfeldzug 26 Jahre zuvor begonnen hatte. Die Engländer hatten nur die Wahl, ihre zurückgezogenen Truppen bei Dünkirchen zu opfern oder über den Kanal zu setzen. Die Franzosen waren in der Falle. Am 10. Juni beeilte sich die italienische Regierung, auch noch in den Krieg gegen Frankreich einzutreten. Am 17. Juni traf in Berlin die spanische Mitteilung ein, die französische Regierung in Bordeaux habe Francos Botschafter gebeten, ein Waffenstillstandsgesuch an die Deutschen zu übermitteln.

Einen Tag später besprachen Hitler und Mussolini in München das weitere Vorgehen. Hitler lehnte die Forderungen des Duce nach Auslieferung der französischen Flotte ab, wollte sich auch nicht auf gemeinsame Verhandlungen mit den französischen Unterhändlern verstehen. Der italienische Außenminister Graf Ciano trug die Überraschung in sein Tagebuch ein: »Hitler ist jetzt wie ein Spieler, der die Bank gesprengt hat. Er will vom Spieltisch aufstehen und nichts mehr riskieren.« Hitler ging es darum, die Franzosen nicht aufs äußerste zu verprellen. Am 20. Juni wurden der deutschen Seite die französischen Unterhändler benannt. Ursprünglich wollte General Weygand den Vorsitz der Kommission übernehmen. Es wäre ein Opfergang gewesen: der gleiche General, der 1918 zur Delegation der Sieger gehörte, sollte nun die Dokumente der Niederlage mit unterzeichnen. Er wurde jedoch als zu ranghoch eingestuft, und statt dessen wurden bestimmt, ohne daß man sie gefragt hätte: General Charles Huntziger als Chef, Vizeadmiral Lehne, Luftwaffengeneral Bergeret und der frühere Botschafter in Warschau, Leon Noel. Das französische Militär war 1940 nicht zu feige wie 1918 das deutsche, die Verantwortung zu übernehmen. Um halb drei Uhr nachmittags am 20. Juni verließ die Gruppe Bordeaux und fuhr mit einigen Begleitfahrzeugen nach Paris. Wohin genau die Reise insgesamt ging, wußte sie zu diesem Zeitpunkt nicht. Nach insgesamt 24 Stunden Fahrt kam sie am Freitag, dem 21. Juni, in Compiègne an.

In der kleinen Kirche eines Ardennendorfes, wo Hitlers provisorisches Hauptquartier lag, vor verhängtem Altar, bei Kerzenschein, waren die Dokumente ins Französische übersetzt worden. Chefdolmetscher Paul Schmidt, der schon unter Stresemann im Außenministerium gedient hatte, fuhr mit den Papieren und Ribbentrop am Morgen des 21. Juni nach Compiègne. Der hölzerne Speisewagen habe im hellen Sonnenlicht dagestanden. Man hatte ihn aus seinem Retiro und genau an die Stelle geschoben, wo er schon 1918 plaziert war. Die Gedenkplatte mit der anstößigen Inschrift wurde mit einer Reichskriegsflagge verhängt. Im Innern des Waggons war der lange Tisch aufgestellt, an dem auf jeder der beiden Seiten fünf Personen Platz nehmen konnten. Vor der französischen Delegation fanden sich Hitler, Göring, Raeder, Brauchitsch, Keitel, Ribbentrop und Heß auf der deutschen Seite ein. Hitler ließ eine SS-Mannschaft den Gegnern die militärische Ehre erweisen, General Huntziger grüßte die Hakenkreuzfahne. Keitel hatte die Aufgabe, den Franzosen die Präambel des Dokuments vorzulesen, das Hitler selbst redigiert hatte: »Wenn zur Entgegennahme der Bedingungen der historische Wald von Compiègne bestimmt wurde, dann geschah es, um durch diesen Akt einer wiedergutmachenden Gerechtigkeit – einmal für immer – eine Erinnerung zu löschen, die für ganz Frankreich kein Ruhmesblatt der Geschichte war, vom deutschen Volk aber als tiefste Schande aller Zeiten empfunden wurde. Frankreich ist nach einem heroischen Widerstand in einer blutigen Schlachtenfolge besiegt worden und zusammengebrochen. Deutschland beabsichtigt daher nicht, den Waffenstillstandsbedingungen oder -verhandlungen die Charakterzüge von Schmähungen gegenüber einem so tapferen Gegner zu geben.« Hitler gab sich generös, hatte aber anderes im Sinn: er wollte die Franzosen von der Seite der Engländer lösen und erst später, nach einem Friedensschluß, seine geplanten Härten zeigen. Er selbst hatte den Ablauf des Akts spiegelbildlich zu 1918 designt. Nach Verlesung der Präambel in beiden Sprachen war der erste Teil der Zeremonie beendet – »während dieser Zeit hatten sich die Deutschen und die Franzosen mit starren Gesichtern gegenübergesessen, als seien sie Figuren eines Wachskabinetts« (Paul Schmidt). Durch einen rechtsförmigen Hoheitsakt sollten die Bestimmungen des Waffenstillstands von 1918 getilgt und für immer ausgelöscht werden. Nach der Übersetzung stand Hitler auf und verließ den Wagen, ohne auch nur ein einziges Wort an die andere Seite zu richten. Nach Abspielen der deutschen Nationalhymne (die Marseillaise unterblieb) ging es an die Diskussion der Bestimmungen. Zur Beratung wurde den Franzosen ein Zelt mit Telefon zur Verfügung gestellt. Sie bestanden unter Berufung auf 1918, als den Deutschen eine Rücksprache mit ihrer Regierung ermöglicht wurde, auf Fühlungnahme mit Bordeaux und erhielten die Erlaubnis. Zwischen den feindlichen Linien wurde eine Telefonverbindung hergestellt – und bis in den Abend und in den nächsten Morgen hinein reichlich genutzt. Die französischen Vertreter meldeten, selbstverständlich von den Deutschen abgehört, an ihren Regierungschef, Marschall Petain, daß die Bedingungen hart seien, aber nicht an die Ehre gingen. Die französische Flotte mußte nicht ausgeliefert werden, die Kolonialgebiete blieben unangetastet und Frankreich wurde fürs erste nicht vollständig besetzt, sondern in zwei unterschiedlich verwaltete Zonen geteilt. Es blieb damit wenigstens ein Anschein von französischer Souveränität. Das Land wurde zur Abrüstung auf ein Hunderttausend-Mann-Heer verpflichtet – analog zur Bestimmung von 1918. Mit Zähigkeit wollten die Franzosen über einzelne Punkte, zum Beispiel über die geforderte Auslieferung deutscher Emigranten, verhandeln. Ein Ultimatum Keitels beendete die Diskussionen: am 22. Juni um 18.50 Uhr unterschrieben Huntziger und Keitel die Papiere. Zuvor standen die Delegationen auf und ehrten die Toten auf beiden Seiten mit einer Schweigeminute. Dann die Unterschriften. Im gleichen Moment donnerten Flugzeuge knapp über die Baumwipfel und machten einen ohrenbetäubenden Lärm.

Bei der Zeremonie in Compiègne folgte nach den Unterschriften unweigerlich der Soldatenkitsch, überliefert durch Chefdolmetscher Schmidt. Keitel wollte mit Huntziger allein sprechen. Er drückte dem französischen Kollegen seine tiefe Bewunderung aus für die Art, wie er die Interessen seines Landes verteidigt habe. Sehr bewegt, mit feuchten Augen, reichten sie einander die Hand. Und Huntziger erwiderte nach Schmidt, der die militärische Gefühligkeit übersetzte: »Danke, Herr General. Verzeihen Sie, daß ich nicht mehr sagen kann.« Es ging offensichtlich zu wie bei der Fahnenweihe eines Schützenvereins.

Die beiden Kriege und den zweifachen Waffenstillstand kann man im Museum von Compiègne in einer Serie zeitgenössischer Fotos durchblättern. Wie fern und panoptikumshaft wirken die Feldgrauen und die Spahis aus dem Ersten Weltkrieg. Er mutet an, als habe er sich hinter einer Zeit- und Anschauungsgrenze abgespielt. Für die Franzosen ist diese Wirklichkeit die Gegenwart – weil sieghaft bestanden.

Hitler gibt es in jener bekannten deutschen Wochenschau, wo er, freudig grienend, mit dem Fuß auf den Boden stampft und seinen Füller fallen läßt, als er die in einer Mappe liegende Einladung an den Duce unterzeichnen soll. Der Erste Weltkrieg schien nun doch gewonnen; Hitler wird sich als der Revancheheld, als Fortsetzer und Korrektor der Geschichte vorgekommen sein. Zu diesen Bildern wird eine Instrumentalfassung der jetzigen deutschen Nationalhymne gespielt, als müsse sich erweisen, daß »Einigkeit und Recht und Freiheit« doch vom führenden Unhold kommen. Vielleicht hat es sich auch noch nicht herumgesprochen, daß Hitler eine andere Melodei bevorzugte.

Charlie Chaplin ließ sich die Wochenschau vorführen und kommentierte: »Oh, du Dreckskerl, du Hundesohn, du Schwein. Ich weiß, was in deinem Kopf vorgeht.« Er lebte sich in die Rolle ein und hielt Hitler für seinesgleichen: »Dieser Kerl ist einer der größten Schauspieler, die ich jemals gesehen habe.« Es ging um die Vorbereitung der Rolle des Hynkel in dem Film »Der große Diktator«. Er selbst arbeitete sich in die Aufgabe ein, aus der Identität des jüdischen Friseurs in die Rolle des Tyrannen zu schlüpfen.

Hitler ließ den Salonwagen »2419 D« aus dem Museum in Rethondes holen, um die besiegte Nation zu demütigen, und verfügte seinen Transport nach Berlin. Die Räder und die Lafette sollten nach seinem Willen zerstört werden. Die Gedenkstätte in der Waldlichtung wurde gesprengt und abgetragen, nur Fochs Statue durfte stehenbleiben. Somit glaubte Hitler, habe er »die deutsche Schmach« endgültig getilgt. Kurz vor dem Ende des »Dritten Reiches«, im Frühjahr 1945, wurde der Salonwagen im thüringischen Ohrdruf von der SS in die Luft gesprengt. Sie wollte vermeiden, daß zum drittenmal in diesem Gefährt ein Waffenstillstand geschlossen werden konnte.

Der Wald von Compiègne ist wegen seiner Stille ein fast unheimlicher Ort: gedämpfte Stimmen, keine Lautsprecher, keine krähenden Guides, keine Musik auf dem Gelände. Mit diesem Namen ist weitere, blutige Eisenbahngeschichte verbunden. Am 27. März 1942 ging der erste Deportationszug mit 6000 Juden von Compiègne nach Auschwitz ab. Sie waren nach den Abmachungen des Waffenstillstandsvertrags vogelfrei. Insgesamt 85 000 Menschen wurden aus Frankreich in die Todeslager transportiert. »Auschwitz – einfache Fahrt« hieß die Eisenbahnerparole. Rund 450 000 Bahnarbeiter hat die französische Eisenbahngesellschaft SNCF beschäftigt. Genau 819 von ihnen wurden standrechtlich erschossen, weil sie die Deportationen kritisierten oder verhindern wollten. Rund 1200 starben aus dem gleichen Grund in Konzentrationslagern. Auf einem Gedenkstein in Drancy steht die Inschrift: »Wir vergessen nie.« Ein ausrangierter Waggon soll an die Transporte unter der Vichy-Regierung erinnern.

Am 1. September 1944 wurde Compiègne befreit. Am 21. Oktober fand in Anwesenheit des französischen Generals Koenig zum erstenmal wieder eine Gedenkveranstaltung statt. Deutsche Kriegsgefangene mußten die Anlage wieder instandsetzen. Bereits am 11. November 1945 wurde die massive, auf Befehl Hitlers gesprengte

Schriftplatte in einer »Reinigungszeremonie« erneuert. Im November 1950 wurde ein typengleicher Wagen, versehen mit dem originalen Messingschild, das in Ohrdruf gerettet worden war, in ein neues Gebäude gesetzt. Abends holt der Wächter des Erinnerungsbetriebs die Trikolore vor dem Gehäuse des doppelten Zwangsfriedens vom Fahnenmast. Für ihn erweist sich die Schließung des Mueums jedesmal als ein nationaler Hoheitsakt. Der Salonwagen aber könnte, wenn er noch einmal in Bewegung gesetzt würde, als Oldtimer in eine Zukunft jenseits der Militaria fahren: er ist ironischerweise als das Requisit des internationalen, europäischen Reisenetzes deklariert.

Tod aus den Lüften
Damals in Guernica

DEUTSCHE JAGDFLIEGER ZERSTÖREN 27 FLUGZEUGE AUF DEM ROTSPANISCHEN FLUGPLATZ VILLAJUIGA

Es war das erste Kapitalverbrechen der deutschen Wehrmacht – noch vor Beginn des Zweiten Weltkriegs. Am 26. April 1937 griffen vermutlich 43 Flugzeuge der Legion Condor (gemeinsam mit einigen italienischen) den baskischen Marktflecken Guernica an. Die Zerstörung des Ortes mit Brand-, Splitter- und Sprengbomben hatte weder etwas mit dem Frontverlauf noch mit strategischen Überlegungen zu tun. Zwar wollte man republikanischen Truppen, die in Richtung Bilbao abzogen, den Rückzug abschneiden und faßte eine Straßengabelung, eine Brücke und die Vorstadt Rentería als Ziele ins Visier, aber dann wurde – angeblich wegen schlechter Sicht – fast der ganze Ort bombardiert. Die drei Angriffswellen trafen eine unbefestigte, auf den Luftangriff keineswegs vorbereitete Stadt. Die rund 5000 Einwohner bestanden ausnahmslos aus Zivilisten und einigen hundert versprengten republikanischen Soldaten auf dem Rückzug. Die Truppen der Falange hätten, wenn sie nachgerückt wären, den Marktflecken kampflos ohne Luftangriffe übernehmen können.

Zwar hatte die Legion Condor schon zuvor einige spanische Städte, unter ihnen Durango, bombardiert, aber weitgehend mit militärischen Absichten und nach vorausgegangener Fixierung der Ziele. Das war in Guernica nicht der Fall. Die Stadt lag sechzehn Kilometer hinter der Front und dreißig vom Baskenzentrum Bilbao entfernt. Um fünf Uhr nachmittags, in der Stunde, in der nach Federico Garcia Lorcas berühmtem Stierkampfgedicht der Tod kommt, ereignete sich etwas prinzipiell Neues: das Flächenbombardement als terroristisches Ereignis. 50 000 Kilo Bomben rauschten auf die am Markttag besonders belebte Stadt nieder, Jäger schossen auf die Fliehenden, die Stadt wurde zu siebzig Prozent ausradiert. Das einzig plausible Ziel des dreistündigen Angriffs wurde jedoch verfehlt: die Brücke über den Oca-Fluß blieb unbeschädigt.

Die Bombardierung Guernicas war der Probefall für Warschau, Rotterdam und Coventry. Wer umgekehrt den Feuersturm von Dresden beklagt, darf auch von Guernica nicht schweigen. Churchill nannte die Zerstörung später einen »Versuchshorror« der Deutschen. Göring hat im Nürnberger Prozeß zugegeben, daß der erste Testfall des »Blitzkrieges« dem Ziel folgte, »im scharfen Schuß zu erproben, ob das Material zweckentsprechend entwickelt wurde«. Er bekräftigte, der Spanische Bürgerkrieg »war eine gute Gelegenheit, meine junge Luftwaffe auf die Probe zu stellen, damit meine Leute dort Erfahrung sammeln konnten«. So offensichtlich das Bürgerkriegsspanien als »Kriegshochschule Deutschlands« diente (wie General Reichenau es 1938 intern formulierte), so unklar blieben bis heute manche Umstände der Zerstörung von Guernica. Das Archiv der Legion Condor ist 1945 in Berlin bei einem Luftangriff verbrannt, andere schriftliche Quellen schweigen sich auf bezeichnende Weise aus, die Propaganda verzerrte und verzeichnete die Geschehnisse. Die Zahl der Opfer ist nie genau rekonstruiert worden. Die Ziffern schwanken zwischen 100 und 1600 Personen. Nach drei Tagen wurde die Stadt von Francos Truppen besetzt, die Mordspuren wurden beseitigt, und die Legende wurde ausgestreut, die Republikaner hätten auf ihrem Rückmarsch die Stadt selbst gesprengt. Eine andere Falschmeldung besagte, die Stadt sei durch Artilleriefeuer von der heranrückenden Front getroffen worden.

Unter Franco blieb auch nach dem Zweiten Welktkrieg ein Schweigegebot erhalten; der Bürgermeister von Guernica, Gervasio Guezuraga, erklärte noch 1974: »Für jemanden, der sich mit der Vergangenheit von Guernica beschäftigt, hat die Stadt überhaupt nichts von

Interesse zu bieten. Auch ist es sinnlos, darüber zu sprechen, was damals hier mit irgend jemandem geschah.« Eine eigene baskische Geschichtsschreibung war unter der Herrschaft des Generalissimus sowieso ausgeschlossen. 1953 hat der Jagdflieger Adolf Galland, demokratischer Gesinnung unverdächtig, in seinen Memoiren die Bombardierung des Marktfleckens als »bedauerlichen Irrtum« notiert, »wie es später im zweiten Weltkrieg sich ungezählte Male auf beiden Seiten wiederholte«. Noch immer geistere der Name »durch den Hintergrund deutschfeindlicher Ressentiments«.

Es ging der faschistischen Allianz um die Vernichtung eines Kultortes. In Guernica standen die Reste der heiligen Eiche, an der sich die Ältestenräte der Basken bis 1876 versammelten, um in direkter Demokratie Gesetze zu beraten. So hat es schon Jean-Jacques Rousseau beschrieben: »In Guernica leben die glücklichsten Menschen der Welt. Ihre Angelegenheiten regeln sie durch eine Körperschaft von Bauern unter einer Eiche, und stets verhalten sie sich klug.« Sogar die kastilischen Könige reisten vom 14. bis zum 16. Jahrhundert nach Guernica, um die Einhaltung der baskischen Rechte, der Fueros, zu beeiden; umgekehrt wurde ihnen die Gefolgschaft der Provinz versichert.

Der Baum hat übrigens die Bombardements überstanden. War der Angriff auf den berühmten Ort beabsichtigt oder beruhte er auf Ahnungslosigkeit? Immerhin scheint bei den deutschen Herren der Lüfte eine Mutmaßung über die Bedeutung des Ortes verbreitet gewesen zu sein: der damalige Chef der Legion Condor, General Hugo Sperrle, nannte Guernica das »baskische Potsdam«. Vermutlich sind die Herren vom deutschen Stab durch führende Leute der Falange auf die Symbolkraft des Ortes hingewiesen worden.

Die Einheiten der rund 15000 Mann starken Legion Condor, die nicht nur aus fliegendem Personal bestand, sondern auch aus Flak, Fernmeldern und acht Panzereinheiten, wurden jeweils nach neun Monaten Zug um Zug ausgetauscht und mußten über ihren Einsatz schweigen, denn Deutschland war offiziell eines von 27 Mitgliedern der Nichteinmischungskomission. Erst nach dem Sieg der Falange über die spanischen Republikaner ließ Hitler seine Legionäre glorios feiern. Staffelkapitän Heinz Trettner, einer der Beteiligten in Guernica und Adjutant des Kommandeurs Hugo Sperrle, hätte, falls von Redseligkeit getrieben, seine steile Karriere in der Bundeswehr nicht machen können.

Das Inventar der Stadt: die heilige Eiche und das Parlamentsgebäude, dahinter das Kloster Santa Clara, worin die Nonnen einen geschlossenen Orden bildeten. Die Kirchen Santa Maria und San Juan. Das Haus des Grafen von Montefuerte, Rufino. Die beiden Kneipen Arrién und Taberna Vasca am Marktplatz, das Hotel Julián, das einzige in der Stadt, mit 22 Schlafzimmern, ein Pelota-Stadion, das Kino El Liceo, die Rentería-Brücke, an der drei Straßen aus dem Osten zusammenlaufen: ein Verkehrsknotenpunkt. Auf der anderen Seite die Bahnlinie nach Bilbao.

Am Vorabend war gesungen und getanzt worden wie immer, wenn das Wetter gut war, im Freien. Im Kloster Santa Clara gab es ein peinliches Nebeneinander der Kräfte: nächtigende Soldaten der Republik auf dem Rückzug und die gottesfrommen Nonnen, voller Entsetzen über die männlichen Gäste im Gemäuer.

Die militärischen Informationen der Legion Condor besagten an diesem Morgen des 26. April, daß falangistische Truppen an der baskischen Front auf dem Vormarsch seien und das nahe Landstädtchen Durango kurz vor der Kapitulation stehe. Gegen elf Uhr am Morgen entschied ein Mann das Schicksal Guernicas: Oberstleutnant Wolfram Freiherr von Richthofen, Stabschef der Legion Condor. Er war im November 1936 in Spanien eingetroffen, wurde später wegen seiner spanischen Verdienste zum Befehlshaber des 8. Fliegerkorps ernannt und stieg sogar zum Generalfeldmarschall auf. Er konsultierte zwar den spanischen Oberst Juan Vigón, Stabschef der Nordarmee Francos, hatte den Angriffsplan jedoch selbständig ausgearbeitet und verfuhr nach der Devise, die sich als Eintrag vom 24.3.1937 in seinem Tagebuch findet: »Also praktisch führen wir den ganzen Laden, ohne eigentliche Verantwortung.« In seinen Aufzeichnungen finden sich zahlreiche höhnische Sottisen über die »Schlappheit« der spanischen Offiziere und der italienischen Verbündeten. Sein offizieller Befehl bezog sich vor allem auf die Zerstörung der Brücke und der Zugangsstraßen. Diesen Auftrag hätte ein einziger Sturzkampfbomber mit einem gezielten Angriff erledigen können. Die martialische Gründlichkeit, mit der er vorging, läßt vermuten, daß er gegenüber den spanischen Waffenbrüdern ein Exempel deutscher militärischer Wertarbeit liefern wollte. Der vorgesehene Aufwand an Material und Fachleuten war riesig und dementierte seine Vorgabe.

23 Bomber sollten in verschiedenen Wellen Angriffe fliegen, die

vier Heinkel der Versuchsbomberstaffel als »Pfadfinder« eingesetzt werden, Staffelführer Rudolph von Moreau sollte vorausfliegen, um die Frage der Flak zu klären. Zehn weitere Flugzeuge waren dazu ausersehen, im Tiefflug Bomben abzuwerfen und mit den Bordwaffen auf Mann und Maus zu schießen. Auch eine große Zahl von Brandbomben, insgesamt wahrscheinlich 2500 mit Thermit gefüllte Leichtmetallbehälter, war vorgesehen. Eine andere Jagdstaffel sollte zuvor ein Ablenkungsmanöver starten: einen Angriff auf das Gebiet nördlich von Monte Oiz, bei Múnditibar, um viertel vor vier Uhr. Richthofen hatte eine Uhrwerksplanung vorgenommen und die bislang größte Luftstreitmacht im Spanischen Krieg bei einem einzigen Angriff eingesetzt – angeblich wegen einer Brücke, die auf zwei dünnen Pfeilern ruhte und die nur 25 Meter lang und knapp 10 Meter breit war. Die Stadt war dreihundert Meter davon entfernt.

Die drei Staffeln dreimotoriger Ju 52 konnten pro Maschine Bomben mit einem Gewicht von anderthalb Tonnen tragen. Ungefähr die gleiche Last konnte auch die Versuchsbomberstaffel von Moreau befördern. Und die Jäger, Messerschmidts und Heinkels, waren mit Maschinengewehren bestückt; ihre Piloten konnten auch Handgranaten und leichte Bomben werfen.

Unter dem Kommando des Leutnants Balthazar startete ein Aufklärungsflugzeug, um die Gegend rundum zu fotografieren und um Truppenbewegungen, Waffen und eventuelles schweres Gerät zwischen Marquina und Guernica zu ermitteln. Aber der Marktflecken sollte nicht überflogen werden, »damit der Feind über unsere Absichten im dunkeln bleibt«. Auch ein Wetterflugzeug wurde eingesetzt; es sollte im Golf von Biscaya die Verhältnisse erkunden. Für den späten Nachmittag lautete die Prognose wie folgt: drei Zehntel Bewölkung, Höhe 600–6000 Meter, Windrichtung Süd bis Südwest, Windgeschwindigkeit 15 bis 18 Stundenkilometer, gute Sicht, in Küstennähe möglicherweise Bodennebel.

Die deutschen Helden, die die Staffeln von jeweils neun Bombern führten, hießen Oberleutnant Karl von Knauer, Oberleutnant Hans Henning Freiherr von Beust, Hauptmann Ehrhart Krafft von Dellmensingen sowie Rudolph von Moreau. Die deutschen Flugzeuge starteten von Burgos und von Vitoria aus. Die Verwandlung des baskischen Städtchens in einen deutschen Übungsort hat der Augenzeuge Antonio Arazamagni beschrieben: »Längs der Straße schlug eine

Reihe von Bomben ein. Eines nach dem anderen begannen die Häuser einzustürzen. Sie klappten zusammen wie Kartenhäuser. Ich sah, wie sie zuerst schwankten. Das Getöse, mit dem sie zusammenkrachten, war so laut, daß ich es selbst durch das Donnern der Flugzeuge hörte. Auch den Bunker erwischte es. Durch die Gewalt der Detonation wurden drei Menschen aus dem *refugio* herausgeschleudert.« Der aufgewirbelte Rauch war so dicht, daß in ihm einzelne Bewohner, die sich nicht befreien konnten, erstickten. Dreieinviertel Stunden haben die Flugzeuge benötigt, um Guernica auszulöschen, mit Handgranaten und Maschinengewehren Jagd auf Zivilisten zu machen. Rund zwanzig Minuten vergingen zwischen den einzelnen Angriffswellen.

Die Unbegreiflichkeit dieses Geschehens ist der Reflex auf das damals geprobte Experiment: die Auslöschung eines begrenzten Areals. Ein Augenzeuge, der baskische Priester Alberto de Onaindía: »Die Flugzeuge kamen ganz tief angeflogen, und sie waren höchstens zweihundert Meter hoch. Sobald sie über uns hingeflogen waren, verließen wir unser Versteck und rannten in den Wald. Aber die Flieger sahen uns und setzten zu unserer Verfolgung an. Die Blätter verbargen uns zwar, aber da sie nicht genau sahen, wo wir liefen, schossen sie ungefähr in unsere Richtung. Wir hörten, wie die Kugeln durch die Blätter brachen und dazu den dunklen Ton von splitterndem Holz. Die Milizmänner und ich verfolgten die Flugbahnen der Maschinen, sie machten die verrücktesten Kapriolen, um sich nicht in den Baumspitzen zu verfangen. Unterdessen stürzten Frauen und Kinder und alte Männer getroffen nieder, wie Fliegen, überall sahen wir große Pfützen von Blut. Ich sah einen alten Bauern, der allein auf dem Feld stand: eine Maschinengewehrgarbe tötete ihn. Mehr als eine Stunde blieben die achtzehn Maschinen in einer Höhe von wenigen hundert Metern über Guernica, und sie warfen Bombe auf Bombe. Von dem Lärm der Explosionen und dem Geräusch der einstürzenden Häuser macht man sich keinen Begriff. Sie flogen über die Straßenzüge hin. Sehr viele Bomben fielen. Scheinbar überall. Später sahen wir die Krater. Sie hatten einen Durchmesser von sechzehn Metern und waren acht Meter tief. Gegen 7 Uhr flogen die Maschinen ab, und nun kam eine neue Welle, die diesmal in sehr großer Höhe flog. Die zweite Welle warf Brandbomben auf unsere gemarterte Stadt. Das zweite Bombardement dauerte fünfunddreißig Minuten, aber es reichte hin, um den ganzen Ort in einen gewaltigen Feuerofen zu verwandeln. [...] Bei Sonnenuntergang konnte man immer noch nicht weiter als fünfhundert Meter sehen. Überall wüteten die Flammen, und dicker schwarzer Rauch stieg auf. Um mich herum beteten die Leute und streckten die Arme in Kreuzform gegen den Himmel, um Gnade zu erbitten. [...] Als es dunkel wurde, erreichten die Flammen von Guernica den Himmel, und die Wolken nahmen die Farbe von Blut an, auch auf unseren Gesichtern trug sich der blutige Widerschein ein.«

Francos Truppen kamen erst drei Tage später in die zerstörte Stadt. Es handelte sich um eine selbständige Aktion der Luftwaffe. Man wollte erproben, welche Wirkungen ein Luftschlag allein ausrichten konnte. Der »Flaschenhals« an der Rentería-Brücke hatte keine militärische Bedeutung: flüchtende Truppen konnten unweit davon den Fluß ohne weiteres durchwaten.

Die Zerstörung von Guernica war keineswegs ein einmaliges und gewiß nicht das größte Ereignis im Luftkrieg der Legion Condor gegen die spanische Zivilbevölkerung: schon seit dem August 1936 hatten deutsche Flugzeuge spanische Städte, unter ihnen Cartagena und Toledo, bombardiert. Bei der Belagerung von Alicante und Madrid starben weitaus mehr unbeteiligte Personen. Aber die Legion hatte noch kaum Erfahrung mit Brandbomben in Städten. In Durango hatte man sie am 31. März 1937 noch nicht eingesetzt. Erprobt wurden mehrere technische Möglichkeiten: der konzentrierte Angriff von Staffeln aus verschiedenen Höhen, die Präzision der Angriffswellen, die Markierung der Ziele durch eine vorausfliegende Maschine, das Zusammenwirken der Spreng- und Brandbomben zur Massenvernichtung, die Versuchsstaffeln, Logistik und technische Schulung...

Und es war nicht die allererste Übung gegen die Zivilbevölkerung. Schon in den ersten fünf Monaten des Ersten Weltkriegs hatte es mehrere Versuche gegeben, die Haager Landkriegsordnung in der Fassung von 1907 mit ihrem Artikel 25, der das Bombardieren von unbefestigten und nicht verteidigten Plätzen verbietet, außer Kraft zu setzen. Zeppeline ließen seit Mitte 1915 ihre tödlichen Frachten auf alliierte Städte fallen. Allerdings wurde in Guernica zum erstenmal der Traum von einem aseptischen Krieg ohne eigene Verluste in die Praxis umgesetzt. Die deutschen Lufthelden, die sich später ihrer Taten erinnerten, hielten es allesamt mit der Devise des Sonderberichterstatters Karl Georg von Stackelberg, der (bei anderem Anlaß) die Arroganz des Akteurs aus der großen Höhe betonte: »Die Sonne brennt herunter, der Äther ist klar und blau, kein Wölkchen am weiten Himmel. Wir fliegen unsern Kurs, keiner hindert uns daran. Dort unten sind jetzt die roten Stellungen. Während wir hier oben ruhig unseren Weg ziehen, ein paar tausend Meter hoch, mögen die dort unten jetzt den Kopf einziehen, mögen in die Unterstände laufen. Wir beherrschen souverän die Lage. Die Gruppe zieht in überlegener Ruhe ihre Bahn. Es ist ein herrliches Gefühl, hier oben zu sein. Es ist unbeschreiblich, königlich und frei. – Der Mann neben einem und der vorne, die haben eine Ruhe, die gar nicht zu erschüttern ist. Es ist wie ein Spaß, wenn unten Flakwolken aufspritzen. Sie kümmern einen kaum. Man sieht kaum hin. Diese weißen Wölkchen, die sehen so harmlos aus, die sitzen weit ab und viel zu tief, sind wie harmlose Grüße von unten. Der Offizier vorn in der Kanzel gibt den Befehl zum Fertigmachen der Bomben.« Die Viertel- und Halbtonner fallen exakt ins Ziel, richten das Inferno sondergleichen an. Bei den Fliegern der Legion Condor wurde die Vorstellung vom »sauberen Krieg«, von der »chirurgischen Operation« mit all ihren Euphemismen geboren.

Gegen 19.45 Uhr an diesem 26. April 1937 war der Angriff auf Guernica beendet, die letzten Messerschmidts und Heinkels flogen, nachdem die Bordschützen ihre Maschinengewehrmunition auf die Zivilisten verschossen hatten, zu ihren Stützpunkten zurück. Die Propagandalüge, die Soldaten der spanischen Republik hätten die Stadt angezündet, wurde von Francos General Queipo de Llano im Radio Salamanca verbreitet. Aber es gab unleugbare Beweise für die deutschen Taten: Blindgänger und Munition, die man in den Ruinen von Guernica fand, trugen deutsche Aufschriften, die Berichte der Augenzeugen über die Flugzeuge waren nicht zu widerlegen.

Richthofen meldete in einem Geheimbericht nach Berlin, die Aktion sei »ein voller Erfolg« gewesen. In seinem Tagebuch heißt es, die Stadt sei »buchstäblich dem Erdboden gleichgemacht« worden. Und: »Bombenlöcher auf Straßen noch zu sehen, einfach toll.« Reichskriegsminister von Blomberg erhielt auf mehrere telegraphische Anfragen, wer für den Angriff zuständig gewesen sei, die Antwort übermittelt: »Keine Deutschen.« Sogar er, bei Hitler schon in Ungnade, wurde über die Urheberschaft des Massakers getäuscht.

Ribbentrop, deutscher Botschafter in London, schrieb an das deutsche Außenministerium am 4. Mai 1937: »Bitte veranlassen Sie Franco zu einem energischen und scharfen Dementi, daß deutsche Flieger Guernica angegriffen haben.« Elf Tage später gab Hitler an Ribbentrop Anweisung: »Eine internationale Untersuchung ist unter allen Umständen zurückzuweisen.« Franco ließ verbreiten: »Guernica ist durch Feuer und Benzin zerstört worden. Angezündet und in Trümmer verwandelt haben es die roten Horden im verbrecherischen Dienst von Aguirre, dem Präsidenten der baskischen Republik. Aguirre hat in teuflischer Absicht die Zerstörung von Guernica vorbereitet, um sie dann dem Gegner in die Schuhe zu schieben und unter den schon besiegten und demoralisierten Basken einen Entrüstungssturm vorzubereiten.« Der Terror aus der Luft hat seine Wirkung getan: bereits im Juni waren die »Verräterprovinzen« (Franco), war das Baskenland vollständig von der Falange besetzt. Die beteiligten deutschen Flieger logen auch später vor sich hin. Für Beust war 1955 die Bombardierung »dieser rein technisch bedingte Fehler«, Generaloberst a.D. Erwin Jaennecke machte zwei Jahre später gar die Italiener als Verantwortliche und die deutschen Angreifer als unschuldige Opfer aus: »Dabei waren wir es gar nicht gewesen und bekamen ganz unschuldig den ganzen Bombenregen auf den Kopf.« Von Knauer hielt seine mörderische Tätigkeit auch im nachhinein für einen Einsatz »im Krieg gegen, und zwar im gemeinsamen Kampf, gegen den Kommunismus«.

Die Aufklärung der Hintergründe wurde jedoch nicht nur verhindert, es stand wohl auch ein kognitives Defizit entgegen. Für viele Augenzeugen und Überlebenden war es eine Vorübung zum Weltuntergang. Der Terror aus der Luft wurde als lähmend neuartig empfunden, der Schock saß so tief, daß er lange nicht artikuliert werden konnte. Bezeichnenderweise wurde Guernica in der antifaschistischen Literatur zwar oft erwähnt, aber nur in einem Roman von Hermann Kesten 1939 beschrieben. In den Erinnerungen eines nach Paris Geretteten, der von seinen Angehörigen, der Apothekerfamilie Espinosa, erzählt, taucht in »Die Kinder von Gernica« auch der Luftangriff auf – und die Opfer werden in ihrem Nichtverstehen gezeigt: »Da saßen sie am Rande der Straßen wie Wahnsinnige und hielten sich mit den Fäusten Ohren und Augen abwechselnd zu, um nicht zu sehn, um nicht zu hören. Blind und taub wollten sie sterben.«

Pablo Picasso, von der republikanischen Regierung zum Direktor des Prado in Madrid ernannt, schuf für den spanischen Pavillon bei der Weltausstellung 1937 sein Riesenbild »Guernica«. Fünf Tage nach den Bombardements habe er, besagt die Fama, bereits damit angefangen. Die Wörter für das Ereignis sind erst Jahrzehnte später nachgewachsen – zum Beispiel bei Peter Weiss in seiner »Ästhetik des Widerstands«, in der anhand von Picassos »Guernica«-Bild eine ästhetisch-politische Reflexion geleistet wird.

Die Legionäre schrieben sich, nachdem der militärische Sieg errungen, Franco ihnen seine Dankbarkeit bezeugt und sie mit KdF-Dampfern wie der »Wilhelm Gustloff« in die Heimat zurückgebracht worden waren, die Finger wund über ihre großartigen Erlebnisse unter Spaniens Himmel, aber Guernica fehlt in der nationalsozialistischen Literatur.

Am 6. Juni 1939 paradierte die Legion Condor, mit Sperrle und Richthofen an der Spitze, durchs Brandenburger Tor. Heinrich Mann sollte nicht rechtbehalten, als er behauptete: »Aber Millionen ehrenwerter Deutscher sind erbittert, weil dieser Auswurf des Landes in Spanien alles, was deutsch heißt, entehrt und zum Abschaum macht. Millionen und nochmals Millionen Deutscher hassen aus dem Grunde der Seele die Machthaber im Lande, ihre ekelerregende Grausamkeit, die sie in Redensarten vom ›totalen Krieg‹ kleiden, ihre niedere Verlogenheit, wenn sie sich als ›Richter der westlichen Civilisation‹ aufspielen.« Die Parade der Legion Condor war ein voller propagandistischer Erfolg. Hitler erklärte, ihr Triumph sei »ein Denkzettel für unsere Gegner« gewesen.

Moreau starb im März 1939 bei einem Testflug für die Luftwaffe in Deutschland. Sperrle tauchte bei Kriegsende unter, wurde jedoch von den Amerikanern aufgegriffen und 1948 wegen Kriegsverbrechen in Nürnberg vor Gericht gestellt. Er starb 1953 in Ludwigsburg. Wolfgang Freiherr von Richthofen, der mit 47 Jahren von Hitler zum Generalfeldmarschall ernannt worden war, wurde 1945 von den Amerikanern verhaftet und starb zwei Monate nach Kriegsende. Hans Henning Freiherr von Beust wurde mit 25 Jahren zum jüngsten Hauptmann der Wehrmacht ernannt. Er flog im Zweiten Weltkrieg 480 Einsätze, davon rund 30 gegen London und gerierte sich nach dem Krieg als ein Offizier, der die Bombardierung der Zivilbevölkerung vergeblich aufhalten wollte. Karl von Knauer schrieb nach seinen Erfahrungen in Guernica einen Leitfaden für Bomberpiloten der Luftwaffe mit besonderer Berücksichtigung von Tieffliegerangriffen. Er und Krafft von Dellmensingen wurden später von der Bundeswehr übernommen. Leutnant Hans Asmus, Richthofens Adjutant, brachte es in der Bundesluftwaffe bis zum Generalmajor. Heinz Trettner wurde nach dem Krieg einiger Kriegsverbrechen in Rotterdam und in Italien beschuldigt, wies die Vorwürfe zurück und hielt sich sogar noch als Generalinspekteur der Bundeswehr. Er trat erst zurück, als den Soldaten die Mitgliedschaft in der Gewerkschaft erlaubt wurde. Diese demokratische Untat der inneren Führung war für ihn so verwerflich, daß er in den Ruhestand ging.

In Guernica wurden die Spuren der Bombardements vollständig beseitigt, die zerstörten Häuser bis 1950 mit Hilfe von republikanischen Gefangenen wieder aufgebaut. Der vormalige demokratische Justizminister der Basken hat vergeblich versucht, die Zerstörung von Guernica in den Katalog der Nürnberger Anklagevertreter aufnehmen zu lassen. Das Tribunal wollte sich hingegen nur mit Verbrechen befassen, die im Zweiten Weltkrieg begangen worden waren. Erst 1977 konnten die Basken den Jahrestag des Luftüberfalls auf Guernica in Freiheit begehen. Aber ihr Gedenken paßte überhaupt nicht in die politische Landschaft. König Juan Carlos hatte nach Francos Tod 1976 von seinen Landsleuten gefordert, die Vergangenheit ruhen zu lassen, und zur Aussöhnung, zur »convivencia pacífica«, aufgerufen; ein Amnestiegesetz wurde erlassen.

Im BRD-Deutschland wurden die Ereignisse noch energischer verdrängt. Generäle der neuen Armee taten jede realistische Schilderung des Überfalls als Gerede ab. Im Zentrum der Bundeswehr wurden die entschuldigenden Verfälschungen des Tathergangs sorgsam gepflegt. In Wunstorf, von wo aus Flugzeuge und Piloten der Legion Condor nach Spanien gebracht worden waren, pflegte das Lufttransportgeschwader 62 der Bundeswehr liebevoll die Erinnerung an die Helden von einst. Für den Bomber Ju 52 wurde ein Museum eingerichtet. Der Stadtrat von Wunstorf hat sich erfolgreich dagegen gewehrt, mit Guernica eine Städtepartnerschaft eingehen zu sollen.

Der deutsche Botschafter in Spanien, Lothar Lahn, betonte gegenüber dem Jesuitenpater Jesús Arana, der eine deutsche Versöhnungsgeste angemahnt hatte, »das Thema Vergangenheitsbewältigung (sei) als abgeschlossen zu betrachten«. 1984 lehnte es die Bundesregierung unter Helmut Kohl ab, sich an einem von einem baskischen Bildhauer und einem deutschen Kollegen projektierten »Versöhnungsdenkmal« zu beteiligen, lieferte aber ein Jahr später 100 000 DM für die Errichtung eines Marine-Ehrenmals in Washington ab. Das Außenministerium hatte sich Mitte der achtziger Jahre zu einer geradewegs beleidigenden Geste herabgelassen: man bot zum Wiederaufbau einer Kirche einen Zuschuß von 10 000 Mark an. Ein Waffenlobbyist, der CSU-Abgeordnete Erich Riedl, tischte 1995 im Bundestag noch einmal die Mär von ungünstigen Windverhältnissen, schlechter Sicht und mangelhaftem Zielgerät als Ursachen für die Bombardierung Guernicas auf.

Die Basken forderten keine Entschädigung, wollten nicht, daß sich die Deutschen hinterher mit Geldern von ihrer historischen Schuld freikauften. Wiedergutmachung wollte keine Bundesregierung leisten.

Und dennoch gab es immer wieder Versöhnungsversuche. Sie begannen 1979 mit einer von Basken begründeten Comisión Gernika, die von dem Jesuitenpater Jesús Arana geleitet wurde; in Deutschland stieß er damals noch auf viel Ablehnung: Man wollte das schlechte Gewissen nicht aufrühren, es handle sich um eine Bagatelltat, schließlich habe Franco im Spanischen Bürgerkrieg den Oberbefehl gehabt, die Basken wollten nur Geld für die ETA eintreiben – und anderes mehr. 1987 wurde die Comisión wieder aufgelöst. Im gleichen Jahr hat das baskische Parlament mit »Gernika Gogoratuz« ein Friedensforschungszentrum eingerichtet; ihm folgte die Gründung einer Friedensbibliothek. Auch wurde eine Städtepartnerschaft mit Pforzheim vereinbart; die süddeutsche Stadt war im Zweiten Weltkrieg ebenfalls weitgehend zerstört wurden. »Vom Symbol der baskischen Freiheiten über das Symbol der Schrecken des Krieges entwickelte sich Guernica zum internationalen Symbol des Friedens und der Versöhnung«, schreibt Michael Kasper, der die erste baskische Geschichte in deutscher Sprache geschrieben hat. Die Grünen Petra Kelly und Gerd Bastian haben mit ihren Interventionen im Bundestag einige Hürden auf deutscher Seite genommen.

1997 hat sich die Bundesregierung zu einer Geste gegenüber der baskischen Stadt bereit erklärt. Es sollten zwölf Millionen Mark für ein Berufsbildungszentrum gezahlt werden. Aber die erklärte Absicht ist in der moralischen Indifferenz der Kohl-Ära wieder versikkert. Der gute Wille wurde gevierteilt: plötzlich standen nur noch drei Millionen zur Verfügung. Zunächst sollte eine Bibliothek bezuschußt werden, dann ging es um eine Stiftung, zuletzt nur um eine Sporthalle für Guernica. Erst Bundespräsident Roman Herzog fand zum sechzigsten Jahrestag der Bombardierung passende Worte: »Ich möchte mich der Vergangenheit stellen und mich zur schuldhaften Verstrickung deutscher Flieger ausdrücklich bekennen. An Sie als Überlebende des Angriffs, als Zeugen des erlittenen Grauens richte ich meine Botschaft des Gedenkens, des Mitgefühls und der Trauer.«

Guernica ist ein Spiegel, in dem der Terror aus der Luft gegen die Zivilbevölkerung in seiner ganzen Abscheulichkeit sichtbar wird. In Guernica hat der Bombenkrieg ein Übungsfeld gesucht und ein Vor-Bild gefunden. So ist Guernicas Schicksal auch zum Inbild deutscher Städte geworden.

Ansichten vom Ettersberg
Memorial Buchenwald

Goethes Lob der Landschaft an Eckermann, mit auf den Weg zum thüringischen Bergsattel gegeben: »Hier fühlt man sich groß und frei, wie die große Natur, die man vor Augen hat, und wie man eigentlich immer sein sollte.« Die Straße führt sieben Kilometer lang hinauf, durch lichte Buchenwälder. Früher fuhr man an Kasernen der Sowjetsoldaten vorbei, die zwischen VEB Goethe und der SS-Hinterlassenschaft hausten, zwischen Stadt und Hügel, als bewachten sie beide, vielleicht voreinander. Verwaltet wurden beide Welten von der gleichen Institution, den Nationalen Forschungs- und Gedenkstätten, das Nationale und das Gedenken verschwammen ineinander durch die gleiche Absicht. Hitze steht träge über dieser abseitigen Spur, die nur weiterführt ins gleiche wuchernde Grün aus Gräsern, Buschwerk, Dickicht, ins vegetative Nichts. Die Ortsschilder sind, eins nach dem anderen, abgefallen, weisen seitwärts, als wichen sie aus. Eins nur hält die Richtung, diese sanfte Schwingung durch Buchengeflimmer, Sommerhitze und Lautlosigkeit, ein einziges mit einem Namen wie ein Pseudonym der Idylle. Hottelstedt. Die gleichen Betonplatten, die für Hitlers Autobahn Verwendung fanden, bilden diese

Route, die Fugen sind mit Bitumen ausgefüllt, aber seit kurzer Zeit unter Asphalt. Das war die Auffahrt zur Hölle Buchenwald, nach Dachau und Sachsenhausen das dritte große *K.L.*

Linker Hand die öde Gleichgültigkeit eines riesigen Parkplatzes. Im Bedarfsfall konnten jedwede Massenorganisationen besichtigen. Heute ist er in der pochenden Hitze fast leer. Vorbei an den Steinbaracken der SS-Wachmannschaften auf einen noch größeren Parkplatz. Irgendwo war in der Nähe die Jugendherberge eingerichtet: Junge Pioniere und Blauhemden flirteten, das Lager vor sich, mit den Gleichaltrigen aus den internationalen Gruppen, die Klampfe und erste Küsse am Rand der Todeszone. Die 239000 Häftlinge, die hier vordem als »Eingang« verbucht wurden, sind anders angekommen: über den Beton, die Blutstraße oder in Eisenbahnwaggons am eigenen Bahnhof, die letzte Strecke im Laufschritt, unter Prügeln der SS auf dem Carachoweg, dessen hölzernen, bemalten Wegweiser das Lagermuseum aufbewahrt.

Aufgehoben ist diese Ankunft in Jorge Sempruns Romanbericht »Die große Reise« von 1963. Der Ich-Erzähler fährt mit 119 anderen Gefangenen vier Tage und fünf Nächte von Compiègne nach Buchenwald. Die Bilder der Fahrt werden überblendet von Episoden in der Résistance, von obsessiven Erinnerungsschüben an die Gefangenschaft und von Szenen aus der Zeit danach. Aber das Buch endet, als traute sich die Erinnerung Jorge Sempruns noch nicht ganz ins Lager hinein, mit der Ankunft vor dem KZ-Bahnhof: »Später, noch später, in den Tiefen der geheimsten, am sorgsamsten umhegten Erinnerung, wurde diese Ankunft im Lagerbahnhof unter den Buchen und hohen Tannen zu einer einzigen aufbrausenden Garbe gleißenden Lichtes und wütenden Hundegebells. Sooft ich daran denke, stelle ich eine schneidende Entsprechung zwischen Lärm und Beleuchtung, dem Gebell der dutzendweise bereitstehenden Hunde und der blendenden Helle der Lampen und Scheinwerfer fest, die die Schneelandschaft mit eisigem Licht übergossen.«

Der Erzähler hatte die Phantasie vom Sieg der Natur über die geschichtlichen Reste, vom Verschwinden der Wunde in der Vegetation: »Vor einigen Wochen dachte ich, daß ich gerne mit angesehen hätte, wie die Gräser und Sträucher, Dornen und Wurzeln im Wechsel der Jahreszeiten, im rauschenden Regen des Ettersbergs, im Winterschnee und der kurzen, gleißenden Aprilsonne, wie sie unaufhörlich, beharrlich, mit der Beharrlichkeit der Natur, während schon das ächzende Holz auseinanderklafft, während schon der Beton unter dem Andrang des Buchenwaldes wieder zu Staub zerbröckelt, wie die ganze Natur unbarmherzig jene menschliche Landschaft am Hang des Hügels, jenes von Menschen errichtete Lager langsam wieder auslöscht und mit ihrem Geschlinge von Gräsern und Wurzeln die Landschaft des Lagers bedeckt.« Wie Erinnerung sich nicht an ein Denkmal heftet und von ihm, der Beschränktheit seiner Zeichenkraft wegen, reglementiert und verkleinert wird. Aber dieser utopische Impuls der Auslöschung blieb unerfüllt. Semprún hat mehrere andere Bücher über Buchenwald geschrieben, ist in »sein« KZ nochmals hineingeraten wie kein anderer, keine Aufzeichnung war für ihn vollständig. Die Erinnerung ist für ihn unendlich, er wird, solange er lebt, darauf zurückkommen.

Man bringt die Bilder schon mit: das bekannte Eisentor mit dem von innen zu lesenden Spruch »Jedem das Seine«, darüber ein Turmaufbau, die Uhr, die viertel nach drei stehengeblieben ist, angehaltene Minute der Befreiung am 11. April 1945, als die Amerikaner ins Lager kamen; die flachen Flügelbauten links und rechts, Büros der Verwalter und Arrestzellen, der Wirkungsbereich des Schlächters Martin Sommer; die nach innen gewinkelten Pfeiler des ehemals elektrisch geladenen Stacheldrahtzauns, die viereckigen Wachtürme mit Sehschlitzen und Rundlauf. Diese armierte Architektur der Mordverwaltung ist dem Besucher bekannt, bevor er ihr begegnete.

Die Bilder haben den Schrecken mumifiziert. Verlegenheit über die Gewöhnung mußte aufkommen bei jenen, die taktilen Kontakt suchten, mit der Hand an den schwarzen Eisenstäben entlangstrichen und das Material prüften, als gäbe es Erfahrungen zurück, die sich nicht mit dem Wissen in DIN A5 begnügten, der Postkarte »in alle Welt«, mit dem Briefmarkenbildnis des Generalsekretärs.

Kaum jemand ist nicht überrascht von der Weite der freien Fläche, die der Appellplatz war. Sie begrenzen in der Ferne Strauchwerk und junge Bäume, das atmende Grün. Eine Stunde Rundgang ist erforderlich, um die Umgrenzung abzugehen, entlang den Resten des Stacheldrahts, in den Häftlinge rannten, um ein Ende zu machen; zu Umwegen genötigt, wo sich an der Längsachse des abschüssigen, fächerförmigen Geländes das Gestrüpp über die Grenzen schiebt. Die freie Fläche läßt nur ahnen, daß sie rund 60 Baracken trug. Kies und

Schotter über dem eingeebneten Gebiet, säuberlich geharkt und mit dem schwachen Profil der nachbetonierten Barackenfundamente gegliedert, bilden eine monochrome Fläche. Gelber Flor dringt ab und zu durch die starre Geometrie, zähes Unkraut auch an der Stelle, wo das Kleine Lager stand, Pferdestallbaracken, jede mit rund 1800 Menschen belegt, Sterblichkeitsziffer 200 bis 300 Häftlinge pro Tag.

Auf dem Appellplatz, wo die Häftlinge bis zu 18 Stunden strammstehen mußten, halten die Besucher inne und zücken den Fotoapparat. Entfernung unendlich und kurze Belichtungszeit, ein Schnappschuß in der Totalen. Seltener werden die Gedenksteine für ermordete Häftlinge aufgenommen. Polnische Patrioten, englische und kanadische Fallschirmspringer, sowjetische Kriegsgefangene und Juden sind abstrakte Rubriken, zumal die Steine sich nicht unterscheiden, sondern nur die Zahlen auf ihnen. Unter Fotografen beliebter ist das Arrangement, das der Fremdenführer tituliert als *Pfahl – Karren – Walze.* Da hingen die Bestraften im Geschirr, zogen, ein erzwungenes Lied auf den Lippen, als *singende Pferde* die Fuhre mit Steinen oder ersetzten die Maschine zum Einebnen. Schnappschuß im Gegenlicht, eine graphische Lösung im Hochformat. Wo mögen diese Bilder aufbewahrt werden? Wie fristen sie, zwischen Hochzeit und Urlaub, Landschaft und Familie, ihr Dasein?

Unter den Schuhen knirscht der Kies. Die Führung macht Pausen bei den Ausführungen. Zwischen die Fragen schiebt sich Stille. Jeder möchte sich lautlos machen in diesem Gelände, das körperlos ist, weil die Umrisse der Fundamente der niedergewalzten Baracken keine Schatten werfen auf den breiten Wegen, die früher für Achterreihen angelegt waren, hinüber zum Krematorium mit dem Schornstein, der so überlang ist, damit der fette Rauch, der daraus quoll, über alles hinweggehe: über Lager, Zaun und Bäume.

In den siebziger Jahren führte der Eingang zum Lagermuseum über einen Einführungsfilm: da wurde die Dimitroff-These von 1935, daß der faschistische Staat die höchstentwickelte Stufe des Kapitalismus sei, Seitenblick auf die BRD, aufgetischt: »Die Mörder sind bekannt. Die Blutspur führt nach Bonn. Kein westdeutsches Gericht hat sie bis heute verurteilt«, tremolierte der Führer. Danach konnte der Besucher im Lagermuseum der DDR sehen: die gestreifte »Zebra-Uniform« in einer Vitrine, das weißlich-graue Gehirn, das einen präzisen Einschuß aufweist, in Formalin, den Heimschmuck, bestehend aus Bucheinbänden, Lampenschirmen und anderem, alles aus Menschenhaut, vieles tätowiert, einen Schrumpfkopf. Doch lösten die Schreckenskammern vor allem jene Empfindung aus, die Erich Fried notierte, als er 1967 die Gedenkstätte Auschwitz besuchte: »Nein, Genugtuung nicht, aber doch Verringerung des Grauens, wenigstens jene kurzfristige Verringerung durch das Erinnern von Gelesenem, durch Wiedererkennen dessen, was man ohnehin schon im Kopf hat. So wurde auch hier das völlig Unerträgliche einige entscheidende Sekunden lang fast erträglich.« Man hatte bereits darüber gelesen, auch über die Späße der SS und die speziellen Wünsche von Frau Ilse Koch, und die Lektüre hat immunisiert gegen seelische Erschütterung durch die phantastischen Schrecken.

Gegen solche Angewöhnung durch vorauseilende Leküre stemmte sich eine Rekonstruktion im Krematorium. Ein hohes, aufgestelltes Brett, eine Meßlatte mit Zentimeterangaben, eine Querlatte zum Justieren, ein schmaler, vertikaler Schlitz. Die Genickschußanlage. Der Schriftführer aus DDR-Zeiten teilte mit: »8483 aufrechte Kämpfer gegen den Faschismus ermordete hier die SS in heimtückischer Weise.« Kaum einer der Gegenstände in Buchenwald ist so leer und nackt wie dieser: grau gestrichenes Holz, ohne Benutzungsspuren und imprägniert gegen Fäulnis. Der Schrecken, den diese ordentliche Nachbildung auslöste, hat damit zu tun, daß der Besucher etwas Einfachem, der Ungeheuerlichkeit des schlichten Funktionalismus begegnete. Und begriffen ist dieses Gerät wohl deshalb nicht, weil es durch Fotos nicht fixiert und domestiziert werden kann.

Das allererste Buchenwalder Erinnerungsbild fällt mit dem Datum des ersten Außenblicks auf das Lager zusammen. Das früheste Denkmal haben die Häftlinge selbst gebildet – um den Augenschein des Unglaublichen zu erhalten. Auf Anordnung General Pattons wurden tausend Weimaraner einige Tage nach der Befreiung von der III. US-Armee durchs Lager geführt und dabei gefilmt. Der Blick der Kamera gilt dem Blick von Zivilisten nach der Öffnung des KZs. Zu sehen sind Abscheu- und Entsetzensgesichter, panische Reaktionen und versteinerte Mienen der Besucher und die ehemaligen Häftlinge. Was dieser Doppelblick nicht aussagt: es handelt sich um eine Rekonstruktion. KZ-Insassen hatten mit Zustimmung der amerikanischen Leitung die Verhältnisse so nachgestellt, wie sie kurz vor der Befreiung noch bestanden. Sie legten Puppen in Sträflingskleidung auf den

Prügelbock, hingen sie an den Galgen. Und die Leichenberge wurden mit Menschen aufgefüllt, die nach der Befreiung an Krankheiten oder an Unterernährung gestorben waren. Es sollte alles so sein wie vor der Befreiung. Die Insassen glaubten, daß sich das, was sie authentisch erfahren hatten, glaubwürdig nicht anders darstellen ließe, und haben sich deshalb selbst musealisiert. Ein gespenstischer Vorgang, in dem die Ohnmacht der Opfer mit der schreckensvollen Unglaubwürdigkeit des widermenschlichen Geschehens sich verbündet und zur Angst vor dem Wahrnehmungsdefizit der nicht beteiligten Gesellschaft verschmilzt.

Acht Tage nach der Befreiung des Lagers errichteten Überlebende ihren toten Kameraden einen hölzernen Obelisken, das erste gegenständliche Zeichen, versehen mit den Initialen »K.L.B.« und der Ziffer »51000«. Er stand auf dem Gelände des Appellplatzes und diente als Ehrenmal, vor dem eine Gedenkfeier für die Toten abgehalten wurde. Noch im Sommer 1945 schlug der ehemalige Häftling Werner A. Beckert vor, auf dem Weimarer Stadtfriedhof in der Nähe der Fürstengruft ein Urnenareal einzurichten. Goethe und Schiller wären damit in Nachbarschaft zu den Opfern des Nationalsozialismus gerückt, die Paradoxie von humanistischer Klassik und entmenschter Barbarei, nicht einmal sechs Kilometer Luftlinie voneinander entfernt, hätte schneidende Schärfe erhalten. Dieser politische Häftling jüdischer Abstammung hat auch vorgeschlagen, das KZ insgesamt zu erhalten: »Das Lager Buchenwald soll auf Wunsch der Häftlinge nicht vernichtet werden. Dieses Lager soll allen Nationen ein Mahnmal für ihre kommenden Geschlechter sein.« Daraus konnte nichts werden, denn das Lager war wieder in Gebrauch: die sowjetischen Besatzer nutzten den Ort noch im gleichen Jahr und bis 1950 als »Speziallager Nr. 2«, als Internierungslager, und schirmten es rigoros ab. Rund 180000 Menschen wurden in elf solcher Einrichtungen, betrieben vom NKWD, interniert. Grundlage dafür war das Potsdamer Abkommen (Art. III, Abs. 5), »nazistische Parteiführer, einflußreiche Nazianhänger, die Leitung der nazistischen Ämter und Organisationen und beliebige andere Personen, die für die Besetzung und ihre Ziele gefährlich sind«, zu verhaften und zu internieren. Aber es wurde nach der Wyschinski-Praxis vorgegangen, wonach verhaftet wurde, wer gerade im Weg war, und kein Verhafteter unschuldig sein kann. Unter den Sträflingen gab es sogar Zwölfjährige, die man der Zugehörigkeit zum »Werwolf« verdächtigte. In Buchenwald waren nach dem Krieg 32 000 Menschen interniert. Sie trugen die zebragestreiften Drillichanzüge ihrer Vorgänger aus der Nazizeit, lebten in den erhalten gebliebenen 15 Stein- und 32 Holzbaracken. Um das Krematorium war ein hoher Bretterzaun als Sichtblende gezogen.

Und schon wird die unauflösbare Verstrickung ahnbar, die sich nach dem Abzug der Amerikaner aus Thüringen ergab. Buchenwald wurde, intensiver als jedes andere frühere KZ, zu einem »beweglichen Denkmal«, zu einem Ort, dessen originale Reste von den wechselnden Intentionen des Gedenkens reglementiert worden sind. Es ist ungemein schwierig, dafür zu sorgen, daß sich »das Gedächtnis der Dinge« (Detlev Hoffmann) erhält und gegen Absichten der Nachgeborenen behauptet. So wurde in Dachau der Versuch unternommen, das Unsühnbare christlich zu entsühnen. In Auschwitz sind nationalpatriotische Gestaltungsabsichten der Polen unübersehbar. In Buchenwald wurde die Geschichte kommunistischer Kämpfer zur vorherrschenden Erzählung gemacht.

Der spätere Stararchitekt der DDR, Hermann Henselmann, damals Rektor der Hochschule für Architektur und Bauwesen, wollte das nationalsozialistische Gauforum mitten in Weimar für eine Gedenkstätte nutzen, setzte sich aber mit diesem Plan nicht durch. Für die Jahrestage der Befreiung wurde ein von Henselmann geschaffenes rotes Dreieck mit der Spitze auf ein Holzgestell montiert und auf dem Goetheplatz aufgestellt. Es symbolisierte den roten Winkel, den die politischen Häftlinge an ihren KZ-Uniformen tragen mußten. Und es war der erste Eingriff in die universelle Lagergeschichte: das Blickfeld wurde eingeengt auf die politischen Opfer, sie wurden für das Selbstverständnis des neu entstehenden Staates instrumentalisiert. Auch eine andere Benennung der KZ-Insassen wurde durchgesetzt; sie hießen bald einheitlich »antifaschistische Widerstandskämpfer«. 1949 wurde die Feier unter das Motto gestellt: »Ewiger Ruhm und Ehre den Helden, denen die Völker Europas die Befreiung vom Faschismus verdanken.« Schon mit der Gründung der DDR wurde aus der Geschichte der Opfer die Historie des geheimen Widerstands und der politischen Helden im Lager herausgelöst und verabsolutiert.

Noch als das Internierungslager in Gebrauch war, hat die Vereinigung der Verfolgten des Naziregimes (VVN) gefordert, in Buchenwald ein Nationalmuseum zu errichten und erhielt bereits eine Woche später von der SED eine Zusage. Ulbricht war das KZ als Gründungsmythos des Antifaschismus, als moralisches Fundament für die DDR mehr als willkommen. Es fand eine Art symbolischer Tausch statt: die Emigranten aus dem Moskauer Hotel Lux setzten sich als die Führungskader des neuen Staates gegen die Kombattanden der geheimen Lagerzirkels durch, und sie gaben dafür den Verlierern im Machtkampf der Nachkriegszeit die Legende vom obsiegenden Widerstand und von der Selbstbefreiung der Häftlinge zurück, zumal die Amerikaner unbedingt als die politisch falschen Befreier galten.

Die Baracken des Lagers und andere Gebäude waren durch die weitergeführte Verwendung, durch die doppelte Nutzung, zwielichtig und doppeldeutig geworden. So legte das ZK im Oktober 1950 fest, daß die (noch im Februar des Jahres verwendeten) Gebäude bis auf die Fundamente geschleift werden sollten. Erhalten blieben nur das Torgebäude mit den beiden Seitenflügeln und dem schmiedeeisernen Hohenzollernspruch »Jedem das Seine«, das Krematorium, in dessen Keller Ernst Thälmann ermordet worden war, nachdem das deutsche ZK in Moskau den Austausch verweigert hatte; zwei Wachtürme und der Zaun ringsum. Stehen blieb auch die Häftlingskantine und das Kammergebäude, die beide bis 1985 als Unterkünfte bzw. als Vorratsspeicher für eine LPG genutzt wurden.

Das sogenannte Kleine Lager, in dem die kranken Häftlinge gestorben waren und das für die Umdeutung des Geländes in ein antifaschistisches Zentrum des Widerstands störte, verschwand unter einer Grasnarbe und wurde aufgeforstet, die Erinnerung an dieses finstere Gelände gelöscht, das Vergessen begrünt. Die Grundrisse der anderen Häftlingsbaracken wurden mit Bruchsteinen markiert und mit Kies ausgefüllt. So entstand mit dem Appellplatz im Vordergrund eine riesige, nach hinten abfallende Fläche, die bei spätem Tageslicht einige minimale Andeutungen der ehemaligen Raumsituation ergibt. Die Überreste zeigen ein gleichsam optisch überwundenes Gelände, ein bewußtes »Zerschlagen des faschistischen Grauens«.

Buchenwald, seit 1937 Konzentrationslager, wurde trotz früher Versprechen erst spät in den fünfziger Jahren als Nationaldenkmal komplettiert. Doch allein Zahlen weisen schon darauf hin, daß der staatliche Antifaschismus nach dem Krieg selbst eine blutige Spur hinterlassen hat: bis 1945 starben im Konzentrationslager auf dem

Ettersberg rund 51000 Menschen und danach, im »Speziallager« der Sowjets, noch einmal etwa 12000 Personen.

Die Ambivalenz dieses Antifaschismus setzt dort ein, wo Eugen Kogon im Dezember 1945 nach der inneren Verfassung des Lagers fragte: »Eine Welt für sich, ein Staat für sich; eine Ordnung ohne Recht, in die der Mensch geworfen wurde, der nun mit allen seinen Tugenden und Lastern – mehr Lastern als Tugenden – um die nackte Existenz und das bloße Überleben kämpfte. Gegen die SS allein? Beileibe nicht: Genau so, ja noch mehr gegen seine eigenen Mitgefangenen.« Als die Amerikaner nach der Befreiung des Lagers unter den rund 21000 Überlebenden ermittelten, stießen sie auf das System einer Häftlingsselbstverwaltung. Dazu dienten Lager- und Blockälteste, Kapos und Schreiber. Die meisten Aufgaben wurden von Kommunisten ausgeführt. Hinter den Greueltaten der SS tauchten schon damals Berichte über Grausamkeiten und Terrormaßnahmen durch solche Funktionshäftlinge auf. Der moralische Abgrund, der sich für die ahnungslosen Interviewer auftat, veranlaßte sie in ihrem Bericht an General Eisenhower zu dem resignativen Eröffnungssatz: »Die volle Wahrheit über Buchenwald wird niemals bekannt werden.« Sechs Jahrzehnte danach kann man dem Geschehen etwas näherrücken. Aus dem Parteiarchiv der SED wurden Materialien veröffentlicht, die auf zwei Untersuchungen ausgerechnet von Kommunisten zurückgehen. Zunächst im Auftrag der SED-Parteispitze, dann durch den sowjetischen militärischen Geheimdienst wurden Verhöre unter den führenden Kräften der Häftlingsselbstverwaltung angestellt. Im Konzentrationslager hatten sie Schlüsselstellungen inne: die Verwaltung der Lebensmittel, der Effektenkammer, der Reviere der Kranken, der Schreibstube, die Zusammenstellung von Transporten zu anderen Lagern, von Arbeitskommandos und den Lagerschutz. In den amerikanischen Berichten ist von der Bereicherung bis zum Mord kein Vorwurf über die roten Kapos ausgelassen, aber es wird doch eine sorgfältige Bewertung angestrebt: »Sie übernahmen die Führung, um Buchenwald zu einem besseren Lebensbereich zu machen. Um das zu erreichen, mußten sie eine bestimmte Arbeitsleistung, Ordnung und Disziplin erzielen. Somit waren ihre Mittel durch das Ziel gerechtfertigt. Die Motive der Kommunisten sind insofern, als sie nachvollzogen werden können, vollständig human. Die Tüchtigkeit bestand darin, die SS von der eigenen Nützlichkeit zu überzeugen,

und in dem Kampf für das Überleben mußte dieses Merkmal hervortreten. Gestützt durch den geheiligten Egoismus ihrer Mission, durch den Lebenswillen, um ein kommunistisches Deutschland zu formen, verloren sie ihren menschlichen Idealismus. Sie wurden hart, wollten nicht für sich selbst überleben, sondern im Namen der proletarischen Zukunft Deutschlands und rechtfertigten damit viele extreme Mittel des Überlebens.« Von der Untersuchungskommission der SED wurden nur Bereicherung und Besuche im Lagerbordell gerügt, alles andere erschien tadelsfrei. Man wollte eine Verteidigungsfront aufbauen, falls die roten Kapos im Umfeld des Prozesses, den ein amerikanisches Militärgericht 1947 gegen SS-Wachleute von Buchenwald führte, geraten sollten. Das war jedoch nicht der Fall: die Amerikaner klammerten die Funktionshäftlinge aus. Die sowjetischen Geheimdienstler verhafteten jedoch einige der Buchenwalder Prominenten unter den Kommunisten. So Ernst Busse, ehemaliges Mitglied des Reichstages, Lagerältester, Kapo des Krankenbaus, in dem die Führung der illegalen Parteileitung und das ebenso illegale Internationale Lager-Komitee zusammengetroffen waren. Busse wurde in einen sibirischen GULag gesteckt und starb 1952 in den Minen von

Workuta. Die Gründe dafür sind bis heute unbekannt; es wurde davon geredet, daß er sowjetische Mithäftlinge an die Phenolspritze geliefert habe. Ein anderer Lagerältester und Anführer des Lagerschutzes, Erich Reschke, nach dem Krieg Leiter des »Gelben Elends«, des berüchtigten Zuchthauses in Bautzen, wurde ebenfalls verhaftet, zu lebenslänglich Zuchthaus verurteilt und in die Sowjetunion verschleppt. Er hat sich in den Verhören selbst schwer belastet. Durch Adenauers Einsatz für die deutschen Kriegsgefangenen kam er frei und konnte in die DDR zurückkehren, schwieg jedoch über die Vorgänge bis zu seinem Tod. Solche Fälle, verbunden mit Irrtümern der Partei, konnten bei der namenlosen Abstraktion des Widerstandskampfes im KZ nur stören. Knapp 700 deutsche Kommunisten waren dort inhaftiert gewesen, weniger als hundert von ihnen bildeten das geheime Parteiaktiv. In der SBZ wurden viele von ihnen bei der Polizei oder in den Apparaten der Staatssicherheit tätig. Innenminister, Polizeichef von Sachsen-Anhalt, Aufbau der Kripo in Dresden, Polizeipräsident in Leipzig, Chef der Volkspolizei – das sind nur einige der Ränge und Tätigkeiten, die ehemalige Häftlinge nach 1945 einnahmen.

Als ihr Gegner erwies sich Walter Ulbricht. Er wollte in der frühestmöglichen Stunde nach seiner Rückkehr aus Moskau mit ihnen aufräumen, weil er den Anspruch der Moskauer Emigranten gegen jene durchsetzen wollte, die im KZ eine Art geheimes Zentralkomitee gebildet hatten. Das ist ihm anfangs nicht gelungen, aber dann konnte er doch mehrere Karrieren zerstören: Robert Siewert, sächsischer Innenminister, Ernst Brandl, Mitglied der Volkskammer, Harry Kuhn, Vorsitzender der VVN, die bereits 1953 in der DDR wieder aufgelöst wurde, Walter Bartel, die rechte Hand des Staatspräsidenten Pieck, allesamt in der Leitung der illegalen KP von Buchenwald gewesen, wurden aus ihren Ämtern entfernt. Ulbricht bereitete sogar eine Variante des Slansky-Schauprozesses vor, dem in der Tschechoslowakei auch Josef Frank, ein Mithäftling Semprúns aus der Schreibstube, zum Opfer gefallen war. Stalinisten traten post festum als Ankläger der Genossen aus dem Lager auf: verquere Fronten, verworrene Lage, entgeisterte Stimmen. Nach dem Tod Stalins im März 1953 waren Schauprozesse nicht mehr opportun, so verzichtete Ulbricht darauf.

Die passende Mahnmalsanlage für den Antifaschismus ließ lange auf sich warten, denn die Ratlosigkeit, die sich aus den herrschenden Spannungen und Widersprüchen ergab, war zu groß. Aber schon bei der Vorplanung wurde das gesuchte Denkmal der stalinistischen Kunstdoktrin unterworfen. Es durfte keinesfalls modernistisch ausfallen, denn das wäre nach Auffassung des sowjetischen Kunstgebieters Shdanow »dekadent« gewesen. In der Ausschreibung wurde festgehalten: »Die Gesamtanlage und alle gestalterischen Details sollten unsere Liebe und Verehrung den Unbeugsamen vieler Nationen gegenüber zum Ausdruck bringen. Es ist selbstverständlich, daß abstrakte Formen dies nicht vermögen.« Die vier Massengräber im Süden des Ettersbergs sollten mit eingebunden werden, ein Aufmarschplatz war nötig und die Landschaftspflege sollte nicht zu kurz kommen, so daß die Anlage auch aus der Ferne, vor allem von der Autobahn aus, ahnbar war. Das erklärte Vorbild war das sowjetische Ehrenmal in Treptow; der Bezug darauf brachte die kommunistischen Häftlinge mit den Soldaten der Roten Armee in Verbindung. Bert Brecht hat sich an einem auf Künstler der DDR beschränkten Wettbewerb mit dem Bildhauer Fritz Cremer und dem Landschaftsarchitekten Max Linger beteiligt und am 3. Februar 1952 in sein »Arbeitsjournal« notiert: »ich schlage vor, eine steinbühne mit steinarena zu errichten – am hang jenseits des alten lagers und oben eine ungrade zahl riesiger männer, befreiter gefangener, in stein aufzustellen, die nach südwesten blicken, wo noch unbefreite gebiete liegen.« In dieser Himmelsrichtung lag die Bundesrepublik. Diese Pläne wurden ebenso verworfen wie andere, aber Fritz Cremer durfte eine Gruppenplastik gestalten: elf Figuren, Auguste Rodins Bürgern von Calais nachempfunden, geschundene Elendsgestalten, aber doch vom Siegeswillen vorwärts getrieben, und einer aus ihrer Mitte hebt die Hand zum Schwur. So sah die erste Fassung aus, und sie wurde verworfen. Erst eine dritte fand Gnade vor den Ideologen: einer verkörpert Ernst Thälmann, es gibt einen Kämpfer, einen Fahnenträger, den Schwörer, einen, der beim Fallen noch die Fäuste ballt, und insgesamt mehr Zuversicht in den unaufhaltsamen Sieg. Die Kommunisten waren nun umgedeutet zu einem Kader, der durch die harte Schule des Lagers mit gestähltem Siegeswillen gegangen war. Das KZ war ein Purgatorium, das die Besten verbesserte.

Vergegenwärtigt ist auf beiden Seiten des Goethe-Hügels ein Weg: der Anmarsch auf der »Blutstraße«, der Lagerzufahrt, die von den

Häftlingen gebaut worden ist; der Weg durch das (geschleifte) Lager, der Gang auf die andere Seite des Hügels und hinunter an Stelen vorbei, auf denen Reliefs »vom Leben und Leiden, vom Kampf und vom Sieg des Menschlichen über das Unmenschliche« berichten (so der Führer aus den Siebzigern), zu den drei Massengräbern; dann »die breite Straße der Freiheit«, der Aufstieg zum Demonstrationsplatz mit der Figurengruppe und zum Glockenturm. Inszeniert wurde auf dieser Denkmalsseite eine Gegenfläche zum Appellplatz. In der Erinnerungsplanung spielten die Soldaten der Volksarmee eine gewichtige Rolle. Im Oktober 1965 wurden am Glockenturm Mannöver des Warschauer Pakts eröffnet.

Der Roman »Nackt unter Wölfen« von Bruno Apitz ist das literarische Testat, eine Gründungsurkunde der DDR, das Schriftmal von Buchenwald. Das Buch erschien 1958, im gleichen Jahr, als die Gedenkanlage eingeweiht wurde. Der Autor hatte acht Jahre in Buchenwald durchgestanden, und die Lektion, die ihm dort zuteil geworden war, bildete den Rohstoff seines weiteren Lebens. Zu einer Karriere in der DDR wollte er sich nicht verstehen, war wohl auch durch die Haft gezeichnet. Er wollte von der Rettung eines polnisch-jüdischen Kindes erzählen, falls er selbst gerettet würde. So hatte er es sich im Lager vorgenommen. Später aber wurde der Erlebniswert der Erinnerung eingebettet in geläufige Matrizen. Mit »Nackt unter Wölfen« wurde humanitäres Pathos beglaubigt und die Kampfbereitschaft, »Lehren aus der Geschichte« zu ziehen. So schrieb das »Neue Deutschland« von einem »Stück Literatur, ganz und gar aus unserem Stoff gemacht«, als hätten Rezensent und Leser an der Seite von Bruno Apitz im KZ gesessen.

Für den Roman könnte ein Motto gelten, das als Leitmotiv den Roman »Das siebte Kreuz« von Anna Seghers durchzieht: »Wir fühlten alle, wie tief und furchtbar die äußeren Mächte in den Menschen hineingreifen können, bis in sein Innerstes, aber wir fühlten auch, daß es im Innersten etwas gab, was unangreifbar war und unverletzbar.« Von einem »Innersten« ist bei Apitz allerdings nur verdeckt die Rede, und es ist nicht mit der »Stimme des Herzens« zu verwechseln, die bei den Häftlingen anhebt, als dem Koffer eines neu eingetroffenen Polen ein Kind entsteigt und die Wirrnisse der Menschlichkeit in unmenschlicher Umgebung einsetzen. Das Zentrum liegt nicht im Menschen selbst, sondern in einer Organisation, im Internationalen Lager-Komitee (ILK). Es ist das geheime Herz des Lagers: die illegale Gruppierung, die sich aus Vertretern aller Länder zusammensetzte, die, streng hierarchisch gegliedert, die innere Macht im Lager ausübte, ohne daß ihre Träger nach außen hin erschienen: »Das Netz der Gruppen, die sich jeweils nur aus fünf Mann zusammensetzten, überzog die Blocks aller Nationalitäten. In jedem Block gab es eine oder mehrere dieser Gruppen, die nach außen hin in keiner Weise erkennbar waren. Nur sie selbst kannten einander.« Das wirkliche Geheimnis ist bei Apitz nicht die menschliche Natur, wie sie sich in den Abgründen der SS ausdrückt, sondern das ILK. Das elitäre Bewußtsein der Genossen, ihr Ritual der abgeschotteten Kader, ihr Ausleseprinzip, »mit Hilfe der Besten unter ihnen das Solidaritätsgefühl zu wecken«, beruht auf der Abgrenzung von anderen »Politischen«: ausschließlich Kommunisten treten im Roman als handelnde Figuren auf, Christen, Sozialdemokraten und Bürgerliche kommen nicht vor. Bei Apitz gilt die Trennwand absolut: was nicht auf der Seite der KP ist oder zum »Volk« der Häftlinge zu rechnen, ist außerhalb des Blickfeldes. Sein episches Terrain ist von andersartigen Auffassungen vollständig leergeräumt. Das ILK regiert nach dem »Gesetz der Konspiration«. Kein Zweifel: Man kann die Mechanismen der geheimen Verbindung in der Ausnahmesituation des Konzentrationslagers als *ein* Energiezentrum jener Kryptomanie ansehen, die nach dem Krieg die Organisation des SSD und dann des Ministeriums für Staatssicherheit zu einem pathologischen Geheimnisträgerwesen bestimmte: »Es gibt keine Neugier, nur wissendes Schweigen über alles, was im Lager zu geschehen hatte. Es gab eine strenge innere Disziplin und das Bewußtsein der unbedingten Zugehörigkeit, das keine unbedachten Fragen ließ für Dinge, die man nicht zu wissen brauchte. Es gab eine selbstverständliche Unterordnung: Wichtigem durch Schweigen zu dienen. – So schützten sie sich gegenseitig und bewahrten Geheimstes vor Entdeckung. Der Kreis dieser Häftlinge war groß und über das ganze Lager verbreitet. Überall Genossen, die das in Schweigen gebettete Wissen im Herzen trugen. Die Partei, der sie verbunden waren, war mit ihnen im Lager, unsichtbar, ungreifbar, allgegenwärtig.« Die Partei zeigt sich in diesem geheimen Bund gleichsam als verborgene. Das parzellierte Wissen des einzelnen wirkt wie die Entelechie eines Ganzen, das sich gefährden, ja aufgeben würde, wenn es ganz sichtbar wäre. Daß Honecker beim allerletzten Jubiläum der DDR den Aufbauschlager von der immer rechthabenden Partei anstimmen ließ, war nur folgerichtig und billig. Intoniert wurde zum Finale noch einmal der Überlebens- und Rettungsglaube der KP-Häftlinge in den KZs und Zuchthäusern. Das Gesetz der Konspiration kann man auch ersatztheologisch deuten. Ein unerkannter Gott, Deus abscondidus, ist in der finsteren Welt; er führt uns ins Licht, wenn wir ihm gehorchen und uns seinen Direktiven unterordnen. Er teilt sich durch seinen Orden, das ILK, mit.

Wahrscheinlich hat Apitz das Kind und die Handlungen, die es bei den Häftlingen auslöst, nur als Staffage benutzt, weil er von dem, was ihn bewegte, nur ersatzweise erzählen konnte: von den Irrtümern und Verstrickungen der stalinistischen Partei im nationalsozialistischen Lager. Die KP entschied, indem sie fast alle Schlüsselpositionen in der inneren Lagerverwaltung besetzt hatte, verantwortlich auch für die Zusammenstellung der Transporte, die von Buchenwald in die östlichen Vernichtungslager gingen. Entschieden wurde über Leben und Tod; selbstverständlich hat man mit der Absicht entschieden, die Gesinnungsgenossen zu retten. Wer also in diesem Zwangsrahmen handelte, machte sich unausweichlich schuldig, und wer, zu Entscheidungen über andere gedrängt und befähigt, abgelehnt hätte zu handeln, wäre genauso schuldig geworden. Vermutlich wollte Apitz von diesem Dilemma, von dieser moralischen Nötigung der Opfer erzählen. Aber es fehlte ihm die innere Unabhängigkeit. Er hätte die Selbstzensur aus Parteidisziplin zerbrechen müssen. Mit dem Glauben an die kommunistischen Ideale, verkörpert in der Partei, wäre der Sinn dieser Existenz verlorengegangen. Man muß dieses innere Drama verstehen.

Von Prägungen, die im KZ erfahren wurden und die eine Anverwandlung von Täterverhalten in den Opfern bedingen können, ist im Roman nirgendwo die Rede. Ernst Wiechert, der seine Buchenwalder Erfahrungen im Bericht »Der Totenwald« beschrieb, hat immerhin betont, »daß er es für ein Unglück halten würde, wenn einmal, nach einem Wechsel der Macht, nichts anderes vor sich ginge als ein Wechsel der Richtung um einhundertachtzig Grade«. Und Eugen Kogon sah schon im Vorwort zu seinem Buch »Der SS-Staat« (im Dezember 1945) Grund zu dem »beängstigenden Eindruck [...], daß der Kadaver des Nationalsozialismus noch in der Verwesung die Seelen derer verpestet, die ihn äußerlich überwunden haben«.

Die Zeichensprache dieses Sachverhalts kann man in der Gedenkanlage der Nachkriegszeit mustern. Ministerpräsident Otto Grotewohl hat sie am 14. September 1958 offiziell durch eine förmliche Einweihung sanktioniert.

Der Glockenturm ist eine Art Umkehrung des Kyffhäuser-Mythos: in der Legitimation des moralischen Staates stehen die Toten wieder auf. Der Turm bildet ein monumentales Herrschaftszeichen, wurde übrigens an der Stelle eines gesprengten Bismarckturms errichtet, ist von allen Seiten sichtbar, die aufragende Stele mit dem Pathos der religiösen Pseudoaura, eine Antwort auf den Schornstein des Krematoriums. Das ganze Areal ist als sakrale Verwandlungsanlage zu verstehen: Aus dem Abscheu über die Verbrechen des Nationalsozialismus sollte Zustimmung zur DDR und Verachtung für die bundesrepublikanischen Monopolkapitalisten werden. Man schreitet hinab über Stufen des Gedenkens an Mauervorsprüngen, die kupferne Schalen tragen, zur Asche der Toten und wieder hinauf, die »Straße der Befreiung«, zum erhabenen Zeichen. Von den christlichen Erzählungen und Zeichen konnte sich auch der regierende Sozialismus nicht lösen. Der Widerstand im Lager erschien als der Keim der entwickelten sozialistischen Gesellschaft, und alle, die an ihr teil hatten, waren auch Nachkommen der Tapferen im KZ. So gab es in der DDR letztlich nur Sieger der Geschichte, die sich mit ihr nicht im einzelnen auseinanderzusetzen hatten. Auf dem Gelände von Buchenwald hatte der ganze Staat einen Legitimationsthron erbaut.

In Buchenwald haben sich die Täter und ihre überlebenden Opfer im gleichen Material ausgedrückt: vorwiegend in Beton. Eine hintersinnige Reportage Günter Kunerts, noch aus alter DDR-Zeit, mit dem Titel »Betonformen«, mustert die mysteriöse Ästhetik des monumentalen Steins, wodurch sich der antifaschistische Bannspruch ans Material der Täter bindet. Die Monumentalität ergibt eine Ausdrucksnähe zwischen dem nazistischen Gauforum in Weimar und der südlichen Gedenkflanke des Ettersbergs. Diese Augenfälligkeit wirkt wie ein Marasmus für die Mythologie vom roten Widerstandsolymp.

Der Wunsch, eher: die Sehnsucht nach dem Vergessen, wie sie der spanische Buchenwald-Häftling und Schriftsteller Jorge Semprún in seinem Romanbericht »Die große Reise« für sich formulierte, hat sich nicht erfüllt. Keine Spur war bei ihm endgültig getilgt, die Erinnerungen kehrten verwandelt wieder. So in seinem Buch »Was für ein schöner Sonntag«, in dem sich der ehemalige Sklave Nr. 44 904 den Kameraden in anderen Lagern zuwandte: »Ich wußte schon, daß ich meine Erfahrungen in Buchenwald, Stunde für Stunde, mit der verzweifelten Gewißheit, daß es gleichzeitig russische Straflager, das Gulag von Stalin, gab, wiederaufleben lassen müßte. Ich wußte auch, daß die einzige Art und Weise, diese Erfahrungen wiederaufleben zu lassen, darin bestand, sie, diesmal mit Kenntnis der Ursachen, umzuschreiben. Im blendenden Licht der Scheinwerfer des Lagers von Kolyma, das meine Erinnerungen an Buchenwald erhellte.« Warlam Schalamow und Alexander Solschenyzin sind die Kronzeugen für die verdrängte Seite der Verfolgung. Semprún strebte ein Doppelgedächtnis an, das auch die Untaten des Stalinismus festhält: »Ich spreche vom Blut der Linken, von allem unschuldigen Blut, das vergossen wurde – unmittelbar oder auf subtilere Art, durch die scheinbar logischen Überlegungen einer terroristischen und ihrer selbst und ihrer unsinnigen, tugendhaften Wahrheit gewissen Ideologie – genau genommen, weil man ein führender Kommunist war, weil man als führender Kommunist über eine Parzelle, sei es auch nur eine Parzelle der absoluten Macht, verfügte.« Doppelgedächtnis – in diesem Wort liegt der Anspruch, der über der Gedenkstätte Buchenwald liegt.

Die Wahrheit werde erst nach einer langen, ruhelosen Verirrung verständlich, meint Sartre. In diesem Versuch, die durch geographische Grenzen geteilten Hälften des Gedächtnisses, die gegeneinander arbeiteten, wieder zusammenzufügen, spielt Jorge Semprún, der gebürtige Spanier, der Sohn eines emigrierten Republikaners, das Mitglied der Résistance, der Buchenwald-Häftling, der Kenner der deutschen Philosophie, der französische Schriftsteller, der ehemalige Kommunist, eine herausragende Rolle. Er hat in seiner Rede zur Verleihung des Friedenspreises in der Frankfurter Paulskirche auf den möglichen Zugewinn verwiesen, daß Deutschland das einzige Land Europas sei, »das sich mit den beiden totalitären Erfahrungen des 20. Jahrhunderts auseinandersetzen kann und muß: dem Nazismus und dem Stalinismus«. Beide gelte es im Hegelschen Sinne *aufzuheben*.

Die schroffen Einseitigkeiten und Verzeichnungen der Buchenwalder Historie und des Andenkens an sie sind begütigt – durch Erweiterungen. Das Areal eines bröckelnden Mythologems ist ins Historische rückübersetzt worden. Auch das Kleine Lager ist wieder gesichert: die ehemaligen Pferdebaracken, die Sterbestätte für die »Muselmänner«, die zu krank oder zu schwach waren, um weiterleben zu können, zu verzweifelt, um etwas anderes als den Tod erwarten zu können, der Ort, wo der französische Gelehrte, der Erfinder des Begriffs »kollektives Gedächtnis«, Maurice Halbwachs, im März 1945 nichts anderes als verendet ist, das jedem Antifa-Heros ferne Gebiet der lebenden Gespenster, wurden mit ihren Grundrissen ausgegraben. Fundsachen aus einem entlegenen, entmenschten Tertiär kamen zum Vorschein und sind aufgebahrt: Bruchstücke von Messern, Gabeln, Knöpfen, Erkennungsmarken eines Sterbe-Alltags.

Seit 1993 haben auch die jüdischen Häftlinge ein eigenes Denkmal. Im Wald finden sich heute Kreuze und Gräber für die Toten aus dem Speziallager des Nachkriegs. Zum erstenmal sind die Informationen der Museumsleute umfassend, ohne Vorbehalte. Das kollektive Gedächtnis gibt es nicht, das zeigt Buchenwald. Es existieren verschiedene Gedächtnisse nebeneinander, und so ist dieser Ort vom Erinnern mehrfach belichtet wie kein anderer seinesgleichen. Allmählich ist die Gedenkstätte komplett geworden. Ein Satz zum Erschrecken, wenn man Vollständigkeit als allseitige Präsenz von Lernmitteln, als den lückenlos beschrifteten Schrecken, als die Regentschaft der Lehre über die Realien ansieht. Auch diese Vervollständigung und Überführung des Ortes ins Riesenmuseum diverser Lesarten ist ein Pyrrhussieg: je mehr Kenntnisse über den Schrecken, desto immuner werden wir gegen ihn. Aber in diesem Sinn kann Buchenwald als musealer Lernort gar nicht »komplett« werden. Die Arten des Andenkens und des symbolischen Ausdrucks liegen wie Gesteinsschichten übereinander und reiben sich. In Buchenwald wächst, während über den Ruinentrümmern der früheren Rüstungsbetriebe neben dem Lager die Vegetation wuchert, wie es Jorge Semprún erhoffte, ein Dickicht der Lesarten vom Gewesenen. Das Doppelgedächtnis, das den Vergleich zwischen den Systemen wagt, nicht einer Gleichsetzung wegen, sondern um unterscheiden zu können, hat einen ebenso zähen wie leidenschaftlichen Kleinkrieg gewonnen. es hat endlich zu sich selbst gefunden.

Die geschleifte Residenz
Carinhall in der Schorfheide

Das Ziel kann einem auf dieser märkischen Eiszeitstraße verlorengehen, wenn man eine bestimmte Abzweigung von der Fernstraße 109 nicht findet. Gesucht wird ein abgelebter Ort zwischen Dölln- und Wuckersee. Es geht durch Nadelwälder hindurch, die nicht enden wollen, das Grün atmet einem als Märchenungeheuer entgegen. Die Schorfheide, der größte zusammenhängende Wald Mitteleuropas, der Rekordwald, wirkt, als gehöre er niemand. Nicht weil er den Wechsel der politischen Systeme mit gleichmütigem Atem ertragen hat, mit einem Rauschen, das von irgendwo oben herrührt, das von den Wipfeln unerreichbar kommt, sondern weil man umgekehrt sagen muß: weil wir dem Wald gehören, so dicht stehen Baum an Baum, so schwarz verschattet sind seine Tiefen. Lärchenvorhänge auf beiden Seiten, der Schwarzspecht trommelt Perioden in die Stille. Die gesuchte Siedlung ist auf keiner Landkarte eingezeichnet, kein Wegweiser dahin findet sich. Im Waldesweben gibt es nur weiße Schilder, die auf ein »Gefährdungsgebiet« und auf eine Zone hinweisen, die »explosivstoffgefährdet« ist.

Gezähmt werden soll durch solche Warnungen der Wille, nach

dem Schatz zu graben, der anderswo »die Erinnerung« genannt wäre. Hier ist er der Sprengschutt von Carinhall, der ehemaligen Residenz »unseres Hermann«, der Selbstinszenierungsgröße Göring. Abgebogen von der Landstraße an einem Schild, das eine »Waldschule« verspricht, gute drei Kilometer, links und rechts einige Autos mit Insassen von weißwerwas welchem Vorsatz. Unterwegs schließt ein Meilenstein die Verirrung vom Wege aus: »Carinhall« auf einem Findling, wenn auch mit »K« falsch geschrieben, als wäre die Siedlung selbst ein schwer verstehbarer Fremdling. Sie hat noch einen Eingang: zwei ins Dickicht geduckte Häuser, früher für Wachpersonal, zwei Sandsteinpfosten in falschem Klassizismus, mit gekreuzten Marschallstäben im Wappen. Das ist alles, was noch an Bauten vorhanden: das Portal, das ins Nichts geleitet. Auf dem Sandweg frische Hufspuren; es gibt Menschen, die reiten ins Wesenlose aus. Des Sommers ganze Hitze lastet über den fünfhundert schnurgeraden Metern bis zu einer Kreuzung, wo sich ein Trupp von Wanderern zum Picknick niedergelassen hat. Ein Fuchs schnürt durch die Verlassenheit, ein Motorsegler bebrütet mit seinem Brummen die Luft. Ringsum seltene Blüten, oder was man dafür hält, wenn man sich selten in die Natur verirrt, Objekte für den Lehrpfad. Der österreichische Klangmaler und Nazi Josef Weinheber kommt mit Spieluhrversen in den Sinn: »Glocken und Zyanen / Thymian und Mohn. / Ach, ein fernes Ahnen / Hat das Herz davon. / Und schon sanft im Nachen / zieht es still dahin. / Zwischen Traum und Wachen / Frag ich, wo ich bin.« Ein Schild markiert den Ort genauer: »Fledermausquartier«. An einem Pfahl ein Kasten und die Aufforderung, die Einflugschlitze bitte freizuhalten. Zwischen den Bäumen durch auf steinigem Weg, zur Seite den Döllnsee, der schon lange aus dem grünen Dunkel geblinkt hat, geht es ins Feld der Archäologie.

Die Schorfheide nennt sich jedoch heute »Biosphärenreservat«, und die Vergangenheit ist zu Kleinstscherben zermahlen. Allenfalls einige Glatzen in Bomberjacken mit Springerstiefeln kommen sich hier noch heroisch vor. Es gibt jede Menge Löcher. viereckige, von Backsteinen gesäumt, halbrunde vom Spaten, mit dem Aushub säuberlich daneben, überwucherte Dunkelfallen, durch die man vielleicht in unbekannte Bunker vorstoßen könnte, Tiefgründeleien einer Neugier, die sich mit allem zufrieden geben würde, was nur nach verbuddeltem Original aussieht. Die Erde ist porös geworden in diesem

Fleck, durchmustert und umgepflügt von anonymen Wesen, die an diesem Punkt der Welt sich sammeln, um das in der Erde zu finden, was auf ihr nicht mehr vorhanden ist. Die Vergangenheit ist diesen Forschern ein tellurisches Rätsel, und alles Bücherwissen über den führenden Sammler und Jäger des Dritten Reiches, der in seine Fangarme nahm, wessen er nur habhaft werden konnte, bringt sie nur zum Trugschluß, das Einst sei nicht das Vergangene, sondern nur lautlos in die Erde zurückgezogen und müsse eben hervorgeschaufelt werden. Darum ist das gewesene Carinhall das intensivst bearbeitete Schatzgräbergebiet Deutschlands.

Den Typus, der dort vor sich hin prunkte, haben die Brüder Heinrich und Thomas Mann um 1900 als »hysterische Renaissance« charakterisiert. Hermann Göring war von Jugend an in die Uniform hineingewachsen, im zivilen Schülerdasein ein Tuweniggut, aufs Militärische hin abonniert: Kadett, Fähnrich, Adjutant, Leutnant, Bordbeobachter, zuerst mit Kamera in den Lüften, dann mit dem Maschinengewehr, in den letzten Monaten des Ersten Weltkrieges Kommandeur des Richthofen-Geschwaders. Nachfolgend der Knick, der Absturz ins Zivile: in Dänemark und Schweden mit aviatorischen Gelegenheitsjobs befaßt, schließlich mit einer Fokker in Luftpost- und Lufttaxidiensten.

Bei einem seiner Fahrgäste lernte er die Schwedin Carin von Kautzow kennen. Die Begegnung schilderte deren Schwester, seine spätere Schwägerin, und schon ihren Bericht regiert cäsarischer Schwulst: »Hermann Göring stand vor dem offenen Kamin und sah in die Flammen hinein. Zwei große Hakenkreuze aus Schmiedeeisen schmückten die eisernen Stangen, worauf die Holzscheite aufgestapelt waren.« Der Auftritt der blonden Carin wird zur Heimkehr der Seelen in die arische Volksgemeinschaft: »Hier war ein freies Volk, das trotz allem noch an Deutschlands Freiheit glaubte, hier war ein Gefühl und eine Innigkeit in der Musik, die sich unmittelbar an das Herz eines Deutschen schmiegt. Viel hat Hermann Göring mit Carin an diesem Tag nicht sprechen können. Dazu war ihm die Seele zu bewegt. Der Sturmvogel des offenen Meeres hatte endlich Land in Sicht bekommen.« So klang die hybride Stimme des völkischen Kitsches.

1922 Rückkehr nach Deutschland und Heirat, Eintritt in die Partei des Adolf Hitler, im Oktober 1922 zum Führer der SA ernannt. Verwundung beim Marsch auf die Feldherrnhalle, Flucht nach dem fehlgeschlagenen Putsch, Behandlung in einem Innsbrucker Krankenhaus und beginnende Drogensucht. Bevollmächtigter des inhaftierten »Führers« im Italien Mussolinis. Nach der Entlassung Hitlers aus der Landsberger Festungshaft das zweite Scheitern: irgendein Zerwürfnis, wie es unter erstem und zweitem Führer immer mal vorkommt, der Platz in der Partei mit einem anderen besetzt, der Mann sogar aus der Mitgliederliste gestrichen. Erneute Emigration nach Stockholm, 1925 erste Entziehungskur. Gelegenheitsjobs: Handel mit Flugzeugmotoren von BMW, Vertreter für eine Fallschirmfirma, zum »Abusus von Morphium« weiterer Klinikaufenthalt. Der Mann wäre als närrischer Großsprecher im Fundus verschwunden, hätte sich Hitler seiner nicht noch einmal angenommen. 1928 hievte er ihn für die Reichstagswahl auf einen sicheren Listenplatz. Fliegerische Weggefährten begleiteten ihn auf seinen Schritten zurück nach Deutschland: Bruno Loerzer, mit dem Berliner Geldadel verheiratet, Erhard Milch, in Diensten der LH erfolgreich, und der fliegende Bajazzo Ernst Udet. Nach den Juliwahlen 1932, als die NSDAP zur stärksten Fraktion wurde, fiel ihm das Amt des Parlamentspräsidenten zu. Nach der Machtergreifung dann die Überfülle der Ämter: Preußischer Innenminister, Oberbefehlshaber der Preußischen Polizei und der Gestapo, Reichsstatthalter in Preußen, Präsident des Staatsrats und und. Dazu die Koordination der Morde beim sogenannten Röhm-Putsch, ab 1936 Reichskommissar für Rohstoffe und Devisen. Und die von ihm wohl am meisten geliebten Ämter: Reichsforstmeister und Reichsjägermeister, beides seit 1934.

In drei Anfällen von Gestaltungswut hat er, 65 Kilometer von Berlin entfernt, seine seelischen Komplexe verbaut. Der »erste Paladin des Führers« hatte bereits im Frühjahr 1933 den Berliner Architekten Werner Marsch mit der Gestaltung eines Landhauses im schwedischen Stil als überdimensionale Jagdhütte beauftragt: tiefgezogenes Dach, mit Schilfrohr gedeckt, vermauerte Findlinge als Sockel, Holzverkleidung aus halbierten Baumstämmen, eine schwere Eichentür mit doppeltem Hakenkreuzmotiv, eine »nordische« Halle. Errichtet auf einer Landzunge zwischen dem Großen Döllnsee und dem Wukkersee. Geschenkt hat ihm den Bau »das dankbare Land« Preußen »auf dasz des deutschen Waidmarks Schirmherr Waidmannslust und Freude finde in Preussens Forsten«. Beziehungsweise: vier von ihm berufene Günstlinge im Staatsministerium hatten den Devotionsakt vollzogen. Mit dieser Erstausstattung hatte es seine Bewandtnis noch längst nicht. Eine Adjunktur, Badehaus und Bootsschuppen mußten her.

Faulholz von Balken liegt herum, eine eiserne Abdeckung rostet quer über einem Loch, Marmorbrocken verstreut, Armiereisen wirr in der Luft, Hausteine, von Wurzeln umschlossen, das meiste läßt auf solide Ware schließen. Man kann an entsprechenden Stellen auf den Boden stampfen und dann klingt es gedämpft hohl: darunter befindet sich der Privatbunker Görings.

Der amerikanische Botschafter William C. Bullitt beschrieb den führenden Protzbold des Deutschen Reiches 1935 bei der Beerdigung Pilsudskis: »Göring schwebte in die Warschauer Kathedrale verspätet ein wie ein Siegfried spielender Tenor. Er hat die üblichen Proportionen eines deutschen Tenors. Sein Hinterteil hat einen Umfang von mindestens einem Yard. Um seine Schultern breit zu machen wie seine Hüften, trägt er auf beiden Seiten zwei Zoll breite Polster. Aber es ist zwecklos. So breit können die Schultern nie sein. Da er nicht einmal so groß ist wie ich und sich in eine hautenge Uniform gezwängt hat, ist die Wirkung einmalig. Offensichtlich hat er immer einen Kosmetiker bei sich, da seine Finger, die etwa so dick wie lang sind, lange, spitze und sorgfältig lackierte Nägel haben und sein rosa Teint tägliche Pflege verrät. Seine Augen quellen wild hervor, so als ob er entweder unter Drüsenstörungen leiden oder aber noch immer Kokain nehmen würde. Seine Lippen sind so schmal wie die eines unmündigen Kindes. Als er 250 Pfund leichter war, muß er eine blonde Schönheit von der unangenehmsten Sorte gewesen sein. Er ist wirklich der unsympathischste Vertreter einer Nation, den ich je erblickt habe. Er gab mir das Gefühl, daß die Deutschen nichts anderes erreichen werden als eine Serie von nationalen Katastrophen, wenn sie nicht endlich das ›Nibelungenlied‹ ernst nehmen.« Ein Foto von 1934 zeigt den Reichsjägermeister in der ledernen Sepplhose mit zwei bejahrten Vertretern der Levante-Jugend aus Ungarn. In den Bund ihrer Schiffchenmützen haben sie Federn gesteckt, und der Allgewaltige gibt einem die Hand, wogegen er in der Linken ein Papier so geziert hält, als handle es sich nicht um das Manuskript der Begrüßungsadresse sondern um ein Kochrezept. Er ist von der Seite zu sehen, hat den Ansatz eines Busens, streckt den Hintern wie einen sieghaften Entensteiß heraus. Der Mann ist ganz gebeulte Hose und dementiert die stramme Haltung, die der Body einnimmt: das Sitzfleisch herrscht bei Göring vor allem anderen.

Ausgewählte Mitglieder des diplomatischen Korps empfing er zur Eröffnung des Naturschutzgebiets Schorfheide mit einem Speer in der Hand. Dann wollte er seinen geladenen Gästen das Schauspiel des Geschlechtsverkehrs zwischen Bisons bieten, aber der dafür vorgesehene Bulle nahm just in dieser Zeitspanne seine Besamungspause. Mit seinen internationalen Gästen stapfte er im Lederwams mit weißen Hemdsärmeln herum, im Gürtel das rote Futteral eines Dolches. Mit einem Horn, dem er Brunftschreie abgewann, lockte er Wisente aus Wildgattern. Welche Geschmacksverheerungen doch der Wille zu Brunst und Jagd in Deutschland anrichten kann, wenn er sich germanisch oder/und in Tracht gibt.

Der Ort der atavistischen Vergnügungen in Loden war auch als Nekropole gedacht: die 1931 gestorbene Schwedengattin wurde in eine pompöse unterirdische Gruft oberhalb des Wuckersees umgebettet. Ein Vorplatz war mit acht Granit-Menhiren, Kultsteinen der Kelten, gesäumt, das Mausoleum aus Natursteinen gemauert und an der Seeseite mit einem blauverglasten Edelweißfenster versehen. Die Überführung wurde in Anwesenheit Hitlers wie ein Staatsakt vollzogen.

Dem französischen Botschafter Francois-Poncet kam Göring als »Siegfried in der Wagneroper« vor. Er führte in seine Besitztümer ein, in seltene Fauna und Flora, wies auf das »blonde Fräulein Sonnemann«, seine »Privatsekretärin« hin, und auf den Sarkophag. Die Dekoration mit Findlingen erinnerte den englischen Botschafter an Stonehenge. Eines seiner Pferde, auf denen Göring ausritt, hieß Wotan. Später hat ihn das wuchernde Fett daran gehindert, den Göttergaul zu erklimmen.

Es gibt Augenblicke, da erscheint die Bonzokratie des Dritten Reiches wie eine Versammlung von viertklassigen Komikern in barbarischer Lächerlichkeit. Der Menschenjäger und Judenschlächter ist an diesem Ort nur ein Gedankenschatten, hier hat er sich, besessen von drastischen karnevalesken Phantasien, ausschließlich als oberster deutscher Jägermeister entworfen.

Im Dezember 1934 wurde Göring zum Mann hinter Hitler bestallt. Seinem Geselligkeitstrieb und seinem Prunkgehabe nach war er jedoch der Primus. Hitler hielt nichts von diplomatischen Banketten, so übernahm Göring die Repräsentation, vollends, als er seine Emmy Sonnemann heiratete und damit die Rolle der First Lady an der Seite des Marschalls besetzt war. Hitler hatte sich selbst die Aufgabe zugeordnet, jedweden arischen Frauen zugetan zu sein, da wäre eine einzige an seiner Seite ein Systemfehler der Alliebe gewesen.

Ab September 1936 wurde Carinhall metamorphorisiert. Aus der Jagdhütte entstand das Prachtobjekt des »Waldbaus«, die Gewaltigkeitszentrale des altdeutschen Oberförsters. Sein lizensierter Biograph Erich Gritzbach schwelgte zwei Jahre später: »Als sein eigener Architekt hat Hermann Göring diese Leistung vollbracht. In bewundernswerter Meisterschaft hat er seine Gedanken in exakte Werkpläne umgeformt. Alles, den Bau selbst, die gärtnerischen Anlagen, die Möbel, die Stoffe, die Teppiche, die Beleuchtungskörper, die Beschläge, selbst die Türgriffe hat er erdacht und entworfen, genau so wie er auch alle Bilder und Kunstgegenstände ausgesucht hat. Kurzum, er hat auch dieses Haus selbst gestaltet.« Auf dem Obersalzberg mußte er gegenüber Hitler und seinem Berghof zurückstehen, hier konnte er seinem ausladenden Geschmack ungehemmt frönen.

Die Aufgabe bestand darin, seiner massigen Physis eine architektonische Entsprechung zu verschaffen. Eine pompöse Selbstkreation: die Machtmonade mit den blutbefleckten Stiefeln im Schaugehäuse von Kunst, Kitsch und Jagdtrophäen. Halle und Galerie gehörten zum Komplex eines Mittelbaus mit zwei langgestreckten Seitenflügeln. Die alte Jagdhütte wurde nicht abgerissen, sondern integriert, verschluckt wie Jonas im Bauch des Wals. Wintergarten und Trinkstube fehlten nicht. Die Kegelbahn ließ sich in eine Schießanlage verwandeln. Im Gymnastikraum stand ein mechanisches Pferd, auf dem der Vierteltonner Göring Ausritte ohne Zuschauer simulieren konnte. Dieses und andere Geräte waren dem gepflegten Herrn von der Parfumkönigin Elizabeth Arden geschenkt worden. Die Ausstattung wurde durch einen Löwenzwinger ergänzt und durch einen hundert Quadratmeter großen Spielboden, auf dem 600 Meter Gleise einer Modellbahn ausgebreitet waren. Auch Mussolini, sein Außenminister Ciano und der englische Botschafter Henderson sollen sich vom Eisenbahner Göring haben mitreißen lassen.

Es fehlen, für so viel Ausstattung, die Tätigkeitswörter, die Sätze kommen ins Stammeln. Gobelins und schwere Teppiche, alte Meister an den Wänden und dazu Blut und Boden verbildlicht. Möbel so schwer, daß man sie als Sitzgruften bezeichnen müßte, wildes Gestänge von Elchen und Hirschen, Soundsovielender, hinter einem Holzgitter eine Hausorgel.

Göring ließ eine Falknerei und einen Schießstand für Handfeuerwaffen anlegen, 1934 wurde der »Natur- und Urwildpark Schorfheide« gegründet. Alles sollte so sein wie einst in Germanien: Elche, Wisente, Wildpferde, Muffelwidder, Biber und Fischotter wurden wieder eingeführt. Im Inneren diese stereotyp in Serie an die Wände genagelten Geweihe, dieses serielle Horn. Von keiner Ahnung war er gestreift, daß es eine Scharlatanerie war, Reanimation der barocken Jagd, des Schaugemetzels, dieses ewige Schießen auf alles, was sich Wild nennt und in den selteneren Arten importiert war. Dieser verfettete Ballermann, auf alle explosiven Umtriebe aus. Dieses trotz aller Eitelkeit gerissene Monster. Was ich erlege, bestimme ich: das galt, mit unterschiedlich mörderischer Bedeutung, hier für Wild, andernorts für Juden.

Ein Vorzimmer in Tiroler Gotik, mittelalterlicher Chorstuhl, antike Amphoren. Und Balken in geschnitzter oder behauener Facon, in der fast 300 Quadratmeter großen Halle bis zum 17 Meter hohen First hinaufreichend, Stütze, Zierde und altdeutsches Bekenntnis, Rittersaal-Imitat. Dazu Stehlampen, so massiv, daß man, wie Dolmetscher Schmidt behauptete, »einen Stier hätte erschlagen können«. Brokat und Leder. Wie nur haben die dienstbaren Geister den Modergeruch übertäubt?

Es ist gut, daß alles davon verschwunden ist. Andernfalls wäre Göring noch heute stilbildend. Altdeutsch ist sowieso *die schleichende Einrichtungsgefahr* geblieben. Man muß nur eine aktuelle Werbung der Firma Decostar heranziehen. Sie stellt Deckenbalken aus Kunststoff her, mit Kleber für die einfache und schnelle Montage. »Dekkenbalken verleihen jedem Raum eine gemütliche und wohnliche Atmosphäre. In nur wenigen Stunden können Sie selbst jeden Raum stimmungsvoll gestalten.« Z.B. mit »Balken Rustik«, Farbe Eiche hell, mit unebener Oberfläche in vier verschiedenen Stärken, dazu Beschläge aus metallfarbenem Kunststoff, »im Schmiedeeisen-Finish zum Abdecken von Stoßfugen oder zur dekorativen Gestaltung«, ferner Konsolen in drei verschiedenen Größen. Davon hätte Hermann Göring gar nicht genug haben können.

Er verbürgte sich, daß niemals nach Deutschland ein feindliches

Flugzeug eindringen könne, sonst würde er »Meier« heißen. Aber er selbst hat Luftschutzbunker graben lassen, z. B. den »Pilzbunker«, zu dem ein unterirdischer Gang führte. Später diente er als Kunstdepot. Die Architektur- und Ausstattungsorgie durfte auf keiner Landkarte verzeichnet werden. Wegen der Brandgefahr wurden im Krieg die reetgedeckten Gebäude mit Ziegeln versehen. Flakstellungen, Melde- und Scheinwerfertürme sowie Tarnnetze gehörten zum Inventar der Monsteridylle. Sieben Kilometer entfernt wurde aus Brettern und Segeltuch ein Schein-Carinhall aufgebaut. Lichttechniker hatten dafür zu sorgen, daß alliierte Flieger die Täuschung hegen konnten, hier befinde sich die wirkliche und bewohnte Residenz.

Der Handwerkerspruch lautete: »In Carinhall wird die Arbeit nicht all!« Für Töchterchen Edda ließ er im verkleinerten Maßstab das komplette Sanssouci nachbauen. Potemkinsche Bauten oder neronischer Cäsarenwahn? Noch am 12. Januar 1945, zu seinem 52. Geburtstag, stellte »unser Hermann« Pläne vor, die eine neuerliche Erweiterung Carinhalls um das Doppelte zu einem Hermann-Göring-Museum vorsahen.

Das Ende seiner baulichen Existenz hat er selbst verfügt. Am 30. Januar 1945 ließ er seine Familie nach dem Obersalzberg evakuieren. Am 20. April gratulierte er Hitler noch in der Reichskanzlei zum Geburtstag, aber in der gleichen Nacht floh er nach Berchtesgaden. Er wollte den Amerikanern in die Hände fallen. Zwölf Freiwillige verminten einige Tage später Keller und tragende Elemente in Carinhall mit rund 400 Zentnern Sprengstoff. Als die ersten Rotarmisten in die Nähe kamen, wurde die Anlage am 28. April in Schutt und Asche gelegt.

Mindestens 300 Gemälde waren zurückgeblieben. Wo sie hingekommen sind, weiß niemand. Göring hat selbst die Legende von den verbuddelten Schätzen gestiftet. Nach seiner Gefangennahme erklärte er, er habe die gewichtigeren Kunststücke nebst herausragenden Weinen in der Nähe von Carinhall vergraben lassen, und wenn die Sowjets abgezogen seien, könne er die Verstecke zeigen. Er wollte dem Mythos vom Schatzgräber aufhelfen, um sein Leben zu verlängern.

Auf einige antike Statuen haben Rotarmisten Schießübungen veranstaltet. Franz von Stucks »Reitende Amazone« steht heute in Eberswalde. Eine rote Marmorsäule findet sich im Schorfheide-Museum von Groß-Schönebeck. Ein Rothirsch aus Bronze von 1937 hat seinen

Platz im Tierpark von Friedrichsfelde. Der Braunschweiger Löwe: eingeschmolzen. Aus der gewonnenen Rohmasse wurden Lampen für das Jagdschloß Hubertusstock hergestellt. Vieles wanderte als Kriegsbeute in die Sowjetunion, manches wurde den Schlössern und Museen Berlins einverleibt, ohne daß diese Stücke besonders markiert worden wären. Der geheimnisvolle Rest hat nach der Wende Suchtrupps und Taucher aus allen Himmelsrichtungen angelockt. Da die Kunstschätze verschwunden sind, wuchern die Gerüchte wie Krampfadern an Mutters Waden. Noch im Juli 1990 haben Polizeitaucher fünf Skulpturen aus dem See geborgen. Das hat die Männer mit dem Spaten erneut angestachelt.

Im Herbst 1946 war mit den Aufräumungsarbeiten begonnen worden. Seit Januar 1948 wurde systematisch das Wiederverwertbare geborgen, zur Sanierung des Jagdschlosses Hubertusstock und für Häuser am Werbellinsee bei Altenhof verwendet. Auch danach blieb die Schorfheide ein bevorzugtes Jagdgebiet. Honecker und Mittag ließen sich das Wild vor die Flinte treiben, um es abzuschießen, Rotwild wurde auch an Futterstellen waidmännisch liquidiert. Insgesamt 18 Staatsjagden gab es in der DDR zuletzt. Die Schorfheide wurde durch die Nationale Volksarmee bewirtschaftet. Die Stammesfürsten Honecker, Mittag und Sindermann, auch die Heiligen Drei Könige genannt, besaßen als einzige das Einzeljagdrecht. Sie taten es slawischen Fürsten und brandenburgischen Adeligen gleich. So hat ein Transfer vom führenden Jäger zu den nächsten über die Systeme hinweg stattgefunden. Görings »Reichsnaturschutzgebiet« wurde territorial erweitert, bis auf eine Fläche von ca. 22.000 Hektar. Nachdem bei einer anberaumten Staatsjagd Väterchen Nikita Chruschtschow 1964 kaum etwas vor die Flinte bekommen hatte, wurde der abschußwürdige Wildbestand planmäßig erhöht.

Die Zeiten waren schon früher nicht anders gewesen: Ein Gedenkstein irgendwo soll belegen, daß schon Wilhelm II. in der Schorfheide den 1000. Hirsch 1898 in die ewigen Jagdgründe geschossen hat. Als Jägersmann eingewiesen wurde Honecker erstmals von den Sowjets, und der Altstalinist Gottwald habe ihm, erzählte er, die erste Flinte geschenkt. Honecker saß als Vorsitzender des Zentralrats der FDJ, als oberster Berufsjugendlicher, in einem »Objekt« am nördlichen Döllnsee, das zuvor das Gästehaus Görings gewesen und durch den SMAD der FDJ übergeben worden war. Das Anwesen sollte auch als

Alterssitz für Wilhelm Pieck dienen, aber der starb zu schnell. Das Brauchtum der roten Fürsten unterschied sich von dem ihrer Vorgänger nicht.

Volkspolizei und später die NVA haben immerhin Görings Gelände zielgerichtet eingeebnet, zeitweilig war der Zugang verboten. Zur Wiederaufforstung wurden Lärchen gepflanzt. Grabungsfanatiker fanden den Einstieg zu Görings Privatbunker. Daraufhin wurde er zugeschüttet.

Die Lafette eines Flakgeschützes steht noch herum, die Fundamente von Geschütz- und Scheinwerfertürmen erheben sich über den Waldboden. Aber der Ort ist ausgelöscht, ist in die Erde versunken, gäbe zur Anschauung nur noch etwas an Bodenfundsachen her. In der Schorfheide bei Berlin haben die DDR-Behörden alles getan, um den pompösesten Landsitz der Nazis zu beseitigen. Das Territorium wurde der sanften Gewalt des vegetabilischen Vergessens überlassen, mehr war nicht zu tun.

Und doch hat keine Abräumarbeit, hier planvoll und eindeutig wie selten betrieben, geholfen, den Vorgang der natürlichen Amnesie zu erzeugen. Wo nichts mehr vorhanden, wo das Vergessen wie eine Zwangskunst geübt worden ist, entstand die Hohlform der Erinnerung. Die Schatzgräber irren durchs Unterholz, Suchrouten werden ins Grün geschlagen, Jünger des Führerkults, verspätete Sendboten der germanischen Lebensart pilgern ins Geviert der Ungewißheit. Sie alle sind Kundschafter zu einem Einst, das nur noch als Mär und Sagenschatz, als Phantom und mythisches Negativ existiert. Aber weil, von Deutschland aus, die ganze Welt die Eigenschaft hat, sich in ein Museum zu verwandeln, übt das planierte Gelände den stärksten Magnetismus aus. Nichts ist anziehender als das Nichts.

Ende im Blau

Portbou, die letzte Grenze Walter Benjamins

Man kann sich vorstellen, wie er die Freitreppe zum Bahnhof in Marseille hochgeht. Er ist erst 48 Jahre alt, sieht aber sehr viel älter aus, er ist schwer herzkrank. Er wird auf einzelnen Absätzen stehengeblieben sein, und vielleicht hat er sich umgedreht: zum letztenmal auf die Straßenschlucht des Boulevard d'Athenes blickend, die vor ihm in die Metropole der Flüchtlinge und Entwurzelten aus aller Herren Länder führt. Die Freitreppe zum Bahnhof Saint Charles gewährt jedem Reisenden ein großartiges Abschiedstheater. Man steigt hinauf in die Höhe und spürt hinter sich den Prospekt der Stadt. Säulen, Kandelaber und mythologischer Zierat flankieren das Entree in die Ferne, die Belle Époque grüßt mit einer eleganten steinernen Geste. Der Mann hat nichts als eine schwarze Aktentasche bei sich, mit leichtestem Gepäck tritt er seine Reise an. Er könnte für einen würdevollen höheren Beamten gelten, der zum Besuch von Verwandten irgendwohin fährt. Der Kalender zeigt vermutlich den 23. September 1940 an. Wir wissen: es ist seine letzte Reise, und er wird nach drei Tagen sterben. Walter Benjamin hat sein Schicksal schon lange geahnt. An Werner Kraft, August 1936: »Wir alle können uns fragen, wie lange wir uns der Hälfte der Erdkugel, auf welcher wir uns befinden, selbst unter Aufbietung äußersten Leichtsinns – wie gegenwärtig – noch werden anvertrauen können. Und ob wir nach Ablauf einer gewissen Frist noch Zeit haben werden, diese Hälfte mit der anderen zu vertauschen.«

Eine Vorstellung nur, denn schriftliche Zeugnisse über diesen Aufbruch zum Ende gibt es nicht: weder von Walter Benjamin selbst noch von anderen über ihn. Halten wir uns an den Gefährten Soma Morgenstern, einen österreichischen Schriftsteller aus Galizien, und seine Empfindungen in Marseille: »Mein Kopf ist ein europäischer Kopf: ein Chaos. Meine Hände sind europäische Hände: die Ohnmacht. Meine Beine sind europäische Beine: die Flucht. Mein Herz ist ein europäisches Herz: ein aufgescheuchter Taubenschlag. Die Begegnungen mit den Gehetzten aus vergangenen Zeiten und Ländern, die auch bereits vergangen sind – auch Länder vergehen –, waren keineswegs danach, die Hoffnung und den Mut zu stärken. Sie zeigten ja erst recht, wie allumfassend die Netze der Menschenjäger ausgespannt waren, wie töricht die Hoffnung, wie vermessen der Mut, hier noch ausbrechen zu wollen. Ja, vermessen! Millionen waren gescheucht und getrieben: warum sollte es just mir noch gelingen, die Sonne zu sehen? Ist es nicht würdiger, mit Sehenden zu verzweifeln, als mit Blinden zu hoffen?«

Die Menschen, die Walter Benjamin in Marseille noch gesehen haben, waren Arthur Koestler und Hannah Arendt, Siegfried Kracauer, Anna Seghers und Hans Sahl. Sie hatten eines gemeinsam: sie waren im August/September 1940 in der gleichen bedrängten Lage und haben, da mit dem eigenen Überleben beschäftigt, von den anderen nicht unbedingt Aufhebens gemacht.

Wie eine Geschichte erzählen, wenn man als Detektiv der letzten Tage auf die Spurlosigkeit trifft? Niemand kennt das Hotel oder die Armenpensionen, in denen er 1940 fünf Wochen in Marseille lebte; Briefe ließ er sich postlagernd schicken. Er hat in dieser Zeit angeblich einen absurden Fluchtversuch unternommen, gemeinsam mit einem Arzt. Die beiden hatten sich als Matrosen verkleidet und durch Bestechung auf einen Frachter geschmuggelt, waren selbstverständlich entdeckt worden und konnten sich gerade noch davonmachen.

An diesem 23. September 1940 fuhr Walter Benjamin nach Süden: von Marseille aus nach Perpignan, weiter die rötliche Küste der Côte Vermeille entlang, den Pyrenäen zu, in das Städtchen Port-Vendres.

Er hat Glück gehabt, ist unterwegs nicht von einer Streife aufgegriffen worden. In Marseille hatte ihm Hans Fittko, Gefährte aus einem Internierungslager in Nevers, geraten, seine Frau aufzusuchen, die gerade von dem französischen Badeort Banyuls aus einen Fluchtweg übers Gebirge ins spanische Grenzstädtchen Portbou erkundete. Sie besaß vorzügliche französische Papiere, die ein österreichischer Karikaturist gefertigt hatte. Am Ort half ihr vor allem der Bürgermeister Azéma, der im Spanischen Bürgerkrieg aktiv gewesen war und mit der Résistance in Verbindung stand. Er machte Lisa Fittko den Vorschlag, den Fluchtweg über die Ostpyrenäen für alle nachfolgenden Emigranten zu erkunden. Er fertigte für sie eine Skizze der Route Lister an, des Pfades, den anderthalb Jahre zuvor Tausende spanischer Flüchtlinge aus Angst vor Franco und den Seinen gegangen waren. Der Weg über die Grenze hatte ihnen die Freiheit verheißen; er brachte den meisten von ihnen Hunger, Schmach und das Lager ein, in nicht wenigen Fällen das KZ Buchenwald.

Auch ein spanischer Schriftsteller ist ein Jahr zuvor diesen Gegenweg gegangen, und Benjamin hat auf seiner Reise in den äußersten Süden wenigstens den Ort gestreift, wo er gestorben ist: Collioure. Dort liegt, bewacht von Zypressen, am Meer, Antonio Machado, einer der großen Lyriker Spaniens, im Bürgerkrieg auf der republikanischen Seite kämpfend. Der Paßgänger in andere Richtung starb im Februar 1939, schon in Frankreich. In seinem Grab liegt auch seine Mutter, Ana Ruiz, sie starb drei Tage nach ihrem Sohn.

Es gab einen viel einfacheren Weg, um über die Grenze zu gelangen: vom französischen Grenzort Cerbère aus, am Friedhof beginnend, ein Ziegenpfad. Viele sind ihn gegangen, unter ihnen das Ehepaar Werfel und Heinrich Mann mit seiner Frau sowie seinem Neffen Golo, zwei Wochen, bevor sich Benjamin aufmachte. Es wäre ein leichter und kurzer Weg gewesen im Vergleich zu dem, der Benjamin bevorstand. Aber er war zu diesem Zeitpunkt nicht gangbar. Angeblich war Lion Feuchtwanger, der ihn benutzt hatte, in Amerika leichtfertig ins Plaudern gekommen, und das habe zu Rückwirkungen geführt: die Gardes mobiles bewachten den Weg scharf, offenbar auf Geheiß der Gestapokommission Hundt, die mit dem Einfangen von Hitler-Flüchtlingen, vor allem von Juden, beschäftigt war. Andere Möglichkeiten, die auch ergriffen wurden, um Flüchtlinge außer Landes zu bringen, fielen aus: im Wassertender des Zuges von Cerbère nach Portbou stehend, die kurze Strecke mit dem Gepäck auf dem Kopf; oder mit dem Fischerboot ums Gebirge herum in die erste kleine Bucht nach Spanien. So mußte Benjamin von Banyuls aus in einem Bogen westlich ins Landesinnere und über die Kämme einiger Berge, ein gewundenes Auf und Ab.

Banyuls hat das meiste aus dieser Zeit bewahrt. Der Ort wirbt mit dem Bildhauer Aristide Maillol, dem Lokalheiligen, der dort geboren und gestorben ist. Lisa Fittkos Haus läßt sich noch ermitteln: Ávenue Puig del Mas 16, eine schmale Fassade, im ersten Stock hatte die Fluchthelferin ihr Quartier, direkt über dem Eingang zum Zollamt. Nebenan erproben die Zecher heute ihre Kehlen mit dem Wein aus dem Roussillion. Im Bahnhof sind die Verbindungen nach Barcelona, Paris und Frankfurt angeschlagen.

Hätte Benjamin in den Zug steigen und seine Fahrkarte vorzeigen können, so wäre ihm von Banyuls an kaum Zeit geblieben, sich in die Polster zurückzulehnen. Die Fahrzeit bis zum französischen Grenzort Cerbère: 12 Minuten. Dort hätte er einen anderen Zug mit einer anderen Spurbreite besteigen müssen und wäre durch einen Tunnel in die Freiheit gefahren. Fahrzeit: vier Minuten. So lässig kann man heute durch die Grenze kommen. Statt dessen wurde – am Abend dieses Dienstag, dem 24. September 1940 – eine erste Erkundung unternommen, gemeinsam mit Benjamins flüchtiger Bekannter aus Marseille, Henny Gurland und ihrem 17jährigen Sohn José, die sich angeschlossen hatten. Lisa Fittko: »Mir fiel auf, daß Benjamin eine Aktentasche trug, die er sicher geholt hatte, als wir im Gasthof haltgemacht hatten. Sie schien schwer zu sein, und ich fragte, ob ich ihm helfen könne.

›Darin ist mein neues Manuskript‹, erklärte er mir.

›Aber warum haben Sie es denn auf diesen Kundschaftsgang mitgenommen?‹

›Wissen Sie, diese Aktentasche ist mir das Allerwichtigste‹, sagte er. ›Ich darf sie nicht verlieren. Das Manuskript *muß* gerettet werden. Es ist wichtiger als meine eigene Person.‹« Da taucht die Aktentasche wieder auf: sie wird zum mythologischen Requisit einer Dreitagesodyssee, wird immer wieder erscheinen und wieder verschwinden in den Berichten.

Benjamin wird von Lisa Fittko als »Tolpatsch« und weltfremder Sonderling gemustert. Das ist ihre Deutung seines Verhaltens: eine etwas einfache Sicht. Sie unterschlägt die geradezu methodische Vorgehensweise eines Mannes, den man wohl eher als einen kühl Handelnden aus Verzweiflung ansehen muß.

Aber wo sind sie gegangen?

Der Weg ist von Lisa Fittko beschrieben worden: ein alter Schmugglerpfad, unterhalb der normalen Berg- und Paßstraße, durch einen Gebirgsüberhang zum Teil verdeckt und für Wachen, die oben patrouillierten, nicht einsehbar; dann ohne vorgegebene Markierung durch steile Weinberge nach oben, bis zu einem Gipfel und gerade aus einen Hang hinab nach Portbou. Viele sind in den Pyrenäen herumgeklettert, um diesen letzten Weg Walter Benjamins nachzugehen, aber niemand kann die exakte Strecke noch bestimmen. Brände haben die Flora verändert, einzelne Wege sind aufgelassen, markante Zeichen in der Landschaft verschwunden. Kein Gedächtnis kann ihm auf seinen letzten Gang folgen.

Auf einem Kamm der Pyrenäen, schon in Spanien, berichtet Lisa Fittko von der Schönheit des Ausblicks: »Das Bild erschien so unverhofft vor mir, daß ich einen Augenblick an eine Fata Morgana glaubte. Weit unten, von wo wir gekommen waren, sah man wieder das tiefblaue Mittelmeer. Auf der anderen Seite, vor uns, fielen schroffe Klippen ab auf eine Glasplatte aus durchsichtigem Türkis – ein zweites Meer? Ja natürlich, das war die spanische Küste. Hinter uns, im Norden, im Halbkreis, Kataloniens Roussillion mit der *Côte Vermeille*, der Zinnoberküste, einer herbstlichen Erde mit unzähligen gelb-roten Tönen. Ich schnappte nach Luft. Solche Schönheit hatte ich noch nie gesehen.« Wenigstens diesen Punkt kann man heute noch ausmachen: eine Grenzhöhe, 599 Meter über dem Meer. Aber wie Erinnerungen auseinanderlaufen können: im Bericht einer anderen Augenzeugin sind die Flüchtlinge durchnäßt vom Dauerregen.

Die Flucht über die Pyrenäen Ende September 1940 ist die Nötigung eines Gegenprogramms zum Müßiggänger, zum Flaneur, der seine Zeit nicht verbraucht, der sie verschwendet.

Noch einmal hat Lisa Fittko das Wort. Sie erzählt eine Episode, die an die ominöse Aktentasche gebunden ist. Benjamin habe auf der Flucht in den Pyrenäen Wasser aus einem schleimigen Tümpel getrunken und sich dabei gesundheitlich gefährdet; sie habe ihm Vorhaltungen gemacht, er könne sich Typhus holen. Er habe entgegnet: »Ja, vielleicht. Aber Sie müssen verstehen: Das Schlimmste, was passieren kann, ist, daß ich an Typhus sterbe – nachdem ich die Grenze überschritten habe. Die Gestapo kann mich nicht mehr festnehmen, und das Manuskript wird in Sicherheit sein. Sie müssen schon entschuldigen, gnädige Frau.« Bevor sich die Führerin durch die Pyrenäen von der Gruppe trennt, um nach Banyuls zurückzugehen, kurz vor dem Abstieg nach Portbou, die Häuser kann man schon sehen, wird es noch einmal zur suggestiven Behauptung: die Person ist nichts, das Manuskript ist alles, das wahre Fortleben ist im Text. In Lisa Fittkos Bericht ist die Tasche immer schwerer geworden und damit immer gewichtiger, und Benjamin hat sie eifersüchtig mit Blicken bewacht. Intoniert wird der Schriftglaube als ein magisches Motiv.

Dabei hat Lisa Fittko einen Umstand buchstäblich vergessen: daß die Gruppe von Flüchtlingen einer anderen begegnet ist, die den gleichen Weg nahm. Von nun an übernimmt Henny Gurland, die mit ihrem halbwüchsigen Sohn sich Benjamin angeschlossen hatte, die Erzählung. »Auf dem Pyrenäenweg trafen wir die Birmann, ihre Schwester Frau Lipmann und die Freund vom ›Tagebuch‹. Für uns alle waren diese 12 Stunden eine ganz grauenhafte Anstrengung. Der Weg war uns völlig unbekannt, zum Teil mußte man ihn auf allen Vieren erklettern. Abends kamen wir in Portbou an und gingen auf die Gendarmerie, um unseren Eintrittsstempel zu erbitten.« Zwei Berichte gab es bisher für die Ereignisse in Portbou: den von Henny Gurland und den von Grete Freund, der hier trotz einiger Abweichungen unberücksichtigt bleibt. Seit dem Jahre 2000 wird ein neuer, von einer anonymen Augenzeugin, zitiert. Er stammt wohl aus dem Kreis der Frauen, die die Ereignisse miterlebt haben. Er bringt einige Korrekturen der Zeitangaben und des Ablaufs. Unklar bleibt in allen Schilderungen, wo der Abstieg zum Grenzort verlaufen ist. Östlich über den Kamm: dann wäre die Gruppe in Sichtweite der französischen Grenzstation auf die spanische Wache getroffen, und man hätte sie sofort zurückschicken können. Etwas weiter westlich: dann wären die Flüchtlinge auf die Beamten im Zollhaus oberhalb des Dorfes gestoßen und wohl ebenfalls zurückgeschickt worden. Also bleibt nur ein Weg, der nunmehr aufgelassen ist: im stumpfen Winkel auf die Eisenbahngleise zu. Heute ist das unwirtliche Gelände ein Industriegebiet, der Zugang verwehrt. Daneben ein Weg, ebenfalls mit einem vergammelten Schild: Durchgang verboten, privat. In der Nähe ein

Fußballplatz, auf dem Bogenschützen üben. Zu den Häusern von Portbou gelangt man aus dieser heruntergekommenen Zone am Fuß von Weinbergen durch eine hallenähnliche Unterführung. Die Steine sind zerfressen von Abgasen, von Salzablagerungen geweißt; die Schritte hallen gespenstisch. Die unterirdische Passage mündet auf eine von Platanen überdachte Rambla, an einer Seite pocht die Guardia Civil auf ihre zweifelhafte Losung »Todos por la patria«, »alle für das Vaterland«. Henny Gurland vor mehr als sechzig Jahren: »Vier Frauen und wir drei saßen eine Stunde lang, weinend, bittend, verzweifelt vor den Beamten und zeigten unsere durchaus guten Papiere. Wir waren alle sans nationalité und man sagte uns, daß seit einigen Tagen ein Erlaß herausgekommen sei, der verbot, Leute ohne Nationalität durch Spanien reisen zu lassen. Man erlaubte uns, eine Nacht im Hotel zu verbringen, soi-disant unter Bewachung und stellte uns drei Polizisten vor, die uns morgens an die französische Grenze begleiten sollten.« Es gibt verschiedene Versionen vom Hörensagen: behauptet wird auch, daß die in Marseille ausgestellten spanischen Transitvisa ungültig gewesen seien.

Die Gruppe übernachtete im Hotel Fonda Francia, das einige Jahre später zum »Hotel Internacional« umbenannt wurde. Beide Namen gibt es im Ort. An der Straße zum Meer befindet sich ein »Internacional«, aber nurmehr als Restaurant und Bar, das Hotel, eher eine Spelunke, ist geschlossen. Und das »Francia« ist ein Hostal, eine Herberge für Rucksacktouristen.

Das größte Monument in Portbou ist der Bahnhof, zwei maßlos lange Gebäuderiegel hintereinander. Mag anderswo eine Burg herrschen, ein Palast oder eine Fabrik, so triumphiert an diesem spanischen Randposten der Transit: niemand verharrt. Ein auffächerndes Gewimmel von Gleisen, rostige Geometrie, die taub in der Sonne glänzt, breitet sich in der Fläche aus. Drüben in Cerbére, durch den Tunnel durch, ein ähnliches Bild: Gleise, die sich über ein Rangiergelände auseinanderfalten. Zwei stählerne Fächer verklammern den Berg, auf dessen Sattelhöhe ein winziges weißes Gebäude dahindämmert. Die alte Grenzstation ist längst außer Gebrauch, verödeter Zeuge strenger Mienen und amtlicher Handlungen. An den Hängen noch verwischte Spuren alter Mühen, die Terrassen aufgelassener Weinberge. Die Kirche in Portbou drängt sich unmittelbar an die Gleise, eine neogotische Errungenschaft eines hochverehrten katalanischen Architekten, vor dem Chor separat ein achteckiger Turm wie der manikürte Finger Gottes. An diesem Sonntag sind, wie an jedem Tag, die Läden geöffnet: Likörflaschen jeder Farbe, abenteuerlich bedruckte Handtücher, Sombreros, Paellapfannen, Sandalen und Taucherintensilien quellen ins Freie. Das letzte Strandbad an der Costa Brava kennt seine touristische Bestimmung. Und es hat Benjamin in den Werbeprospekt des Ortes aufgenommen: zu Fotos von Bucht und Blumen, nostalgischen Fischerbooten, Sardana tanzenden Katalanen gehört nach dem Willen der werbenden Ortskunde der Denker mit Brille und Zigarette.

Henny Gurland will am nächsten Morgen um 7 Uhr zu Benjamin gerufen worden sein: »Er sagte mir, daß er abends um 10 Uhr große Mengen Morphium genommen hätte und ich versuchen solle, die Sache als Krankheit darzustellen, gab mir einen Brief an mich und an Adorno Th. W... Dann verlor er das Bewußtsein. Ich rief einen Arzt, der Gehirnschlag feststellte und auf mein dringendes Verlangen, Benjamin in ein Krankenhaus zu befördern, d.h. nach Figueras, alle Verantwortung dafür ablehnte, da Benjamin schon ein Sterbender sei. Ich habe nun den Tag mit Polizei, Maire und Juge zugebracht, die sämtliche Papiere nachsahen und einen Brief an die Dominikaner in

Spanien fanden. Ich mußte den Curé holen und habe mit ihm eine Stunde lang auf den Knien gebetet. Ich habe um José und mich entsetzliche Angst ausgestanden, bis der Totenschein ausgestellt war am nächsten Morgen. [...] Ich kann Dir wirklich die Situation nicht genauer schildern. Auf jeden Fall war sie so, daß ich den Brief an Adorno und mich vernichten mußte, nachdem ich ihn gelesen habe.« Diese Version war jahrzehntelang die gültige und hat in unzähligen biographischen Darstellungen überlebt. Dokumentarisch beglaubigt ist davon jedoch kaum etwas. Das Sterberegister weist nicht den 27. September, sondern den Vortag aus, einige andere Merkwürdigkeiten sträuben sich gegen Henny Gurlands Bericht. Sie selbst ist nicht mehr zu befragen: die ehemalige Fotografin, zeitweilig verheiratet mit einem Spanienkämpfer, dann die Frau Erich Fromms, ist 1952 gestorben. Viele Forscher haben die Gemeindeverwaltung von Portbou mit der Frage nach Akten genervt. Zu finden war nichts außer dem Eintrag im Totenbuch und dem Foto, das der örtliche Richter hatte einfügen lassen, um eine spätere Identifizierung des »Doctor en Filosofia Don Benjamin Walter« zu ermöglichen. Eben an diesem Namen setzte 1992 eine findige Forscherin an. Ingrid Scheuermann wußte, daß »Benjamin« ein im Spanischen gebräuchlicher Vorname ist und fand einen Namensdreher heraus: die Akte war unter dem Namen »Walter« abgelegt. Eine denkwürdige Tarnung des Schriftvorgangs, hat sich doch Benjamin selbst hinter zahlreichen Pseudonymen und geheimen Namen versteckt.

Die Akte enthält neun Blatt; darin findet sich unter anderem: die Rechnung des Arztes, des Hotels, des Schreiners für Sarg, Überführung und Arbeiten an der Grabnische, zwei Umtauschquittungen der Banco de Espana, der amtliche Bericht des Richters von Portbou.

Die Hotelrechnung weist vier Telefonate aus. Offensichtlich hat er noch versucht, Hilfe von irgendwoher zu erhalten; naheliegend war ein Anruf beim amerikanischen Generalkonsulat in Barcelona. Er hat seine Sache keineswegs gleich verloren gegeben. Hans Mayer überliefert, daß Benjamin in Portbou eine Postkarte an die Genfer Vertreterin des Instituts für Sozialforschung, Juliane Favez, mit der Bitte um Hilfe geschrieben habe, die nach seinem Tod eingetroffen sei.

Der Arzt kam an diesem Ankunftsabend und am nächsten Tag insgesamt viermal. Er berechnete das Messen des Blutdrucks, einen Aderlaß und mehrere Spritzen. Er stellte also Bluthochdruck fest und verabreichte Benjamin entsprechende Mittel. Falls Benjamin Morphium genommen hat, wurde der blutdrucksenkende Effekt massiv verstärkt; auch im Falle von Beruhigungstabletten. Offensichtlich hatte Benjamin Schwierigkeiten mit der Atmung: sein Stöhnen oder Röcheln wurde außerhalb des Zimmers gehört. Der Arzt diagnostizierte einen Gehirnschlag; an dieser »hemorragia cerebral« ist er nach dessen Feststellung gestorben, und zwar am 26. September 1940, gegen zehn Uhr abends.

Der Arzt hat keinerlei Hinweis auf die Einnahme von Morphium gegeben und keine Anzeichen dafür, z. B. abweichende Verhaltensweisen, festgestellt. Hat er diese Symptome übersehen? Es ist schwer vorstellbar, daß ein Doktor, und sei es auch ein spanischer Landarzt an einem abgelegenen Grenzort, keine Erfahrung mit Morphium haben könnte. Der Arzt kam viel früher und öfter als von Henny Gurland angegeben. Der Tod trat nicht am nächsten Morgen sondern erst am Abend ein: es ist nicht vorstellbar, daß der von den Strapazen der mindestens siebenstündigen Pyrenäenüberquerung geschwächte Benjamin eine Überdosis Morphium eingenommen, Briefe diktiert und geschrieben hat und noch 24 Stunden gelebt haben soll.

Es gibt in dieser Frage zwei Lager: niemand hat in Portbou von Selbstmord gesprochen, weder der Arzt noch der Hotelbesitzer und auch der verfügende Richter nicht. Sie könnten immerhin ein Trio des Schweigens gebildet haben, um lästige Untersuchungen der Guardia Civil zu vermeiden. Andererseits: Hätte sich die Ausbreitung eines Gerüchts, daß dieser akademische, staatenlose Fremdling sich umgebracht habe, an einem so kleinen Ort überhaupt vermeiden lassen? Der 2000 aufgefundene anonyme Bericht übermittelt einen Ausspruch Benjamins. Er sei am nächsten Morgen aufgewacht und habe gesagt: »Wieso lebe ich noch, ich müßte doch gestorben sein.« Demnach wäre der Selbstmordversuch mißglückt, und Benjamin wäre nicht an einer Überdosis an Tabletten gestorben.

Ist er nicht eher an einem Gehirnschlag infolge Erschöpfung und rabiater Absenkung seines Blutdrucks gestorben?

Ein Handorakel läßt sich in Benjamins »Trauerspiel«-Buch von 1928 auffinden: »Soviel Bedeutung, soviel Todverfallenheit, weil am tiefsten der Tod die zackige Demarkationslinie zwischen Physis und Bedeutung eingräbt.« Ein undurchdringlicher, chiffrierter Satz, aber doch eine Auskunft fürs Ganze: Walter Benjamin hat sich in die Objektivität der Katastrophe eingearbeitet. Wie groß war seine Bereitschaft, dem Überdruß nachzugeben und Hand an sich zu legen? Wollte er sich in die Liste der Emigranten einreihen, die ihrem Leben durch eigenen Entschluß ein Ende setzten?

Joseph Roth, zu Tode gesoffen in Paris, Mai 1939, fünf Tage nach dem Freitod Ernst Tollers in New York, Ernst Weiß, Juni 1940, beim Einmarsch deutscher Truppen in Paris, Walter Hasenclever im gleichen Monat, im Lager Les Milles, Carl Einstein, Juli 1940 nahe dem Pyrenäenort Pau.

Eine Disposition dazu hat es bei Benjamin früh gegeben. Eine Prägung erfuhr er durch den Selbstmord seines Jugendfreundes F. C. Heinle im August 1914, als der Erste Weltkrieg ausbrach. 1932 wollte er sich zu seinem 40. Geburtstag umbringen, hatte offensichtlich auch schon ein Testament verfaßt. In Marseille habe er mehrfach vom Suicid gesprochen, behauptete später Hannah Arendt. Für die Morphiumtabletten gibt es freilich keinen dokumentarischen Beleg, nur das Zeugnis von Henny Gurland. Und eine Episode aus Marseille, die Arthur Koestler in seinem Buch »Abschaum der Erde« erzählt: »Er besaß fünfzig Morphiumtabletten, die er zu schlucken beabsichtigte, falls er gefaßt werden sollte, er sagte mir, das sei genug, um ein Pferd umzubringen, und gab mir die Hälfte seiner Tabletten – für alle Fälle.« In der englischen Originalausgabe, zwanzig Jahre früher erschienen, liest sich die Stelle über das Gift allerdings ganz anders: »Ich hatte keines, und er teilte, was er besaß, mit mir, 62 Tabletten eines Sedativs, beschafft in Berlin in der Woche nach dem Reichstagsbrand. Er tat es widerwillig, weil er nicht wußte, ob die 31 Tabletten, die ihm geblieben waren, ausreichen würden.« Also Beruhigungsmittel anstatt Morphium, sieben Jahre alt, die Wirkung ungewiß. Hat Koestler die deutsche Fassung des Buches einem Gerücht vom Selbstmord im Morphiumrausch angepaßt?

Es ergibt sich ein merkwürdiges Paradox: je näher und genauer man auf die Einzelheiten dieses Todes starrt, desto unwahrscheinlicher wird der Selbstmord mit einer Überdosis Morphium, desto brüchiger werden die Aussagesätze. Aber der Freitod ist im Werk Benjamins mehrfach berufen als eine souveräne Handlung, er ist gleichsam literarisch beschlossen. Im »Baudelaire«-Aufsatz hat Benjamin den Suicid gedeutet: »Die Moderne muß im Zeichen des Selbstmords stehen, der das Siegel unter ein heroisches Wollen setzt, das der ihm feindlichen Gesinnung nichts zugesteht. Dieser Selbstmord ist nicht Verzicht, sondern heroische Passion.«

Als der Ortsrichter gegen halb elf Uhr im Hotel eintraf, lag der Tote voll bekleidet mit seinem Anzug da. In seinen Taschen fand sich nichts: alle Hinterlassenschaften waren in die schwarze Aktentasche geräumt. Die letzte Habe: eine goldene Taschenuhr, Banknoten im Wert von 500 Francs und 70 Dollar, der Reisepaß »Nr. 224, ausgestellt in Marseille vom AMERICAN FOREIGN Service am 20. August d. J. auf den Namen Walter Benjamin Dr., mit dem Visum des Spanischen Konsulats besagter Stadt vom 10. des laufenden Monats September, in dem er dazu berechtigt wird, auf dem Transitweg durch Spanien nach Portugal zu reisen«. Das Affidavit, sechs Paßbilder des Verstorbenen; eine Röntgenaufnahme und dazu eine ärztliche Bescheinigung; eine Pfeife, die Brille »und einige Briefe und Zeitungen.«

Nichts von einem Manuskript. Wer hat das alles in die Tasche geräumt? Und mit welcher Absicht? Ging es darum, Spuren zu verwischen und einen möglichst reibungslosen Ablauf der amtlichen Handlungen zu garantieren? Und was hätte verborgen bleiben sollen?

Henny Gurland behauptet, sie habe dem Toten ein Grab für fünf Jahre gekauft. Der amtliche Bericht weist hingegen unzweifelhaft aus, daß dies durch richterliche Verfügung vom hinterlassenen Geld Benjamins geschah – »auf die Möglichkeit hin, daß ein Angehöriger des Verstorbenen erscheinen könnte und die Leiche überführen möchte; der Pfarrer wird entsprechend benachrichtigt zu diesem und zu allen anderen notwendigen Zwecken; alle Rechnungen, die die bisher gemachten Ausgaben belegen und rechtfertigen, werden eingeholt, um – nachdem die gefundenen und in die Inventur aufgenommenen Devisen in Peseten umgetauscht worden sind, wenn sie angenommen werden – beglichen werden«.

Und die schwarze Aktentasche, die bei Lisa Fittko eine so überragende Rolle als magisches Requisit und Rettungsbehältnis eines letzten Manuskripts spielt und keine bei Henny Gurland? Sie wurde mit der letzten Habe zur Asservatenkammer nach Figueras geschickt und blieb dort höchstwahrscheinlich bis 1975. Dann zog das örtliche Gericht um, die vom Wasser angegriffenen und von Ratten angenagten Hinterlassenschaften, unter anderem auch die von Benjamin, wurden weggeworfen. Während alle Welt rätselte, was es wohl mit einem allerletzten Text des Philosophen auf sich haben könnte, hätte man

sich in Figueras, am Ort Salvador Dalís, im Hauptquartier des von Benjamin gedeuteten »Sürrealismus«, kundig machen können.

Aber welchen Text könnte er überhaupt hinterlassen haben? Die erhaltenen Briefe geben keinen Hinweis. Es ist kaum vorstellbar, daß er in der bedrängten Lage, die ihm jeden Tag die Katastrophe bringen konnte, die Konzentration gefunden haben könnte, etwas Neues zu beginnen. Die Exzerpte und Notizen zum »Passagen«-Werk hat er vor seiner Flucht aus Paris Georges Bataille anvertraut, und der hat sie in der Bibliothèque Nationale versteckt. Es ist höchst unwahrscheinlich, daß er, abgeschnitten von den Büchern und den eigenen Texten, eine Ausarbeitung zu diesem Komplex hätte leisten können. Vielleicht hat er eine Fassung der Thesen »Über den Begriff der Geschichte«, die er an seinen Freund Gershom Scholem nach Palästina geschickt und seinem Schicksalsgefährten Soma Morgenstern vorgelesen hatte, mit sich geführt. Mit seiner winzigen Handschrift benötigte er dafür nur wenige Blatt Papier.

Aber warum erwähnt Henny Gurland dieses Manuskript nicht, wo doch Lisa Fittko soviel Aufhebens davon machte? Vielleicht hat sie aus Angst, die Seiten könnten in die Hände der Gestapo fallen und die übrigen Flüchtlinge belasten, das Manuskript vernichtet. Etwas Ähnliches hat schon sehr früh Gershom Scholem vermutet. *Alles* besteht nur aus Vermutungen: In der Aura des schwarzen Rätsels bleiben die Umstände dieses Verschwindens. Mit ihm ist auch das Manuskript untergegangen – wenn es überhaupt eines gegeben hat.

In seinem Tod scheint das Motiv des christlichen Opfers auf. Der Verlegenheit der spanischen Behörden über seinen bestürzenden Tod ist es wohl zuzuschreiben, daß die anderen Flüchtlinge nicht nach Frankreich abgeschoben wurden und unbehelligt weiterreisen durften. Aber warum sollten sie verlegen sein, wenn sie doch nur eine neu erlassene Vorschrift über die Rückführung von Flüchtlingen beachteten? Wahrscheinlicher ist: die Vorschrift existierte überhaupt nicht, die Polizisten wollten nur ans Geld der Emigranten heran, und die verstanden das Angebot zu spät, weil niemand von ihnen Katalan sprach.

In Portbou wurde Benjamin nach katholischem Ritus bestattet. Man hat ihm die letzte Ölung gegeben, der Pfarrer hat den mit einem Tuch ausgeschlagenen Sarg, von sechs Männern getragen, zum Friedhof begleitet und die Aussegnung vorgenommen. Vermutlich haben Ministranten den »auswärtigen Reisenden« auf seinen letzten Metern begleitet und haben den Weihrauchkessel geschwungen. In der örtlichen Kirche, in der die neogotische Muttergottes über dem Altar wie ein Popstar in bengalischem Licht schwebt, wurde eine Totenmesse gelesen. Noch ein Zweifel am Suicid Benjamins sei eingestreut: Kein katholischer Priester würde einen Selbstmörder mit allen Würden der Liturgie bestatten, erst recht nicht, wenn daneben der Teil für die anderen: die Andersgläubigen, die Atheisten, die Exkommunizierten und die Abgefallenen zur Verfügung steht.

An Blocks mit Zweitwohnungen für die Barceloneser entlang geht es hinauf zum Friedhof außerhalb des Ortes, hoch oben über dem Meer. Einige Terrassen mit Nischengräbern, darum eine abfallende, blendend weiße Mauer, eine schmale Pforte mit schmiedeeisernen Blumen, neben diesem Einlaß zum Cementiri Municipal übermannshoch eine Erinnerungsplakette für den Philosophen aus »Alemany«, in Katalan, von 1979. Wind und Regen haben das Gold aus den Buchstaben gewaschen. Auf roten Terrakottatreppen, flankiert von Thujabäumen, kann man zwischen sieben Grabreihen flanieren. Reichlich leuchtende Blumen in den Nischen, ein gefrorenes Blühen in sengender Sonne, Stille unter dem Diktat sirrender Zikaden. Auf dem Gegenhang winden sich Autos lautlos hinauf zu einer Grenze, die nichts mehr trennt. Im Blickfeld aufs Meer kreuzen die Gaffelsegel altertümlicher Fischerboote. Die Linie zwischen Wasser und Himmel ist im Glast nicht auszumachen. Alle Wege zwischen den Gräbern münden ins Blau.

Man möchte ihm an diesem Ort mit seiner paradoxen Schönheit ein Leben antragen. Aber welches? Früher haben Touristen seinen Namen in beliebige leere Nischen eingeritzt, haben mit dieser hilflosen Signatur ein Andenkenleben setzen wollen. Er hatte kein bestimmtes Grab. Schon Hannah Arendt konnte ihn wenige Monate später auf dem Friedhof nicht finden, er schien ausgelöscht.

Aufwendige Recherchen haben fast ein halbes Jahrhundert später das Grab gesichert: Nische Nr. 563, heute ein Doppelgrab, eingenommen von der Familia Morell y Guill Aumes. Fünf Jahre lang lagen Benjamins Überreste dort, dann lief die Pacht ab, und er wurde ausgelagert, schließlich an einem heute nicht mehr auffindbaren Platz zu anderen Gebeinen getan.

Zwischen den Kulissengassen der Hingeschiedenen, in halber Höhe, haben sie ihm, sehr für sich allein, mit gemessenem Abstand zu den einheimischen Toten, einen Stein gesetzt. Die Besucher setzen ihre Andachtsmienen auf. Ein wenig Vegetation, die sich im Boden verkriecht, eine graue Granittafel vor einem Findling, beides vor der abschüssigen Begrenzungsmauer. Eingraviert neben dem Namen, den Lebensdaten ein Zitat aus den Thesen VII, in seiner schneidenden Härte jede Versöhnung hintertreibend: »Es ist niemals ein Dokument der Kultur, ohne zugleich ein solches der Barbarei zu sein.« Auf dem Findling aufgehäufte Steinchen: Juden haben dem Juden Benjamins ihren Erinnerungstribut gegeben – inmitten der katholischen Funerabilien seltsam anrührend, gerade weil es irregulär wirkt. An seinem Sterbetag ist Walter Benjamin ins »Dunkel des gelebten Augenblicks« zurückgekehrt, um mit Ernst Bloch zu sprechen. Der Geheimniskrämer, die pseudonyme Existenz, der Liebhaber alles Enigmatischen ist in seiner letzten Stunde noch rätselhafter geworden: undurchdringlich das Geschehen in seinem Hotelzimmer Nr. 4 im zweiten Stock der Fonda Francia, ohne Sinn und doch geradezu folgerichtig in der Logik des Absurden, die ihn umgab, vielleicht vermeidbar und doch von eherner Konsequenz. Ein Kordon aus Geheimnis schützt ihn vor allen Nachforschungen.

Das Denkmal von Dani Karavan transzendiert seinen Tod ins Denkbild. Die Installation hat nichts von ihrer meditativen Kraft eingebüßt. »1. Strudel, Wellen, Felsen, 2. Korridor, 3. Olivenbaum, 4. Plattform, Grab, Gedenktafeln.« Eine stählerne Plattform mit einem einfachen Würfel im Zentrum zeigt jeden, der sie betritt, zweimal: auch noch als Schatten. Eine scharfe geometrische Form, eingeschnitten in Büsche und Macchia, eine überdimensionale Grabplatte, da seine nicht mehr existiert. Der Steinweg an der Friedhofsmauer führt durch staubiges Gestrüpp, wucherndes Etwas, stachliges Ungefähr, durchsetzt mit wildem Hafer und Vanille, Malven, Lavendel, Blütengelb und Blaßblau. Der zerzauste Olivenbaum, den Karavan gepflanzt hat, wird im Wind anscheinend niemals größer. Dazu eine kleine stählerne Treppe, die nach oben führt, ins Nirgendwohin, ein Zitat der Ratio im vegetierenden Einerlei. Aber die Anlage wird allmählich zur Deponie der Touristen: überall Plastikflaschen und Tüten, Kondome und Hundekot, Papierfetzen, Verpackungsreste. Dort oben, bei den Toten, scheinen die Rast und der Beischlaf besonders beliebt. Auf dem Vorplatz des Friedhofs der berühmte Schacht aus Cortenstahl, hinunter zum Meer, 68 Stufen bis zu einer schrägen Glasplatte, die den Weg abstoppt, mit einer mehrsprachigen Gravur, die vor dunklem Hintergrund erscheint, und unten die Wirbel der Brandung auf einem Felsen, Inbild des Spiels vom Werden und Vergehen, Endpunkt von *Finis terrae*, denkbar als Gegenmonument zum Bahnhof in Marseille, ist längst von Vandalen zerschunden. Ein unerträglicher Geruch von Katzenpisse am Eingang, die Patina des rostrot, grau, kupfern irisierenden Stahls wird von Touristen verunstaltet. Das Glas, vor dem der Passant zum entziffernden Leser wird, ist durchschossen, als könnte eine bornierte Alltagswut die eingravierte Chiffre Benjamins nicht aushalten, die lautet: »Schwerer ist es, das Gedächtnis der Namenlosen zu ehren als das der Berühmten. Dem Gedächtnis der Namenlosen ist die historische Konstruktion geweiht.«

An diesem Abend feiert das Dorf am Meer. Jeder hat am Strand seinen Campingstuhl aufgestellt, Familien verzehren an langen Tischen ihr Mitgebrachtes. Umspült von der Brandung, im heraldischen Gelbrot, ein schwimmender Ponton, auf dem ein Duo getragen traurige Lieder vorträgt. Zweitausend Menschen singen mit. Rechts oben wie ein schwach beleuchtetes Fort der Friedhof. Über dem Hügel auf der anderen Seite ein rosa Schein, als leuchte Aurora auf ewig. Die

Autos, die sich den Berg hinauf- und hinunterwinden, lautlos und ohne Unterbrechung, blinken einen Lidschlag lang wie verirrte Sterne im Gestein und zeichnen dann Lichtbahnen ins Schwarz. Manchmal wird der Gesang von der Brandung verschlungen, die schwatzhafte katalanische Melancholie vom Picknickhunger der Zuschauer überwältigt, und dann ist es sehr still, und wir denken uns einen Satz Walter Benjamins in den nachtschwarzen Himmel: »Wir beanspruchen von den Nachgeborenen nicht Dank für unsere Siege, wir beanspruchen von ihnen ein Gedenken unserer Niederlagen.«

Der Weg nach Housseras
Alfred Döblins Reise in die Vergessenheit

Wer, sagen wir: von Freiburg über die Grenze nach Westen fährt, wird sich kaum aufhalten lassen. Das Ziel liegt in Paris, schwerlich unterwegs. Warum denn wohl sollte man sich ins Ungefähr aufmachen, etwa auf der Höhe von St. Dié nach Süden, auf einer Straße quer zur Route der Normalität? Nur ein Häufchen unentwegter Wanderer ist im Auf und Ab dieser Vogesenpartie anzutreffen, einige Bauern werkeln in der Landschaft herum. Die Verlassenheit in der Nähe von Rambervillers hat einen Namen: Housseras. Ein Dörfchen an den Ausläufern der Berge, halb schon in Lothringen, gegenwärtig 415 Seelen, auf einer weitgeschwungenen Höhe, vom Tourismus am allerwenigsten heimgesucht, viele Katzen, Enten, unaufhörlich bellende Hunde und – wegen der Landflucht – mit einigen schwammnassen Immobilien, zu verkaufen. Eine Stelle, wo drei Seiten Verfall und modriges Gemäuer einen freien Platz lassen, ist nach dem deutschen Dichter Alfred Döblin benannt. Auf dem Friedhof, auf diesem und keinem anderen, liegt er nach seiner eigenen Bestimmung. Da »ruht« er, Verfasser von unglaublichen Buchstabenereignissen, titanischer

Beweger von Stoffmassen, polemischer Liebhaber des Worts, glühender Arbeiter, im postmortalen Exil.

Von dort, wo sein Name auf einem Stein verwahrt ist, reicht die Aussicht auf ein Dutzenddorf, auf ein Vierteljahrhundert Lebenslandschaft, auf ein Kapitel deutscher Vergeblichkeit. Ende Februar 1933 hatte sie für Alfred Döblin begonnen: mit der Flucht vom Anhalter Bahnhof aus, erst nach Zürich, weiter nach Paris. Bei der Bücherverbrennung: »der Jude meines Namens ist auch dabei, erfreulicherweise bloß papieren. So ehrt man mich.« Im burlesken Roman »Babylonische Wandrung oder Hochmut kommt vor dem Fall« hat er das Fatum des Exils geradezu verhöhnt. Er vergrub sich in Atlanten und ethnographischen Werken über Südamerika: »Hier nun war der Amazonasstrom. Ich vertiefte mich in seinen Charakter, dieses Wunderwesen von Strom, dieses Strommeer, das lebte, wollte ich feiern.« Nach der »Amazonas«-Trilogie vier Bände über »November 1918«: »Und es trat mir hier der Mann, als Kranker, hervor, den ich bestimmt hatte, seine (und meine) Last in die Existenz zu tragen.«

Als der Krieg ausbrach, verdingte sich Döblin in dem von Jean Giraudoux geleiteten Informationsministerium ein und schrieb Beiträge für die Propaganda gegen die Nazis. Am 10. Juni 1940 floh er mit seiner Dienststelle vor der anrückenden deutschen Armee nach Cahors. Am 14. Juni wurde Paris kampflos besetzt. Die Hast an vielen Ortsschildern vorbei erzählte Döblin später in dem Buch »Schicksalsreise« nach: »Wenn ich es genau und rundheraus sagen soll: es war keine Reise von einem französischen Ort zu einem andern, sondern eine Reise zwischen Himmel und Erde.« Während der Schriftsteller von hier nach da zog, um seine Frau und seinen Sohn Stefan zu suchen, währen die beiden wiederum sich in umgekehrter Richtung aufmachten, um ihn zu suchen, während sie einander also verfehlten, griff der Krieg im Vogesendorf Housseras nach der Familie.

Am frühen Morgen des 21. Juni 1940, einen Tag vor Unterzeichnung des Waffenstillstandes, schießt sich Wolfgang Döblin, Soldat 2. Klasse im 291. französischen Infanterieregiment, in jungen Jahren bereits ein berühmter Mathematiker, versprengt von seiner Einheit, kurz vor Ankunft der deutschen Truppen unter General von Witzleben, in einer Hütte bei Housseras eine Kugel in den Kopf. Aus Angst oder Stolz, wer mag das wissen, seinen siegreichen Landsleuten in die Hände zu fallen und als Döblin wie als Jude im KZ zu enden, hat er

Hand an sich gelegt. Die Dorfbewohner haben ihn, da er nicht mehr kenntlich war und keine Papiere bei sich trug, als unbekannten französischen Soldaten begraben. Später, beim Rückzug der Wehrmacht, kamen an dieser Stelle auch deutsche Soldaten in die Erde, und man fand seine Erkennungsmarke im Stiefel. So konnte er identifiziert werden. Die Gemeinde von Housseras hat sein Andenken bewahrt: sein Name findet sich auf der Liste der gefallenen Dorfbewohner vor der Kirchhofmauer. Auf dem Friedhof liegt er unter Granit neben seinem Vater, und eine zerbrochene Marmortafel ziert sein Grab: Vincent Doblin, »mort pour la France«.

Die Eltern erfuhren auf ihrer Odyssee durch Südfrankreich, Spanien, Portugal und die Vereinigten Staaten jahrelang davon nichts. Bis März 1945 blieben sie, seit September 1940 in Amerika, ohne jede Nachricht über diesen Sohn. Dann schrieb ihnen Simone Tonnelat, eine Studienfreundin Wolfgangs, von seinem Tod, verschwieg jedoch aus Schonung die näheren Umstände. Erst nach der Rückkehr aus dem amerikanischen Exil erfuhr Döblin vom Selbstmord: »Ich betete damals in Baden-Baden Tag um Tag für ihn, morgens und abends. Ich bat ihn, der so entsetzlich rasch und ohne ein Wort verschwunden war, um Verzeihung für alles, worin ich ihm gegenüber versagt hatte, nochmal um Verzeihung, nochmal um Verzeihung. Ja, so betete ich und warb um ihn und rief ihn morgens und abends, auch nachts, wenn ich erwachte.«

Noch in Hollywood hatte Döblin einen Roman begonnen, der die bedrängenden Erlebnisse wie in einem Reflektor aus Erzählungen sammelt. »Hamlet oder Die lange Nacht nimmt ein Ende« wurde 1946 in Baden-Baden beendet. Er ist eine epische Klage über eine zerbrochene Familie, eine Art Wahrsagen der Erfindung. Im Krieg an Leib und Seele verwundet, kehrt ein Soldat in sein Elternhaus zurück. Was daraus entsteht, wenn er, von keinen Rücksichten mehr gebremst, bohrende Fragen an seine Familie stellt, macht diesen ganzen letzten Roman Döblins aus. Aber die geheime Achse des Buches bildet die Sehnsuchtsphantasie vom heimkehrenden Sohn.

Der erste Satz wirkt wie der Zuruf eines Wunsches: »Man brachte ihn zurück.« Das persönliche Drama des verlorenen Sohnes ist mit dem Eröffnungszug des Erzählers umgebogen. Edward Allison kehrt im Roman als Invalide heim, aber er ist wenigstens körperlich anwesend. Eine Prüfungsfrage wird gestellt: »Der Tod hat es so leicht auf der Welt. Er findet Werkzeuge und Eingangspforten. Aber was tut der, der dem Leben zu Hilfe kommen will?« Mit Edward Allison wird die Wiederauferstehung eines verlöschten Bewußtseins, eine Rettung unternommen. Ein groß angelegter Versuch zur Schließung der Wunden im Roman, ein epischer Heilungszauber entfaltet sich.

Das Warten und das Nichtwissen sind dem Buch als müde Verzweiflung eingeschrieben. In einer Geschichte, betitelt »Die Mutter auf dem Montmartre«, verharrt eine Frau auf der Suche nach ihrem vermißten Sohn. Die Nachforschungen haben nichts ergeben. Sein Name findet sich weder im Register der Lebenden noch der Toten. Er ist einer aus der Heerschar derer, von denen man nicht weiß, wohin sie geraten sind. Die Frau wird getröstet: »Wir haben seinen Namen notiert, das Regiment, das Bataillon, die Kompanie und die Nummer seiner Erkennungsmarke. Da, sehen Sie, hier steht alles in einem besonderen Akt, unter einem besonderen Aktendeckel, unter dem Buchstaben C. Da finden wir alles schnell, wenn etwas kommt. Und passen Sie auf: Wenn erst für einen Mann die Akten angelegt sind und alle Punkte schön beieinanderstehen, dann dauert es nicht lange, und der Mann stellt sich ein.« Die alte Frau geht alle Möglichkeiten durch, welche Lebensarten es für ihn geben könnte; auf den Ämtern wird sie mit anderen, zusätzlichen, vertröstet. Ihr ist, als müsse sie ihren Sohn noch einmal gebären. Die Mutter wartet auf dem Montmartre wie ein Baum, dem im Herbst die Blätter abfallen. Sie wird nichts anderes mehr tun als warten.

Zehn Jahre lang lag das Manuskript des »Hamlet«-Romans herum, bis er durch Vermittlung Hans Mayers und Peter Huchels in Ostberlin erscheinen konnte. Im April 1953 zog Döblin mit seiner Frau wieder weg aus Deutschland nach Paris. An Theodor Heuss hatte er geschrieben: »Die letzten Werke konnten in Deutschland überhaupt nicht erscheinen, sie können in Paris in meiner Wohnung im Schreibtisch würdiger ruhen als in Mainz.« Und doch gab es eine erneute Rückkehr – diesmal im Zeichen des Fatalismus. Rasch fortschreitende Krankheiten zwangen ihn zu langen stationären Aufenthalten in diversen Klinken, vor allem in Freiburg, wo er fünfzig Jahre zuvor sein Doktorexamen gemacht hatte.

Die letzte Station für annähernd vier Wochen: das psychiatrische Landeskrankenhaus Emmendingen bei Freiburg. Dort war wenigstens ein Krankenbett frei. Aus einer anthroposophischen Klinik in

Buchenbach hatte ihn der Chefarzt nach vierzehn Monaten schriftlich hinauskomplimentiert. In einer kleinen Autobiographie hatte sich der Dichter schon am Beginn des Ersten Weltkrieges ein Orakel gestellt: »Wie schmählich werde ich noch hinsterben, wie meiner unwürdig wird alles sein. Es hilft mir nichts, daß ich schreibe und schreibe und schreibe. Denn es wird wieder Geschriebenes.« Am 26. Juni 1957 ist Alfred Döblin in Emmendingen gestorben. Zwei Tage später wurde er in Housseras beerdigt. Er wollte bei seinem Sohn, in der Vergessenheit, begraben werden, und nicht in Berlin.

Gibt es eine Wahrheit, die Döblins Verwahrung an diesem Ort anhaftet? Der Schriftsteller ist über eine steile Kirchtreppe zu erreichen, an Flaschen, Dosen, verwitternden Holzkreuzen, Immerbunt aus Plastik, verwesendem Blumenmüll vorbei. Unter poliertem Stein, der viel schmächtiger ausgefallen ist als der Grabdeckel seines Sohnes, liegt Alfred Döblin, im Schatten einer gedrungenen Bauernkirche, am Rande ganz hinten, schon der Begrenzungsmauer zu. Sein Name im Stein ist das einzige Merkzeichen eines Fremden, ansonsten könnte das Grab von einem Einheimischen stammen. Der Granit, der über ihm liegt, wird kaum korrodieren, doch die goldenen Lettern verblassen. Sein Grab enthält außer den Lebensdaten nur einen Merkspruch: »Fiat voluntas tua«. Die Angaben verschweigen das meiste und heben nur eine späte Geste dieses philosophischen Geistes hervor: seinen christkatholischen Glauben. Zu ihm hat er sich, nach langen Anläufen, im amerikanischen Exil bekannt, als er sich 1941 in der Hollywooder Blessed Sacrament Church von Jesuiten taufen ließ. »Fiat voluntas tua«, dein Wille geschehe – das klingt nach letztwillig christlicher Ergebung. Aber es könnte auch lauten: Wuwei, getreu der chinesischen Sekte, die der Ergebung ins Schicksal verpflichtet ist und die durch den ersten Großroman Döblins, »Die drei Sprünge des Wang-lun«, vierzig Jahre zuvor, gezogen ist. Es hatte da geheißen: »Ich müßte den Tod über mich ergehen lassen und unwichtig nehmen, nicht zögern, nicht hasten [...] Ich will wunschlos. ohne Schwergewicht, das Kleine und Große tragen ...« Das Leitmotiv, das Geschick zu nehmen wie Natur, die einen umfaßt, redet in seinem ganzen Lebenstext herum. Und gestorben ist er doch nicht als gläubiger Christ. In seinen allerletzten Aufzeichnungen, wegen seines fortgeschrittenen Morbus Parkinson nicht mehr geschrieben, sondern einer Krankenschwester geflüstert und von ihr zwischen Mai 1955 und Februar 1957 notiert, findet sich ein Widerruf. In den Betrachtungen »Vom Leben und Tod, die es beide nicht gibt« findet sich eine andere Demut als die vor der ordnenden Hand eines waltenden Bibelgottes. Die Anordnung der Bilder, die er von seinem Zimmer aus sah, hatte kein inneres Zentrum mehr. Tief innen vernahm er Musik. Es ging ihm wohl wie den Eidetikern, den Menschen mit dem absoluten Bildgedächtnis. Er erfuhr sich als eine Existenz, durch die das Sehen hindurchgeht, als ein transitorisches Wesen. Er diktierte etwas, das sollte einen Zusammenhang ergeben; aber wer weiß, ob nicht das Sinnieren, das Schweigen, die Lücken zwischen den einzelnen Sätzen den Text vor allem bestimmten. Er wandte sich zum Schluß wieder einem seiner Lieblingsthemen zu – dem Verschwinden des Ichs. In seiner großartigen Lakonik nannte er das Ich nun »eine Verunreinigung des Denkens«. Seine letzte Behauptung: daß er – »Nichts« habe: »Das ist auch etwas, ein Vorgang, der mit dem Ichgefühl verknüpft ist, ein völlig durchsichtiger Vorgang. Auf diesen Punkt bin ich also geführt.« Welche Abräumarbeit: von den Glaubensgewißheiten und dem sicheren Trost der Erlösungsreligion war nicht mehr die Rede. Noch zwei Seiten Diktate, dann ein Abbruch mitten im Satz. Ein Schöpfer, der seit dem allerersten »Roman von den Worten und Zufällen« die Welt am Faden der Erzählung gehalten hatte, gab auf.

Dem Grab von Housseras ist noch ein anderer Name zugeordnet. Das Logbuch der Vertreibung, der Fluchten, der Verzweiflung und der Verdunkelungen ist damit nicht zu Ende. Neben Vincent alias Wolfgang Döblin liegt Erna Döblin, die Frau des Schriftstellers. »Dona nobis pacem« hat sie sich gewünscht: Gib uns Frieden. Sie hat sich am 15. September 1957, rund zehn Wochen nach dem Tod ihres Mannes, in ihrer Pariser Wohnung das Leben genommen. Wie hatte doch die Prüfungsfrage im »Hamlet«-Roman gelautet? »Der Tod hat es leicht auf der Welt. Er findet Werkzeuge und Eingangspforten. Aber was tut der, der dem Leben zu Hilfe kommen will?«

Mythos der Heimkehr
Das Grenzdurchgangslager Friedland

Kurz nach dem Zweiten Weltkrieg, als Deutschland seinen Osten schon verloren hatte und das Schisma durch den Kalten Krieg sich bereits abzeichnete, wurde das ganze Land noch einmal symbolisch wiederhergestellt: als Gefühlsraum, Geborgenheitsgebiet, als Mythos der Heimat. 14 Kilometer von Göttingen entfernt, im Tal der oberen Leine, zwischen Harz und Weserbergland, hat solche Geschichte vom Gelingen einen angestammten Platz. Eine Siedlung aus Baracken, Vorratsräumen, medizinischen Versorgungseinrichtungen, Verwaltungsbauten, Großküchen und Kirchen, ausschließlich ein Arsenal erprobter Zweckmäßigkeit, noch heute im Dienst, das ist Friedland. Genauso richtig ist die Feststellung: ein seit sechzig Jahren existierender Behelf, eine Art Schwemmland menschlicher Not, ein Zentralort für das Begriffspaar »Flucht und Vertreibung« aller Art. Hier kann man Spezialist für Episoden aus einem Fachgebiet der Zeitgeschichte werden. Diese Anlage ist immer mehr bevölkert gewesen als der Ort, an den sie sich lagerte – nämlich die ehemalige, 1289 vom Welfen Albrecht der Große gegründete Befestigung »Vredelant«. Das Dorf mit seinen höchstens 700 Seelen ist vom Lager quasi übernommen worden.

Im mythologischen Bild wäre Friedland eine Raststätte für odysseische Abenteurer und geschlagene Helden, und die Mär von der guten Tat, die man wandernden Fremdlingen erweist, hätte Belohnung und Gunsterweis durch die Götter parat. Aber weil dort vom regierenden Alltag jedes tiefer liegende Bild abgewiesen wird, belassen wir es bei der Bemerkung: Friedland war eine Heimkehrer-Schleuse bei der größten Völkerwanderung des 20. Jahrhunderts in Europa. Ein deutsches Denkmal gewiß – es ergibt sich aus einer Ansammlung von Nichtbauten. In einem solchen Provisorium mögen sich normalerweise das Glück und die Zukunft kaum niederlassen, aber hier ist das wenigste normal. Das Lager Friedland, ein Verwaltungsgebiet der Herzensgüte, ist ein ausgesprochen öder Ort, wo die Langeweile, der Mangel an architektonischer Gestaltung, der Wartezustand, der Notbehelf sich verbünden, um einen Gegensatz, nämlich verläßliche Mitmenschlichkeit, zu kreieren. Das Unglück des Krieges, der Vertreibung und der Gefangenschaft hat ungezählte Menschen nach Friedland verschlagen, aber herausgekommen sind sie als Verwandelte: das Glück hat zu ihnen gesprochen und hat sie angenommen. So wird in einem jahrzehntealten Friedland-Parlando von einer Schubumkehr des Schicksals erzählt. Diese Geschichten sind die Basis des Lagers. Manch dunkler Stoff, der sich darunter verbirgt, wird von ihnen abgewiesen. Er wäre nur Störenfried in der großen Erfolgsgeschichte, die davon spricht, wie sehr doch die Integration von 12 bis 14 Millionen Vertriebenen in der alten BRD, von Flüchtlingen, Rußlanddeutschen, Kriegsheimkehrern und Spätaussiedlern, gelungen ist.

Friedland ist »ein Lager«. Das Wort hat Unterbegriffe: Schulungslager, Erholungslager, Ferienlager, Internierungslager und eben seit 1933: Konzentrationslager. Der Ort wartet mit einer eigenen Wortvariante auf: »Grenzdurchgangslager«. Das niedersächsische Allerweltskaff, vormals preiswertes Ausflugsrevier für trinkfeste Göttinger Studenten, war als Spielfeld der Geschichte nicht vorgesehen. An der Demarkationslinie zur SBZ staute sich nach Kriegsende das Elend. Die Grenze zwischen der britischen und der sowjetischen Besatzungszone bestand aus einer kartographischen Willkür. Sie folgte der Linie von 1866, die fiktiv geworden war, als das Königreich Hannover zur preußischen Provinz verkam. Am Dreiländereck Niedersachsen, Thüringen und Hessen ein Bahnhof, der spie sie aus: Umsiedler, Vertriebene, Evakuierte, Landser, versprengte Zivilisten, ehemalige KZ-Häftlinge, displaced persons, umherirrende Waisen.

Der leerstehende Schweinestall einer landwirtschaftlichen Versuchsanstalt, mit Heidekraut eingestreut, bot die erste Unterkunft. Auf Initiative eines englischen Obersten wurde den an der Grenze entlang irrenden Flüchtlingen in den Häusern, Ställen und »Nissenhütten« ein Obdach gewährt. Am 20. September 1945 ließ der Colonel zehn Armeezelte aufbauen. In diesem Monat allein kamen täglich mehr als 1000 Flüchtlinge aus dem Osten. Auf den Sumpfwiesen wurden Wellblechhütten errichtet. Eine einzige aus der Britenzeit, die dann als Abstellschuppen diente, steht noch, wenn auch an anderer, hochwassersicherer Stelle, und wird, mühsam in der Hoffnungsfarbe Grün gehalten und vor dem Rost anscheinend nicht zu bewahren, als Pioniereinrichtung gepflegt. Einige Gebrauchsgegenstände und einige Fotos sind aufgebahrt. Ein Karte des sowjetischen Reiches hält mit roten Punkten fest, wo Deutsche herkommen: der ganze Osten bis zum Gulaggebiet Kolyma ist mit roten Punkten übersät.

Der Denkmalschutz hat darauf bestanden, daß bei diesem Memorabilium an Nissenhütte die Teile durch Originalholzschrauben und nicht durch eiserne, nachträgliche zusammengehalten werden. Auch durch solche Kleinkrämerei kann man Erinnerung verfehlen. Das ist mehr oder weniger bezeichnend: an diesem Ort, der einer absoluten Gegenwart des Helfens verpflichtet ist, beansprucht das Gedächtnis wenig Raum. Das Gelände ist aufs Elementare hin geregelt: Bänke zum Warten, Gepäckraum, Betten, Essen, Einkaufen, Registratur. Auch die Hütte, die sich evangelische Kapelle nennt, steht unter Denkmalschutz – man kann sie leichter übersehen als bemerken. Das Auge will nichts Bestimmtes festhalten, begnügt sich mit dem summarischen Eindruck.

Bis Ende 1945 zogen bereits 533 000 Menschen durch Friedland. Viele Leute aus dem Ruhrgebiet waren in den letzten Kriegsmonaten vor den britischen und amerikanischen Bombardements ins scheinbar ruhigere Thüringen geflohen und wollten zurück. Massen an Trecks kamen aus den Gebieten jenseits der Oder-Neisse-Grenze, und entlassene Kriegsgefangene wollten zurück in ihre Heimat. Das erste Kind wurde in Friedland am 28. September 1945 geboren und auf den Namen Marga Friedel getauft. Dort gerät jeder zweite Satz zur Statistik über Wandermassen und bizarre Einzelschicksale. Friedland, der

Wartesaal der Entwurzelten, gehört zum Inventar der Nachkriegszeit.

Auf dem Flüchtlingsfriedhof, ein Morgen Land, ist das Strandgut der Vertreibung begraben, liegen jene, die in der Bewährungsstunde des ersten Elans gescheitert sind oder von vornherein keine Chance besaßen. Der Chronist Walter Müller-Bringmann vermerkt: »Todesursache: Erschöpfung. Todesursache: Herzschwäche. Todesursache: schwerer Erschöpfungszustand. Todesursache: durch die Eisenbahn überfahren. Todesursache: Fluchtstrapazen. Todesursache: Dystrophie. Todesursache: Brechdurchfall.« Auf dem Friedhof zählen nicht die Namen, nicht die Stempel und keine Einreisegenehmigung. Aber die Toten haben mit den Einheimischen wenig gemein. Abseits sind sie, versehen oft mit mangelhaften Angaben auf flachen Steinschildern, begraben. Sie wirken inmitten der geschmückten Gräber wie Findlinge aus einem fremden Raum.

Im Dezember 1945 war das Ankommen bereits in geregelten bürokratischen Bahnen: die Flüchtlinge und Ausgewiesenen erhielten einen Meldeschein, wurden ärztlich untersucht und entlaust. Lagerumschlagsgeschwindigkeit anfangs: 36 bis 48 Stunden. 1949 schon bot die Gegend eine der offenen Stellen an der Reibungsfläche zwischen Ost und West. Im gleichen Jahr wurden vermißte Kinder ausgetauscht. »Kopftausch«, so der amtliche Ausdruck: 586 Kinder aus dem Osten gegen 170 aus Westdeutschland, Schnur um den Hals und Pappschild, worauf der Name geschrieben, andere mit blechernen Erkennungsmarken oder Leinenflecken auf den Mänteln und mit schwarzer Tinte die Angaben vermerkt.

Am 2. Oktober 1949 kam der 300 000. Rußlandheimkehrer, ein Ostpreuße namens Albert Zybek. Im Juli 1950 trafen 200 aus albanischer Gefangenschaft ein. Im November kamen rund 50 Menschen aus Italien. Sie hatten Roberto Rosselini als »Elendsstatisten« gedient, waren mit jeweils 15 Mark entlohnt worden, und Ingrid Bergman hatte ihnen Schokolade geschenkt. Ende Dezember fanden sich 400 Deutsche aus China ein, vorwiegend Kaufleute, die ausgewiesen worden waren. Es kamen Fremdenlegionäre aus Indochina und Missionare aus Nordkorea.

Pfingsten 1946 ist der erste katholische Pfarrer ins Lager gekommen: Jesuitenpater Leppich war selbst Vertriebener; er stammte aus Ratibor in Oberschlesien und leistete den Geschlagenen und Vertriebenen, den Versehrten und Verzweifelten eindreiviertel Jahre lang seinen geistlichen Beistand, bevor er als Wanderprediger mit seiner Zunge, der feurigen Geißel Gottes, seine Karriere als christlicher Donnervogel, Sündenrhetoriker und Maschinengewehr des Herrn antrat. Die katholische Heimkehrerkirche Sankt Norbert, 1955 eingeweiht, unterscheidet sich im Äußeren von den Baracken nur durch ihre Größe und den beiseite gestellten offenen Glockenturm. Sie war damit auch ein Bauwerk der Mission: angeblich nach vierhundert Jahren gab es am Ort wieder eine katholische Pfarrgemeinde. Das erste Altarbild stellte »Maria hinterm Stacheldraht« vor. Die spartanische Ausstattung ist zwar hie und da erneuert worden, aber sie erinnert an die Pionierjahre der alten Bundesrepublik.

Vor Gründung der beiden deutschen Staaten waren die 15 Kilometer von der Grenze bis Friedland eine berüchtigte Gegend. Ein Chronist berichtete im Januar 1948: »Unmittelbar in der Nähe des Lagers gehen Mörder um. Die Zonengrenze ist gefährlich geworden. Banditen überfallen Frauen, stehlen ihnen die Koffer, reißen den Wehrlosen die Kleider vom Leibe, nehmen alles, was genommen werden kann.« Aber es überwiegen die Bilder von Frauen, die auf Vermißte und Verschollene warten, mit den Frageplakaten nach deren Verbleib, Verzweiflung in den starren Augen, angewiesen auf die »Bläser« und die »Singvögel«, die in den Lagern die Kolportage der Schicksale betrieben.

Eine ausgestorbene Sprache, dieser Lagerslang aus Russisch, verballhornten Flüchen, Kauderwelsch aus Befehl und Gehorsam, vermischt mit den deutschen Sehnsuchtswörtern. Oft waren die abgerissenen Gestalten aus Workuta und Karaganda, aus Schachty und Kasachstan, bis sie in Friedland ankamen, zwei Monate unterwegs gewesen. Auf den Fotos von ausgemergelten Jammergestalten sind die Bergwerke, die Taiga, die Landstraßen, die Kanalisation, die Wälder unsichtbar, in denen sie schuften mußten.

Die 14 Baracken, in denen bis zu 2300 Menschen unterkommen können, heißen noch immer einfach »Flachbauten«, sind aus Holz und mit Plastikplatten verkleidet. Daß einer mit nichts kam, mit Nichtsnichts, wird man selten hören: keiner will es sich eingestehen.

Vier größere Aktionen sind zwischen den Alliierten ausgehandelt worden, um des wandelnden Elends Herr zu werden, aber die Benennungen dafür sind längst entfallen. »Aktion Influx«: Mit einiger willkürlicher Systematik wurden von den Siegern Bevölkerungsteile mit »ursprünglichem Wohnort in der jeweils anderen Besatzungszone« ausgetauscht. Bei der »Aktion Schwalbe« wurden Vertriebene von der russischen Zone in die britische befördert. Die Engländer haben sich über das Ausmaß der Flüchtlinge, die einströmten, getäuscht. Sie vertrauten wohl Stalin, der auf der Potsdamer Konferenz im Sommer 1945 behauptet hatte, der überwiegende Teil der ostdeutschen Bevölkerung sei bereits geflohen. Die Inflation von Hungerflüchtlingen wurde von sowjetischen Stellen systematisch betrieben, um sich selbst vom Ernährungsproblem zu entlasten und um eine revolutionäre Stimmung in den Westzonen zu erzeugen. Zur Steuerung des Andrangs wurde von den Alliierten die »Aktion Honigbiene« verabredet: Austausch hin und her nur noch bei gleicher Kopfzahl. Die britischen Besatzungsbehörden wurden des Ansturms dennoch nicht Herr. So haben sie Friedland einmal, am 22. Juni 1946, sogar vollständig geschlossen, aber der Druck der Verhältnisse erzwang die Wiedereröffnung bereits am 10. August. Im März 1950 war es mit Hilfe des Roten Kreuzes gelungen, die polnischen Behörden zu einem Programm der Familienzusammenführung zu bewegen – die »Aktion Link«. Deutsche aus den jetzt polnischen Ostgebieten durften auswandern. Ihre transportable Habe, in Listen erfaßt, bestand im günstigsten Fall aus Wäsche, 1 Bett, 1 Stuhl, 1 Tisch und je Familie 1 Schrank. 1951 versickerte diese Aktion. Erst 1955 bis 1957 durften wieder 240 000 Deutsche aus Polen umsiedeln. Die »Autochthonen«, wie sie dort hießen, hatten sich für den sozialistischen Staatsaufbau nicht als Helfer erwiesen. So traten sie ihre Reise ohne Rückkehr an. Die dritte Welle aus Polen kam nach den Ostverträgen. Die Sprache der sowjetischen Bürokratie kannte »Vertrags-« und »Administrationsumsiedler«, »Expatriierte«, »Reparationsverschleppte« und »Zwangsverpflichtete«. Es ist das abgesunkene Schriftgut einer Verwaltung des Nachkriegshasses.

Mehr als dreieinhalb Millionen Fälle sind in einem Bürogebäude des Lagers abgeheftet. Nur ansatzweise ist es gelungen, den Personen ausführliche Angaben zu entlocken – zu massenhaft war der Ansturm des Elends, um es in menschliche Einzelschicksale rückverwandeln zu können. So liegen die Fragebögen und Auskunftsblätter, die Verfügungen und Laufzettel penibel sortiert da und warten auf wissenschaftliche Auswertung. Wer aber könnte und wollte das summarische Kapitel »Flucht und Vertreibung« auch nur in statistische Wahrheiten überführen?

Auf der Außenministerkonferenz vom April 1947 in Moskau hatte die Sowjetunion die Entlassung aller Kriegsgefangenen bis Ende 1948 zugesichert. Aber sie hielt sich nicht daran. Erst Adenauer brachte 1955 die Wende. Anfang 1954 kam der Patriarch aus Rhöndorf nach Friedland. Ein Jahr später küßt ihm ein altes Mütterchen die Hand. Die Szene gehört zum festen Bildinventar der Zeitgeschichte. Bulganin, der mit dem Hammerbärtchen. Das stoische Indianergesicht des Häuptlings aus Deutschland. Und dann das Ehrenwort Bulganins: 9652 Menschen. Adenauer hat den Besuch in Moskau skeptisch bewertet und nicht für einen Erfolg gehalten. Die Einschätzung änderte sich auf deutschem Boden. Anfang Oktober 1955 kamen die ersten Kriegsgefangenen an, einen Monat nach Aufnahme diplomatischer Beziehungen der Bundesrepublik mit der Sowjetunion. Bulganin hatte sein Ehrenwort gehalten. Friedland war von der Weltpresse in Belagerungszustand genommen worden. 60 Kilometer Triumphfahrt der Heimkehrer durch ein Spalier der Menge, Blumen, ein Bombardement aus Schokolade. Pfarrer unterbrachen den Gottesdienst. Ein verwirrter General von Seydlitz mochte noch mal nach Ostland reiten. 10 000 kamen bis Januar 1956, dann noch einige Nachzügler und Geisteskranke. Der Vorgang schloß ein gewaltiges Verdrängungsritual mit ein: die notorischen Nazis unter ihnen verschwanden in der Menge.

Ein guter Ort für Bundeskanzler, einer der besten für die Politiker überhaupt. In Friedland konnte man sich sehen lassen: Minister für Bundesangelegenheiten, Vertriebenenminister, Minister für gesamtdeutsche Fragen, jede Menge Staatssekretäre gaben einander die Klinke in die Hand. In der DDR wurde der Empfang deutscher Kriegsgefangener in Friedland als »Tamtam der Schande« gewertet. Es handle sich um »begnadigte Verbrecher«, die aus der Haft entlassen worden seien. Die Propaganda ließ nur diese Version zu. Sie verbarg, daß sich die DDR-Behörden sehr wohl darum bemüht hatten, die von Adenauer Befreiten im eigenen Land zu halten und psychologisch an der Weiterfahrt in den Westen zu hindern. Man hatte sogar in der Eile Familienangehörige herangekarrt, um Druck auszuüben.

1955 kamen auch SS-Generäle, der letzte Kommandant von Budapest und einer von Warschau, heim. Das Generalslager Woikowo war aufgelöst worden und sollte zu einem Erholungsheim für russische Eisenbahner umgestaltet werden. So die damaligen Presseberichte. Es kamen die ausländischen Angehörigen der SS-Totenkopfverbände, und auch sie wurden zu Heimkehrern verwandelt. Als 1955 der erste Schub mit Kriegsgefangenen in Friedland eintraf, berichtete die »Frankfurter Rundschau«: »Mit dem Gesang der ersten und dritten Strophe des Deutschlandliedes und einem dreifachen ›Hurra‹ auf die Heimat klang die Feierstunde aus.« Die Zeit der Schuldbekenntnisse und der Einsichten war noch nicht angebrochen. Der Sprecher der Heimkehrer, ein Oberst Wilhelm Wolff aus Hannover, versicherte dem Bundespräsidenten Heuss, daß diese Heimkehrer »genau so schuldlos sind wie die früher Entlassenen«.

Der Preis des Helfens war andererseits: moralische Indifferenz gegenüber der deutschen Schuld. Illustrative Episoden ließen sich finden: von den Abgründen der menschlichen Natur, von Untergetauchten und Verbrechern, von Altnazis, zynischen Nutznießern und Mördern, die durch das Lager wie durch eine biographische Waschanlage gegangen sind, nur um den Namen und die bürgerliche Identität zu wechseln. Unter den vielen Sonntagsgeschichten haben sie keinen Platz gefunden.

Friedland ist »das Tor zur Freiheit« und »das Symbol für Frieden und Freiheit«, die Vokabeln sind unumstößlich. Deutschland war für diese Nachkriegsjahre der mythische Großraum, der sie alle aufnahm, auch wenn er real, in seinen früheren Grenzen, außerordentlich geschrumpft war. Gründe und Ursachen ihrer Flucht, der historische Tiefenraum von Mord und Vertreibung, die geschichtliche Abfolge von deutschen Erst- und anschließenden Folgeverbrechen blieb unerörtert. Die niedersächsische Archivverwaltung hat eine kleine Auswahl aus dem Aktenbestand herausgegeben: dieses Findbuch mit Material von 1951 bis 1973 enthält alle Diversitäten von Vergehen und Willkür aller Seiten: die Näherin aus Gleiwitz, die ohne Nachfrage nach Gründen zwölf Jahre in polnischen Gefängnissen verbrachte, den Regierungsidrektor und SS-Standartenführer, der nach eigenen Angaben »die Erschießung bewaffneter russischer Zivilarbeiter nicht verhindert hatte«; die einen wegen »Wirtschaftsverbrechen« inhaftiert, die anderen wegen Entwendung von Getreide, die dritten von jugoslawischen Partisanen verschleppt, die vierten bei einer Polizeieinheit und dort mit »Verbrechen gegen die Menschlichkeit« befaßt. Und auch der Lehrling, der sich, weil ihn niemand daran hinderte, noch kurz vor Toresschluß zum Volkssturm gemeldet hatte und es mehrjährig büßen mußte, findet sich in diesem Register von immens dichten Lebensgeschichten.

Die vagabundierende Ungewißheit wurde durch den Suchdienst gelindert. Eine Doppelkartei, in Flensburg nach dem Krieg eingerichtet von dem Oberleutnant Helmut Schelsky, der später als Soziologe zum Stichwortgeber der skeptischen Generation wurde, und dem Leutnant Kurt Wagner, einem Mathematiker. Der Einfall bestand darin, daß jeder Gesuchte seinerseits ein Suchender war; die zwei Karteikarten, die Stamm- und die Suchkarte, konnten einander in einer Schachtel begegnen. Die Akten lügen nicht, sie sind zuverlässiger als der Mensch, läßt der Dichter Döblin in seinem »Hamlet«-Roman einen Amtsinhaber behaupten. Nur wollten die Freiluftgalerie der Suchbilder, die Anzeigen über die Vermißten, die Brigaden flehentlich fragender Frauen auf dem Bahnhof, bei den Konvois, im Lager, nicht weichen. Ein Chronist vermeldet: »Es ist kein Fall bekanntgeworden, daß in Friedland ein Heimkehrer einen Kameraden auf einem ihm vorgehaltenen Bild erkannte und sein Schicksal klären konnte.« Hunger, Sklavenarbeit und Krankheit hatten die Gesichter verzerrt. Zu bedenken sind die Gedächtnislücken, in Jahren zum Zwecke des Überlebens entstanden, der Verlust an bürgerlicher Identität: viele kannten von ihren Kameraden nicht einmal Nachnamen und vormaligen Dienstgrad. Der Suchdienst, der in Deutschland bis auf die Zeit nach den napoleonischen Kriegen zurückgeht, richtete ein Büro ein und begann mit Befragungsaktionen. Die meisten Kriegsgefangenen konnten nur vier Namen mit brauchbaren Daten versehen; mehr gab ihr Gedächtnis, in die Schockerlebnisse verkrallt, damals nicht preis. Oft mußten die Interviews abgebrochen werden, weil der Seelenstrom alle persönlichen Dämme sprengte. Viele Heimkehrer wollten nichts als weiter, nur nach Hause, entzogen sich den Fragern und wurden von mobilen Komitees nachträglich vernommen. 1947 wurde ein Lochkartensystem eingerichtet. Das Elend wurde damit in Zahlenkolonnen und Karteikästen gebannt. Wo sind sie hingekommen, wo abgelagert samt den Bildern von Männern, die allesamt, ob in Uniform oder nicht, noch dem Typenatlas der wohlgenährten Lebenszuversicht zu entstammen scheinen?

Seit dem 2. Dezember 1949 läutet die Friedland-Glocke. Der Chronist vermeldet: »Die Lagerglocke soll in Zukunft auch immer läuten, wenn wieder Heimkehrertransporte ankommen. Der eherne Klang der großen Glocke wird davon künden, daß deutsche Menschen wieder heimfanden.« Glocken als Freiheitssymbole waren en vogue: kurz nach der Blockade traf eine in Berlin ein. Sie sollte verstanden werden als Verwandte der »Liberty Bell« von Philadelphia, hatte eine Reise durch 26 amerikanische Städte hinter sich, war versehen mit dem Freiheitsschwur von 16 Millionen Amerikanern. Ihr Klang, vom Rias täglich in die DDR übertragen, wurde in Friedland von einer kleineren Schwester akkompagniert.

Nach 1945 wurden Kriegskulissen und Täterorte, die zerbombten Städte und die Konzentrationslager, mit christlichem Zeichenvorrat überreich dekoriert. Mit Kreuz und Glocke wurde Entsühnung herbeigebetet, bevor auch nur eine gewisse Herzensunruhe über die begangenen Untaten einsetzen konnte. Im Kloster versteckt, hat sich mancher SS-Mann freigesprochen. Im Namen des leidenden Heilands wurde abgedrängt, daß eben der christkatholische Glaube selbst, wie Friedrich Heer schrieb, das Glaubensmilieu, in dem Hitler aufgewachsen war, nicht unbeteiligt gewesen war an der Triebkraft des Rassenwahns. Mit dem Christentum wurden die Meldungen des Selbstzweifels niedergekämpft. Der rheinisch säuselnde Magier des katholischen Abendlands, Kardinal Frings, ließ sich gerne mit ausgemergelten Hungergestalten in Friedland ablichten.

Man kann die Lagerchronik nicht streifen, ohne nicht die Großgeschichte der Vertreibungen im 20. Jahrhundert zu erwähnen. Millionen von Menschen wurden in die westlichen Hauptstädte geschwemmt, nachdem die russische Revolution und der Bürgerkrieg ausgebrochen waren. Rund anderthalb Millionen Armenier fielen 1915/16 den Türken zum Opfer. Vier Millionen Menschen wurden in den ersten Jahrzehnten der Sowjetunion umgesiedelt. Im türkisch-griechischen Krieg verloren etwa achthunderttausend Menschen ihre Heimat. Vierhunderttausend Juden wanderten gezwungenermaßen aus Nazideutschland aus, sechs Millionen europäischer Juden wurden in den Konzentrationslagern umgebracht. Eine vielfache Menschenmenge davon starb unter Stalin im Gefängnis, im Lager oder vor Hunger. Mehr als sieben Millionen aus dem Osten wurden als Zwangsarbeiter rekrutiert, dazu kamen 2,3 Millionen alliierte Kriegsgefangene.

Der Bahnhof in Friedland existiert wie in der Fassung von Märklin: ein winziges Haus, roter Klinker mit Türmchen. Die Einzelteile würden in einige Container einer der Güterzüge passen, die heute Tag und Nacht durchrollen. Seit 1966 halten die Fernzüge aus Polen und Rußland nicht mehr, wie bis dato gewohnt, obwohl der Fahrplan keinen Stop vorsah, zweimal am Tag in Friedland. Die Bundesbahn entdeckte, daß der Bahnhof dafür zu klein war und die Verspätungen zu häufig auftraten. Die Proteste dagegen waren bundesweit zu vernehmen.

Die Rußlanddeutschen, die seit 1955 eintrafen, erschienen den deutschen Sachbearbeitern als Fremdlinge: »Es treffen bäuerliche Großfamilien ein, deren Wesenhaftigkeit und seelischer Habitus in keiner Weise unseren Vorstellungen entspricht. Sie bringen aus der Grenzenlosigkeit osteuropäisch-asiatischer Räume andere Vorstellungen von Raum und Zeit mit. Ihre Ruhe und Beharrlichkeit, die ländliche Bedächtigkeit ihres Denkens und ihr Mißtrauen gegen Behörden fügen sich nur schwer in unsere schnellebige verstädterte Gesellschaft.« Aber die Maschen des Bundesvertriebenengesetzes waren großzügig weit. Wo das Blut der Ahnen mitrauschte, wurde die Volkszugehörigkeit nicht sehr ernst genommen. Das Schönste: wenn der Großvater deutscher Landser war, das Zweitschönste: wenn die Vorfahren auf der NS-Volksliste wenigstens in die dritte Kategorie eingereiht waren, um »vollwertige Mitglieder der deutschen Volksgemeinschaft« zu werden. Sehr anders verhält es sich mit den heutigen Spätaussiedlern auch nicht: es entscheiden die Abstammung, das Bekenntnis zu Deutschland und einige rudimentäre Kenntnisse der deutschen Sprache. Man muß einen umfänglichen Fragebogen ausfüllen, aber das erweist sich auch nicht als Hindernis: die technischen Kenntnisse, was dafür erforderlich und erwünscht ist, verbreiten sich unter russischen Interessenten sicher und behende. Nur der Antragsteller muß einen gewissen Umgang mit deutscher Sprache pflegen: er, »Zugpferd« genannt, kann seinen Familienclan, im Rekordfall bis zu 49 Menschen, nach sich ziehen. Auch diese Wirtschaftsflüchtlinge werden ausnahmslos in Brüder und Schwestern verwandelt. Die Erfolgsstatistik behauptet, daß allein in sechs Jahren 1,7 Millionen Spätaussiedler nach Deutschland gekommen seien.

Dieses Lager für Evakuierte, Heimkehrer, Zivilinternierte und Verschleppte wurde zu einer Auffangstation auch für die Vergeßlichkeit. In den Jubiläumsbroschüren zu diesem Ort, Botschaften der humanitären Tatkraft und des unternehmenden Ordnungssinns, treiben die Wörter aus dem Lethestrom mit: »Dieses Lager war für alle, die es durchliefen, wie ein Grenzfluß zwischen zwei Leben. Wer diesen Grenzfluß überschritt, schloß eine Periode seines Lebens, für viele eine entsetzliche Periode; es begann eine neue, für die Mehrzahl eine hoffnungsvolle.« Geheilt aus dem Zusammenbruch – das ist die für die meisten illusionistische Devise. Viel von Freiheit, aber niemals von einer Befreiung ist die Rede. Friedland-Texte versammeln den Wortbestand selbstsüchtiger Leidvergessenheit, wie er in den Verlautbarungen von Vertriebenenfunktionären auftrumpft. Die Tränen, die unbemessenen, waren unter anderem auch der Nährstoff der Selbstbezogenheit. Friedland ist der Vorposten einer kollektiven Erinnerung ohne Reue. Hitler und die Seinen, die Partei und der Glaube an den Nationalsozialismus wurden zu einer »Wesenhaftigkeit damaligen Denkens und Handelns« abstrahiert, die »heutiger Erkenntnis fremder ist als ferne Epochen unserer Geschichte«. Das war die »deutsche Passion«, die keine Worte machte über die Ursachen des Elends. »Starthilfe für eine heile Welt«: So lautete einst ein Plakat vor der katholischen Lagerkirche. Aber »Heimat« ist für die meisten Vertriebenen ein Transparent über der Vergangenheit geblieben, ist nicht Gegenwart geworden. Die Integration der Vertriebenen und der Flüchtlinge geschah um den Preis, daß sie schwiegen über ihre Erlebnisse: jeder der Einheimischen, mit der eigenen Daseinsinstallation nach dem Krieg befaßt, wies ihre Erzählungen ab. So rutschte das Wort »Heimat« für die Betroffenen der ersten Generation immer tiefer in die Erinnerung, wurde zum undurchdringlichen, unerreichbar fernen Mythologem, nämlich der »verlorenen Heimat«. Im Schwäbischen bedeutet das Wort »Heimat« noch das elterliche Anwesen beziehungsweise das Vaterhaus, nichts mehr. Das »Heimatmuseum« war der Anschauungsraum bäuerlicher oder frühindustrieller Lebenskultur. Unter dem Ansturm der 12 Millionen aus dem Osten und Südosten Europas verschob sich der Begriff zum Signalwort für den geographischen Verlust. Der rhetorische Kampf um die »Heimat« war bei den Funktionären der Vertriebenenverbände identisch mit der Forderung nach der Rückkehr in den »verlorenen

Osten«. Die in die Seele eingebrannten Traumata waren niemals gefragt. Die Anpassung an westdeutsche Verhältnisse wurde zur Voraussetzung für den Erwerb neuer »Heimat«, ein Wort wie eine Kleidung, die nicht passen wollte. Diese doppelte Verfremdung: im Gedächtnis und in der realen Gegenwart hätte mit anderen Flüchtlingen geteilt werden können: mit den Emigranten, die vor Hitler geflohen waren, den Tschechen, die nach 1933 deutsche und österreichische Hitler-Flüchtlinge aufgenommen hatten – um den Preis, daß sie 1938 selbst fliehen mußten, mit den Ostpolen, die nach der Aufteilung des Landes zwischen Stalin und Hitler 1939 ihr Land verloren. Gerade über der gemeinsamen Erzählung vom wechselseitig verursachten Heimatverlust hätte das Mythologem der »Heimat« als heilende Rückkehr zum früheren Wohnort aufgebrochen werden können, wäre Versöhnung vielleicht möglich gewesen. Oder wenigstens ein Parlando von Erzählungen, wie sie der aus Lemberg vertriebene Pole Adam Zagajewski in seiner Prosa »Ich schwebe über Krakau« formuliert: »In meiner Kindheit verlor ich zwei Vaterländer: Ich verlor die Stadt, in der ich geboren war und in der vor mir zahlreiche Geschlechter meiner Familie gelebt haben, und mir wurde mit der Installierung des sowjetischen Herrschaftssystems der quasi natürliche Zugang zur allgemeinen offenkundigen Wahrheit genommen. Hinterher brauchte ich viele Jahre, um zur Hauptströmung des Lebens zurückzufinden, um schlichteste Gewißheiten zu erlangen, Gewißheiten, die nur Wahnsinnige und Betrüger in Zweifel ziehen.« Es wäre ein Gespräch unter Melancholikern geworden, wie es etwa Siegfried Lenz in seinem »Heimatmuseum« betrieb, wo er seiner Skepsis über die Wiederkunft des Vergangenen ausdrückte: »Der Wert unserer Erfahrungen läßt sich nicht beliebig weitergeben. Wir müssen damit einverstanden sein, wir leidenschaftlichen Schattenbeschwörer, daß andere in Zweifel ziehen, was uns so viel bedeutet; vielleicht ist alles zur Vergänglichkeit verurteilt, und unsere Versuche, einiges, das uns beispielhaft erscheint, ins Unvergängliche zu bringen, sind nur ein Ausdruck für die hoffnungslose Auflehnung gegen insgeheim erkannte Vergeblichkeit.«

Heimkehr – das deutsche Wort macht aus einer Behauptung die Gewißheit eines Sachverhalts: daß Deutschland die Heimat sei. Die Portugiesen jonglieren mit einem anderen Wort: *retornados* sind Rückkehrer, womit, emphatisch sachlich, nur ein Weg beschrieben, das Ziel aber ausgespart bleibt. Solche *retornados* können deshalb auch Schwarzafrikaner aus den ehemaligen Kolonien sein, die Portugal bislang noch nie gesehen haben. Man stelle sich vor: alle Völker im Osten, einst von den Deutschordensrittern unterworfen, machten sich, Nachfahren aus einem ehemaligen Kolonialreich, auf, um in Deutschland als »Rückkehrer« zu siedeln.

Nach 1956 fanden sich auch 3500 Ungarn-Flüchtlinge, nach dem Putsch Pinochets kamen chilenische Emigranten hinzu, auch Boat people aus Vietnam wurden durch Friedland geschleust. Über die Glücksquote dieser Klientel ist nichts bekanntgeworden. Friedland war einmal eine Hauptstadt des Jahrhunderts der Heimatlosigkeit. Das Zweckensemble ist aber kleiner als man glauben mag. Mit dem Lager verhält es sich wie mit dem Kindheitsgelände. Dramatische Erinnerungen haben es geweitet und die Visitation bietet Enttäuschungen. Eine karge, unscheinbare Bühne, auf der die Geschichte ihre Restposten deponiert. Es ist eben der Mythos der Heimkehr, der die Häuser und die Menschen dieses Durchgangsgebiets illusionär vergrößert.

Ließen sich die Geschehnisse in einem Museum aufbahren? Der Stoff hat wenig Schriftform, besteht vor allem aus einem unendlichen Strom von mündlichen Lebensgeschichten. Wie könnte man diesen Mississippi aufstauen? In dieser Enklave der armseligen Vergangenheit bedarf es vielleicht auch keiner stillgelegten Asservate. In diesem Revier in Kleinstadtgröße bildet das Leben selbst ein Museum: der Herkunft aus dem Nichts, den Trümmern und der Not.

Vielleicht sind die namenlosen Helfer der ersten Stunde von Heilsarmee und Quäkern, von Caritas und Wohlfahrtsverband, Rotem Kreuz die einzigen, denen ein Denkmal gebührt. Und diese schlichten Wörter von ehrenamtlicher Hilfe, Organisationsgeschick, Geduld, Barmherzigkeit, Improvisationstalent wären die richtigen Schrifttafeln für ein imaginäres Museum in Friedland. Die Vitrinen, in denen sie aufbewahrt werden, sind die Erzählungen und die Bücher. Das Museum könnte immer nur die gleiche Geschichte erzählen: die Bearbeitung des fortgesetzten Ausnahmezustands, um geduldige Begütigung bemüht. Gäbe es öffentliche Uhren in Friedland, stünde der Zeiger immer auf Stunde null, immer am Anfang.

Auf dem »Hagen«, einer Anhöhe, von der aus man nach Westen zu den Göttinger Bergen blickt, aber auch nach »Mitteldeutschland«, in die ehemalige »Soffjetzone«, gibt es ein überdimensionales Denkmal. Der Punkt markiert die Schnittstelle zweier Passionswege: der Fußgängerpfad für die aus der Kriegsgefangenschaft Entlassenen in Richtung Lager und die Autostraße vom Grenzort Herleshausen hierher. Für das Mahnmal hatte man monatelang, der Spenden wegen, die Glocke auf einer »Grenzlandfahrt« durch die Lande geschleppt. Ausgezeichnet wurde von einer Jury ein christliches Zeichen. Der Bildhauer Hans Huschka wollte einen 28 Meter hohen Stahlturm aus einer Kreuzform herauswachsen lassen. Aber der Heimkehrer-Verband war eigensinnig und bevorzugte den Kemptener Künstler Hans Wachter. Seine vier segelähnlichen Betonflanken, 28 Meter hoch und mit zwölf Tonnen Baustahl armiert, symbolisieren vier weit geöffnete Lagertore. 12 Bronzetafeln fassen auf Inschriften die Kriegsfolgen zusammen. Es gibt reichlich Zahlen auf diesen Betonflanken: 50 Millionen Tote im Zweiten Weltkrieg, 30 Millionen Kriegsgefangene, 15 Millionen Vertriebene. Verursacht hat das alles der Krieg, nicht der Hitler. Wie es zum Krieg kam, darüber herrscht Schriftnot. Und was geschah mit den Vertriebenen und Ermordeten der anderen Seite? Die konnte man durchaus mit Amnesie bedenken. Das Gedächtnis für alle war damals zu klein. Am gleichen Tag wurde in Wolgograd das Denkmal für die sowjetischen Gefallenen von Stalingrad eingeweiht: eine 82 Meter hohe barbusige Frau mit Schwert, die siegreiche Sowjetunion symbolisierend. Von einer wechselseitigen Wahrnehmung des Ereignisses ist nichts bekanntgeworden. Bei der Einweihung des Denkmals standen in Friedland schon wieder drei Generäle herum.

Die ehemalige »Hauptstelle für Befragungswesen«, mit den Verwaltungsbüros räumlich zusammengelegt, bildet den stattlichsten Bau des Lagers. Von den Akten dieser Informationsbehörde ist bisher nichts bekannt. Sie hat die klandestine Aufgabe, Zuträger und Spitzel unter den Flüchtlingen und Aussiedlern herauszufinden.

Das Durchgangslager liegt seit 1990 mitten in Deutschland, die Grenze ist fern und in die Vorstellungsarmut gerutscht. Zwei gute Stunden Fußmarsch, dann wäre man an der ehemaligen Demarkationslinie, aber kein Stacheldraht und kein Todesstreifen würden noch sichtbar.

Falls die Menschen ausbleiben, die in Friedland ihr Glück suchen, was wird dann aus der Zweckmäßigkeitszentrale? Aber Friedland ist ein Symbol, und das gibt den Baracken eine gewisse Haltbarkeit. Die Frist für die Spätaussiedler läuft langsam aus, und dann stehen die mehr als 2000 Betten leer. Die Bestimmung solcher Lager ist ihre Selbstabschaffung. Sie dienen dazu, daß sie einst geschlossen werden, weil der Unglücksberg abgetragen ist und die Mühen der Ebene kein Lager mehr notwendig machen. Dieser Gedanke liegt in Friedland heute nahe. Eine bereits geplante Zukunft auch als Zentrum für Asylbewerber wurde 1976 rasch wieder aufgegeben. Vorläufig werden die Aussiedler, die für andere Auffanglager vorgesehen waren, nach Friedland expediert, die Bettenbelegung wird gesteigert, die anderen vergleichbaren Einrichtungen von Rügen bis Baden-Württemberg sind bis auf eine geschlossen. Ein Symbol, das »Tor zur Freiheit«, kann man nicht einfach abschaffen, auch wenn es vielleicht unrentabler arbeitete als die anderen Durchgangslager. Der Bürgermeister sagt, die Schließung wäre so gewesen, »als wenn man in Göttingen die Universität schließt«. Und was kommt dann, wenn sich das Ende vom Einst in ein Jetzt verwandelt, in Friedland? Wenn man gar nichts anderes mehr weiß: vielleicht doch ein Museum.

Der soziale Wohnungsbau
Wandlitz

Der Weiler findet sich auf keiner historischen Landkarte und trägt doch einen Namen: »Waldsiedlung«. Das Quartier liegt im märkischen Nirwana des Kreises Bernau und war ausgewiesen als »Wildforschungsgebiet«. Zu der Verschwiegenheit führt eine vierspurige Autobahnzufahrt, auf der im Bedarfsfall Flugzeuge hätten starten und landen können; das Idyll war jedoch nur einem erlesen kleinen Kreis samt seinem großen Anhang zugänglich. Das Land Nirgendwo, von dem es umgeben ist, beherbergte die Mitglieder des Politbüros, umgab sie mit einem Kordon unerreichbarer Ferne, verbarg ihren Alltag vor den Blicken des Staatsvolks, machte die Nomenklatura zu einem Gral von Gleichen in selbstgewählter Einsamkeit.

Mit diesen Kenntnissen, nach der Wende aus der Streusandbüchse der gemeinen Neugier über alle Postillen gebreitet, läßt sich der Weg nach »Wandlitz« leicht finden. Man fährt über die »Protokollstrecke« der Autobahn, die den Volvos der Allerhöchsten auch die höchsten Leistungen der Achsen, Spurstangen und Stoßdämpfer abverlangte, oder sicherheitslegerer über die Dörfer, wo in einem, genannt Schönwalde, ein Ofensetzer eines Tages ein Attentat auf den Staatsratsvorsitzenden geplant haben soll.

In jedem Fall ist, um »Wandlitz« zu erreichen, die gleichnamige Ortschaft irreführend: Dorthin gelangen seit 1901, der Einführung einer »Heidekrautbahn«, ausschließlich nur Pendler, Rentner und Badegäste ihr Ziel. Die Siedlung des Politbüros hingegen ist nahe dort, wo im Wald zwischen rotbesonnten Kiefern schüttere Mauern in Tarnungsgrün sichtbar werden – einst der äußere Ring des Forts, in dem sich die Genossen der sozialistischen Artusrunde verschanzten.

Verschwunden sind die Obacht Häuschen des Stasi Wachregiments »F. E. Dscherschinsky«, das der Dienstanweisung folgte, die »Aufgaben jederzeit vorbildlich mit hoher Einsatzbereitschaft, revolutionärer Wachsamkeit und tschekistischer Meisterschaft zu realisieren«. Das schmiedeeiserne Gatter bezeichnet nicht mehr die Absperrung einer verbotenen Anlage, sondern den Eingang eines medizinischen Reviers.

Vor der Kulisse einer Kurklinik steht ein Mann mit einem Kombi, einem Tisch und seiner Wahrheit herum, unverdrossen bei Wind und Wetter und zu allen offiziellen Besichtigungszeiten. Die Wahrheit, die er meint, ist in einem Buch mit grüner Glanzfolie zu haben, umfaßt 272 Seiten, ist mit vielen Kautelen über die Verweigerung von Akten und Auskünften versehen und stammt von Paul Bergner, im Eigenverlag des Franz Bergner aus Wandlitz. Weil diese Drucksachen samt Postkarten zum Anwärmen nicht geeignet sind, hat der Mann sein Sortiment mit handlichen Schnapsfläschchen erweitert. Vom Kümmerling bis zu »Erich's Rache, prima deutscher Sprit« fließt das Angebot reichlich, und jedermann kann raten, was besser weggeht: die flüssigen oder die unflüssig gedruckten Tatsachen. Gäbe es das Buch nicht, wäre das »Götterghetto« Wandlitz in einem knappen Jahrzehnt seit seinem Ende bereits zur Frühgeschichte abgesunken, denn das Gelände ist schon von der Modrow-Regierung für medizinische Errungenschaften und Rekonvaleszenzen umgewidmet worden. Nach heftigem Gerangel um Besitzverhältnisse und Verträge, Korruptionsverdacht und Eilplanung hat sich ein westfälisches Gesundheitsimperium breitgemacht; entschlossen besetzt es auch die letzten dokumentarischen Winkel des Einst. So ist die Forderung der Schauspielerin Steffi Spira vom 4. November 1989 auf dem Alexanderplatz: »Macht ein Altersheim aus Wandlitz!« annähernd in Erfüllung gegangen.

Der Retiro im Wald war ein Ergebnis planender Vernunft, aber einer aus Angst. Die Volkswut vom 17. Juni 1953 saß im Nacken und der Aufstand in Ungarn erst recht. Hermann Matern, stellvertretender Präsident der Volkskammer, soll mit einem Förster ausgeschwärmt sein. Gefunden wurde eine grenzferne und abgeschiedene Gegend, die, der Gemeinde Bernau kurzerhand enteignet, zwischen Kiefern, Birken und Buchen ein sicheres Revier bot. Es war eine Art inneres Exil, irgendwie eine selbstgewählte Seelenvariante des Gefängnisses, in denen nicht wenige Mitglieder des Politbüros in der Nazizeit gesessen hatten. Zwischen 1958 und 1961 wurden im Wald 23 Villen für Spitzenfunktionäre errichtet, mit winzigen Abweichungen ein multipler Einheitstypus, Klötze von acht Metern Höhe und zwanzig Metern Länge, ein wenig zu groß geratener sozialer Wohnungsbau in Grau, heute mit einem gelben Anstrich aufgehellt. Rund 40 Mitglieder und Kandidaten des Politbüros mit ihren Familien haben im Wechsel der Jahre darin gewohnt, von Apel, Erich, bis Warnke, Herbert, streng abgeschirmt und bei jeder Bewegung nach anderswohin von der Stasi bewacht. Es muß ein Tschekist im architektonischen Nebenberuf gewesen sein, der diese Gehäuse erfand. Gebäude von der Stange, verschwenderisch nur die Freiflächen dazwischen, nicht eigentlich einfallslos, vielmehr über alle Maßen spartanisch, ohne jede persönliche Verzierungsenergie. Kein afrikanischer Stammesfürst, kein europäischer Popstar, nicht einmal ein westdeutscher Mittelständler möchte darin wohnen.

Sogar Kurt Hager, jeder Abweichung ins Individuelle lebenslang unverdächtig, raunzte, als er nach Berlin umgesiedelt wurde, er habe sich in Wandlitz wie im »Internierungslager« gefühlt. Zwischen den Villen gab es wegen des aufgeforsteten Buschwerks damals nur wenig Sichtkontakt. Noch weniger physischen: die Greise waren einander vor allem durch wechselseitige Rancune, Enttäuschung, Konflikte, Zerfallenheiten verbunden, der Olymp der Gleichen war nach dem Prinzip der Selbstisolation gegliedert. Im Schatten der Chimäre von der alleinseligmachenden Partei herrschte offensichtlich die Devise des lyrischen Klassengegners Gottfried Benn: »Bleiben und stille bewahren das sich umgrenzende Ich.« Zwei Sicherheitszonen und die innere Verbunkerung jedes einzelnen Führenden: das ist der Befund. Und auch Margot Honecker fragte sich: »Ich möchte jemanden sehen, der mit uns hätte in dieser Beziehung tauschen mögen.« Die Einsicht mag nicht jedermann mit ihr teilen. Die von dem Wirtschaftsmarder Schalck-Golodkowski herbeigeschafften Westwaren machten das Gefängnis angenehm, und das halbe Tausend an dienstbaren Geistern, von denen die meisten den innersten Bezirk des Einsamkeitsreviers nicht einmal kennenlernen durften, schuf Autarkie. Für die komplette Selbstversorgung fehlte, so berichtet die Fama, nur ein Schuster-Tschekist.

So gar nichts von den Riten der Macht hat sich erhalten. Und auch kaum etwas von der Kunst am Bau: üppige Bronzeweiber, die es auf den Grundstücken gab, sind unbekannt verzogen. Von anonymen Kunstliebhabern wurde nach der Wende der Raub der Proserpinen durchgespielt. Die wenigen, fest im Fundament verschraubten, deshalb noch vorhandenen Plastiken haben allesamt eine Familienähnlichkeit mit jenen Exemplaren, die Georg Kolbe in den zwanziger Jahren modelliert hat. Ein junger Mann in poliertem Erz hockt am Wegrand, als dränge es ihn, sichtbar seine Notdurft zu verrichten, ein nacktes junges Mädchen aus gleichem Material hält sich in sittlich gerechtfertigtem Abstand auf. Die DDR ist an diesem zentralen Geheimort zügiger und devotionalienärmer als anderswo untergegangen.

In einem Gehege zwischen den Mauern wurden Mufflons gezüchtet, die sich, in den Wäldern ausgesetzt, zur altdeutschen Übung des Abschießens vorzüglich eigneten. Erhalten geblieben ist der Name »Mufflonklause«. Das Schweigen im Walde hat das Staatsvolk jährlich um die 30 Millionen gekostet; von der Hinterlassenschaft der Jäger und Sammler im Prominentenghetto ist fast nichts erhalten. Mit Hilfe einer Broschüre kann man den Erkennungsdienst betreiben, wer wo hinter durchbrochenen Gardinen gewohnt hat. Die Wege, früher anonym, sind heute beschriftet. Im Westen hätten sich dafür Schlesier- und Ostpreußenweg angeboten, im Osten dürfen Habicht, Bussard und Eichelhäher herhalten. Dort, wo Honecker gewohnt hat, ist nun die Psychosomatik zu Hause, und Mielkes Domizil beherbergt eine onkologische Station. An den aufgemauerten Eingangspforten mitten in der Wiese sind die Briefkästen verrostet und die Feuermelder nicht mehr in Betrieb.

Das Quartier der historischen Fortschrittsverwalter ist nun von Hüftlahmen bevölkert. Um dem therapeutischen Frohsinn aufzuhelfen, wurden die Patienten mit einer Robert-Stolz-Straße beglückt, außerdem mit Musikmuschel, Café Vital und einem Silva-Erlebnis-Café. An weiteren Freizeitangeboten gibt es Tennisplatz, Minigolf, Wassertretbecken, Fitneßcenter und Abenteuerspielplatz. Die »Originalen Schwarzmeer-Kosaken« sind aufgetreten, und Förster Klaus mit Waldi unternimmt Wanderungen für Gehbehinderte zum nahen Liepnitzsee. Mit dem Satz: »Ich bin ein Optimist« wird nicht mehr der Sieg des dialektischen Materialismus begründet, sondern ein Vortragsabend über persönliche Heilungserfolge bestritten. Im Kurhaus, dem ehemaligen F-Gebäude, der »Kultureinrichtung« – architektonisch eine Mischung aus Kaserne und KdF-Erholungsheim –, ist ein historischer Malerkompromiß angestrebt: irgendwelche frohe Jugend, ein Querformat des sozrealistischen Meisters Womaka, hat in mindestens so miserablen Abstrakten ein Gegenüber. Am Zeitungskiosk überwiegen neue Kitschpostkarten mit dem schriftlichen Hintersinn: »Männer sind wie Tee, du mußt sie ziehen lassen!« Die surreale Weisheit dieses therapeutischen Alltags garantiert, daß die Spuren der mächtigen Insulaner verblassen.

Der Besucherstrom rinnt durch das ehemalige »Honniwood«, verzweigt sich zwischen den Anwesen der heiligen Familien. Der Neugier, die in Bonzenhausen herumstreift, wird die Botschaft von der Endlichkeit der Macht zu einer Gewißheit. Unweigerlich macht sich Enttäuschung darüber breit, daß im Revier der mürrischen Mandarine so wenig übrig geblieben ist. Ein Gesamtkunstwerk der Erinnerung wird in »Volvograd« nicht entstehen. Dazu war die Ausstattung zu dürftig, und es befällt einen der Verdacht, daß man ins Eigentliche nicht vorgedrungen sei, daß der abstrakte Glaube ohne menschliche Wärme zu wenig sichtbare Zeichen hinterlassen hat. Unwillkürlich möchte man wenigstens einen Sonnenuntergang hinzufügen.

Die Besucher der Klinikinsassen sind von den Wallfahrern der Neugier kaum zu unterscheiden. Es wächst zusammen, was die menschliche Natur sowieso ausmacht: die Anteilnahme für die Nächsten und das Unterhaltungsbedürfnis am bodenlosen Fall der Prominenten. Aber wo für beides die sichtbaren Requisiten fehlen, wird das Suchbedürfnis hemmungslos. Die Passanten schlagen sich hinter die Büsche, um irgend etwas zu entdecken, lungern herum auf der Suche nach den unterirdischen Bunkern, streunen in entlegene Waldzonen, lugen in Fenster und rütteln an den Türen. Die

Unruhe auf dem abgeräumten Ort ließe sich nur mit einem Museum stillegen. In Deutschland, diesem mit Vergangenheit überfüllten *remember country*, soll nichts vergehen – und sei es die letzte Banalität.

Das Fluchtrevier des späten Brecht
Buckow und seine Elegien

Jedesmal die gleiche Überraschung: wenn es gelingt, Berlin abzuschütteln, diese Ansammlung von Dörfern, wie Döblin schrieb (und drei Jahrzehnte vor ihm Alfred Kerr), überfällt einen das Land ganz unglaubwürdig. Ein Taumel selbstvergessener Natur in der Mark Brandenburg mit dem Sog endloser Alleen, Möwen in der Luft, als wären sie verirrte Boten der Ostsee, und einem Horizont, der die Dörfer am Rand in die Nähe spielt.

Gen Osten zu, ein Stück nach Frankfurt/Oder, nimmt sich Berlin viel Zeit zum Abdanken, verlängert sich mit Ruinen, Zementwerken und Industriebrachen. Um die Alleebäume sind künstliche Immortellen für die zahlreichen Opfer des nach der Wende ausgebrochenen Geschwindigkeitswahns gebunden. Die Route führt geradewegs in den Kiefernwald. Rechterhand eine Abzweigung nach Friedrichshagen, wo vor einem Jahrhundert die Lebensreformer um Gustav Landauer und die Brüder Hart ihr anarchistisches Wesen trieben.

Tiefer hinein ins Grimmsche Märchendickicht, bis die Kleinstadt Buckow auftaucht. 2000 Seelen hat der Ort und kaum weniger Gästebetten, einen dreieckigen Marktplatz mit einem Brunnen mittendrin, der einen viel älteren nachahmt, eine würdig spartanische Backsteinkirche und für fünf Helden aus dem Siebziger-Krieg einen adlerbewehrten Obelisk, außerdem eine Königstraße. Dahinter ducken sich schöne gebrechlich alte Häuser ins Unrettbare, der DDR-Zerfall hat noch Kulissen.

Die touristische Zukunft des Ortes ist mit 40 Quadratkilometern Wald und Seen ringsum auch ohne Brecht gesichert. Eine gute Autostunde von Berlin-Mitte entfernt, in der Märkischen Schweiz, liegt das Arbeitsasyl, die Sommerresidenz und Rückzugsdomäne des späten Tui. In Buckow übte er sich in der schwierigen Kunst des Vergessens, probte er auf Zeit die unvertraut gewordene Rolle des Einsiedlers. Noch drei Wochen vor seinem Tod fand Brecht, das Anwesen sei »friedlich und langweilig genug für die Arbeit«, die ihm seit längeren Jahren nur unvollständig gelang oder die nach Meinung der Kulturbonzen nicht zur Veröffentlichung geeignet war. Behausung und Garten am Ostufer des Schermützelsees sind der Echoraum seines bitteren Scheiterns in der DDR, der Gegenort zur Klassikerbühne im Berliner Theater am Schiffbauerdamm. Abgewandt vom Ort hat Brecht im Frühjahr 1952 gesiedelt, einen Pachtvertrag für Latifundien am See abgeschlossen. Da wurde nicht lange gefackelt. Die Firma Siemens-Plania, die dort ein Erholungsheim für Mitarbeiter betrieb, mußte ausziehen, denn benötigt wurde eine »Schaffensstätte«. Seinen Privilegien nach wäre Brecht anderswo als Gutsherr bespöttelt worden. Den Immobilienfund hat Brecht, ein wenig geziert, wie der Haßfeind Thomas Mann es gewesen wäre, als »nicht unedel gebautes Häuschen mit einem andern, geräumigeren, aber ebenfalls einfachen Haus« angezeigt. Es regiert die Untertreibung: einige andere Liegenschaften, dazu ein Bootshaus, ein Pavillon, ein – inzwischen verfallenes – Gewächshaus und eine Laube blieben unerwähnt.

Die »Eiserne Villa«, nach einem Vorgängerbau so benannt oder nach einigen ausladenden Scherengittern an der Verandatür, 1910/11 von einem Bildhauer als Atelierhaus für den Sommer gebaut, wurde seine Geselligkeitszentrale. Zu schmächtig für eine solche Bezeichnung, mit tiefgezogenem Mansardendach und reicher ornamentaler Bemalung, aber schmuck, war sie auch das Wohnhaus Helene Weigels. Viel zu sehen vom hohen Paar ist nicht. Ein einziger Raum gibt mit Originalmöbeln die Ahnung vom Arbeitskollektiv: ein saalartiges, weißgetünchtes Atelier, mit Flügeltüren und Sprossenfenstern über fast die ganze Wand zum See hin geöffnet, eine Breitwandindylle hinter einem Vorhang aus ehrwürdigen Bäumen und schütterem Schilf. Die Einrichtung ist spartanisch: geölter Dielenboden, eine schwarzgebeizte Bauernanrichte von 1798, darin aufgebahrt Gebrauchsgeschirr, Zinnteller und Steinguthumpen. Auf dem erbärmlich einfachen Klavier haben gewiß auch Hanns Eisler und Paul Dessau gespielt. Eine Holzbank mit speckigen Lederauflagen. An der Rückwand mit einem Backsteinofen drei Gipsmedaillons von Grazien, die sich auf der Außenwand zum See hin wiederholen. Wohl eine spätere Zutat aus dem Applikationenhandel. Den Raum beherrscht eine blankgescheuerte Eichentafel. Für die Artusrunde der Jünger, die – Brechts ironischer Stolz – »in Rabenschwärmen« einfielen, gibt es zehn zusammengelesene Stühle, eher Sitzungelegenheiten; nur der Hausherrin »Helli« Möbel, ein Brautstuhl aus einem fernen bäurischen Jahrhundert, macht eine löbliche Ausnahme. Alles ist gebraucht, stark vernutzt: keine Einrichtung, sondern Gästebehelf.

In einem angrenzenden kleinen Raum, früher die Bibliothek, sind gegenwärtig Radierungen und Lithos von Arno Mohr zu finden. Er lehrte an der Kunsthochschule Weißensee und hat Brecht oft gezeichnet – eine gekrümmte verwischte Figur mit viel Raum drumherum.

Von der Gartentür aus gehen die Augen auf Wanderschaft und finden in einer Ansicht fast komplett versammelt, was Fontane an der ganzen Gegend bedachtsam bewundert hat: »Berg und See, Tannenabhänge und Laubholzschluchten, Quellen, die über Kiesel plätschern, und Birken, die, vom Winde halb entwurzelt, ihre langen Zweige bis in den Waldbach niedertauchen«. Im ehemaligen Bootshaus sind Utensilien der Bühne, Kostüme und das berühmteste Requisit des Regisseurs Brecht ausgestellt: der Planwagen der Courage, gefertigt vom Schreiner Bömelburg für die Premiere am 11. Januar 1949 im Deutschen Theater. Fünfhundertmal (in wieviel Ländern?) hat Helene Weigel das naturalistische Gefährt über die Bühne gezogen.

Hundert Schritt entfernt von ihr, im (größeren) Gärtnerhaus, hat Brecht seine Einsiedelei aufgeschlagen und mit einem parodistischen Dekret bewehrt: »In Erwägung, daß ich nur ein paar Wochen im Jahr für mich arbeiten kann« und in anderer Erwägung: der Gesundheit, des Schreibens und Krimilesens, habe er sich »eine Sphäre der Isolierung« geschaffen. Am Schluß nahm er das Einsamkeitsgebot, das wohl eher an ihn selbst gerichtet war, halb wieder zurück: »Prinzipen halten sich am Leben durch ihre Verletzung.« Auf seinen Pachtwiesen war er eher sehnsüchtig nach Leben. Die Geliebten und die anderen, die es werden sollten, brachte er bei sich unter oder verteilte sie auf andere Domizile im Gelände. Käthe Reichel, vermutlich die vorletzte, schenkte er ein Häuschen am nahen Buckower See; Ruth Berlau, renitent aus langjährig enttäuschter Liebe und der Flasche wegen, hat er zeitweilig in einem Turm beim Bahnhof, in weitläufig isolierendem Naturgeläuf, untergebracht.

»Am See, tief zwischen Tann und Silberpappel / Beschirmt von Mauer und Gesträuch ein Garten«, ein Versteck, wo noch die lenkende Vernunft regiert: »So weise angelegt mit monatlichen Blumen / Daß er vom März bis zum Oktober blüht«. Im Wandel und Wechsel die gleichbleibende Fülle – Sinnbild der Dichtung. Und eine Verlustanzeige dazu: nur die »Buckower Elegien« sind Brecht im Sommer nach der Revolte des 17. Juni 1953 noch richtig gelungen.

Er hatte es an Ergebenheitsadressen für Ulbricht und die Seinen nicht fehlen lassen. Am 16. Juni 1953 war er mit seinem Steyr von Buckow nach Berlin gefahren. Anscheinend haben ihn Berichte im RIAS aufgescheucht, daß Bauarbeiter aus der Stalinallee vor dem Haus der Ministerien demonstrierten. Am Morgen des 17. Juni diktierte Brecht drei Briefe: einen an Walter Ulbricht, einen an Otto Grotewohl, einen weiteren an Wladimir Semjonow, den sowjetischen Botschafter. Die Depesche an den Allerersten lautete komplett: »Werter Genosse Ulbricht, die Geschichte wird der revolutionären Ungeduld der Sozialistischen Einheitspartei Deutschlands ihren Respekt zollen. Die große Aussprache mit den Massen über das Tempo des sozialistischen Aufbaus wird zu einer Sicherung der sozialistischen Errungenschaften führen. Es ist mir ein Bedürfnis, Ihnen in diesem Augenblick meine Verbundenheit mit der Sozialistischen Einheitspartei Deutschlands auszudrücken. Ihr Bertolt Brecht.« Die sorgsam in der Parteiphraselogie gehaltenen drei Sätze eines Nichtparteimitglieds bewegen sich im Horizont des Adressaten, enthalten jedoch auch ein wenig Kritik. Das linke Abweichlertum der »revolutionären Ungeduld« wird, maskiert in der Floskel des Respekts, der ganzen Partei unterstellt. Und die »große Aussprache mit den Massen«, an die eine positive Prognose geknüpft ist, fehlte bis dato völlig. Gerade ihr Ausbleiben, das arrogante Dekret neuer Normen, das elitäre Bewußtsein der Moskau-Fraktion um Ulbricht, die jede stalinistische Säuberung überstanden hatte, war einer der Gründe für den Arbeiteraufstand. Veröffentlicht wurde am nächsten Tag nur der letzte Satz, eine Ergebenheitsfloskel, im »Neuen Deutschland«. Der Unterschlagung des vollen Wortlauts hat Brecht nie öffentlich widersprochen. Er kannte die Grenzen des Sagbaren nur zu genau. Erst nach der Wende fand sich der Originalbrief, säuberlich abgeheftet, im Archiv des ZK. Die Nachricht an Grotewohl war bei weitem opportunistischer angelegt. Dem Ministerpräsidenten, den er zwei Tage zuvor mit der Hoffnung auf ein eigenes Theater für das Berliner Ensemble traktiert hatte, trug er die Dienste seiner Truppe an. Grotewohl wurde aufgefordert, im Rundfunk zu sprechen. Die Akademie der Künste und das Berliner Ensemble könnten mit Liedern und Rezitationen als »Einleitung und Abschluß« aufwarten. Kühn vereinnahmte er die Akademie und den Barrikaden-Tauber Ernst Busch für sein Angebot – jedenfalls ohne sie gefragt zu haben. Auf den Brief gab es keine Antwort. Anrufe beim Rundfunk, man sei bereit, ein eigenes Programm zusammenzustellen, wurden zurückgewiesen. Lieber wurden Schlager gesendet und auch der Walzer »An der schönen blauen Donau«. Brecht wurde also an seiner kläglichsten Anpassung durch die Bonzen selbst gehindert. Mit Erwin Strittmatter und seiner Mitarbeiterin Käthe Rülicke ging er am späten Vormittag des 17. Juni auf die Straße, um sich selbst ein Bild der Lage zu machen. Am Brandenburger Tor sahen sie die sowjetischen Panzer heranrollen.

Angeblich hat Brecht an diesem Morgen sogar erwogen, in die Partei einzutreten. Was geschah, um die Rebellion der Arbeiter zu unterdrücken, war ihm also durch Augenschein bekannt; er hat nicht dagegen protestiert. Um 13.00 Uhr war eine Betriebsversammlung des Berliner Ensembles anberaumt. Brecht wandte sich dabei gegen alles, was den Sturz der Regierung herbeiführen könne, erwähnte jedoch auch Fehler, die in der Vergangenheit gemacht worden waren, und wies ihre Korrektur einer später notwendigen Diskussion mit den Massen zu. Im Grunde hat er sich die »große Aussprache« so vorgestellt wie eben eine Betriebsversammlung auf dem Theater.

Aber nichts an Wandel in den politischen DDR-Verhältnissen hat sich getan. Dem Dramatiker mißlang in diesem Buckower Sommer der Versuch, in »Turandot oder Der Kongreß der Weißwäscher« den verachteten Tuis, den kapitalistischen Intellektuellen, das Versagen der sozialistischen Kollegen einzudeuten. Am 23. Juni hatte das »Neue Deutschland« eine Stellungnahme Brechts gedruckt, in der er noch einmal seine Auffassungen in Kurzform darlegte: »Ich hoffe jetzt, daß die Provokateure isoliert und ihre Verbindungssuche zerstört werden, die Arbeiter aber, die in berechtigter Unzufriedenheit demonstriert haben, nicht mit den Provokateuren auf eine Stufe gestellt werden, damit nicht die so nötige große Aussprache über die allseitig gemachten Fehler von vornherein gestört wird.« Ein geradezu neurotischer Romantizismus stellt sich hinter den Zeilen dar: für Brecht müssen die aufständischen Arbeiter provoziert, von Faschisten verleitet, von Saboteuren und Geheimdiensten gesteuert worden sein; aus eigenem Antrieb können sie die Revolte nicht gemacht haben. Nur ihre Unzufriedenheit ist berechtigt. Arbeiter sind bei Brecht auf eine geradezu heiligmäßige Weise gut – wie der Mensch an sich bei Rousseau. Schwer zu durchschauen, ob Brecht, wie er an seinen Verleger Peter Suhrkamp schrieb, an die Gefahr eines dritten Weltkriegs geglaubt, ob er auch nur einen einzigen faschistischen Provokateur per Augenschein wahrgenommen hat. Die Arbeiter durften keinesfalls aus innerem Antrieb radikal gehandelt haben; in sein festes Bild von ihnen fügte sich der Aufruhr nicht ein. Brecht verhielt sich, wie er es in einer »Keuner«-Geschichte ironisiert hatte: »›Was tun Sie,‹ wurde Herr K. gefragt, ›wenn Sie einen Menschen lieben?‹ ›Ich mache einen Entwurf von ihm‹, sagte Herr K., ›und sorge, daß er ihm ähnlich wird.‹ ›Wer? Der Entwurf?‹ ›Nein‹, sagte Herr K., ›der Mensch.‹« Der Brechtsche Urteilsvorrat zum 17. Juni enthält viel zu große und zu abstrakte Wörter, um die konkreten Wurzeln der Ereignisse fassen zu können. Brecht rettete vor allem sein Denksystem über die Wirklichkeit hinweg. Hinter dem Bild des Meinungsjongleurs im Vorhof der Macht taucht ein anderes auf: der Mann, der sich in der Vergangenheit seiner Begriffe verschanzt. All diese Modellbücher und Versuchsanordnungen, maßstäblichen Inszenierungen und strategischen Überlegungen, die in seinen DDR-Jahren entstanden, dienten nur der Sanktionierung seines Werks über den Urheber hinaus. Dafür bezahlte er mit vorzeitiger Erstarrung, auch in politischer Hinsicht.

Persönlich kamen Brecht aus wachsendem zeitlichem Abstand Zweifel. Im »Arbeitsjournal« notierte er, daß der 17. Juni »die ganze Existenz verfremdet« habe. Fast den ganzen Sommer hielt er sich in

Buckow auf und versuchte, sich Rechenschaft zu geben. An seinen eigenen Tui-Problemen ist er in diesem Fall gescheitert. Und all die schönen Pläne blieben unvollendet: ein Rosa-Luxemburg-Stück für Helene Weigel und eins über den Ofenmaurer Garbe, den ersten Helden der Arbeit.

Nur in den »Buckower Elegien« gestand er die Enttäuschung des parteilosen Kommunisten im ersten Arbeiter- und Bauernstaat ein. Oft erschien sie so schäbig und nichtswürdig wie das Amtspapier des bürokratischen Sozialismus, das in Buckow ausgestellt ist: der Wisch eines »Amtes für Warenverkehr«, mit dem Brecht auf seinen Fahrten an den See erlaubt wurde, »eine Reiseschreibmaschine Royal A Nr. 109 9815 sowie einen Koffer, enthaltend Theatermanuskripte, mit sich zu führen und den KPP (Kontrollpunkt der Polizei) Hoppegarten zu passieren«. Auf eine emphatische Weise lakonisch, versichert er sich in Buckow der angeschauten Bilder. Silberpappeln, Tannen und Weiden, der blinkende See, vorüberziehende Ruderboote, Krähen im Gezweig, Menschen im Dialog bilden die Leitworte eines Selbstgesprächs, das die Echos der bösen Tage und der Enttäuschung aufnimmt. »Hier, in der Früh, nicht allzu häufig, sitz ich / Und wünsche mir, auch ich mög allezeit / In den verschiedenen Wettern, guten, schlechten / Dies oder jenes Angenehme zeigen.« Im Motto-Gedicht möchte Brecht »ein Segel stellen«, was im Sinne von Horaz, den er in Buckow liest, soviel heißt wie dichten. Aber die Ereignisse, die von den Bauarbeitern in der Stalinallee ausgingen, kehren in Gedanken zurück, so im Gedicht »Die Kelle«: »Im Traum stand ich auf einem Bau. Ich war / Ein Maurer. In der Hand / Hielt ich meine Kelle. Aber als ich mich bückte / Nach dem Mörtel, fiel ein Schuß / Der riß mir von meiner Kelle / Das halbe Eisen.« Die Identifikation mit dem Maurer, dem durch einen anonymen Schuß, durch einen Anschlag aus dem Hinterhalt, das Handwerkszeug zerstört wird und der damit ausfällt, kann mit dem Dichter in eins gesetzt werden. Man darf rätseln: ist der Schuß von sowjetischen Panzern abgefeuert worden oder von den sogenannten »faschistischen Elementen«? In jedem Fall ist etwas am unwillkürlichen Selbstverständnis des Arbeiters oder des Dichters zerrissen, nicht mehr wiederherstellbar.

Auf Kupfertafeln finden sich seine Verse im Buckower Bukolium. Manche sind kaum mehr leserlich, jedenfalls in der schnell hereinbrechenden Dämmerung. Der Badesteg ist längst verfallen, vermutlich wurde er auch nur selten benutzt. Das morsche Geäst einer angeblichen Silberpappel wird nur noch durch eiserne Zwingen zusammengehalten. Sie ähnelt mehr einer Birke. Vielleicht werden die Bäume im Alter einander so ähnlich wie die Menschen. Die »Buckower Elegien« sind kleine Zeichensetzungen, einerseits weisheitgewisse Anschauung, andererseits Entwurf des Beobachtens, das vom Angeschauten und Gewußten nicht alles verrät. Nur in der kleinen Form tastete sich Brecht heran an den Schatten der Niederlage, die er empfunden haben mag. Im berühmten »Radwechsel« situiert sich einer am Straßenhang als notorischer Beobachter zwischen den Zeiten. Die Gegenwart ist nur Transitzeit, die Vergangenheit und die Zukunft sind beide weit weg.

Für eine Überprüfung, gar eine Revision war es zu spät. Die Fotos aus den letzten Jahren zeigen einen vorzeitig Gealterten, das Gesicht trotz seiner Rundlichkeit durchscheinend, zerbrechlich, von den Augenwinkeln her ermüdet. Als er 58 war, hat bei diesem Bewegungshelden und Unruhestifter, Provokateur und Strategen der Widersprüche, Flüchtling in vielerlei Ländern und politischen Heimatsucher das Herz nicht mehr mitgemacht.

Passage der Verräter
Die Glienicker Brücke

Auf der alten Reichsstraße 1, die von Aachen bis nach Königsberg führte, oder weniger ausgreifend: vom Potsdamer Platz nach Potsdam, oder ganz genau: im Bus von Wannsee bis Glienicker Lake. Durch das schwarze Gefuchtel der Eichen prescht eine weiße, blendende Januarsonne, wirft zartes Silhouettengewirr bis auf die Mitte der Straße. Die Chaussee neigt sich in Glienicke nach unten, die Kutscher in gemächlicheren Jahrhunderten werden vorsorglich die mechanische Handbremse angezogen haben, um dann nach einem sanften Aufwärtsschwung vor dem Zolleinnehmer und der Sehenswürdigkeit zu stehen. Der Stelle, wo Berlin den Namen abstreift und den Potsdams wählt, hat Alexander von Humboldt mit dem Werberuf versehen: »Der Blick von der Glienicker Brücke wetteifert mit den schönsten Punkten der Welt.« Der Spruch ist unverbürgt, und Humboldt war infolge seines nachhaltigen Reisefiebers zu jedem anderen Entzükkenszitat an jedem anderen Ort fähig. Etwas mehr als zweihundert gemessene Schritte ist der Viadukt nur lang, aber die Ansichten, die er dem vom Verkehr unerschreckbaren Fußgänger gewährt, sind überwältigend: Wasserländer der Havel, auf beiden Seiten zu Seen geweitet, Hügel, die mit Schlössern die Parks von Lenné und Schinkel markieren, Landschaften, die von optischen Achsen gegliedert sind, rational gefaßt und gleichwohl sich ausbreitend in träumerischer Selbstverlorenheit, Arkadien aus Kunst und Natur.

Die Königstraße, Musterchaussee, vormals »Holzweg« und Jagdpfad, legte seit dem Ende des 18. Jahrhunderts eine Verkehrsschneise durch den preußischen Leviathan. Sie verband zwei Residenzen, ermöglichte Postreitern und Kurieren raumgreifende Beschleunigung und wurde von Langen Kerls wegen möglicher Deserteure aus friderizianischer Drakonik mit Argwohn bewacht.

Das ist lange her und nur Stoff für Jubiläumsartikel. Aber die Glienicker Brücke war dito eine Theaterbühne des Kalten Krieges; an den Toren und Pfeilern, Bögen und Streben haften Geschichten von Trennungsschmerzen und Phantomen der Zerrissenheit, von Spaltungsfiguren und Teilungsstrategen, auch wenn der gleichmütig rollende Verkehr der Touristen und Pendler einen blicklosen Alltag vorgibt.

Brücken verbinden etwas, das sie als getrennt markieren. Einrichtung eines kleinen Grenzverkehrs wird die Glienicker wohl immer gewesen sein, und sei es nur das Hin und Her zwischen der Residenz und dem labenden Herz der Natur in früheren Zeiten.

An der Berliner Seite ruhen Triton, mit einem Riesenkarpfen im Arm, und eine Nixe mit einer Ringelschlange an der Hand, auf hohen Postamenten. Ihre Pendants am anderen Havelufer hat der Zweite Weltkrieg ins mythologische Nirwana geschickt. So gleicht, aus Gründen der Geschichte, die sich wie eine zweite Natur gebärdet, keine Hälfte der anderen. Die steinere Fassung, zuletzt im Entwurf von Schinkel, wurde 1907 durch eine Konstruktion aus Eisen und Stahl abgelöst: vier Pylone auf 128 Brückenmetern, ein schwungvoller Bogen, zwei Halbbögen den Ufern zu, zwei Land- und zwei Strompfeiler, sehr gemäßigter Jugendstil, ehemals mit historisierendem Zierat, der längst von glattsüchtigen Zeitläuften beseitigt worden ist. Rund 22 Meter breit, mit Gehsteigen, damit die vielen fußläufigen Husaren und Kavalleristen Ihro Majestät Willem Zwo beim Automobilisieren nicht behindern konnten.

Einen Augenblick nur, und jeder, auch der langsamste Passant, ist drüben auf der Potsdamer Seite, wo er für den Mangel an steinernen Wasserheiligen mit sechssäuligen Kolonnaden entschädigt wird. Auf korinthischen Kapitellen ruhen einige göttlich gebaute Herumtreiberinnen, geleiten Passanten auf die Residenzstadt hin oder von ihr weg, bilden mit einem etwas frostig herumstehenden Obelisken ein winziges Empfangs- oder Abschiedstheater für den Ein- und Ausgang nach Berlin. Rechterhand auf der Potsdamseite beginnt die Schwanenallee mit einer klassizistischen Villa, die der Schinkelschüler Persius für einen Hofmarschall errichtete. Sie ist auf eine so solide Weise verkommen, daß sie bis auf Widerruf unrettbar verloren wirkt. Auf einem verrosteten Briefkasten dokumentiert eine rote Hand die Verlassenheit mit der Aufschrift, daß hier keine Wohnung sei. Die Ahnung stellt sich ein, daß es Zeiten gab, in denen es fashionabel war, am Königsweg zu wohnen und das Zeremoniell des Brückenbeschreitens dero Majestäten zu besichtigen. »Bella Herzita« haben die Sprayer das Objekt ihrer Verzierungskraft getauft. Eine Frau hetzt einen bewegungstrunkenen Spitz über die winterdürren Wiesen. Der Putz mürbt auch an den Fronten der nachfolgenden Häuser. Ein Rentner hinkt mit einem leeren Einkaufswagen auf der Schwanenallee ins Wesenlose. Einige Betontrümmer, zersprengte Möglichkeiten, sich an den Krieg zu erinnern, ruhen halb im sanft blakenden Wasser. An den Horizont ist der Turm der Sacrower Heilandskirche geheftet. An den Ufern keine Relikte, nur frisch bemalte Schilder, die den Ausflugsverkehr regeln. Angler am Ufer langweilen sich vor sich hin, wie es wahrscheinlich auch die Fische im Wasser tun.

Die Brücke hält steinerne Abgänge auf beiden Seiten für den parat, der ihr Unterreich erkunden möchte. Eine Metalltafel an einem Findling enthält ein japanisches Schriftzeichen und den Hinweis auf Kirschbäume daneben, die »aus Freude über die Vereinigung unseres Volkes, unterstützt von TV Asahi Network« und anderen, im November 1990 von Nipponesen gepflanzt worden sind. Der Kitsch kennt seine Grenzen am wenigsten. Ein Nest aus gebrauchten Kondomen läßt reges Treiben unter der Brücke vermuten. Bleßhühner schnüren in Reihen durch das spiegelglatte Wasser, ein Sportzweier legt eine schnurgerade Bahn, die Autos trommeln Synkopen auf die Fahrbahn.

Der Landungssteg der Weißen Flotte, die längst wieder alle Grenzgewässer durchpflügt, als habe sie nie etwas anderes getan, fährt in diesem frühen Jahr noch lange nicht: weder nach Caputh noch nach Berlin, nicht nach Brandenburg und nicht die Große Inselrundfahrt, wie ein vergilbendes Plakat verspricht. Müll vom Sommer lungert am Ufer herum.

Der weitere Weg nach Arkadien führt zu einer neuen Landhaussiedlung im angeblich toskanischen Stil, zur hochnäsigen Mißachtung des Landschaftsschutzes. In einem zurückliegenden Sommer blühte noch der Skandal um die Verunstaltung dieser Gegend, mit der Jahreszeit ist er abgestorben. Ein Domestik im Blaumann betätigt sich mit dem Staubsauger auf der Wiese. Eine Bude, als Versteck von »Blumen & Obstinsel«, ist bis auf unabsehbar geschlossen. Ein Kasten, der die Sehnsucht nach antiken Möbeln auf rätselhafte Weise stillen will, ebenso. Die Angler machen sich mit dem Taxi davon. Alles rings um die Brücke im Gewohnheitsbereich.

Aber man möchte auf beiden Seiten ins Elegante abschweifen. Auf der Berliner Seite stehen die architektonischen Denkwürdigkeiten im Schloßpark Glienicke wie die Musterhäuser des Klassizismus in einer Freiluftanlage herum. Die Schlösser, Schinkels Casino-Gebäude und der vergoldete Rundtempel der »Großen Neugier« laden zu dynastischen Erkundungen ein, die wir uns, überdrüssig der preußischen Nomenklatura, der durchnumerierten Friedrichs, Wilhelms und Carls und jeder Kombination davon, versagen. Vom Jagdschloß könnte ein Ruderboot hinüberführen ans jenseitige Ufer zum Schloß Babelsberg auf seinem Hügel. Oder tiefer hinein in den Wald eintauchen bis zur russischen Kirche von Nikolskoe. Oder auf die andere Seite zur Sacrower Heilandskirche an den Wassern. Oder zur Pfaueninsel.

Aber eine andere Geschichte holt den Passanten von solch illustren Abwegen zurück ins eine Geschichte der Disparatheiten und der Teilungen. Die Glienicker Brücke ist Filmstar gewesen, hat in einem berühmten Film Helmut Käutners mitgespielt, war von deutschen Verrückten in Uniform noch wenige Tage vor der Berliner Teilkapitulation gesprengt worden. Sie gab den exklusiven alliierten Verbindungsweg zwischen den Westsektoren und Potsdam ab. Bei der Berliner Blockade wurde sie sofort gesperrt – eine Probe auf die Zukunft. Als sie im Dezember 1949 wieder ganz aufgebaut war, erhielt sie den Namen »Brücke der Einheit«. Vierzig Jahre lang sollte diese Benennung dementiert werden. Die Pariser Verträge vom Mai 1952, die der BRD die Aufhebung des Besatzungsstatuts und eine begrenzte Souveränität gewährten, strahlten bis zur Glienicker Brücke aus: sie war ab diesem Zeitpunkt nur noch für alliierte Militärs und für Westdeutsche mit Sondergenehmigung passierbar, ansonsten blieb sie geschlossen.

Genau in der Mitte, an der Senke des Hängebogens, markiert ein verwaschener weißer Strich die ehemalige Grenze. Dahinter, Potsdam zu, gibt es Spuren von Ausbesserungen im Asphalt: anscheinend waren Schilder und Haltemarken eingerammt. Seit 1971 war darüber ein automatisch einschnappendes Metallgitter angebracht. Erst 1984, nachdem Westberlin die Kosten für eine Generalrenovierung der ganzen Brücke übernahm, wurde sie in einen allgemeinen Übergang rückverwandelt. Aber eine verbindende Praxis ergab sich daraus kaum: sie blieb in einem toten Winkel des Verkehrs. Gerade weil es sich so verhielt, hat die Glienicker Brücke an drei Tagen zwischen 1962 und 1986 ein wenig Staatstheater aufgeführt.

Zu den Paradoxien der Grenze gehört, daß die Brücke wegen lichtscheuer Figuren neue Aufmerksamkeit fand: als Transferort für ausgediente Spione. Am 10. Februar 1962 stolzierte von Potsdam her der Amerikaner Francis Gary Powers darüber. Etwa zwei Jahre zuvor hatte er mit dem Aufklärungsflugzeug »U 2« über der Sowjetunion Spionagefotos gemacht, war mit einer Luftabwehrrakete aus dem Azur geholt worden, am Fallschirm heruntergependelt und im Gefängnis gelandet. Am Checkpoint Charlie wurde vorab ein weiterer Häftling in den Westen entlassen: Der amerikanische Student Frederic Leroy Pryor war unbeabsichtigt und unwissentlich in eine Falle der Stasi getappt und ohne Anklage festgehalten worden. Als bei den Amerikanern die Nachricht eintraf, er werde freigelassen, konnte die Transaktion auf der Glienicker Brücke gestartet werden: Powers und Pryor gegen einen hochrangigen Feinmechaniker des militärischen Geheimnisverrats, den sowjetischen Spion Rudolf Iwanowitsch Abel, der in den USA zu 30 Jahren Zuchthaus verurteilt worden war. Die zivilisierende Wirkung des Handels mit Agenten hat sich besonders in seinem Fall erwiesen. Er wäre wohl zum Tod verurteilt worden, wenn nicht sein Verteidiger listig plädiert hätte, »daß auch einmal ein gleichrangiger amerikanischer Spion von den Russen oder von einem ihrer Verbündeten gefangen wird, und in einem solchen Fall wäre ein Austausch von Häftlingen auf diplomatischem Wege eventuell im Interesse der Vereinigten Staaten«.

High Noon am 12. Juni 1985 auf der Glienicker Brücke: 23 CIA-Agenten aus der DDR und aus Polen wurden gegen vier östliche Kollegen ausgetauscht. Die Amerikaner hatten gehofft, dabei auch den sowjetischen Bürgerrechtler und Physiker Sacharow aus der Verbannung in Gorki erlösen zu können. Aber die andere Seite wollte Dissidenten mit Spionen nicht vermischen.

Acht Monate später, unter liebevoller Anteilnahme der Weltpresse, von Sendestationen und Satellitenschüsseln gesäumt, wurde ein spektakulärer Coup inszeniert. Gorbatschow und Reagan wollten mit dem Austausch von neun »Kundschaftern« ihren Entspannungswillen dokumentieren. Da es sich bei der einen Seite fast ausschließlich um Deutsche handelte, wäre der Grenzübergang Wartha/Herleshausen angemessen gewesen, aber man wählte, der Journalisten wegen, den metaphorisch dichteren Ort: die Brücke im geteilten Berlin. Es wird zugegangen sein wie im Alltag heute: wenn jemand von drüben auftaucht, dann erst nur mit dem Kopf. Eine Krümmung wie die auf der Erde insgesamt gibt ihnen nur allmählich Figur. Falls diese Brücke eine Erbschaft hinterläßt (wofür ihr der immerwährende Denkmalschutz gewährt sei), dann sind es die hin- und herlaufenden Paradoxien, die peripatetischen Widersprüche, die sich als einigende Kraft erweisen könnten.

Beim Innehalten auf der Glienicker Brücke ist ein kleines Plädoyer angebracht: für ein Buch und einen Typus. Der Verräter ist Margret Boveris Symbolfigur wie der Grenzgänger für Ernst Jünger und der Partisan für Carl Schmitt. In ihrer imponierenden Studie über »Verrat im 20. Jahrhundert« bedenkt sie Figuren, die zwischen allen Lagern handeln, Passagiere, die über die Fronten hinwegreisen. Mit Vorliebe wandte sie sich den »Entheimateten« zu, den Familienlosen, den Angehörigen der Grenzländer, den *displaced persons*, deren innere Zerrissenheit die alten Werte wie Vaterland, Staat und Nation auflöst. Sie suchte das Feld der Wörter, »Töne, Vertrauen, Verrat, *loyalty, disloyalty*, confidence, faith, treason, trahison« nach unterschiedlichem Klang und verschiedenen Bedeutungen »in den Herzen und Ohren der Völker« ab. So entstand ein verwickeltes, in den geschichtlichen Materialien, im Rohstoff des Lebens verstecktes Bekenntnis zu den Unbehausten, Entwurzelten, Unsteten.

Es sind Figuren auch der Doppelzüngigkeit, der wechselnden Zugehörigkeiten, des intellektuellen Schwankens, die durch die Machtkonstellationen verdammt sind. Im Rad der Geschichte als Handelnde kreisend, werden sie eingestuft als Retter des Vaterlandes oder als Verräter, gleichviel.

Ein Rayon der intellektuellen Renegaten, der Verweigerer und Passanten zwischen den Fronten, der Überläufer und Rückwanderer. Ein Schlachtfeld des Widerrufs, der Selbstbezichtigung, der Leugnung und der Selbstzerstörung, ein Gebiet, das die Aktualität besetzt hielt. Der lange Faden, der um das Wort »Verrat« gewickelt ist, entrollt sich auf dieser Brücke: der Schicksalsknäuel, der Ariadnefaden in Zeiten des Kalten Krieges.

Abschied von Bitterfeld
Eine Ruinenbegehung

Vor mehr als einem Jahrhundert wurden in Bitterfeld chemische Werke gegründet, »worin das Kochsalz durch den elektrischen Strom in Natron und Chlor zerlegt werden soll«. Von Berlin aus war ein 24jähriger promovierter Elektrochemiker auf den Plan getreten. Sein Vater, ein Maschinenfabrikant, hatte ihn davon abgebracht, dem Berufswunsch Schriftsteller oder Maler (wie sein Vetter Max Liebermann) zu folgen. Walther Rathenau empfand für sich schließlich das Gebiet der Elektrochemie als vordringlich: Es war »der einzige Zweig der Elektrotechnik, auf den mein Vater noch nicht die Hand gelegt hat«. Rathenau war seit Juni 1893 Geschäftsführer einer Firma »Elektrochemische Werke GmbH zu Berlin«, die Kalium- und Natriumsalze herstellte und sich später der Produktion von Chlorkalk, Natrium, Magnesium und Oxalsäure widmete. Es handelte sich um eine Tochter der AEG, die sich neun Jahre zuvor (noch unter einem anderen Firmennamen) die öffentliche Stromversorgung in Berlin gesichert hatte. Ende Oktober 1893 meldete die Polizeidirektion von Bitterfeld, daß die »Elektrochemischen Werke« beabsichtigten, »am Landgraben hinter Ackermanns Brikettfabrik, vor der Grube ›Hermine‹, eine chemische Fabrik mit elektrischem Betrieb zu errichten zur Herstellung von 1. Ätznatron resp. Ätzkali 2. Chlorkalk resp. chlorsaurem Kali«. In diesem Jahr drängten zwei weitere Firmen nach Bitterfeld. Die 1872 gegründete »Actien-Gesellschaft für Anilin-Fabrication zu Berlin« (Agfa), aus Frankfurt am Main die »Chemische Fabrik Elektron A.G.«, die auf fünfjährige Erfahrungen mit der elektrolytischen Zerlegung von Chloralkalien bauen konnte.

Etwas mehr als hundert Jahre später, nach dem Ende der DDR, wies die Gesamtbilanz nur noch radikalen Verlust aus: die Produkte nicht mehr absatzfähig, die Arbeitslosen ein Heer, das Revier einzigartig verseucht. In einem Säkulum dazwischen strahlende und sinistre Kapitel von Industriegeschichte: Wasserstoff, Luftschiffe, Filmfabrik, Ziegel, Rohre, Farben, Fasern und Kunststoffe, Aluminium, Giftgas und chemische Kampfstoffe, eine Riesenpalette vom Parfüm bis zum Pflanzenschutzmittel. Rundum die Abraumhalden und Schürflandschaften des Braunkohle-Tagebaus.

Der Abschied von einer Epoche fand in der Gegend zwischen Leipzig, Halle, Dessau und Wittenberg, der mitteldeutschen Gegenregion zum Ruhrgebiet mit Kohle und Stahl, statt. Zu mustern war eine Trümmerwüste: Fragmente von Produktionsstätten und Maschinen, ausrangierte Apparate, zerborstene Rohrsysteme, zerfallene Hallen, abgestorbene Technik, die ihren Zweck verloren hat. Wie den Menschen die Arbeit abhanden kam.

Dieses Gelände, verlassen und verrottet, übersät mit Abfall, Schutt und verlorengegangenen Einzelteilen, gibt Zeugnis von der Verwundbarkeit des Allmachtdenkens, von der Gebrechlichkeit der großen Planung. Hans Magnus Enzensberger hat dem utopischen Denken »den projektiven Größenwahn, den Anspruch auf Totalität, Endgültigkeit und Neuheit« zugeschrieben; all das ist buchstäblich und in seinen industriellen Realien zugrunde gegangen. »Am Grab des utopischen Entwurfs stehen die vollendeten Projekte, die Großbauten des Sozialismus« (Jens Reich). In diesem Revier zerschellten die Hoffnungen vom Erfolgsstaat DDR.

Bitterfeld bildet jedoch auch das Grabmal eines hundertjährigen Industriezeitalters, eines Altertums von Braunkohle und Chemie, des illusionären Glaubens an die Unerschöpflichkeit fossilen Brennstoffs und des Wahns von der Zukunft des unaufhörlichen Machens ohne Rücksicht auf die Folgen. Schon im ›Bitterfelder Tageblatt‹ vom 20. Juni 1916, Nr. 168, war das Geschick von einer Stimme aus dem Leserkreis benannt: »Es ist in unseren Gärten in Bitterfeld, namentlich in freiliegenden, die Beobachtung gemacht, daß trotz der überaus reichen Blüte die Obstbäume teils gar keine Früchte ansetzen und an anderen diese abfielen, so daß viele Bäume nicht eine einzige Frucht behalten haben. Die Blätter kräuseln sich, werden braun und fallen schließlich ab, so daß die Bäume wie versengt aussehen. Diese treiben nun wiederholt neue Blätter, bis sie das gleiche Schicksal der vorigen erfahren und konnte dieses schon dreimal in diesem Jahr beobachtet werden. Die Folge davon wird sein, daß sich die Bäume durch das wiederholte Austreiben erschöpfen und schließlich eingehen, wie es Einsender dieses bereits an drei Bäumen erlebt hat. Ebenso ergeht es dem Wein und den Beerenobst-Sträuchern und die Rosen mit ihren braunen, welken Blättern machen einen traurigen Eindruck. Jetzt stirbt sogar das Kartoffelkraut ab.«

Am Anfang der Großbaustelle Hoffnung auf die Chemie stand Justus von Liebig: »Die Fabrikation der Soda aus gewöhnlichem Kochsalz kann als Grundlage des außerordentlichen Aufschwungs betrachtet werden, welchen die moderne Industrie nach allen Richtungen genommen hat; sie wird ein belehrendes Beispiel des innigen Zusammenhanges gewähren, welcher die verschiedensten Zweige der Industrie untereinander und wiederum mit der Chemie verbindet.« Am Schluß ergab sich eine Havarie von bislang als unvorstellbar geltendem Ausmaß.

Möglich ist eine Betriebsbesichtigung einstiger Arbeitsheimat, chiffrierter Schrecken, die damit verbunden waren, verjährter Zusammenhänge. Eine Ortsbesichtigung des toten Fortschritts, der eine riesige Menge an Ausschuß und Gift produziert hat, um seine Agonie zu verlängern. Mit den Anlagen in Bitterfeld und Umgebung starb eine industrielle Ära, die sorglos und später zwanghaft mit den Ressourcen umging und die es nicht verstand, die Überreste an Chemiekalien und anderen Schadstoffen zu beseitigen.

Jede Geschichte des Fortschritts enthält ostentative Zeichen, die auf sein Gegenteil verweisen. Sein Versprechen ist immer totaler als das Ergebnis, und dieses Mißverhältnis erzeugt Bruchstücke am Weg, den er nimmt: Das Fragment gibt ein Bild davon, daß der Fortschritt auf seiner Bahn weitergezogen ist. Die Ruine ist das Monument seiner Hybris, eine einzige Richtung, die nach vorn, zu beschreiten. Sie ist das Feldzeichen der Zerstörung, die er erzielt, indem er aus diversen

Möglichkeiten eine auswählt und die anderen damit annulliert. Die Innovation erzeugt im Wettbewerb der Dinge die Geschlagenen. Üblicherweise gelten die Gerätschaften, die, von der Neuerung überholt, auf der Strecke bleiben, als stille Insignien des Nochnicht. Es haftet ihnen gemeinhin nichts Beunruhigendes an; sie können als Überreste des Produktionsprozesses ins Feld der Industriearchäologie überführt werden.

Die Relikte der vier Großbetriebe in Bitterfeld weisen einen ganz anderen Charakter vor. Es ist ein Katastrophenschauplatz zu besichtigen. Erzählt wird vom Zusammenbruch der Erwartungen, die Verwirklichung des Sozialismus mit der Entfaltung der Technik zu gewährleisten. Der Weg dieser »Moderne« verlief retour: in die rückständige Produktionsweise, zur Inflation der Fehlerquote, zum Raub an Mitteln, zum Verschleiß der nicht erneuerten Anlagen, zur toxischen Überwältigung der Umwelt. Was von Braunkohlebergen, Tonmaterialien, Chemiekombinat und Filmfabrik übrigblieb, stellte sich (fast ausschließlich) als Schuttplatz eines zerschmetterten Wracks heraus, das als Zukunftsgebilde getarnt war. Ikarus ist nach dem Zweiten Weltkrieg an diesem Ort gar nicht mehr aufgestiegen, er hat keinen tödlichen Absturz aus der Höhe erlitten, vielmehr einen finalen Unfall in der Niederung. Das Omen, das diese mythologische Version lehrt: Der Ruin fraß sich durch den Alltag, der propagierte Fortschritt war der Todesbote selbst.

Die Aufklärung als geistesgeschichtliches Projekt hat mit dem Fragment gerechnet. In englischen Parks aus dem 18. Jahrhundert finden sich künstliche Ruinen als Zeugen der Vergänglichkeit, als *memento mori*. Diderot war in diese Gestaltungen geradezu vernarrt: »Die Ideen, die Ruinen in mir wecken, sind groß. Alles wird zunichte gemacht, alles verfällt, alles vergeht. Allein die Erde bleibt übrig. Allein die Zeit dauert an. Wie die Welt doch alt ist!« Das Bewußtsein von der Endlichkeit hat sich, damals schon jeder Heilsgewißheit verlustig, gegenständliche Anschauung in gebauten Fragmenten geschaffen. Wie radikal jedoch hat der Selbstlauf dieser Aufklärung im Anwendungsgebiet der Industrie ein Exerzierfeld seiner Zerstörungsfantasien geschaffen. Und noch die letzte Erwartung Diderots dementiert: Auch die Erde, die bei ihm übrigbleibt, ist zu Schrott geworden.

Mit dem Ende von Bitterfeld, mit seiner schönrednerischen Umwidmung zum »Industriepark«, ist eine der letzten Fronten des Kalten Krieges, der sogenannte friedliche Wettbewerb der politischen Systeme, zusammengebrochen. Während die eine Seite, des Sieges schon längst gewiß (wenn auch ahnungslos über das Datum der Kapitulation), bequem im Hinterland blieb, wurde die andere zum Ausharren in falschen Stellungen gezwungen. Die Grenze, durch Deutschland gezogen, hat uns wechselseitig vorm Beifall von der falschen Seite geschützt. Diese Gewißheit des Denkens in abgesteckten Reservaten ist inzwischen weggefallen, und wir sind mit der Beunruhigung konfrontiert, daß Bitterfeld auch anderswo in die Katastrophe geraten könnte. Was dort im Kriechgang sich vollzog, könnte hierzulande unvermittelt eintreten: der Ausbruch von Systemfehlern, das Versagen der Sicherungen, die unvorhergesehene Giftemission, der Unfall als *sudden death*, weil die hohe Komplexität von Chemiefabriken besonders störanfällig ist, wenn man die kritische Größe verletzt.

Früher verschwanden die Schornsteine im Qualm, den sie erzeugten, und Bitterfeld war, im Gegenlicht, eine Ansammlung von rauchigen Schattenkulissen in vielen Farben. Nun sind die Schornsteine weg, aber mit den nebelnden Ungetümen ist auch die Arbeit verschwunden. Man kann das Wirkungsfeld des Begriffs »Entindustrialisierung« modellhaft besichtigen. In Kurzzeit wurde die Marxsche Hoffnung auf Selbstbefreiung des Menschen von der Arbeitsfron erfüllt: als höhnische Farce. Die Bürokratie der Abwicklung hat *tabula rasa* gemacht.

Nur zu verständlich ist Volker Braun mit seinem Gedicht »Eigentum«, mit Versen wie diesen: »Und unverständlich wird mein ganzer Text. / Was ich niemals besaß, wird mir entrissen. / Was ich nicht lebte, werd ich ewig missen. / Die Hoffnung lag im Weg wie eine Falle. / Mein Eigentum, jetzt habt ihrs in der Kralle. / Wann sag ich wieder mein und meine alle.«

Ausgeleerte Bilder: Kaum eine Person ist zu sehen, kaum jemand bei der Produktion. Was vordringt, ist die Sachlichkeit und Unerbittlichkeit des Geschehens. In die Kulissen kehrt die Gleichgültigkeit ein. Der Schmerz, der beim Anblick dieser Verlassenheiten aufkommen mag, entsteht aus der existentiellen Situation der Menschen im Blaumann: Arbeitslose, angestellt auf Zeit in der »Bitterfelder Qualifizierungs- und Projektierungs-Gesellschaft« (BQP), Friedhofswärter auf Zeit, haben die toten Anlagen abgerissen, die Gruben zugeschüttet, die Gewerbegebiete vom Schutt befreit. Oft haben sie den gleichen Arbeitsplatz demontiert, der ihnen zuvor Verdienst und Sinn gegeben hatte. Ein Vorgang der Selbstauflösung ist inbegriffen. Und es ist wie mit der Mauer in Berlin: Kaum war sie weg, fragte man nach dem Verlauf, wo sie stand, baute man sie in Gedanken zurück. Man kann die Orte säubern von den Bitterfelder Industrieruinen, aber nicht die Erinnerung an jahrzehntelange sichere Arbeitsplätze, und seien sie mitten im Dreck gewesen.

So entsteht eine *terra incognita* für ihre Bewohner: industrielle Brachen, in denen alles alt geworden ist, mürbe und verfallen, aus dem Zusammenhang gerissen, alles alt außer dem, was gemeinhin Altlasten heißt. Die erhalten sich mitsamt ihrer unaufhörlichen Bedrohung. Es vermehren sich die Gegenden, in denen die meisten Menschen auf der Schwundstufe der staatlichen Fürsorge, knapp am Existenzminimum gehalten werden, und in denen das einzige, was zu recyceln ist, Depression und Zerstörungshaß lautet. Neue weiße Flecken entstehen auf der Landkarte der Arbeit, wo früher industrielle Ballungsräume ausgewiesen waren.

An den Dingen ist nicht das gewöhnliche Alter abzulesen: nicht der Rost, der im Atem langer Jahre ansetzte, der Dünnschliff vom vielen Gebrauch, die Korrosion nach endloser Benutzung, das Krumme und Schiefe von Gegenständen, die sich der Anwendung von Kraft allmählich gefügt haben, der Verschleiß im unermüdlichen Dienst, die Spuren der Arbeit, die am Material haften – das alles nicht. In jener Alterungsart spricht sich persönliche und Generationenexistenz aus, gerade wenn die Dinge aus dem Verkehr geraten. Solchen Relikten ist der Rückweg ins Museum möglich; angestrahlt von Spotlights, erzählen sie ihre Geschichten aus der Geschichte. Sie sind Erinnerungszeichen und Gedächtnishilfen in der Ausstellung der Erinnerung. Industriearchäologie dient der Rettung technischer Zeugen, der Bewahrung von Ensembles und versteht sich auf den Zusammenhang von Erfindungen, Maschinen, Alltag und Arbeit, will ihn als Kultur autorisieren und Kultstätten entschwundener Bemühungen bilden.

Wollte man das in Bitterfeld versuchen, müßte man des Widersinns von militärischem »Fortschritt« gedenken. Erst der Krieg von 1914/18 hat den Deutschen einige Aluminiumfabriken beschert, obwohl man bereits Ende des 19. Jahrhunderts an entsprechenden Elektrolyseverfahren zur Gewinnung des Metalls aus Bauxit und Kryolith arbeitete.

Der gleiche Krieg hat Bitterfeld besonders aufgeholfen. Der Ort wurde zum Zentrum der deutschen Sprengstoffindustrie. Das drückt sich schon in der Zahl der Beschäftigten aus: sie stieg in einem Werk von 1300 (1914) bis auf knapp 6000 (1918). Nach der Marneschlacht im September 1914, die alle militärischen Illusionen über einen Blitzkrieg in Frage stellte, begann der »Krieg der Chemiker«. Fritz Haber hatte das synthetische Ammoniak erfunden, das nun in Salpetersäure industriell umgewandelt wurde. Mit Abfallprodukten der Farbenindustrie konnte man hochgiftige Massenvernichtungsmittel herstellen. Im April 1915 wurde das Chlorgas zum erstenmal an der Westfront eingesetzt: 5000 Metallzylinder wurden in den Schützengräben nahe Ypern aufgestellt und bei günstigen Windverhältnissen geöffnet. Der britische Feldmarschall French beschrieb die Szene: »Flugzeuge berichteten, daß gegen 17 Uhr dichte gelbe Schwaden aus den deutschen Schützengräben zwischen Langemarck und Bixschoote aufstiegen. Die Wirkung dieser Gase beraubte die gesamte französische Division ihrer Kampfkraft. Die Szenerie spottete jeder Beschreibung. Anfangs konnte man nicht erkennen, was geschehen war, da der Rauch und die Gase alles verhüllten; Hunderte von Männern lagen sterbend oder betäubt auf dem Feld. Innerhalb einer Stunde mußte die gesamte Stellung geräumt und etwa 50 Kanonen zurückgelassen werden.« Fritz Haber, der diesen Einsatz leitete, hielt den Verlust von 15 000 alliierten Soldaten bei Ypern für einen Vorgang, der dem Krieg eine andere Wendung hätte geben können. Er meinte, daß er gewonnen worden wäre, wenn sich die Oberste Heeresleitung damals zu einem Vorstoß an die französische Kanalküste entschieden hätte. Von Bitterfeld aus wurden große Mengen an Chlor und Phosgen für den Einsatz im Giftgaskrieg geliefert.

Die Metamorphose der Anlagen in historische Industriedenkmäler ist in Bitterfeld nicht möglich, obwohl es (etwa in der Filmfabrik) einzelne Taten dafür gibt. Aber im großen und ganzen kann die Verwandlung der Zerstörung in museale Gegenwart nicht gelingen. Den (noch) erhaltenen Teilen fehlt es an jener Aura, mit der die Sehnsucht nach Beständigkeit die stillgelegten Zeugen des technischen Wandels umgibt. Keine bedeutenden Industriebauten gehen verloren. Allein die räumliche Verdichtung, ein Konglomerat aus Hallen, Türmen, Rohren, Rampen, Schienen, Brücken, verschaffte den Eindruck von Monumentalität, die nun zerlegt ist. Es dominierte eine Architektur ohne Architekten; anscheinend haben vor allem die Ingenieure die Fertigungsbauten bestimmt. Und nach dem Zweiten Weltkrieg verwinkelten die Improvisatoren des Mangels das Gelände.

Verwahrlosung und gegenständliche Wüste – nur eine Sammlung allerletzter Ansichten ist noch möglich. Verödet die Räume, die Apparaturen ausgeweidet, zerborstene Röhren, aus denen Isolierzeug und schillernde Flüssigkeiten quellen, Haufen von Material wie Kadaver, Irrfelder desparater Hinterlassenschaften. Fast nichts in Bitterfeld wurde durch alliierte Bomben zerstört. In welchem Verhältnis stehen diese Trümmer zu den zerstörten Städten des Zweiten Weltkrieges?

Nach diesem Zwischenstadium werden allein noch leere Flächen, bereinigte Zonen, planierte Ebenen da sein. Dann gibt es nur noch Lehrpfade in die Unbegreiflichkeit und einen »Gewerbepark«, der auf neue, andere, kleiner agierende Benutzer wartet. Die Treue zum Säkulum der Bitterfelder (und der mitteldeutschen) Chemie läßt sich nicht anders mehr ausdrücken als durch Ansichten von der Monotonie dieses finalen Prospekts, maroder Schrott ist das Wahrzeichen dieses Jahrhunderts.

Jedes Besondere ist schon ans allgemeine Schicksal verloren, ans Geschehen des Untergangs. In Bitterfeld sind Romane an die Irrwege und Waghalsigkeiten der Produktion geknüpft, aber sie verlieren sich im abstrakten Ganzen der Bestimmung zum Schluß, der alles unterworfen ist. Nichts führt darüber hinaus.

Die Collage der Dinge verweist zurück auf die Menschen, die mit ihnen umgingen, die an sie gezwungen waren, zeigt in ihren Tableaus von nicht mehr verwendungsfähigen Bruchstücken auf den Endpunkt in der Geschichte der Entfremdung. In diesen Ansichten könnte Schillers Diktum (in den »Briefen über die ästhetische Erziehung«) mitspielen: »Ewig nur an ein einzelnes kleines Bruchstück des Ganzen gefesselt, bildet sich der Mensch selbst nur als Bruchstück aus.« Die Produktion stellt sich mit dem Material, das sie in diesem Zustand hinterläßt, als Kriegsschauplatz heraus. Was mit den Dingen passierte, geschah den Menschen um so mehr.

Ein sprachloser Vorgang, dieses Abräumen von Hinterlassenschaft. Das Tempo der Bereinigung ist höher als das in der ehemaligen Produktion. Nichts da von Überlassung der Ruinen an die Natur, die sich die Trümmer zurückholen könnte, Stück für Stück. Keine Chance für ein Freilichtmuseum des Zerfalls, in dem die endliche Existenz der

Dinge in einem Selbstlauf des Geschehens gedehnt würde. Die Agonie des Bitterfelder Jahrhunderts wurde mit Rasanz beendet. So haften an den Einzelheiten der Ruinen die Benennungen jetzt schon wie Etiketten aus einem vorzeitlichen Zusammenhang.

Niemand wird diesem Prozeß zur leeren Fläche hin widerreden wollen. Sie enthält das Versprechen von Neuansiedlung, eines Morgens. Initiativgeist und segensreiche Wirkung der »freien Marktwirtschaft« gehen im mitteldeutschen Exindustrierevier eine Extremprobe auf mehr als ihre politische Rhetorik ein, müssen beweisen, daß sie mehr als einen Nukleus von »Tat- und Habgier« (Robert Jungk) enthalten. Also: Niemand mochte der Planierung der Vergangenheit sich widersetzen. Aber das »Drama des Verfalls der Dinge im Osten« (Gert Neumann) wirkt unterirdisch weiter. Die Wartestellung im Anblick des Vorbei erzeugt bei den Betroffenen eine Leere, eine Empfindung von Abwesenheit. Wo sich kein neuer Sinn einstellt über dem geräumten Tableau, das bisher von wenig mehr als von Versprechen besetzt wird, stellt sich der alte wieder her: aber vexiert zum Albtraum, als schrilles Echo der Innenwelt, als kryptomanischer Reflex, als etwas, das sprachlos macht. Ein verborgener Schrecken darüber setzt ein, daß man in diesem Wirrwarr sich nicht bestimmen kann, und führt zu Radikalität oder zu Verzweiflung. Welche kafkaschen Odradeks wurden hier gefertigt?

Karl Marx hat prophezeit, daß die Mythologie durch die Industrie vertrieben werde: »Wo bleibt Vulkan gegen Roberts et Co., Jupiter gegen den Blitzableiter und Hermes gegen den Crédit mobilier?« In seinem Fortschrittsdenken gab es einen geraden Weg: »Alle Mythologie überwindet und beherrscht und gestattet die Naturkräfte in der Einbildung und durch die Einbildung: verschwindet also mit der wirklichen Herrschaft über sie.« Eine fortschreitende Befreiung aus der Unmündigkeit, die das undurchschaute Verhängnis den Menschen aufbürde, solle durch Entfaltung und Bemeisterung der Produktionsmittel sich ergeben. Aber das Gegenteil ist eingetreten: Das Schicksal der geschlagenen Götter liegt über den Menschen. Der gefangene und gemarterte Prometheus, der in der Ebene verendete Ikarus, der in der Wiederholung verzweifelnde Sisyphos geben die Losungen des Geschehens an.

Wir sind im Bereich des Ausdrucks. Zu sehen ist ein Doppelgeschehen: zum einen die Artenvielfalt der Zerstörung, zum anderen die

Verwandlung des Zerbrochenen ins ästhetische Feld. Wir erblicken den Zerfall, und dabei erkennen wir den gestalterischen Reiz der willkürlichen Anordnung, die Tableaus der Dekonstruktion. Schon bald nach der Wende hat es den Versuch gegeben, mit einer Ausstellung über »Gestaltete Räume« die Bitterfelder Ansichten umzuwidmen. Doch Environment, Landart und Video versagten im vorgefundenen Gelände. Der Abschied von der Vergangenheit fand durch Kunst nicht statt, artistische Zeichen vermochten gegenüber der faktischen Wucht des Anblicks nichts auszurichten. Der abgestorbene Gebrauchswert konnte in einen bezeichnenden Schauwert nicht transformiert, der ästhetische Bann der Situation nicht geleistet werden.

Denkwürdig, wie viele Wortverbindungen mit der Natur gezogen werden: Ein »Chemiepark« soll entstehen wie auch ein »Versorgungspark«, die geschundenen Brachen des Tagebaus sollen zur »Erholungslandschaft« zurückgebaut werden. Im Bauhaus von Dessau wurde die Utopie eines »industriellen Gartenreichs« vorgeträumt: Ausstellungsrouten führen durch Landschaftsgärten und Großchemieanlagen, Lehrpfade schlängeln sich durch das gewesene Einst, die Plattenbausiedlungen von Wolfen Nord werden mustersaniert, und ein Umwelt-Forschungszentrum präsentiert sich als Zentrale der Rückverwandlung toter Technik in Natur. Ein Traum in schönen Farben für rund 400 000 Menschen, Industrie, Kunst und Natur sollen einander durchdringen. Aufgeworfene Erdgeschichte und das saure Gut Erinnerung an Zerstörungsfortschritt und Gefährdungsreichtum. Die Ablagerungen sind nicht nur physisch bewältigt, sondern auch geistig bearbeitet worden. Das heißt: in der Tiefe von hundert Jahren Chemiegeschichte zu wühlen. Wer kann dieses Ganze in verständlicher Schrift durchdringen? Das Hügelmeer der Brachen, das Auf und Ab in der Urwelt der entblößten Tiefenschichten reicht bis an den Horizont unserer Überlieferung: Nur im christlich-jüdischen Monotheismus ist die absolute Verfügungsgewalt über die Schöpfung gegeben.

Kant hat in der »Kritik der praktischen Vernunft« (I. Buch, 8. Hauptstück) postuliert, daß kein Mensch bloß als »Mittel«, als techne, angesehen, eingesetzt, verwendet werden dürfe. Aber er machte diese Spezies zur Ausnahme: »Außer dem Menschen alles, was man will und worüber man etwas vermag.« Es war ein Freibrief, die Welt sich untertan zu machen in einem so radikal anthropozentrischen Sinn, daß mit der Ausbeutung der Erde auch ihre Grundlagen für den Menschen verschwinden. Die Freiheit der Naturbeherrschung ist verkehrt zur Möglichkeit, den eigenen Untergang produzieren zu können. So entstand aus der industriellen Revolution, die (auch in der DDR, wenigstens offiziell) angetreten war, die menschlichen Bedürfnisse befriedigen zu können, die kreative Möglichkeit, den Menschen doch zum Rohstoff zu machen – wie zu Zeiten der Kannibalen. Nicht nur, daß in diesen Müllseen chemische Substanzen sich vermischen, deren Reaktionen aufeinander bisher unbekannt sind: Vor allem dem, was in der Natur vorkommt, ist etwas anderes und Neues hinzugefügt worden. Ernst Bloch mit seinem »Noch-nicht«, mit seiner Philosophie von »Vorgeschichte«, von einem reicheren Morgen ist durch den Augenschein nirgendwo anders mehr Widerspruch zuteil geworden. Die Ahnung, daß das Leben nur noch aus *einer* Frist bestehe und keinen Epochenwechsel mehr zulasse, daß das Ende schon hereinläute, während wir uns doch auf dem Markt der Möglichkeiten wähnen, ist an diesem Ort unvermeidlich.

Der abgetakelte Repräsentant
Palast der Republik

In jedem Fall geht es um eine Vorstellung von Herrschaftshaus. Nur liegen die Auffassungen drei Jahrhunderte, einige Lichtjahre des Geschmacks und unüberwindbare Klassenschranken auseinander. Der eine Bau, genannt »das Stadtschloß«, war Herrschaftsarchitektur der Hohenzollern, in seinen besten Ansichten vor allem aus dem Barock, der andere ist in einem Akt von propagandistischem Trotz zum »Palast der Republik« erklärt worden und trägt seine Bezeichnung wie einen zu weiten, unpassenden Mantel. Beide finden sich in Berlins Mitte, aber diese Ortsangabe ist ungenau: dem einen Palast ist, da im Verschwinden, nur eine ortlose Zukunft in der Erinnerung beschieden, der andere eine Fata Morgana jener Enthusiasten, die von sich sagen können: das ewig Vorgestrige zieht uns hinan. Beide also markieren ein architektonisches Nirwana auf dem Trugschluß, in Berlin gäbe es eine Mitte, die den Berlinern am Herzen liegt.

Noch steht der Palast der Republik herum – wie vergessener Sperrmüll. Abschiede ziehen sich normalerweise nicht so lange hin. Dieser währt schon mindestens so viele Jahre, wie beispielsweise jeweils die

Weimarer Republik oder das »Dritte Reich« gedauert haben. Die Dehnung des Augenblicks, an dem Valet gesagt werden soll, in den Dekalog der Jahre macht unaufmerksam. So könnte es sein, daß der zentrale Bau der DDR eines Morgens abgerissen oder zusammengefallen ist, und wir haben es nicht einmal bemerkt. Jahrelang war das Werk von Heinz Graffunder hinter Planen verschwunden, die Christo nicht sorgfältiger hätte aufhängen können. Danach zeigte sich der Kasten wieder, in einer Elendsgestalt, aber er entzieht sich allmählich der Öffentlichkeit. Mit dem Palasthotel auf der anderen Straßenseite gegenüber, das die Schweden gebaut haben, verhielt es sich ähnlich. Es verschwand eines Tages, vermutlich aus dem gleichen giftigen Gründen, und niemand wollte den Verlust als Baulücke wahrnehmen. Den Abriß des Außenministeriums der DDR hat anscheinend überhaupt niemand bemerkt.

Der modernistische Schuhkarton des Staatspalasts sollte bereits 1993 verschwinden. So hatten es der Bund und der Berliner Senat beschlossen, und im Haushalt war bereits eine Summe von zehn Millionen DM eingestellt, um mit der Demontage beginnen zu können. Aber das Geld wurde dann doch lieber in den Bau von Soldatenwohnungen gesteckt, weil die Frage, was aus dem Platz werden solle, ungehört verhallte. Die »Totalsanierung« begann 1997 und höhlte den gesamten Organismus aus. Das Geschick des festlichen Hauses lag in 750 Tonnen englischem Asbestzement, mit dem die Stahlkonstruktion ummantelt worden ist und der in jedem Fall, auch bei einem Abriß, zu entsorgen war. Er bot die Chance, den Bau gemächlich und liebevoll für nunmehr 60 Millionen Euro totzusanieren. Der Volkskammersaal wurde zerlegt und ruht in einer Spandauer Kaserne, das Inventar wurde ausgebaut und an verschiedenen Stellen zwischengelagert. Das Innere ist, nach einigen Events, wieder unbegehbar wie die höchste Höhe von Kaschmir. Es sei denn, man will mit dem Bundesverband der Deutschen Industrie drin tagen, dann sind die Eingänge offen. Die Öffnungszeiten für das Gespenst aus Stahl und Zement haben geheimnisvolle Konjunkturen von Ja und Nein; niemand kann etwas darüber vorhersagen. Im Hohlraum des Gerippes sind alle lebenswichtigen Organe verlorengegangen.

Vielleicht kann man ein wenig Jubiläum spielen: den Bau sprengen zum Jahrestag, an dem er eingeweiht worden ist. Man könnte sich aus satirischen Gründen an die Festordnung aus dem Schlußkapitel von

Heinrich Manns »Untertan« halten, in dem wilhelminische Reden geschwungen, ein nationales Fest gefeiert, ein Denkmal eingeweiht werden sollen, bis der Aufruhr der Elemente und die Anarchie des Wetters das Ereignis in Sturm und Regen auflösen. Diese destruktive Feierstunde des Preußengeistes, die dem Palast den Untergang in einem würdigen Chaos der Elemente beschert, könnte Castorf inszenieren, als finale Popshow des »Volkshauses«, unter dessen Namen der Palast firmierte.

Sowieso wird er nur noch zusammengehalten durch die Geschichten, die sich um ihn ranken. Die goldbraun schimmernden Scheiben sind abgestumpft und erblindet, die Streben dazwischen verlottert, der Beton trägt seine Bezeichnung »nackt« wie ein Versprechen zur Häßlichkeit vor sich her. Vom Dom findet sich keine Spiegelansicht mehr. Der Palast ist zum Sarg mutiert.

Auch die Nostalgie soll, des miserablen Anblicks wegen, den er bietet, altern und die Sehnsucht auf Wiederherstellung soll restefrei in sich zusammenfallen. Das ist der Wunsch des Berliner Senats. Nirgendwo anders wird das gefühlte Ehemals, genannt: persönliche Erinnerung, in einem so hartnäckigen Prozeß zum Verschwinden gebracht. Physikalisch gesprochen, nennt sich der Vorgang: Materialermüdung.

Der Bau hatte nach der Wende niemals eine Chance. So wie er zuvor blind bejubelt worden war, geriet er nun unter den Verdammungshammer. Etwas Drittes, das sich aus der Logik des Kalten Kriegs herausgelöst hätte, eine Umnutzung des Baus und seine innere Umgestaltung, wurde niemals ernsthaft erwogen. Denkmäler können fallen, weil ihnen der Sinn abhanden kommt. Dieses muß untergehen, weil ihm kein anderer zugesprochen wurde und die Vorstellung, was in Berlins leere Mitte alles hinein soll, bis heute nicht klar ist. Diese zentrale Selbstdarstellungsarchitektur eines Staatspalasts löste bei ihren Liquidatoren die gleichen imperialen Impulse aus wie bei ihren Auftraggebern: nur waren es jetzt die der Destruktion. Gestern alles gut, heute alles schlecht, tertium non datur. Der Architekturkritiker Bruno Flierl meinte, der Umzug sei beschlossen worden, weil das Gebäude »auch ideologisch verseucht erscheint«.

Nach der Wende entschied die Volkskammer in einer dramatischen Nachtsitzung vom 22. auf den 23. August 1990 im Palast der Republik den Beitritt der DDR zur BRD. Der Beschluß wurde als Abschied und nicht als Neubeginn inszeniert. Sabine Bergmann-Pohl, die Präsidentin des Übergangsparlaments, entschied den Umzug für die Plenarsitzungen in das noch stärker asbestverseuchte ZK-Gebäude, damit sich der Palast als Ort eines Neuanfangs keinesfalls etablieren konnte.

Alles hatte angefangen mit dem Arbeiternapoleon Walter Ulbricht. Er wollte die Massen am liebsten raumgreifend ausschreiten lassen, und deshalb benötigte er in Mitte einen Aufmarschplatz. Manche haben ihn anders beraten wollen, zum Beispiel der Enkel von Karl Liebknecht, der ein hohes Tier im Bau- und Architekturwesen war. Aber der Chef aller werktätigen Massen hatte seine unberatenen Überzeugungen und wollte keine anderen. Er ließ Schlüters Stadtschloß am 6. November 1950 sprengen. Der dafür verantwortliche Stadtrat Arnold Munter berichtet vom hilflosen Protest eines sowjetischen Generals: »Nun hör mal, Genosse, was sprengst du Schloß, wir haben Kreml auch nicht gesprengt!« Es entstand eine Brache, größer als der Rote Platz.

Honecker wollte Ulbricht-Amnesie: sein Vorgänger sollte vergessen werden. Er hatte der Republik ein gigantisches Wohnungsbauprogramm versprochen und wollte es mit einem zentralen Gebäude, dem repräsentativen Haus des Volkes, in der Berliner Mitte krönen, außerdem ging es mit dieser zentralen Vergnügungs- und Kommunikationsstätte um die wenigstens symbolische Versöhnung von Konsumbedürfnis und Mangelwirtschaft. Das Politbüro entschied Ende September 1972 und beauftragte die Bauakademie unter Heinz Graffunder mit einer grundsätzlichen Studie für ein Mehrzweckgebäude, in dem die Volkskammer tagen und jede Art von Veranstaltungen stattfinden könnte. Der Magistrat und das Stadtbauamt von Berlin wurden übergangen und ausgeschaltet. Ein halbes Jahr später nannte Großauftraggeber Honecker die Bausumme von 250 Millionen Mark. Nicht einmal 1000 Tage wurde daran gebaut, aber der Palast war am Ende viermal so teuer wie geplant, als er am 23. April 1976 eingeweiht wurde.

Pläne zu einem zentralen Sitz der Regierung in der Mitte hatte es bereits zwanzig Jahre früher gegeben: man projektierte 1950 ein Regierungshochhaus mit historisierenden Tendenzen nach Moskauer Vorbild, doch wurde das Projekt wieder fallengelassen. Nun also der »Palast der Republik«: das größte Kulturhaus, der Palast des Volkes und des Staates. Ein eigenartiges und bewußt verwirrendes Konglomerat bot sich dar: Hochzeiten und Familienfeiern neben dem Akklamationszeremoniell der Volkskammer und der Großpropaganda bei Massenveranstaltungen, das Haus nicht nur begriffen als Mehrzweckhalle, sondern als Umschlagplatz privaten Glücks in den öffentlichen Rahmen. Nur die ursprünglich mitgeplanten Sportveranstaltungen wurden fallengelassen. Die Herrschaftsbauten waren in der Nähe, aber am Rand des Marx-Engels-Platzes, wie nun der Schloßplatz sich nannte, gleichsam Wächterbauten: das ZK-Gebäude um die Ecke, die Bausünde des Außenministeriums und der Staatsrat am Saum der Mitte. So war die Leere nur zum Teil mit einem politischen Zweckbau gefüllt: auch der Strom der persönlichen Sehnsüchte sollte sie durchziehen. Ein gewichtiger Teil des gesprengten Berliner Stadtschlosses war übriggeblieben. Von seinem Balkon aus hatte Karl Liebknecht am 9.November 1918 die »freie sozialistische Republik« ausgerufen. Deshalb wurde diese Applikation gerettet und samt barockem Eosander-Portal am ehemaligen Staatsratsgebäude angebaut.

Jedes größere Bauvorhaben hat die Rivalität zwischen Ost- und Westberlin angestachelt. Auf die Karl-Marx-Allee, die »Avenue der Arbeiterpaläste«, folgte im Westen das Hansaviertel. Das Staatsratsgebäude, 1962 bis 1964 nach einem Entwurf des Architektenkollektivs Roland Korn errichtet, bezog sich auf den Wiederaufbau des Reichstages, der kurz zuvor initiiert worden war. Und auch der Palast der Republik ist eine Art Gegenentwurf zum Bonner Parlament. Er gab der Volkskammer eine geringere Rolle als dem sich versammelnden Volk: dem kleineren Saal für die seltenen Sitzungen der Volkskammer steht als Widerlager der Riesensaal für Kongresse, Politveranstaltungen und Feste gegenüber. Das wäre im Bonner Haus der bürgerlichen Demokratie undenkbar gewesen.

Der Bau selbst hat eine geradezu lakonische Zweckform: ein Riegel von 180 Metern Länge, der sich gegen den Platz hin öffnet und gegen die Straße Unter den Linden sowie gegenüber dem Dom und dem Lustgarten mit seinem stumpfen Seitenende von 86 Metern eher abweisend verhält. Der Fernsehturm mit seiner facettierten Kugel und der Palast, die ursprünglich eins sein sollten, sind über dem Mittelportal optisch überblendet. Zwei Kuben die beiden Säle, durch eine überdimensioniale Glasfassade zusammengebunden. Der Mehrzwecksaal bot rund 5000 Sitzplätze, war aber auf verschiedene Größen veränderbar. Die zweigeschossigen Foyers sollten die Massen aufnehmen können. Eine »Galerie des Palastes« stellte neben Bildern von Heisig, Tübke und Mattheuer vor allem den großformatigen Propagandakitsch aus; illustriert wurde auf Riesenformaten von zwei Metern achtzig Höhe und mit einer Länge bis zu zehn Metern, was aus Honecker Losung vom VIII. Parteitag, der »schöpferischen Suche nach neuen Formen«, geworden war. Das Motto für die Wandbilder hatte Fritz Cremer mit dem Altstalinisten Kurt Hager ausgeheckt: »Dürfen Kommunisten träumen?« Die Frage war beantwortet, bevor gestellt, nur schlecht träumten sie, die Walter Womaka und Günter Brendel, Willi Neubert und Lothar Zitzmann, Wolfram Schubert und Erhard Großmann, schlechtschlecht in Historienschinken und sozialistischen Alltagsplakaten. Heute ruhen sich die Bilder, einige Schritte weiter, im Depot des Deutschen Historischen Museums von ihren Auftraggebern aus.

»Erichs Lampenladen«, mit unzähligen Leuchten versehen, illuminierte das »freie Volk auf freiem Grund«, wie einst Ulbricht Faust III in der DDR sich entfalten sah. Die Glasfassade mit dem schmalen Sprossenraster stellte einen durchscheinenden Stadtraum mit Sichtverbindungen vom Marx-Engels-Forum bis zum Alexanderplatz her. Ein Paradox liegt nahe: wie klein das Land war, läßt sich an der raumgreifenden Größe des Palasts ermessen.

Das Register der Ereignisse und Einrichtungen im Stenogramm: das Festival des politischen Liedes, die SED-Parteitage, in 13 Restaurants einmal gut essen gehen (oder auch nicht), die Trinkexerzitien an den Bars, die Berolina-Konzerte und an Neujahr Beethovens Neunte, die Tage der Volkskunst und die Jugendweihe, die Brasilianische Nacht und die Puhdis, die Revue der Waffenbrüderschaft, das Theater im Palast, Udo Lindenbergs Sonderzug nach Pankow und Rock für den Frieden, zwei Parteitage, jede Menge FDJ, die Bowlingbahnen, die Berlin-Information und das Postamt, der Jugendtreff und die Bierstube, der Plenarsaal und der Treffpunkt. Dazu gab es eine Ehrentribüne von 118 Quadratmetern für Demonstrationen. 750 000 Menschen konnten in 72er-Kolonnen an der Führung vorbeimarschiert werden. Die verschiedenen Bereiche waren durch Ausweise und Berechtigungswesen strikt voneinander getrennt. Zuviel ziellos schlenderndes Volk vertrug die Volkskammer nicht. Wenn sie tagte und zwischendurch die Restaurants aufsuchte, war Publikumsverkehr nicht gestattet. Angeblich waren 1800 Mitarbeiter nötig, um dieses Monstrum in Gang zu halten.

Die Spur dieser Steine führt nach innen: »Denn hinter diesen festen Marmorsteinen, da schlägt das Herz der ganzen Republik!« Auf den Richtspruch folgten die spöttischen Vokabeln des Volksmundes, die allemal als Liebeserklärungen zu verstehen sind: Palazzo prozzo oder EDEKA gleich »Erichs Datsche am Kanal«. Überlebt hat der Palast in den Gefühlen als das größte Souvenir einer Gesellschaft von Biedermännern, die sich inmitten der Propaganda zu amüsieren verstand. Nur so ist zu erklären, daß er von seinen Verteidigern nach der Wende zur Gefühlskapitale der DDR stilisiert wurde, obwohl er doch in seiner mäßigen Moderne aus Beton, Stahl und Glas, in seiner gut ausgeleuchteten Konfektionsausstattung einem westlichen Konsumbau an einer beliebigen Fußgängerzone kolossal ähnelte.

Man hatte schon 1960 zwei Kernbohrungen vorgenommen und ist in einer Tiefe von siebzig, achtzig Metern auf Braunkohle gestoßen. Wenn sich gar nichts ergibt in dieser Mitte, könnte man auch ein Disneyland des Tagebaus errichten. Oder man könnte bei diesem Tanz um eine leere Mitte eine Philosophie des Lochs und des abwesenden Daseinsmodus in Gang setzen.

Nach dem ziemlich manipulierten Willen des Bundestags soll das Stadtschloß an drei Seiten wieder aufgebaut werden. Die vierte, zur Spree hin, der sogenannte Apothekenflügel – on verra. Betrieben wird Denkmalpflege an einem Bauwerk, das längst nicht mehr vorhanden ist. Preußen – die gute alte Zeit. Auch die Schlüter-Replik kann nur auf Hohlblocksteinen der Nostalgie errichtet werden. Der Bundestag entschied, ohne zu ahnen, was das neue Altschloß kosten wird und was genau es beherbergen soll. Gesiegt hat die Bildkraft der preußischen Montur angesichts einer ermüdeten Moderne, die sich am Potsdamer Platz in eine wirre Selbstfeier verloren hat. Durchgesetzt hat sich der größere Retourwert mit seinem Trompe-Œil eines nachgebauten Barockpalastes. Und der Historiker Hans Mommsen wird recht bekommen, wenn er schilt: »Der Wiederaufbau wird die Sterilität aller solcher Rekonstruktionen ausstrahlen, die Sterilität einer Republik, die alle Fassung verloren hat.« Daß, wie Walter Jens meinte, »eine Stadt mit ihren Verlusten leben« müsse, entzieht sich diesem machtvollen Retour. Antje Vollmer dagegen hat solche Kritik als »Kult um die offene Wunde« gegeißelt. Ein Schloß aus der Retorte soll die Mitte schaffen: dieser Einfall könnte gar von Walter Ulbricht stammen, wenn er sich nicht auf die Vokabel von der »Junker-Trutzburg« festgelegt hätte. So könnten wir fortfahren im Leporello des Streits um Berlins Mitte, die Schloßlitanei ist endlos. Jetzt spricht, vermutlich am längsten von allen Stimmen, der Geldmangel und dreht die Redespirale wieder zurück. Wir können von neuem diskutieren: es fehlt sowieso am Portemonnaie, um handeln zu können. Es sei denn, man findet sogar in Berlin die Millionen, die der Abriß kostet, und füllt die Freiflächen mit Karussels und Würstchenbuden auf.

Die Idee, einfach Pappeln auf dem leeren Platz zu pflanzen und abzuwarten, bis jemand eine gute Idee für diese zugige Brache hat, kann sich nicht durchsetzen. Die Peinlichkeit, die von der bisher vorhandenen verödeten Leere ausgeht, ist zu groß. Immer hat sich etwas auf dieser Ebene der Verwahrlosung abgespielt. 50 blaue Kunstschafe und 104 Waschmaschinen als Environments wurden auf ihr ausgestellt; sie diente dem Rummel, gelegentlich auch italienischen Campern als Kunstparkplatz. Auch wurde schon mal die »Goldene Pyramide« aus Ägypten aufgestellt; in ihr befand sich das größte Gästebuch der Welt, worin sich Millionen eintragen sollten. Doch nur wenige fanden das nötig. Durch den Abriß des Palasts würde die Ödnis auf Rekordmaß wachsen. Die Verlegenheit auf dieser Fläche weist darauf hin, daß es nicht gelungen ist, das DDR-Erbe anzueignen, mit verändertem Sinn und neuen Gesten der Selbstverständlichkeit zu füllen. Und andererseits ist diese apere Stelle das Lebensrevier eines mächtigen Wunschphantoms, nämlich *die Mitte* zurückzugewinnen. Das verspräche, die Stadt zu einen – was durch Architektur kaum vollzogen werden kann. Dieses Dilemma bleibt, was immer an diesem Ort hingestellt wird, und wäre es ein Bau nur in der Kubatur des Stadtschlosses: zweihundert mal einhundertzwanzig Meter im Geviert und einunddreißig hoch.

Der Palast ist auf dieser mit Frittenbuden und Jahrmarktsrummel besetzten Fläche zum Fremdkörper geworden. Er hat jede Bindung verloren, steht als schütterer Findling aus anderen Zeiten herum, als ein Riesenbehälter verjährter Lebensweisen, nur geschützt von den Gespenstern der Erinnerung. Die internationale Expertenkommission Historische Mitte Berlin hatte empfohlen, auf eine Rekonstruktion von Teilen bedacht zu sein: »Die auf diese Weise entstehende Verbindung kontrastierender Teile aus verschiedenen Epochen könnte eine angemessene Veranschaulichung der Wechselfälle deutscher Geschichte bedeuten.« Auch eine biedermeierliche pädagogische Vorstellung, als wären die Brüche der Geschichte nicht bekannt und als müßten sie erst durch ein schreiendes Environment erfahren werden. Das Schloß und der Palast der Republik sind vor allem kontrastierende Symbole. Und aus dem Wald der Erinnerungszeichen findet man in Deutschland den rettenden Ausgang selten.

Szenen deutscher Gemütlichkeit
Die Drosselgasse in Rüdesheim

An den meisten Tagen könnte den Weg auch ein Blinder finden. Er müßte sich nur am Getrappel der Schritte orientieren, die unweigerlich dorthin eilen. Kaum eine historische Erbaulichkeit hält sie auf, führt zu Abschweifungen. Rüdesheim hat, obwohl im Zweiten Weltkrieg mit liebevoller Sinnlosigkeit bombardiert, einen spätgotischen Adlerturm, reichlich Fachwerk, als alt verbürgt, einen Hof aus dem 15. Jahrhundert, ein Weinmuseum und vieles andere mehr zu bieten, was Seitenwege lohnt. Aber irgendwie sind diese Ansichten nicht einmal für Minderheiten gemacht. Allenfalls die hinreißende Sammlung mechanischer Musikinstrumente kann, was den Besucherwillen betrifft, noch einigermaßen mithalten. Das seelendynamische Epizentrum aber ist seit mehr als einem Jahrhundert die Drosselgasse. Sie firmiert als die Bannmeile der deutschen Gemütlichkeit, eines konzentrierten Zustandes, der in einer ähnlichen Ausprägung wohl nur noch im Münchner Hofbräuhaus vorkommt.

Rund drei Millionen Paar Schuhsohlen laufen jedes Jahr dorthin und halten es, auch wenn sie nichts von ihm wissen, mit Felix Krull. Der bekannte sich zu seiner rheinländischen Frohnatur: »Hier blühen, vom Rheingaugebirge vor rauhen Winden bewahrt und der Mittagssonne glücklich hingebreitet, jene berühmten Siedlungen, bei deren Herzensklange dem Zecher das Herz lacht.« Das Vergnügen ist genau 144,5 Meter lang, abschüssig und dient acht Monate im Jahr als Frohsinnsbetrieb. Ein Passant kann der Breite nach hinfallen, zwei haben es damit schwer, und drei nebeneinander, die Arme ausgebreitet, können sich gegen jedes Einstürzen der Kulissen wehren.

Ich weiß nicht, was soll es bedeuten, die Hymne des deutschen Kannitverstan, klingelt als Glockenspiel von der Höhe herab. Ihm antworten vollmechanisierte Kehlen, stranden jedoch am Textvolumen nach wenigen Zeilen und laufen bei der semantischen Untiefe des *Lalala* auf. So geht das im Durchschnitt immer: die drei Burschen, die liedtechnisch *wohl über den Rhein* zogen, verenden bereits in der ersten Strophe. Keine Spur mehr von den vielen Wächtern am deutschen Schicksalsstrom, sie haben die Löffel abgegeben. Der Ruf, der *wie Donnerhall* brausen soll, damit er auch über die Grenzen hinaus vernehmbar werde, strampelt in Altmännerstimmbändern als wehmütiges Krächzen dahin. Und mit den Grenzen für die Wächter ist es auch nicht mehr weit her.

Nur die erste Strophe des Deutschlandliedes enthält noch die Kraft zur stimmlichen Vereinigung. Eine Gefahr nationaler Überhebung geht davon nicht aus. Eher handelt es sich angesichts des Waltens der Brüsseler Komission, um ein Märchenrelikt, das Gültigkeit beanspruchte, als wir noch Winzlinge in 36 Zwergstaaten und keine Europäer waren. Hoffmann von Fallersleben, zu Helgoland nach einigen Suffabenden mit befreundeten Hannoveraner Kehlen der Schöpfer dieser Verse, hatte es als Deutschlands erster Barde sowieso anders gemeint. Er hatte ein »Österreich über alles!« eingedeutscht, aber damit nur die territoriale Größe seiner Sangeslust und seines Weibsbegehrens ausagiert. An dieser Weite der Emotion fehlt es heute ganz gewiß, aber auch an Grenzen und Gegnern, durch die sie beflügelt werden könnte. Würden in der Drosselgasse nicht ab und zu Horden von Vaterlandsverteidigern gesichtet, wäre es um die deutsche Sanges-

kunst schlecht bestellt. Vielleicht nur noch die Bundeswehr ist die Wahrerin des althergebrachten Liedguts. Aber auch hier gilt die Devise, sehr frei nach Jean Paul: im Herzen der oliv grünenden Jugend wächst das Vergessen. Im Orkus der Einsilbigkeit verschwinden sogar *Heideröslein, Polenmädchen, die morschen Knochen, Frühtauzuberge* und *Brunnen vor dem Tore.*

Die deutsche Gemütlichkeit macht heute so wenig her wie das Markenzeichen *Made in Germany* oder *das Fräuleinwunder.* Es handelt sich um mumifizierte Legenden. Die Gemütlichkeit ist vermutlich eine Erfindung der Niederlage von 1848 und wurde als Schutz- und Trutzgefühl in wilhelminischen Zeiten mit schimmernder Wehr, aggressivem Gebaren und burschenschaftlichen Trinkriten ausstaffiert. Aus den Liederbüchern des Vormärz, von den Sammlungen der emigrierten Achtundvierziger hat sie sich nicht bedient. Wer wissen möchte, was zwischen 1830 und 1850 in Deutschland vornehmlich gesungen wurde, muß auf die Anthologien zurückgreifen, die von Emigranten in der Schweiz und in New York zusammengestellt worden sind. Willem Zwo hat sich der stimmlichen Intonation der Gemütlichkeit mit Energie gewidmet. Er ließ Sängerbünde gründen, die sich der deutschen Stimmbänder annahmen. Die haben sich in den

Wechselfällen der Geschichte verflüchtigt. Selbst Kegelvereine, wenn sie sich einfinden, schütten mehr Flüssiges in sich hinein, als sie an Gesang verausgaben. So nimmt nicht nur die Drosselgasse, sondern auch das Lautgut der deutschen Gemütlichkeit den Weg nach unten.

Angeblich sind die ersten ausländischen Gäste schon vor mehr als 150 Jahren angelandet. Die damals gesichteten Engländer haben sich inzwischen mehrenteils in Amerikaner verwandelt und finden ihr Gefallen an abgesägten Kuhbeinen als statische Bereicherungen des Mobiliars. So wird die Ahnung zur Gewißheit, daß es in Old Germany auch Cowboys gibt.

Wenn die Forderung nach dem Wiederhaben von *unsern alten Kaiser Wilhelm* erschallt, ist der Erste seiner Hohenzollerngattung gemeint und hat eine historistische Folgerichtigkeit. Die Drosselgasse verdankt ihren Aufschwung der Kopulation von nationaler Geschichte und touristischem Erwachen. Das Denkmal für die Einigung Deutschlands wurde weder auf dem Loreley-Felsen noch auf dem Ehrenbreitstein bei Koblenz (was möglich gewesen wäre), sondern im Niederwald bei Rüsselsheim gebaut. Der Aussicht und angeblich nicht des französischen Erbfeindes wegen wurde die Germania dorthin gewuchtet. 12,38 Meter ist sie hoch und 32 Tonnen schwer, mit wehendem Haar versehen. Die Linke hat sie auf sieben Meter Reichsschwert gestützt, in der Rechten balanciert sie zwölf Zentner Reichskrone. Steinquader aus dem Teutoburger Wald, vom Kyffhäuser und vom Riesengebirge wurden herangekarrt, um den 25 Meter hohen Sockel aufzubauen. Das Relief, rund 200 Figuren, enthält auch das Inbild des Kanoniers Kutschke aus Breslau, dem der Vers unterstellt wird: »Was kreucht denn dort im Busch herum? Ich glaub', es ist Napoleum.« Dann kam der pickelhaubenbewehrte Kaiser Wilhelm, der so gerne in Wiesbaden kurte, und gab der Indienststellung der Germania 1883 eine feierliche Note. Beinahe hätte ihn ein anarchistischer Schriftsetzer aus Pegau in Sachsen gemeuchelt, aber das konnte rechtzeitig verhindert werden. Zu dem Koloß kamen ungezählte Passanten, die sich den Anblick und die Mühen von Auf- und Abstieg in der Drosselgasse vergalten. Heute fährt eine zweisitzige Gondelbahn über die Rebstöcke hinweg, *auf und nieder, immer wieder*, die Mühe ist weg, das erzene Weib kurios, die Preußenhistorie stillgelegt, die *Wacht am Rhein* im Binger Loch 250 Meter tiefer versunken, aber der Durst ist rechtsrheinisch geblieben.

La Cucaraccia, die gemeine Küchenschabe, die auf Kuba ein revolutionäres Ansinnen mit sich führt, ist liedtechnisch in der Drosselgasse mindestens so heimisch wie *Wenn die Sonne erwacht in der Ferne.* Im Drosselmüller, dem Abschlußasyl der Obergasse, windet sich am Tag der authentischen Ortsbegehung eine philippinische Mädchenband in seidenen Futteralen. Der Trampelpfad beginnt mit einem Spaghetti-House. Die Straße ist keine solche, vielmehr wirkt sie mit ihren Gelassen und Kavernen wie eine mütterliche Höhle, die einen zum Einflößen von Jedermannsdope auffordert.

Schwer ist die Realzahl der Wirtschaften auszumachen. Trotz ihrer Konkurrenz wirken sie als Verbundsystem von Hohlräumen, die auch am Tag künstlich beleuchtet werden, und sogar wenn sich die Gesänge wie feindliche Wellen aneinander brechen, wirken die Kneipen als kommunizierende Röhren, die den Besucherschwall, den eine aufnimmt, an die andere ausgleichend abgibt. Diese Physik der Vergnügungssucht betrifft vor allem Ausländer, als hätten die Deutschen sich selbst in ihrer Mehrheit satt. Bei arisierenden Parolen aus rechtsradikalen Kehlen dürften die Wirte der Drosselgasse allesamt verläßlich einschreiten. Gäbe es die zahlreichen Fremdlinge nicht, könnte man die Flaschen zulassen und die Zapfhähne versiegeln. In der kleinen Stadt mit dem großen Namen Rüdesheim halten sich am kürzesten die Japaner auf: nur rund 44 Minuten. Das reicht, um einen Film zu verknipsen. Ohne Fuji Color könnte die Welt nicht existieren. Die Drosselgasse ist etwas für Ethnologen und Innenminister: die einen können viele fremde Stämme studieren, die anderen nach Aufenthaltsgenehmigungen und Asylantenausweisen forschen.

Das Getränk, das hier meistens »Riesling« genannt wird, könnte man, seiner schlichten Ausführung wegen, auch Darmreißer nennen. Es ist schwer, angesichts des Hausschoppens, der dort planvoll mit Rheinwein verwechselt wird, nicht in schwermütige Kongestionen zu verfallen. Insofern ist aller Sangesfrohsinn in der Drosselgasse ein triumphaler Sieg über die natürlichen Bedingungen. Einen Anschlag auf den Kaiser mit Sprengstoff würde heute niemand mehr planen. Es genügte die Zufuhr des in der Drosselgasse ausgeschenkten Trunks, um die herrscherlichen Innereien zum Platzen zu bringen.

Die Travestie ist die Gegenwartsform entschwundenen Glaubens. Deshalb gehört auf die T-Shirts von regionalen Fans ein suffologisches Glaubensbekenntnis: »Ich glaube an das Bier, kommend von der

Brauerei, ruhend unter der Theke, von dannen es kommen wird zu löschen unseren Durst.« Unverkennbar sind bajuwarisierende Einflüsse bei der Ausstattung des Geländes: die Weinseligkeit wird auch in der Bierstube bekämpft. Da auf einen Rausch nur noch ein Rausch gesetzt werden kann, aber gemeinhin nicht mehr, und der Abstand zwischen diesen beiden ewigen Seligkeiten höchstens eine Nacht beträgt, bleibt es vorläufig bei einer durchschnittlichen Verweildauer der Besucher von 1,9 Tagen. Ob die statistische Größe einer zweiten Nacht noch erreichbar ist, bleibt in den Sorgenfalten der Tourismusplaner verborgen. Die »goldene Mitte des Rheins«, ein ortseigener Slogan, verbürgt nichts, denn links und rechts davon, also rheinauf und rheinab dräut die Konkurrenz mit der Mühe, die Löcher im Ruf des Gaus mit Qualitätsweinen zu füllen.

Wer den Trampelpfad der Gemütlichkeit betritt, kann an seinem Ziel, möglichst laut und schnell möglichst viel zu trinken, durchaus irre werden. Vielleicht wird er schnurstracks abgelenkt vom Original Pfälzer Saumagen, vom »Kanzleressen«, das hier niemals endet. Andenkenläden mit »viel Kuckucksuhr fürs Geld« und Kneipen wetteifern schon der Zahl nach miteinander. Es ließe sich die Sitte nachweisen, die Drosselgasse gar nicht zum Verzehr, allein zum Erwerb von Devotionalien zu betreten. Die Andenken haben die Aura des Vergangenen, so daß man einerseits knietief im seligen Jetzt stehen kann und andererseits im ästhetischen Abgrund des Gewesenen. So haben die aktivsten Besucher immer noch das Vergnügen ganz auszukosten und mit dem Remember-Tand auch schon etwas abgetan.

Eine Täuschung wie Heimat
Das Mecklenburg Uwe Johnsons

Es waren einmal, nicht nur Märchen fangen so an, Bücher mit Buchstaben, soviel wie Großstädte mit Häusern. Da liegen sie: vier Bände mit fast 2000 Seiten, ein Monument der Erinnerung wie der forschenden Neugier auf Gegenwart, und sollen auf die Reise gehen. Das Gepäck ist eine Bibliothek: Uwe Johnsons »Jahrestage«, der Ertrag aus fünfzehn Jahren, 1970 bis 1983 erschienen, hier in der handlichen Kassette der Edition Suhrkamp Nr. 1500. Sie wollen in die Anschauung eines Landes überführt werden, in das die Familie Johnsons 1945 floh und das er 1959 verließ, um seinem gerade erscheinenden ersten Roman in den Westen zu folgen.

Ein Porträt der ersten Stunden nach der DDR; auch wie es im Romanland aussieht, nachdem die Verschlossenheit beendet ist. Inbegriffen in die Zeitreise sind die Zweifel an die Leistungen des Organs, das ein Ehemals aus dem Dunkel holen soll: »Daß das Gedächtnis das Vergangene doch fassen könnte in den Formen, mit denen wir die Wirklichkeit einteilen! Aber der vielbödige Raster aus Erdzeit und Kausalität und Chronologie und Logik, zum Denken benutzt, wird nicht bedient vom Hirn, wo es des Gewesenen gedenkt. (Die Begriffe des Denkens gelten nicht einmal an seinem Ort; damit sollen wir ein

Leben führen.) Das Depot des Gedächtnisses ist gerade auf Reproduktion nicht angelegt. Eben dem Abruf eines Vorgangs widersetzt es sich. Auf Anstoß, auf bloß partielle Kongruenz, aus dem blauen Absurden liefert es freiwillig Fakten, Zahlen, Fremdsprache, abgetrennte Gesten; halte ihm hin einen teerigen, fauligen, dennoch windfrischen Geruch, den Nebenhauch aus Gustafsons berühmtem Fischsalat, und bitte um Inhalt für die Leere, die einmal Wirklichkeit, Lebensgefühl, Handlung war; es wird die Ausfüllung verweigern. Die Blockade läßt Fetzen, Splitter, Scherben, Späne durchsickern, damit sie das ausgeraubte und raumlose Bild sinnlos überstreuen, die Spur der gesuchten Szene zertreten, so daß wir blind sind mit offenen Augen.« Wie vergegenwärtigt sich einer, was ihm entschwunden ist: ein Land, Kindheit und die Hoffnungen von Jugend, die nicht nur seine eigene, die auch eine staatliche war? Vierzehn Jahre nur hat sich Uwe Johnson in Mecklenburg aufgehalten, dann war er, von einzelnen späten Reisen, die dem Republikflüchtling vergönnt wurden oder die er als der Engländer Mister Dschonsen antrat, von seinem Rayon getrennt. Er mußte mit einer Gedächtnisgröße umgehen.

Die »Jahrestage« bestehen aus 367 Riesennotaten über die New Yorker Gegenwart der Bankangestellten Gesine Cresspahl und ihrer Tochter Marie in den Jahren 1967/68 sowie aus Erinnerung, Beschwörung, Erkundung über die Vergangenheit in Mecklenburg, meist auf Tonband gesprochen, »für wenn ich tot bin«.

Die hanseatische Städtelinie entlang von Lübeck über Wismar nach Rostock. Dahinter mag, wer will, noch Stralsund und Greifswald suchen und trifft auch schon auf die Grenze nach Polen. So ist 1933 der Kunsttischler Heinrich Cresspahl von London aus nach längerem Auslandsaufenthalt eingereist, als er – right or wrong, my country – nach Mecklenburg zurückkehrte. »Er verlangte von sich Eile nach Jerichow.« Der Vorsatz ist heute nicht einzuholen.

Erst ein Blick von der Petrikirche in Lübeck auf das weit gedehnte Landschaftsversprechen im Osten, eine Wasserrunde um die Stadt, Suche nach einem Kanal zu dem Wort Memory, »das Holstentor in seiner Erdschüssel« umrundet, eine Ahnung von der epischen Breite der Lübecker Bucht kommt auf. Heinrich Cresspahl erlebt im Roman den Beginn einer neuen Zeit, die schon vor 1945 die blanke Katastrophe enthielt, »die Zeit fing an so schnell zu laufen, daß er am nächsten Tag nicht mehr alles glaubte«. Das war am 2. März 1933, das ist im August 1992, allenfalls gleichen sich die SA von damals und die Skinheads, die heute am Buddenbrook-Haus vorbei durch die Mengstraße grölen. Aber die Zeitbrüche schmerzen im Roman und in Wirklichkeit gleichermaßen. Unter eine Brücke von Lübeck ist das Motto stummer Empfindung gepinselt: »Wiedervereinigung ist Schrott.«

Mecklenburg beginnt bei Schlutup hinter Lübeck und ist schnell erreicht. Ein Schild mit dem Staatswappen und die ehemalige Grenze: zwischen Kiefern ein breiter graugelber Sandstreifen. Auf ihm lungern Schilder herum, die Lebensgefahr signalisieren. Zwei Bahnen aus Fertigbetonplatten, jeweils drei Meter lang und mit achtzehn Löchern versehen, damit Raupen- und Kettenfahrzeuge nicht abrutschen konnten. An den ehemaligen Todesstreifen wachsen Kiefernschößlinge heran. Der Laufgraben für die Schäferhunde ist halb zugeweht, im Sand versinken die Schritte lautlos. Überall Pferdetritte, Roßbollen, Feuerstellen. Ein Bussard unter verbleitem Himmel. Die Zone ist zum Idealrevier für Naturfreunde, Wanderer, Reiter und Liebespaare geworden.

»Die Grenze: die Entfernung: den Unterschied« wollte Johnson in seinen Büchern ausloten. Die Fragen, die er fand, kamen bei den Gewißheiten, die im Westen bestanden, auch nicht unverdächtig an. Als er 1959 die »Rückgabe einer Staatsangehörigkeit an die DDR nach nur zehnjähriger Benutzung« vollzog, hatte er weiterhin die Grenze nicht im Rücken, sondern vor sich. Nach Westdeutschland wollte er nicht ziehen, er beließ es bei Westberlin, bis er für Jahre nach New York aufbrach und dann nach England.

Die Grenze ist vielen Bewohnern der ehemaligen DDR nach innen gerutscht: als Gefühl der Zukunftsangst und der Unterlegenheit, der Wut und Enttäuschung über die Invasoren mit den Aktenkoffern wird sie noch einmal errichtet. So entsteht eine Identität des Retour, als Territorialverteidigung der Seele, eines anderen Zeittakts, des Behelfsheims Mangel. Sie dient der psychischen Selbstverteidigung. In der DDR hatte die Welt aus leeren Versprechen und folgerichtigen Enttäuschungen bestanden. Jetzt gibt es vor allem kränkende Hoffnungen, die nicht eintreten, die über all diese Cresspahls hinweggehen, die zeigen, wie klein die Durchschnittsbürger sind und daß sie als einzelne auch nicht größer wurden, weil sie als Volk eine Revolution gemacht haben. So bleibt nicht mehr als Heinrich Cresspahl ehemals: »Er wünschte sich nur, durchzukommen in diesem Deutschland.«

Es ist schwer, sich über Mecklenburg nichts einreden zu lassen. Zu vieles steht lexikalisch oder anderswie fest: zwei Millionen Einwohner und die Lesebuchweisheit, daß die Einheimischen schwerblütig, dickköpfig, wortkarg und bodenständig seien. Mit dieser Charakterskizze hat sich schon der Plattdeutsch-Gotthelf Fritz Reuter abgemüht. Und dann die »Verspätung der mecklenburgischen Seele«: eine gewisse Langsamkeit, die sich noch nie von den Errungenschaften der Moderne überrollen ließ, gipfelnd im Bonmot Bismarcks, daß er sich beim Weltuntergang nach Mecklenburg begeben werde, denn dort geschehe doch alles hundert Jahre später...

In Deutschland kann man nirgendwo anders so viel auf dem Land sein. Jeder Mecklenburger zwischen Elbe und Oder hat dreimal soviel Platz wie der übrige Durchschnitt. Angeblich sind 650 Seen zu zählen. Wenn sie hinter den Hügeln und in den Wäldern aufblinken, dunkel leuchten, grün irrlichtern wie Wiesen, könnte man bisweilen glauben, daß mehr Wasser als Land da sei, noch der alte Disput der Elemente aus der Schöpfungsgeschichte gespielt werde. Eine unheroische Historie: keine Angriffskriege geführt, den Schweden zeitweilig völlig ergeben, keine Ziele erobert und Vorpommern hat sich freiwillig angeschlossen. Hoffmann von Fallersleben ist, als er das imperiale »Lied der Deutschen« kreiert hatte, nach Mecklenburg retiriert und hat sich entspannt mit »Alle Vöglein sind schon da«.

Zu spät kommen wir immer noch rechtzeitig. Hier liegt mehr oder weniger alles auf dem Land oder an der Ostsee und hat das Warten gelernt. Das Land ist so arm, daß es einem geradezu ins Herz wächst, und der Mangel ist genauso gut sein Reichtum: das Vorgestern, das einem auf den Augen sitzt, ist auch seine Zukunft, wo sich doch sonst die flexiblen Gegenwarten aneinanderdrängen, als wären sie in portugiesischen Heringsdosen abgepackt. Der Roggen läuft im Wind dahin wie Dünung. Wäre es früh im Sommer, leuchteten zwischen den schwarzgrünen Alleebäumen die Rapsfelder in strahlendem Gelb. Und machte man, nach einem nächtlichen Regen, einige Schritte darauf zu, stünde man im zähen Lehm, klebte daran fest und wüßte: Die Erde gibt es doch.

Die Heimat, die Johnson meinte, hat ihn als düsteres Konglomerat von Schicksalen ins Herz getroffen. Schmerzlicher als die New Yorker Stadtlandschaften empfindet Gesine Cresspahl die Gegend, aus der sie stammt, »the baltic sea«. Amerika sei zu weit zum Denken, sagt eine der Figuren in den »Jahrestagen«, aber umgekehrt gilt: von dort aus ist alles nahe, der Ostseehorizont erscheint am Hudson und das Wasser ist gleich. Aber die Erinnerung ist vor allem Hadeskunde: »in die Erde gesperrt für alle Zeiten« ist Gesines Mutter Lisbeth, seitdem sie sich, nicht ertragend das Unrecht, das in der Pogromnacht 1938 den Juden geschah, selbst den Flammentod bereitete. Totenlisten sind dem Roman einverleibt, die erste mit 37 Namen unter der Überschrift »Justiz in Mecklenburg während des Nazikrieges«. »Der Hinrichtungskeller in den Haftanstalten Dreibergen-Bützow wird heute als Museum gehalten. Das war ein geweißter Keller. Hinter einem Deckenbogen war eine Stahlschiene vor der Rückwand eingezogen. Daran hingen drei Haken. Unter den Haken stehen drei niedrige Hocker. An der Decke laufen zwei Leinen, daran können zwei Vorhänge so gezogen werden, daß drei getrennte Sterbekabinen entstehen. Vor dem Eingangsbogen sind links und rechts je ein dunkler Vorhangschal angebracht. Sie ließen sich so ziehen, daß die Opfer in einem schmalen und finsteren Kanal gingen und glauben konnten, neben ihnen hänge noch keiner am Haken.« Gesines Erzählungen bestehen zum großen Teil aus Dialogen mit Toten. Und der Schluß des Ganzen, die letzten Zeilen auf Seite 1891, vereinen in einer halbwachen Phantasie Gesine und ihren Erzähler im Bild des Verschwindens: »Beim Gehen an der See gerieten wir ins Wasser. Rasselnde Kiesel um die Knöchel. Wir hielten einander an den Händen: ein Kind; ein Mann unterwegs an den Ort wo die Toten sind; und sie, das Kind, das ich war.«

Im Klützer Winkel: Eine Allee aus Linden, von der neu angelegten Bundesstraße durchschnitten, die Felder, in ihrer unbegrenzten Weite wohl noch auf junkerlichen Verhältnissen beruhend, ziehen sich über Bodenwellen und Anhöhen, verlaufen in die Ferne und weiter, als man glauben mag. »Wir träumten grau und weiß und gelb, den wuchtig bewölkten Himmel, die Ähren, die Stoppeln, die festen Sandwege.« In diesem staubtrockenen Sommer wächst das Getreide auf krüppelkurzem Halm. In den Großflächen mit Weizengelb und Futtergrün finden sich Hecken und Buschinseln, Partien von Wald, ohne Nutzregel verstreut. Auch unter der Herrschaft des LPG-Industrialismus hatte man der Landschaft einige träumerische Freiräume gelassen. Die Agrofabriken, Ställe und Lagerhäuser der meisten Genossenschaften zerfallen, und mit ihnen kommt der Wille zum gemeinsamen Wirtschaften rapide abhanden. Dafür stehen die schwarzweißen Rindviecher in engen, statuarischen Gruppen beisammen. Hinter dem Traktor, der ein Feld umpflügt, tapsen Möwen her.

Die Dörfer des Klützer Winkels im Hinterland der Grenze melden sich an mit buckligen Wackersteinstraßen, die so schmal sind, daß schon zwei Postkutschen kaum aneinander vorbeikönnten. Die Linden- und Kastanienreihen führen schweigend ein in die Dorfkunde mit Enten im Weiher, verlotterten Herrschaftssitzen, tiefgezogenen Bauernhausdächern, Katen und hier und da einem Storchennest. An den Straßenrändern sind die Hoffnungen auf den ambulanten Einzelhandel aufgebahrt: Kartoffeln das Kilo und Eier das Dutzend, geräucherte Aale; Pommesbuden, Würstchenstationen und Pilsdepots. In einem Campingbus gibt es Echtfelle zu kaufen. Gebrauchtwagen in der Bauernscheune, Betonfertigplatten von der Grenze, neue Gartenbänke, so unförmig, daß sie nur vom Traktor bewegt werden können. Das Denkmal von VEB Plaste und Elaste, der Trabi, liegt in vielfacher Ausführung als aufgelassene Ruine herum.

Ein Stück Meer, als Binnensee vom Land gefangen, zieht sich bis an die Straße heran, eine Reihe Peitschenlampen ist offensichtlich dazu da, das Ufer zu beleuchten und nicht die Straße. Die Grenze hat uns wieder eingeholt – am Dassower See, einer Sehnsuchtsgröße Gesine Cresspahls und der DDR-Bewohner des Landstrichs, »nur zwölf Kilometer von meines Vaters Haustür und unerreichbar, das Ufer Demarkationslinie, Staatsgrenze, das Wasser: Britische Zone, Bundesrepublik Deutschland, Westen«. Die Camper entzünden im Exsperrgebiet mächtige Lagerfeuer, schlagen sich durch die Schilfzonen, verstreuen ihren Müll und genießen den leisen Schauder, auf Trampelpfaden den entschwundenen Grenzern nachlaufen zu können.

Der Garten Eden, als den ein früherer Kollege Johnsons das ganze Mecklenburg titulierte, hat wohl schon immer irgendwo hier angefangen. Aber das wird nicht mehr lange so sein. Und er ist besetzt mit einem viereckigen Wachturm zur Abwehr von Unbefugten des Paradieses. In den Fensterhöhlungen wird ein ausgreifender roter Stern an der Decke sichtbar. An der Treppe vertrocknete Exkremente, die verriegelte Tür hat jemand mit seiner vollen Adresse und dem neuen Losungsruf »Eigentumsvorbehalt!« verziert. Unter den aktuellen Gegebenheiten kann man wohl auch den verjährten Schrecken mit Negerküssen abkaufen.

Lauter unbekannte Namen, eine fremde Geographie, Ansichten wie von einem anderen Stern. Die Reise geht zu einer Hauptstadt in den »Jahrestagen«: mit New York nimmt es Jerichow auf, der Inbegriff der Provinz. Der Ort ist leicht zu finden: ein Flecken. Man ist so schnell drin wie durch. »Jerichow zu Anfang der dreißiger Jahre war eine der kleinsten Städte in Mecklenburg-Schwerin, ein Marktort mit zweitausendeinhundertfünfzig Einwohnern, einwärts der Ostsee zwischen Lübeck und Wismar gelegen, ein Nest aus niedrigen Ziegelbauten entlang einer Straße aus Kopfsteinen, ausgespannt zwischen einem zweistöckigen Rathaus mit falschen Klassikrillen und einer Kirche aus der romanischen Zeit, deren Turm mit einer Bischofsmütze verglichen wird; lang und spitz läuft er zu, und wie die Mütze eines Bischofs hat er Schildgiebel an allen vier Stirnen.« Es muß, wer in Jerichow zudringlich werden will, in Klütz sich umsehen. Die Örtlichkeit ist in den Textangaben kaum versteckt, eher durchgepaust. Johnson verhielt sich wie ein Archäologe nach der empirischen Sachlage, penibel in allen Einzelheiten, auch wenn bisweilen die Camouflage nicht ausbleibt. Im Irrealis: »Manchmal und öfter, benähmen sich die Jerichower als wären sie Klützer.« Da lockt Johnson seine Leser auf eine Entdeckerfährte – die Telefonistin von Jerichow heißt Frieda Klütz.

Der Ort taucht auf mit der Bischofsmütze der gotischen Kirche und den Flügeln einer Mühle, von der Johnson kein Aufhebens machte. Aber was ist das schon, die Wirklichkeit? Ein geducktes Haus, eine halbverfallene Kirche, das gekrümmte Pflaster, ein Gedenkstein. Zwischen solchen Kulissen zerrinnt gewöhnlich das Leben. In Jerichow wurde nach dem Willen des Erzählers am 3. März 1933 Gesine Cresspahl, Tochter von Heinrich Cresspahl und Lisbeth Papenbrock, geboren. Dort ist sie aufgewachsen. »Sie gehört eher zu den durchschnittlichen Leuten, und gerade die finde ich interessant, weil die eben keine Vorzugsberechtigungen bekommen in diesen Zeiten und weil sie für ihr Überleben alle selbst, aus eigener Kraft, sorgen müssen.« Die Zeitgeschichte hat Gesine zur Vertriebenen gemacht. Nach dem Aufstand vom 17. Juni 1953 blieb sie in Westberlin.

Im Roman hat sie ein Haus in Jerichow, das Anwesen Ziegeleiweg 3–4, von ihrem Großvater geschenkt. Gegenüber liegt im Buch die Villa der sowjetischen Militärkommandantur. Die erste Spurensuche in Klütz geht ins Leere: nichts paßt auf die Ortsbeschreibung. Erst im

Nachbarort gab es eine vor einem Jahrzehnt aufgelassene Ziegelei, von der die Lehmgrube noch zu ahnen ist. Und man muß zu einem weiteren Dorf ausschwärmen, um in einem stattlichen Haus am Friedhofsweg die Russenvilla ahnen zu können. Erst drei Schauplätze ergeben den einen im Roman. Zum Vorschein kommt wie ein altes Handwerk: das Erzählen als Verfertigung eines Mosaiks, der Tischler Cresspahl mit seinen Intarsienarbeiten übt eine Kunst wie der Epiker aus. »Der Prozeß des Erfindens: er ist vergleichbar dem Vorgang der Erinnerung, die eine längst vergessene, in diesem Fall noch unbekannte, Geschichte wieder zusammensetzt, bis alle ihre Leute, ihre Handlungen, ihre Lebensorte, ihre Geschwindigkeiten, ihre Wetterlagen unauflöslich mit einander zu tun bekommen.« Und so wird mit Sätzen ganz nah an jedem Ding und Haus dieser Mecklenburger Krähwinkel gemustert.

Mit Johnson-Sätzen kann man sich als Ortskundiger verstehen. Da ist inmitten eines Hains, »eingewickelt vom Laub sechshundertjähriger Bäume«, St. Marien, eine von 743 Kirchen und Kapellen, die in Mecklenburg auf Restaurierung warten. Vielleicht ein Jahrzehnt lang waren die Ziegel fürs Dach bereits vorhanden, aber es fehlte ein Gerüst oder der Schlendrian war bereits kirchlich geworden. Johnson hingegen fügt Stein um Stein: »10 Eier kosteten 78 Pfennige im Jahr 1931, ein Pfund Butter eine Mark dreißig. Die Petrikirche zu Jerichow nahm für Ausschmückung zur Trauung und spätere Reinigung zwei Mark, für Läuten bei Annäherung des Brautwagens drei Mark, für Brennen der Altarlichter eine Mark, für Gesang und Orgelspiel während der Zeremonie drei Mark und verkaufte Eintrittskarten an Leute außerhalb der Hochzeitsgesellschaft für eine viertel Mark. Die Gebühren waren im voraus zu entrichten.« In dieser Kirche heiratet Lisbeth im gleichen Jahr; als sie 1938 Hand an sich legt, wird dort der Trauergottesdienst gehalten. Der Erzähler vergißt nicht, mit der gleichen Umständlichkeit auch die Gebühren dafür aufzulisten. So sind Hochzeit und Ende eines Menschen durch die Kosten gerahmt, die sie verursachen. Wie still ist der Humor, der sich in diesen Rechnungen ausspricht.

Ausgestorben wirkt die alte Küsterei gegenüber dem Kriegerdenkmal von 1871. Die Thälmann-Straße, die es in Klütz gab, hat ihren Namen vergessen, heißt nun unverfänglich »Schloßstraße« nach dem Adelssitz, zu dem sie führt. Die Rudolf-Breitscheid-Straße, die als

krumme Verlängerung der anderen durchgehen könnte, darf ihren Namen (vorläufig?) behalten. Beide sind sie im KZ Buchenwald umgekommen: der deutsche Kommunist Thälmann, der am Geburtstag Gesines verhaftet wurde »in einem kleinen Zimmer an der Lützowstraße in Berlin«, und der sozialdemokratische Emigrant Breitscheid, den die Nazis in Frankreich griffen, hatten das gleiche Schicksal. Aber die Namenswende verhindert die Garantie fürs Andenken, auch wenn hundert Meter weiter zwischen zwei Wohnhäusern noch ein Erinnerungsstein für Thälmann versteckt ist.

»In diesem Winkel regierte der Adel, Arbeitgeber, Bürgermeister, Gerichtsherr über seine Tagelöhner, als Raubritter berühmt geworden, als Unternehmer wohlhabend.« Die Verspätung hat in ganz Mecklenburg gedauert: erst 1820, das war 14 Jahre nach Preußen, schaffte man die Leibeigenschaft ab. Was die *Ritterschaft* danach noch wollte, blieb als ungeschriebenes Gesetz erhalten, so daß sie »nicht nur das Land, auch die Stadt im Griff hatte, mit Mieten, Pachtgeldern, Zinsen, Hypotheken«. Das Klützer Geschlecht heißt von Bothmer und Johnson macht kein Aufhebens von ihm. Am Ende der Stadt führt eine Allee mit verfallenden Linden zu ihrem Schloß, dem in seiner strengen Symmetrie das Blenheim House des Herzogs von

Marlborough zum Vorbild gedient hat. Nach Enteignung und Flucht der Familie wurde dort das Kreisfeierabendheim Clara Zetkin eingerichtet. Mit einer Vier-Zeilen-Moritat gedenkt der Erzähler eines Bothmer: »Als ein anderer Graf, Hans Kaspar von Bothmer, aus dem Krieg zurückkam, schwer verwundet, öffnete er sein Schloß als Typhuskrankenhaus, half bei der Pflege und starb nach nicht langer Zeit am Fleckfieber.« Auf dem Friedhof gegenüber dem Anfang der Allee findet sich, umgeben von verwitterten Grabplatten der Ahnen, sein Gedenkstein.

Auf dem abschüssigen Marktplatz stehend, möchte niemand glauben, welch herrische Häuser Johnson hierher versetzt hat. Die Sparkasse war das HO Haus der Technik. Der »Getränkestützpunkt« ist zum Kaufmannsladen mutiert. Weiße Glanzmarkisen über einem »Schmuckkästchen« mit allerlei gehobenem Tand verdrängen die Erinnerung an »HO Früh und Spät«. Da wollen wir uns nicht zurückhalten mit der Aufzählung, was es in Klütz sonst noch gab: das Konsum-Vst. WZB, drei Kneipen, PGH Ihr Friseur, Annahmestellen Ideal, Trabantwerkstatt, POS Wladimir Komarow, PGH Frühauf Backwaren und das Ferienheim DEFA-Kopierwerke.

An das Jerichow der Nazis und der verfolgten Juden, des hochnäsigen Papenbrock und des Alptraums der Pogromnacht 1938, auch an den von sowjetischen Truppen und Marodeuren besetzten Ort ist nicht heranzukommen. Aber hinter den jetzigen Benennungen der Häuser stehen die von früher und hinter denen nochmals andere.

»Man müßte überhaupt ein Fremder sein, um einen Ort wie Klütz länger als eine Stunde erträglich zu finden.« Das ist, eisig gesprochen, die Position des Beobachters, die Johnson für sich in Anspruch nahm. »Der Handel kam nicht über die schmalen Chausseen, die großen Straßen zogen tief im Süden an ihm vorbei. Der Ritterschaft war Jerichow so recht, als ein Kontor, ein Lagerplatz, ein Handelsort, eine Verladestelle für den Weizen und die Zuckerrüben. Die Ritterschaft brauchte keine Stadt. Jerichow bekam seine Bahnlinie nach Gneez, zur Hauptstrecke zwischen Hamburg und Stettin, weil die Ritterschaft das Transportmittel brauchte.« Wie man den Sätzen doch die Anblicke anprobieren kann: Am Bahnhof ist die Lagerhalle für die landwirtschaftlichen Produkte zu finden; sie gleicht eher einer Fabrik. In der Station gibt es eine Güterkasse. Im verwilderten Garten des Bahnhofs segeln so viele Schmetterlinge, daß man meinen könnte, kurz vor dem Aussterben würden es noch einmal mehr. Einige Gleise verlieren sich in den Schrebergärten. Fünfmal geht noch der »Milchholerzug« nach Gneez, respektive Grevesmühlen. Die Welt ist so in Ordnung, wie es diese kursorischen Nachrichten sind. Die Lücken dazwischen bleiben unberücksichtigt. Die Bahnhofswirtschaft hat in den »Jahrestagen« als Stammlokal der Nazis gedient. Eine vergangene Wirklichkeit wiederherstellen? »Wo ich her bin das gibt es nicht mehr.«

In Johnsons Roman-Imperium tauchen die meisten Ortsnamen unverschlüsselt auf: der Cramoner See und Damsgaden, das Dorf an der Küste; in Dobbertin findet ein Lehrgang der FDJ statt. Im Seebad Graal sind Ausflugsmöglichkeiten parat: Die Elde und die Havel sind in fiktivem Zusammenhang genannt, Malchow am See, die »Tuchmacherstadt«, Parchim, Rechlin, Ribnitz und der Schaalsee. Schwerin, das nur halb so groß ist wie Rostock, aber zu dessen Ärger nach der Wende als Landeshauptstadt gekürt wurde, und die Wohlenberger Wiek, »hinter der der tiefe Vorstoß der Wismarbucht ins Festland am Turm der Marienkirche zu ahnen war«. Verläßlich geht Johnson mit seinem Realiengut um: die Lage beschrieben, die Charakteristika aufgelistet, die Entfernungen wie auf der Generalstabskarte, die Anblicke fotografisch genau. Der Leser wird zum Vertrauten der Erinnerung gemacht. Die gleicht einer Katze, ist »unabhängig, unbestechlich, ungehorsam«. Es arbeitet ein manischer Archivar und Rechercheur: Fachbücher, Journale, Heimatliteratur, Reisebeschreibungen, Meßtischblätter, Kursbücher, Postkarten, so besessen gesammelt wie von Walter Benjamin die Zitate über Paris im 19. Jahrhundert. Unausgesprochen der seltsame Glaube, daß die Welt im Roman durch Faktizität beglaubigt werde. »Und wenn ich mich nun nicht erinnere, ist es dann auch wirklich?« In rhetorischer Frage blüht der Stolz des Epikers auf, der Wirklichkeit erst aus dem Zustand toter Materie ins Leben führt, ihr sein Recht gibt.

In diesem Gelände gibt es einige wenige erfundene Namen: Jerichow, Rande, Gneez, Wendisch Burg. Es mag Diskretion sein, daß Johnson den Hauptorten der Erinnerung den Schutz der Fiktion gewährt. Aber dahinter steht eine List: sie kommen auch mit ihren wirklichen Namen, also verdoppelt, vor – als Klütz, Grevesmühlen und Güstrow. Zumeist sind sie, wenn mit erfundenen Namen angeführt, aus verschiedenen kombiniert. So ist auch ein Zentrum der Johnson-Biographie ein Kompositum: Güstrow als Wendisch-Burg.

Alles zuhauf und eng beieinander: das größte Renaissanceschloß im Norden, lombardischer Einfluß, kurze Zeit Wallensteins Lager, und der Dom, die mächtige Stadtpfarrkirche, Backsteingiebel und Klassizismus, Wappen und Zunftzeichen, eine geschlossene Einheit, das meiste davon restaurierbar über die Zeit gebracht, so daß kaum Lükken und Schneisen für sozialistisches Baubemühen entstanden. Das Schloß steht höfisch und etwas frostig in der Gegend herum, wie aus dem Zusammenhang gerissen. Die beiden Backsteinkirchen herrschen über das Innere Güstrows; »bei aller Zweistöckigkeit angenehm schlichte Häuser mit Zurückhaltung und Verläßlichkeit« erscheinen demgegenüber untergeordnet. Rund um den Marktplatz die Fassaden aus einem zivilen 18. Jahrhundert, illustrierter Bürgerstolz, bescheidener Wohlstand.

»Über der Baumzeile am Stadtufer und Dächern stand sehr groß und breit der Dom gegen den Himmel, mit der Schattenseite zum See. Hinter dem Dom hob sich ein großer Wald mit lang anschwingendem Hügel um den rechten Bogen der Bucht herum: das war das Trosse Eichholz.« Es ist der Anblick der Stadt vom Boot aus, wie ihn Klaus Niebuhr und Ingrid Babendererde im Jugendroman Johnsons haben: man kann ihn abgehen und hat das Schloß, den Dom und die Schule in einem Blick. Die Gustav-Adolf-Oberschule ist leicht zu finden, die Beschreibung im Roman verläßlich exakt. Versammelt ist im Buch eine Abiturklasse zwischen Goethe-Spruch und Marx-Transparent. Man grüßt einander mit »Freundschaft«, Stalin ist noch »der Führer aller Völker«. An dieser Anstalt, der John-Brinkmann-Oberschule, benannt nach einem Mecklenburger Heimatschriftsteller, den es bis nach Amerika verschlagen hatte, machte Johnson 1952 Abitur. Der Dom lehnt sich schier ins winzige Klassenzimmer, Raum 207, hinein. Im Roman »Ingrid Babendererde« wirft eine der Schülerinnen ihr FDJ-Buch auf den Boden – »ein flaches blaues Buch, auf dem war in einem Schild gelb eine aufgehende Sonne unter den Anfangsbuchstaben von frei und deutsch und Jugend dargestellt«. Sie wird von der Schule verwiesen. Aus der schweigenden Klasse entsteht Widerspruch, und einer, Jungfunktionär der FDJ wie der Schüler Uwe Klaus Johnson auch, wird zum Apostaten. Im Archiv der Schule kann man die Klassenbücher durchstöbern und den Deutsch-Abituraufsatz des berühmtesten Schülers dazu: zwölf engbeschriebene Seiten über ein Lenin-Wort, daß die Kunst dem Volke gehöre. Fast papageienhaft ist die Ideologie nachgeschrieben, die Lektion hat gesessen.

Güstrow als begehbares Museum einer Biographie: im Telefonbuch findet sich noch eine Babendererde, das Wohnprovisorium der aus Pommern Vertriebenen ist aufzuspüren, der Name Papenbrock ziert ein Haushaltwarengeschäft in der ehemaligen Straße des Friedens. Und so fort: Johnson-Philologie bemächtigt sich der Schauplätze, lungert mit der Frage nach dem Wannundwoundwie in den Kulissen herum.

Der Seher und Bildner Barlach hatte es bereits dem jungen Johnson angetan – »weil er für einen Juden gehalten wurde, war er in Güstrow auf der Strasse angespuckt worden. Den hatten sie mit Verboten von Arbeit und Ausstellungen gehetzt, bis er sich hinlegte und starb«. Über ihn schrieb der Germanist Johnson seine Diplomarbeit, Gesines Schulklasse macht im September 1951 eine »Betriebsbesichtigung Barlach«. In seinem Ateliergebäude am Fuß des Heitberges kann man einen Blick in seine Werkstatt tun: Flaschenzug und Drehbank neben Plastiken und Gipsentwürfen. Die Sonne legt transversale Streifen auf den Steinfußboden des Raums, der den Sowjetbesatzern als Autowerkstatt diente. An einer Wand die Gipsentwürfe zum Fries der Lauschenden, von dem Gesine eine Abbildung auf ihre Wanderwege durch die Zeitgeschichte mitnahm. Einen Abguß der Schlafenden Vagabunden von 1912 schleppte Johnson mit sich. Im Dom hängt ein Abguß des Schwebenden Engels, und auf dem Platz davor ist die Zeit stehengeblieben. Die Fläche an der Nordseite schläft wie im Roman. Später werden einige Mütter mit Kindern auftauchen, einige Touristen ziehen dann ihre kunsthistorische Bahn. Aber jetzt fächelt der Wind die hohen Linden und das lauteste Geräusch entsteht durch das Aufflattern eines Taubenschwarms, der den Vierungsreiter des Doms besetzt. Ein Mann pumpt einen Fahrradreifen auf, und die Tauben schwirren anderswohin. Johnsons Erzählerzeit ist gegenwärtig: der Widerstand gegen die Ereigniskraft, mit der sich die Zeitgeschichte seiner Figuren bemächtigt.

Um das Ganze zu bemühen, wie es Johnson und Gesine vor Augen hatten, muß man sich auf den Heidberg an der Bölkower Chaussee begeben. Sandboden wie Watte, runde Kiefernzapfen, die unter dem Schuh rollen, Schwüle, Myriaden von Fliegen, die vom nahen Inselsee hochgeschwärmt sind, einen Feuermelderturm hoch, und es ist, wie es immer ist, wenn die Sehnsucht erzählt – »auf dem Kamm des Heidberges, wo ein Abhang sich öffnet, Güstrower Kindern wohlbekannt als Schlittenbahn, auch dem Auge freien Weg öffnend über die Insel im See und das hinter dem Wasser sanft ansteigende Land, besetzt mit sparsamen Kulissen aus Bäumen und Dächern, leuchtend, da die Sonne gerade düstere Regenwolken hat verdrängen können: welch Anblick mir möge gegenwärtig sein in der Stunde meines ... Sterbens.«

Zur Insel Poel fährt man, um zu baden oder der Toten zu gedenken. Die Straße dorthin, 15 Kilometer lang, schlingert an Buchten entlang und durch Salzwiesen, der Wind treibt die Halme, hat die Bäume schiefgelegt. Seeschwalben, Enten und Kormorane betreiben auf Pfosten ein Wettsitzen. Pferde an einer Landzunge, als stünden sie im Meer. Die Gegend stellt sich her wie hinter geschlossenen Lidern. Angler im Boot, die gleiche Bischofsmütze über der Dorfkirche wie in Klütz. Kasernen der Volksarmee werden gerade zum »Beherbergungsobjekt der Gemeindeverwaltung« umgewidmet.

Im Schwarzen Busch, einem Eichenhain, findet sich ein Mahnmal für Tote, die nach dem Krieg in der Lübecker Bucht und bis Wismar, im Roman in Rande, angeschwemmt worden sind. Als die Front 1945 näher rückte, wurden die Häftlinge aus den Konzentrationslagern evakuiert und auf den Weg befohlen. Die Häftlinge von Neuengamme und Bergen-Belsen verfrachtete die SS auf drei Schiffe in die Ostsee, unter anderem auf die Cap Arkona. Irrtümlich bombardierten britische Flieger die schwimmenden Konzentrationslager noch am 3. Mai 1945. Die meisten Häftlinge ertranken oder wurden im Wasser von den Wachmannschaften erschossen. In Poel trieben 128 Leichen an und wurden unter den mächtigen Eichen begraben. *Cap Arkona* zum Gedächtnis: das Segment eines Kreises mit ansteigender Mauer im Hintergrund. Davor eine Stele mit Schwurhand, einige abgesägte Baumstümpfe. Auf dem Boden liegen vier Dreiecke aus Sandstein. Alles dürftig und vage. An der Schautafel, die wie alles andere noch aus DDR-Zeiten stammt, sind Konzentrationslager nur in Westdeutschland eingezeichnet. Die in Mecklenburg hat es nie gegeben und die Faschisten lebten in der Bundesrepublik. »Die Toten mahnen uns!« Aber wer mahnt wen? »Sachzeugen und Bilddokumente im Heimatmuseum.« Das hat heute geschlossen. So also erschien Zeitgeschichte in der DDR-Provinz. Und nichts ist vom Systemwechsel zu erhoffen, wenn die Badeinsel »modernisiert« ist – dann verschwindet das Gedenken wahrscheinlich ganz.

Später auf leeren Wegen an der Ostsee entlang. Ein Salzhaff schiebt sich ins Land, weiße Segel scheinen geradewegs in die abfallenden Felder zu kreuzen, darüber weißbackiger Kinderhimmel. Eingefangen in die Taubheit später Hitze, kann man aus der Zeit geraten.

Angezogen von einem Namen: Heiligendamm und einem lateinischen Spruch in goldenen Lettern: *Hic laetitia invitat post balneum sanum*, Frohsinn empfange dich hier, entsteigst du gesundet dem Bade. Die Schwalben fliegen tief und künden schlechtes Wetter an. Plötzlich ist der Himmel, dieser Landschaft großes Versprechen, zugezogen. Abschied vom Ufer, an Schliemanns Neubukow vorbei, Einbiegen auf die Landstraße nach Rostock. Das zwingt zum Vorwärtskampf: Staub, Kilometer, Autos ohne Ende, eine Überwältigung aus Caravans, Wohnmobilen und Campingbussen, alles dabei, Hund und Katz, Fahrrad, Surfbrett und Motorrad, nichts vergessen, in diesem Sommer findet in Deutschland die Eroberung des letzten leeren Raumes statt. Wie einst die Vorfahren gen Osten fuhren wegen des Lebensraums. Nur diesmal ausschließlich mit friedlichem Gerät, aber hochgerüstet und aufgetakelt, um Wildschwein, Reh, Hase und Igel, die am Eingang der Wälder auf Pappschildern abgebildet sind mit dem ermunternden Hinweis »Wir leben hier«, aufzuspüren und der eigenen Sippe die Gewißheit zu geben, daß man leibhaftig in der Natur sei, ja richtig: in der unberührten Natur.

Im Kurhotel von Bad Doberan ausgeschert. Vollständige Stille in Weiß mit Lyrastühlen, fürstlich allein in der Sommerresidenz der mecklenburgischen Herzöge. Unumgänglich ist ein Kapitel Bäderkunde. Heiligendamm, von Bad Doberan aus über eine alte Allee, durch Schläge von Licht und Schatten, nach sechs Kilometern zu erreichen, die weiße Stadt am Meer, das älteste Seebad Deutschlands, bereits 1793 gegründet. An einem steinigen Kilometer jener 370, die Mecklenburgs Küste ausmachen, ein mondänes Ereignis: zwei Dutzend blendende Bauten des Klassizismus, ein geschlossenes Ensemble, das zwischen 1814 und 1865 errichtet worden ist. Das Geld für die herzogliche Gründung kam durch den Verkauf von tausend Soldaten an die Holländer herein. Verschollen sind Rennbahn und Spielbank, die luxuriös bereiteten Dampferfahrten nach werweißwohin. Ein

Rumor von Atlantis und Vineta, von Meerstädten und Fata Morgana umgibt dieses Revier. Der Ungar Peter Nádas versetzt in einem Roman den bewunderten Thomas Mann nach Heiligendamm. Und noch immer ist zu sehen: das ist als Ideal des Wasserglücks angelegt. Nichts verunziert die kühle Feierlichkeit der Bauten auf dunklem Grünsockel. Es hat dem Streifen festliche Architektur auch nicht geschadet, daß er nach 1948 »Kur- und Erholungsstätte für Werktätige« wurde. Seinem Rande alias Boltenhagen hat Johnson einige Grandhotels zugeschoben, die nur aus Heiligendamm stammen können.

Zu DDR-Zeiten hat man sich in Heiligendamm mit der täglichen Mühsal abgegeben, hat Erkrankungen der Luftwege, von Herz, Kreislauf und Haut kuriert. Ein Nobelrevier des internationalen Geldadels ist danach entstanden. Wenn sie dürften, würden die Investoren aus ganz Mecklenburg einen Golfplatz machen. Mit der deutschen Vereinigung ist es bestenfalls so, wie der alte Papenbrock seufzend zu seinem künftigen Schwiegersohn sagt: »Herr Cresspahl, denn wollen wir also verwandt sein.«

Wir spulen den Zeitfaden zurück, an den Anfang der beiden deutschen Staaten und zu dem Studenten Johnson 1952 auf dem Weg zur Rostocker Universität. Er wollte Germanistik studieren und Lektor werden. Noch glänzt das hanseatische Rostock, glänzt mit Treppengiebeln, Traufen, Firsten und Speichern, mit Bürgerstolz und einer Tradition, die auch nach 1949 nicht abgeschafft werden konnte. So ist es, mögen die Häuser fast zusammenfallen, ja in allen Hansestädten an der Ostsee. Rostock hat bezahlt, daß die Heinkel-Rüstungswerke (»Arado« heißen sie bei Johnson) in der Nähe waren; mehr als 1700 Häuser wurden zerbombt. In diese Trümmer mag der Student gekommen sein, aber auch in das Klima eines besonderen Ehrgeizes: Ulbricht wollte in Rostock das DDR-Tor zur Welt errichten und ließ eine zweite Werft bauen.

Bei der Anfahrt von Westen her melden sich schon aus der Ferne die Kräne wie resignierte Ausrufezeichen. Es gilt der Lakonismus: Seemannslos arbeitslos. Die meisten Fischer vertreiben sich auf ihren Kuttern die Langeweile damit, den Fremden den leeren Hafen und die viele freie Zeit zu zeigen. Auf der Fassade der Universität sind Schwert und Schrift, die Macht und die Gelehrten symbolisiert. Haben sich die Aufbausozialisten darauf berufen? »Viele Lehren, aber eine Wahrheit.« Erschien die Portalweisheit vielleicht als oppositio-

neller Spruch gegen die verordnete Parteilichkeit? Im Matrikelbuch ist unter Tausenden anderer Johnsons Handschrift zu entdecken, als er sich zum Studium inskribierte: es ist die winzigste von allen, energisch im Duktus, ebenmäßig im Auf- und Abschwung. Da macht sich einer mit Vorsatz klein und fällt durch diese Absicht auf. Zwei Daten als Rostocker Zeitrahmen: eingeschrieben im August 1952, exmatrikuliert genau zwei Jahre später. Dazwischen ein politischer Bruch, eine seelische Krise. Johnson, Jungfunktionär in der FDJ, sollte Mitstudenten denunzieren, weil sie als Mitglieder der evangelischen Jungen Gemeinde nicht in den Alleinvertretungsanspruch der Parteiorganisation paßten. Er weigerte sich, falsches Zeugnis abzulegen.

Im Universitätsarchiv haben sich einige Aktenstücke des Konflikts erhalten: höflich unnachsichtige Schreiben des Rektors, Proteste der Pastoren gegen Schikanen, vergebliche Bitten um Versammlungsräume. Noch vor dem 17. Juni 1953 blies die Partei den Kirchenkampf ab, und Johnson durfte weiterstudieren. Es verlautete: Die Streichung ist gestrichen. Aber der Ort war ihm verleidet. Er wechselte nach Leipzig, ging zu Hans Mayer und Ernst Bloch. Aus dem Bruch, der Erfahrung seiner Jugend, erwuchs ihm Seelenstärke zum Schreiben.

Am Strand von Warnemünde haben die Wolken schweren Wind

herangebracht, der riffelt Streifen ins Wasser. Regen huscht herbei, nebelt Land und See in toniges Weißgrau ein, bis fern, über dem Horizont, der schier in den Himmel gewandert scheint, ein Licht aufbricht, frei nach William Turner, das sich in der Fläche ausbreitet, auf dem Wasser eine Ladung Silber heranführt. das sich im auslaufenden Wasser festsetzt. In der Nähe das Standardsymbol eines vorgelagerten Leuchtturms. Da stürzen lange, in die Übung gekommene Wellen vor und pirschen sich an die Strandkörbe heran. An der nun schwefelgelben Zone im Rückraum des Schauspiels vom Sonnenuntergang erscheinen, aus der Versenkung geholt, einige Lastkähne und Frachter. Gerade wird das letzte Viertelrund der Sonne weggesteckt, sodann der Verlaufsfilter für Abendrot aufgesetzt. Noch ein kleines bengalisches Feuer, dann ist es vollbracht. Das Bühnenlicht ist endgültig ausgeschaltet, aber hochoben ein Sandgelb arbeitet sich noch einmal heraus und zögert zu verschwinden, weil die See zu lange beleuchtet war oder der Betrachter ein Oberlicht behalten sollte im Kopf.

Gesine Cresspahl wird feierlich bei solchen Prospekten: »Das Fischland ist das schönste Land in der Welt. Das sage ich, die ich aufgewachsen bin an der nördlichen Küste der Ostsee.« Von Rostock her öffnet sich die Gegend, wird zur flachen Platte, Erlen und Birken an sumpfigen Kanälen, die schnurgerade aus den Wiesen gestochen sind. Leere weiße Pferdekoppeln, die Kühe haben sich in Weitwinkelferne verstreut, stehen als bewegliche Farbflecken herum, ein Rüttelfalke hat sich im wattierten Himmel einen Fixpunkt gesucht. Eine schmale Landzunge, erst in Richtung Nordnordost, geht über in ein ungefähres Viereck, genannt der Darß, um sich wieder zu verjüngen, und hat dann schon Rügen und Hiddensee im Visier. Das Land wird so weit, als wolle es alles in die Ferne treiben. Das also soll das Paradies sein. Drei Fischerdörfer, und dann mag zu Johnsons Studentenzeit die befestigte Straße in Ahrenshoop zu Ende gewesen sein.

Eine Fassung des Romans »Ingrid Babendererde«, vom 19jährigen begonnen, wurde im Examenssommer auf dem Fischland zwischen Sand und Sonne getippt. Also: hier die Ostsee hinter der Düne und dort der Bodden, ein Binnensee mit Meeranschluß, an der schmalsten Stelle nur einige hundert Meter voneinander getrennt. Es »war arm an Gerüchen; da ist der Geruch von Salzwasser, von Fischen, von verfaulendem Tang«. Die Wiesen können sich vor Wasser kaum retten. Der Wind, gegen den man sich lehnt, ist immer auflandig, egal woher er weht. Mächtige Häuser sind gut verpackt mit ebenso mächtigen Bäumen. »Wer ganz oben auf dem Fischland gestanden hat, kennt die Farbe des Boddens und die Farbe des Meeres, beide jeden Tag sich nicht gleich und untereinander nicht. Der Wind springt das Hohe Ufer an und streift beständig über das Land. Der Wind bringt den Geruch des Meeres überall hin.« Ein Gemenge von Einst: dies und das aus der Geschichtsferne, Geschlechter, Feindschaften, Teilungen sind zwischen den Katen und Kapitänshäusern zu ahnen. Aber die Kolonnen aus Urlauberautos, die Invasion der robusten Erwartungen treiben es aus. Deshalb wehrt sich das Fischland, indem es sich unmerklich zum Museum verwandelt: das Zeesenboot auf dem Bodden ein Nachbau, Ahrenshoop eine Künstlerkolonie-Darstellerin, die Fische aus dem Binnengewässer wahrscheinlich nur noch für fleischfressende Pflanzen genießbar. Vor Wustrow liegt ein gut erhaltener Zweimaster im Gebüsch. Jene Sommerfrische, die sich in den *Jahrestagen* wie ein Streifen Kinderglück in den Zweiten Weltkrieg dehnt, ist beim Massenansturm auf das flundernflache Land nur noch auf alten Bildern zu besichtigen.

Fast zwei Dutzend Badeorte Gesines werden im Roman aufgezählt, eine ganze Gewässerkunde ist aufgeboten, ein Mäander von Wald und Wasser und Wiesen, Dörfern in schmalen Buchten, Land und Seen innig verschlungen. Zum Beispiel die Müritz: sie wird für Johnson das Herz seiner Heimat gewesen sein, also ein verlorener Posten. Sie erscheint als mehrfach gebrochene Spiegelung in den Scheiben eines New Yorker Bank-Entrees: »In der zweiten Klapptürfront des Windfangs stellt sich der Spiegel verwischter her, zerbricht fast gänzlich in gleichgroße Teile der neben mir schwenkenden Türen, kommt zurückgeschwungen im Widerschein der hellen Marmorflächen im Foyer und ist nun ein Bild aus Schatten, stillen und losen, oben von einhängendem Dunkel eingefaßt wie von Baumkronen, und zwischen den gleitenden Abbildern von Schattenmenschen ist der Hintergrund tief geworden, weißliches Seelicht gesehen unter Laubgrün, Boote auf dem Wasser, vor mir unverlierbar gewußte Umrisse, Namen voll Zeit, und erst wenn ich das Bild an der von Neon beleuchteten Ecke des Fahrstuhlschachtes verliere, versieht mein Gedächtnis den freundlichen Anblick und Augenblick und Moment mit einem scharfen Rand von Gefahr und Unglück.« In großen impressionistischen Strecken auf dem Wasser zu Hause ist Johnsons erster Roman »Ingrid

Babendererde«. Welches gravitätische Vertrauen in die Elemente besänftigt den 19- bis 20jährigen. Eine Wassergeographie hat er ersonnen, um seiner Ingrid und seinem Klaus Niebuhr Sonnentage und Seeabenteuer, glückhafte Stille und lange Fluchten zu ermöglichen. Die Müritz ist Güstrows Inselsee (nur im Buch) angelagert, ein Stichkanal mit einer Schleuse bildet die Verbindung zwischen Ober- und Untersee. Schüler, gefangen im Klassenzimmer wie in der jungen Republik, entkommen dem Schuldruck, den ideologischen Ansprüchen, der moralischen Gemeinheit, indem sie buchstäblich aufs Wasser setzen. Diese Stunden wirken wie ins Unendliche gedehnt. Ein Zeremoniell des Kleinen und Minutiösen wird entfaltet: Regungen des Wassers und der Luft sind alles, die fromme Seligkeit einer unverstörten Zeit breitet sich im Roman aus.

Auf dem Wasser reisen – die große Müritzrundfahrt mit einem fast 30 Meter langen Fahrgastschiff, Sechszylinder-Reihenmotor, 15 Kilometer Durchschnittsgeschwindigkeit und aus den Lautsprechern scheppern ohne Unterlaß Hamburger Seemannsweisen. Zu lernen ist dies und das: über den zweitgrößten See in Deutschland (nach dem Bodensee) und seine Wassertiefe, über einige der 260 Vogelarten im Naturschutzgebiet am Ostufer, wo die Villa Willi Stophs geschleift wurde; über Aale und über die Segnungen der Wende. Bei Waren treten die Ufer zusammen, Einfahrt in einen baumbestandenen Kanal. Bleßhühner ducken sich weg unter Birken, die ins Wasser langen. Reger Motorbootverkehr. Naturtölpel mit Großmannssucht, lokalisierbar durch mannhafte Zurufe nach Berlin, pflügen durch Seerosenfelder. Von Hamburg ist musikalisch nichts mehr zu hören. Die weiblichen Passagiere reden von ihren Blusen und entfernten Krankheiten, die männlichen sind überwiegend entschlossen, in jedem beliebigen Saustall Ordnung zu schaffen. Einer würde gerne Rußland wiedersehen, war doch schön in Uniform, der andere aber Stalingrad keinesfalls.

Der sprechende Spiegel: »Das Wasser ist schwarz. Über dem See ist der Himmel niedrig zugezogen, morgendliche Kiefernfinsternis schließt ihn ein.« Eine Notiz aus den »Jahrestagen«, bei der man auf das Datum achten muß: 20. April 1968, an diesem Tag ist »Führers Geburtstag«. Die Farbe des Wassers als Widerschein der Düsternis in der Geschichte. Ein kleiner Fingerzeig, nicht mehr, leichthändig und mühelos zu überlesen. Welcher Schriftsteller noch könnte seiner so sicher sein wie Johnson, daß Vergangenheit als »Eigentum durch Anwesenheit« verbürgt sei.

Wer so viele Seiten hintereinandersetzte wie er, zuletzt im Keller eines Hauses, in dem die Aussicht aufs Meer verwehrt war, hat das Eremitentum wohl gesucht. Aber die Flaubertschen Schrecken der Stille waren ihm, so ist zu vermuten, nicht bekannt.

Fünfeichen. Von Neubrandenburg nach Neustrelitz geht die Fahrt zu einem Ort, wo Zwillingsgeschichte aufgeführt wurde: dort krepierten unter Aufsicht der Nazis vorwiegend sowjetische Kriegsgefangene, später unter dem forschenden Blick von NKWD-Spezialisten ausgemusterte deutsche Soldaten und Zivilisten. In der Schule, die Gesine Cresspahl 1947 besuchte, hat Stalin den Hitler an der Wand abgelöst: »Weiser Führer der Völker, Gütiger Vater der Völker, Generalissimus, Bewahrer des Weltfriedens, Schöpfer des Sozialismus, Hüter der Gerechtigkeit, Im Kreml ist noch Licht, Garant einer wahrhaft menschlichen Zukunft. Gesine schreibt mit halsbrecherischem Fleiß einen Aufsatz, aus dem einige Zeilen ausgeschnitten werden müssen, und wünscht sich ihren Vater zurück, denn der sitzt, nachdem er als Bürgermeister von Jerichow eingesetzt worden war, nun im Internierungslager Fünfeichen.«

Den Ort erreicht man links ab von der Bundesstraße in Richtung Bargensdorf durch ein junges Buchenwäldchen, an einer Verschrottungsanlage entlang, rechter Hand die Einübung in Lebensgefahr, militärisches Sperrgebiet und Schußwaffengebrauch sind auf neuen Schildern angezeigt, jetzt lagert die Bundeswehr auf dem Gelände der Nationalen Volksarmee herum, rechts an einer ausgedienten Fabrik vorbei, über die gleichen drei Meter langen Betonplatten wie an der Grenze, schon wieder Baracken und Militärlastwagen, mit UN-Schildern bemalt. Es folgt eine Ansammlung von weißen Betonpfosten, die ihren Gefährten, den Stacheldraht, verloren haben und nichts mehr eingrenzen. Da kann nur Wüste folgen. »Hier liegt Fünfeichen, das Sanatorium! Bräunlich und geradlinig liegt es mit seinen Baracken und seiner Hauptwache inmitten der weiten Ödfläche, die mit matschigen Lattenrosten, Stacheldrahtgängen und gedrungenen Wachtürmen ergiebig ausgestattet ist, über seinen Pappdächern ragen tannengrün, massig und weich zerklüftet die Berge am Lindental und dem Tollense-See himmelan, und weithin sichtbare Tafeln am Zaun unterrichten den Freund der Landschaft in russischer und deutscher und englischer Schrift: Verbotene Zone. Eintritt verboten. Es wird geschossen!«

Aber es ist nun nur Denkmalschutzgebiet: Ehrenmal und Kriegsgefangenenfriedhof 1939–1945. Friedhöfe des Internierungslagers 1945–1948. Unregelmäßige Granitplatten, zwischen denen das Gras wuchert, eingefaßt von Linden, Buchsbaum und Stechapfel. Das ehemalige Stalag II A und Oflag II E/67. Die Zahl der sowjetischen Toten ist unbekannt, außerdem starben fünfhundert Soldaten aus Belgien, Frankreich und seinen Kolonien, Großbritannien, Griechenland, Italien, Niederlande, Polen, USA sowie Serben und Slowaken. In der Mitte verläuft ein gepflasterter Weg zu einem Monument, das der Antifa-Geist der fünfziger oder sechziger Jahre erschaffen hat. Ein Turm und eine heroisch magere Gruppe sowie die Inschrift, daß die Toten mahnen. An der Seite drei Rümpfe für Pylone oder Blumen. Damals, in den späten Aufbaujahren der DDR, hat man der Naziopfer gedacht. Und einiges an Gedächtnishilfen ist hinzugekommen: am Rand der Fläche, die in eine weite Wiese übergeht, hinter der ein Wald folgt, sind Grabsteine mit kyrillischen Buchstaben aufgeschichtet. Einfache Holzlatten in der Erde bezeichnen Fundstellen von Leichen. Ein braunes Holzkreuz in der Mitte der freien Fläche bildet den einzigen, schlichten Versuch eines übergreifenden Symbols.

Aber damit ist nur die eine Zeitschicht des Geländes bezeichnet. Was in Fünfeichen nach dem Krieg geschah, blieb bis zur Wende strikt ausgeklammert, dieser Schauplatz war als militärisches Sperrgebiet verschlossen. Fünf Minuten Spaziergang in der Ruhe des lichten Buchenwaldes, und man ist unmerklich auf den Friedhof der NKWD-Toten geraten. Plastikblumen am Fuß der Bäume, um die jungen Stämme Schleifen, an manche Bäume schwarze Kreuze gemalt. Ein provisorisches Gedenken: Nach der Wende wurden die Reste mancher Leichen ausgegraben, Namen und Erkennungszeichen waren nicht vorhanden. Drahtblumen in der Erde und hier und da ein Kreuz mit Namen.

Im »Spezlager der Sowjets« arbeitet Heinrich Cresspahl als Leichenwärter, was ein unsicherer Posten ist: »Denn die Leute in den Begräbniskommandos wurden des Zählens verdächtigt und oft ausgewechselt oder abgeschoben in andere Lager, so daß die Totenlisten nur aus ungefähren Stücken zusammenzusetzen waren, für Fünfeichen die Ziffer 8 500, nicht durchweg mit Namen verbürgt.« Die Zahlen schwanken – auf einer Tafel werden »mehr als 7500 Opfer« angegeben. Die Namen stammen, falls mit Ortsangaben versehen, aus ganz Mecklenburg. Nazis waren wohl darunter, aber auch aufsässige Bauern, Sozialdemokraten, die sich der Zwangsvereinigung zur SED widersetzten, halbe Kinder auch, die man als Werwölfe verdächtigte. »Paul Setzkorn, 1929–1948 aus Anklam«, aus der Stadt, in der die Johnson-Familie sich nach ihrer Flucht aus Hinterpommern fürs erste niederließ, oder »Karl Teschke 1930–1947« aus der gleichen Stadt – mit beiden hätte das Kind Uwe spielen können. Lehrer wurden interniert, vielleicht, weil sie sich dem neuen Geist widersetzten mit Gründen, die schon gegen die Nazis gegolten hatten, aber auch Malermeister, Revierförster, Müller – das Register der kleinen Leute, die »abgegangen« sind wegen eines grassierenden Verdachts oder einer haltlosen Denunziation. »Ein siebzehnjähriger Deserteur, ›auch versehentlich hier‹, hatte den Erwachsenen die Geiselerschießungen in der Sowjetunion vorgehalten, etwas heftig im Ton; dafür hatten sie ihn nachts verprügelt und versehentlich erstickt.« Im Wald der Toten sind manche Bäume mit Kerben versehen, die im Lauf der Jahre fast wie natürliche Aufsprünge aussehen. Leichenwärter haben heimlich die Zahl der Toten markiert, die sie zu beerdigen hatten an dieser Stelle. Hier und da sind Bäume abgestorben: da hatten die Wurzeln den Löschkalk über den Leichen erreicht und sind verdorrt. Das Provisorium dieses Friedhofs unter grünem Dach wird aufgefüllt werden mit Gewißheiten: weiteren Namen und anderen Schicksalen der Willkür. Beschriftete Kreuze und bloße Latten stehen wie Totemzeichen eines größeren Zusammenhangs herum, als Versprechen dessen, was Gesine vom Sozialismus in Prag 1968 erwartete: »daß die Toten wenigstens ein Recht haben auf die Wahrheit ihres Todes«. Die Geographie der Sterbefilialen, wie sie Johnson kannte, wird besser erforscht werden, nämlich »die Verschickungen in die Konzentrationslager Mühlberg, Buchenwald, Sachsenhausen, Bautzen, gut bekannt durch Zugänge. Wie Fünfeichen waren sie Ewigkeiten, die standen still«. Ob es gelingen kann, der Opfer beider Systeme gleich zu gedenken, ohne sie gegenseitig zu verrechnen? Oder wird nun die Historie segmentiert? Werden die Opfer des Stalinismus erforscht, um die der Nationalsozialisten verdrängen zu können? Schon ist das geteilte Gedächtnis, das halbierte Wissen sichtbar: am Ehrenmal für die sowjetischen Kriegsgefangenen sind die Kränze verdorrt, anscheinend will sich niemand mehr darum kümmern. Markieren diese »Jahrestage«, in denen Schicht um Schicht die Formationen deutscher Zeitgeschichte enthüllt werden, einen bereits unzeitgemäßen Akt des Widerstands gegen Amnesie? Hat Johnson, Narr oder Sisyphos, die Vergeblichkeit ausgeschrieben? Hilde Domin, 1954: »Wen es trifft / der wird aufgehoben / wie von einem riesigen Kran / und abgesetzt / wo nichts mehr gilt / wo keine Straße / von Gestern nach Morgen führt.«

Die beiden letzten Monate der »Jahrestage« werden von Gesine im Gespräch mit dem Autor Johnson als »Eingewöhnung in den Abschied« verstanden. »Dieser Sommer ist vorüber, das ist unsere zukünftige Vergangenheit, das sind unsere Lebenserwartungen.« Sie reist mit ihrer Tochter nach Europa, trifft in Kopenhagen den alten Kliefoth, ihren ehemaligen Englischlehrer. Noch einmal, am »20. August, 1968 Last and Final«, rührt sich die Sehnsucht nach einem Mecklenburger Wiederholungsglück: »Die Einfahrt nach Rostock neben dem Alten Strom, Walddurchblicke im Doberaner Forst, der Bahnhof von Wismar oder Gneez. Oder, wenn dir Jerichow untersagt ist, nach Wendisch-Burg. Zur Not Neustrelitz, Waren, Malchin, wo Keiner uns kennt, wo ich eine Wohnung verdienen kann mit Blick auf einen See, einen Liegeplatz für ein Boot, Morgende im Winter am Eis, Schilfschatten, Ofenfeuer...« Aber Gesine hat fest gebucht nach Prag, und die Rückkehr auf Dauer ist ihr verwehrt. Sie möchte dazu beitragen, daß in der Tschechoslowakei ein Sozialismus mit menschlichem Antlitz entsteht. Sie kann nicht wissen, daß am nächsten Tag die sowjetischen Panzer, die in Prag einmarschieren, diese Hoffnung zermalmen. Johnson, der Erzählerpartner Gesines, weiß selbstverständlich über den Roman hinaus, daß sie in die Vergeblichkeit fährt. Aber er hindert sie durchaus nicht an ihrem Vorhaben. So bleibt die Chose offen: hier die Hoffnung, dort das bessere Wissen. Heute verschwenden die Zeitungen nur noch Einsilbiges auf diese Geschichte. Sie ist abgetan. Und Johnson, mit seiner von Schweigen bedeckten Hoffnung, die er einst mit seiner Gesine geteilt hat, mit dieser Hoffnung als menschliches Maß? Er ist durch die Vereinigung in eine Art deutsches Niemandsland gerückt.

Wanderdünen der Geschichte
Auf der Kurischen Nehrung

Eine Fahrt ins Vorwissen, genauer: in einen Bildervorrat hinein. Kaum jemand wird heute noch behaupten, daß Nordostpreußen, das Memelland und die Kurische Nehrung etwa, unter die Rubrik »Heimat« falle. Das mag für jene so gewesen sein, die man auf Treffen der Heimatvertriebenen unter dem Schild »Memel« sich versammeln sieht, um dem rührenden Zeremoniell der Tracht und mit steifer gewordenen Gliedern dem Volkstanz zu frönen. Aber die Erinnerung ist ein phosphoreszierendes Totenlicht und verdunkelt vieles von dem, was sie zu erhellen vorgibt. Und doch weiß jeder, der niemals dort war und niemals von dort vertrieben worden ist, etwas von der Gegend, auch falls seine Vermutung, wo die Kurische Nehrung liegt, beschämend kurz greift und nicht thomasmanngestützt ist.

Die Erinnerung an den Landstrich bezieht sich auf Schwarzweißbilder; so entlegen sie wirken mögen, so sieghaft sind sie doch in ihrer Magie einer amphibischen Landschaft mit dem Haff, dem Küstenstrich der Ostsee, der abstrakten Plastik der Dünen, mit Krüppelkiefer, Vogelzügen, Segel- und Modellflugzeugen, Fischerkänen, Kurenwimpeln, Netzen und Holzhäusern. In diesem Bilderalbum ist die Kurische Nehrung bewahrt und versiegelt, und mit ihr eine Zeit, die, längst vergangen, als Erbe der Unvergänglichkeit auftritt. Es ist die Gegenzeit zu einem Jetzt, das sich als Moderne erklärt und über alles setzt. Jene Bilderzeit aber kennt keine Uhr, in denen die akute Zeitziffer blinkt, kennt nur ein Früher und ein Immerschon.

In diese Bilderschrift hineinreisen: von Berlin, Rostock, Danzig her mit dem Sonderzug, der »Bernstein« heißt, oder mit dem Auto, dem kategorischen Reiseimperativ folgend, über Kaliningrad nach dem ehemaligen Cranz, dem ältesten Seebad Ostpreußens, oder mit der Fähre oder mit einem regulären, streunenden Omnibus oder mit dem Flugzeug nach Vilnius und zurück mit irgend etwas. Es gibt reichlich Auswahl an Wegen zur Kurischen Nehrung. Gewundene Routen durch fremde Verhältnisse, diverse Sprachen und wechselnde Ortsnamen sind das allemal, und viel aktuelle Gegenwart verspricht das Ziel nicht. 96 Kilometer Land, eine Sichel vorwiegend aus Sand, bespült von Ostsee und Haff, zwischen vierhundert Meter und knapp vier Kilometer breit. Für Westmenschen war die Gegend nach dem Zweiten Weltkrieg unzugänglich, bis der Zerfall des Eisernen Vorhangs und die Lossagung der baltischen Staaten von den sowjetischen Okkupanten auch diese Zugänge wieder geöffnet hat. Mittendrin eine Trennung: dort, wo vor 700 Jahren die Ordensritter eine Verwaltungsgrenze zogen, südlich von Nida, wird Litauen von Rußland geschieden. Das ist schon beinahe alles, was das Jetzt an Gewißheit verbürgt.

Wer auf ein akutes Heute versessen ist, kann sich die Reise sparen. Zu entdecken sind allenfalls die Hinterlassenschaften militärischen Sicherheitswahns, die pompös verrottenden Überbleibsel großbetrieblicher Urlaubsplanung und der Müll, der vom kollektiven Wirtschaften übriggeblieben ist – sofern man sich auf der russischen Seite umsieht. Die Vergessenheit dieses Strichs Land in den Wellen war so viele Jahrzehnte lang notorisch, daß sich die Ahnung einstellt: Gegenwart ist dort allenfalls ein Firnis, der die Vergangenheit mattiert. Und die Zukunft dieses Abseits liegt in der Wolke, die darüber schwebt, im Luftgebilde aus Verjährung und Vergeblichkeit, Ehemals und Nostalgie.

Die Kurische Nehrung ist von Wind, Wasser, Sand und Sonne und einem leuchtenden Traummond modelliert worden; sie haben unter wandernden Dünen die Geschichte begraben und gleichmütig wieder aufgedeckt als Gerippe, morsch und weiß gebleicht. Halten wir uns fern von dem ehrbaren Versuch, diese Historie als zusammenhängend erzählen zu wollen; die Ungewißheiten und die Lücken überwiegen. Sie hat fast nur Abdrücke von Geschichten hinterlassen: Erzählungen von Deutschen Herren und einem Durcheinander an Völkern, von Deutschen, Litauern, Esten, Letten, Juden, Polen, Zigeunern, Pruzzen, Russen und Kuren. Es handelt sich um eine Menge verschieden gekleideter Gestalten am Rande des poetischen Reiches »Sarmatien«, die aus Bobrowskis Geschichten entlaufen in eine Vergangenheit, die er vor dem endgültigen Verschwinden noch einmal nach eigenem Gutdünken auf Papier gebannt hat.

Bevor man von der Kurischen Nehrung etwas Genaueres erfährt, ist sie schon Sehnsuchtsland: das Paradies der Wellen, die nördliche Wüste, die ausgezogene Halbinsel unter der milchigen Sonne. Der Landstrich ist ein Denkmal der Natur, und was in ihr die Geschichte hinterließ, ist größtenteils verschüttet oder von den Wellen weggespült. Wilhelm von Humboldt, nachmals preußischer Erziehungsminister, hat 1809 für diese Provinz am äußersten Rand des ehemaligen Ostpreußen die Wegmarke aufgestellt, die jeder liest: »Die Kurische Nehrung ist so merkwürdig, daß man sie eigentlich ebenso gut als Spanien und Italien gesehen haben muß, wenn einem nicht ein wunderbares Bild in der Seele fehlen soll.« Niemand ist des Lesens so unkundig, daß er an diesem Zitat vorbeikommt. Es präsentiert sich eine Ideallandschaft: das Königsrevier der Einsamkeit. Ein Bild ist festgeschrieben: die Nehrung als die *nordische Sahara*. Die Dreieinigkeit von Wasser, Wind und Sand regiert Landschaft und Geschichte. Sie hat an vielen Stellen die Gegend leergeräumt, Ansichten des Ausnahmezustands erzeugt – unter einem hohen Himmel, der von Wasser zu Wasser reicht. Der Sand ist auf der Nehrung nicht nur Sand, zermahlene Materie, die raschelt und knirscht, sondern, wie Hermann Sudermann vor einem Jahrhundert schwelgte, »Sand in Hügeln, Sand in Mulden, Sand in Klippen, Sand in Flächen, Sand in Trichtern, Sand in Knollen, Sand gekräuselt und gefältelt, wellenschlagend wie irgendein Wasser – höckerig, warzig, löcherig hier; seidig eben, blank und gebügelt und geschliffen dort – Sand als Fels und Sand als Atem, Sand als Tanzplatz, Sand als Sturzbad, Sand, soweit nach vorne das Auge reicht, nur in der klaren Ferne durch einen schmalen Waldstrich angegrenzt«.

Man kann ermessen, was an deutschen Sonderwegen uns abhanden gekommen ist – die Wüste, der Schauplatz der Leere, die Drift als Existenzerfahrung. Ein Schauspiel der gestaffelten Wellen und Dünen: das Band aus weißer Gischt; die Vordünen, die sich an geflochtenen Astzäunen verfangen haben; freie Flächen mit Gräsern, Salzkraut und Disteln; das Kupstengelände mit den Resten erstarrter Dünen; die Gebirge der Wanderdünen, die sich im Jahr bis zu zehn Metern bewegten, bevor sie durch Bepflanzung stillgelegt wurden, mit ihren rauchenden Kämmen, ihren gleißenden Flanken, ihren Rippelmarken und den scharfen Bruchlinien; die Haken, die im Haff ertrinkenden Sandhöhen. Die in allen Farben schillernden Schwaden, die unermüdlich rollenden Körner aus Feldspat und Eisen, Sandstein, Quarz, Feuerstein und Achat. Der Sand, der in die Knie zwingt und auf alle viere, wenn er sich hochtürmt bis auf sechzig Meter. Der jeden Abdruck löscht. Der die Augen blendet und die Entfernungen aus dem Maß bringt. Der Luftspiegelungen erzeugen soll. Der Historiker Konrad Heiden geriet ins naturlyrische Schwärmen: »Eine goldfarbene Öde, in der die reinen Formen wohnen, ein in Sand gegossener großer Gedanke der Natur. Die lautlosen Berge und Täler sind die unkorrigierte Spiegelschrift des Windes in der Landschaft. In den ungeheuren Sandwogen hat der Gedanke der Sturmflut den höchsten Ausdruck gefunden, sie verkündet den letzten Willen des Meeres.« Vermutlich wird nirgendwo anders in Europa das archaische Spiel um nichts mit ähnlicher Grandezza aufgeführt.

Wenn in den hohen, wasserhaltigen Dünen Baumstämme gefangen sind und verfaulen, können Löcher entstehen wie Gletscherspalten in den Gebirgen. Es sollen sich auch Blitzröhren gefunden haben: wenn der Energieeinschlag den Sand zu Quarzglas schmilzt und versintert. »Zeugenberge«, aus Wanderdünen ausgeweht, erinnern an die libysche Wüste. Der Treibsand verlockt zu Abenteuerphantasien, bisweilen werden Fragmente sogenannter Donnerkeile, Rostren fossiler Tintenfische aus der Steinzeit, sichtbar. Bernstein, eingewickelt in Tang, wird von den Wellen an den Strand gespült.

Man müßte eine Menge abgesunkener, verwehter Wörter aufbieten, um sich dem magischen Ritual der Zeit zu nähern, die den Sand aufhäuft und anderswo wieder abträgt, nach Regeln der Willkür. Auf der Nehrung ist der Sand die Fracht jeder Erinnerung und jeden Vergessens seit Menschengedenken. Alt-Negel und Alt-Kunzen, Neustadt und Predin, mindestens ein Dutzend Nehrungsdörfer ist unter Wanderdünen verschwunden. Zu jedem erhaltenen Dorf kommt der Schatten eines untergegangenen. Auf der Kurischen Nehrung gibt es eine eigene Verschüttungspoesie. Ein Name ragt aus dem lyrischen Heimatschutz heraus. 1797 ging das Dorf Kuwaiten unter, und einer der dort Geborenen, Martin Ludwig Rhesa, Sohn eines Fischers und selbst Theologieprofessor in Königsberg, dichtete ein sandiges Memento: »Weil, o Wanderer, hier und schaue die Hand der Zerstörung! / Wenige Jahre zuvor sah man hier blühende Gärten. / Und ein friedlich Dorf mit seligen Wohnern und Hütten / Lief vom Wald herab bis zu des Meeres Gestade. / Aber anjetzt, was siehst du? Nur bloßen Boden und Sand. / Wo ist das friedliche Dorf, wo sind die blühenden Gärten?«

Die Nehrung ist als Landschaft erst spät entdeckt worden, viel später jedenfalls, als alle Deutschtümelei wissen wollte. Den Reiseschriftsteller Feyerabend befiel auf seinen »Kosmopolitischen Wanderungen«, die er zwischen 1795 und 1797 unternommen hatte, noch eine regelrechte Depression: »Nie kommt man aus dem Sande heraus, der hier bis an die Achsen geht. Man stößt auf Hütten, die ehemals bewohnt waren, jetzt aber entweder zum Teil oder auch wohl ganz vom Sande verschüttet sind. Hier und da findet man Überbleibsel zertrümmerter Schiffe, die das tobende Meer in seiner Wut ausgeworfen hat. Kurz, alles hat hier eine öde, grausende Gestalt und, was man sieht und hört, erweckt in dem Menschen die schaudernde Idee einer rächenden Gottheit.« Es dauerte noch knapp ein halbes Jahrhundert, bis August Lewald Land und Leute einigermaßen unvoreingenommen auf seiner »Reise nach Memel« beschrieb und Karl Rosenkranz, der dritte Nachfolger Kants auf dem Königsberger Lehrstuhl, einige genauere Prosaskizzen von der Nehrung veröffentlichte, rund 70 Jahre, bis Ernst Wichert als erster deutscher Schriftsteller begann, die preußischen Litauer in einem dreibändigen Geschichtenbuch zu porträtieren. Louis Passarge beschrieb in seinen Impressionen »Aus Baltischen Landen« 1878 diese Welt ohne Nationalismus auf eine noch heute gültige Weise: die Einfachheit des kreatürlichen Daseins, die Archaik der Stille, die Kraft der Versenkung, das Meditative der wegarmen Gegend. Er war der Übersetzer des litauischen Dichters Kristjonas Doneleitis. Fast 40 Jahre lang Pfarrer im 18. Jahrhundert, auf deutsch und auf litauisch predigend, der sichtbarste

Künder des poetischen Worts in litauischer Sprache. Er hat lieber das bäuerliche Jahr in Hexametern gefaßt als einen ungewissen Nationalismus gepflegt.

Im 19. Jahrhundert wurden die Wanderdünen mit Kiefern und Birken, Erlen und Weiden, Matten aus dichtwurzeligem Flechtwerk und Gräsern gegen das wehende Gut stillgelegt. So kann man heute aus Sandschwingel und Quendel, Thymianheiden und Tausendgüldenkraut, Strandvanille und Immerschön, Korallenwurzel und Sandsegen ein Florilegium der seltenen Pflanzen zusammenstellen. Der Düsternis der Erfindung hat das nicht abgeholfen. Pestkirchhof, Schwarzer Berg, Tote Düne, Tal des Schweigens – das Vokabular des Untergangs will auf der Kurischen Nehrung nicht vergehen.

Die Regentschaft des Sandes hatte begonnen, nachdem vor mehr als siebenhundert Jahren ein Missionskrieg ausgebrochen war. Das Kreuzzugsheer des Deutschen Ordens ritt im 13. Jahrhundert nach Norden, um die Pruzzen zu unterwerfen. In rund 120 Jahren nach 1230 hat der deutsche Ordensstaat, diese unverständlich gewordene Kombination von Mönchs-, Ritter- und Verwüsterelite, zwischen Memel und Weichsel im Großen und Ganzen die Verhältnisse geschaffen, die bis 1945 bestanden. Hinter dem ethnischen Vernichtungsfeldzug stand der Rat der Hansestadt Lübeck, der an der Bernsteinküste des Samlandes einen Stützpunkt errichten wollte. Für den Bau von Befestigungen und Schiffen benötigte man Holz, und so wurden die dichten Wälder vernichtet, erst recht, nachdem die Russen eingefallen waren. Damit begann die Geschichte des wandernden Sandes.

Die Wüste wäre sinnlos ohne die Karawane, die sie durchzieht. Jahrhundertelang war die Kurische Nehrung die Landbrücke nach Livland im Norden, später die Verbindungsstrecke zwischen Königsberg und St. Petersburg, das zermürbende Übel des Reisenden. Die Leere wurde zum Geschick: lauter Durchreisende mit flüchtiger Hinterlassenschaft, kaum jemand wollte bleiben. Die Schweden fielen ein und die Russen dazu, die Pest entvölkerte den Landstrich. Die Preußenkönigin Luise floh vor Napoleons Truppen über die Nehrung. In die Abgelegenheit geriet die Gegend, als die alte Poststraße 1833 verlegt wurde und fortan über Tilsit nach Rußland führte.

Keine definitive ethnische Wahrheit hat sich über die Strecke zwischen Cranz und Süderspitze gelegt. Eher war es ein geschichtliches Fließen, ein Hin und Her, *out of time*. Die Nehrung ist ein *roman fleuve* aus abgerissenen Geschichten. Hoffmann von Fallersleben hat sich geirrt, als er der ersten Strophe seines Deutschland-Liedes die geographische Behauptung »Von der Maas bis an die Memel« eingab: Das Reich ging über den Fluß, der ins Kurische Haff mündet, um einiges hinaus, aber es war auch schon davor mit preußischen Litauern wegen bevölkert. Der Staat und das Deutsche waren mehrdeutiger als anderswo: durchsetzt von verschiedenen ethnischen Gruppen, paradoxen, aber selbstverständlichen Mischungen, seit dem 16. Jahrhundert dreisprachig. Das Abseits hat mit vielen Zungen gesprochen.

Und die Deutschen haben oft den Litauern gehuldigt. Ludwig Jedemin Rhesa (1777–1840) hat unter Berufung auf Herder seine Sammlung »Prutena oder Preußische Volkslieder und andere vaterländische Dichtungen« veröffentlicht. Darin finden sich 13 litauische Volkslieder, sog. »Dainos«, in seiner Übersetzung. Ein Linguist namens A. Bezzenberger erforschte das Kurische.

Der Bildervorrat an Kindheit im Memelland hat Hermann Sudermann lebenslang begleitet: Fluß und das Kurische Haff, die für den Jungen nur erreichbar waren im Winter mit Schlittschuhen: »Der große Strom, der sonst ein sagenhaftes Dasein führte, da er wohl eine Meile entfernt war und von den Kleinjungensbeinen niemals erreicht werden konnte, lag schon nach zehn Minuten in königlicher Ruhe da – weiße Schollengebirge, an den Rändern von blauleuchtenden Spiegeln übergossen. Auf diesen Spiegeln fuhr man hinaus in die fremde Welt, und das Herz jubelte nahenden Feenländern entgegen. Und eines kam – sich dehnend zu lichtüberströmter Unendlichkeit. Der Strom wurde breiter und breiter – und plötzlich war er nicht mehr da – hatte sich aufgelöst in unabsehbarem Leuchten und Glitzern. Das Auge ertrank in Fluten des veilchenfarbenen Glanzes, die über breite kristallene Brücken daherströmten. Die Bläue rechts und links, die sich weitab in Nebeln verlor, glich nicht der Bläue des Inneneises, sie war durchmustert von Funken und Blitzen, als habe sie einen Sternenhimmel verschluckt, und dunkle, schmale Bänder zogen sich quer hindurch. Das waren die Schrecken der Schlittengespanne, die offenen Stellen, in die man hineinfuhr wie in den Rachen des Todes.

Umkehren oder weiter hinaus? Nein, weiter hinaus. Trotz Herzklopfen und Todesgefahr. Einen Trunk Unendlichkeit trinken, ein

Staubkorn werden wie jener Schlitten, der weit, weit in der Ferne als schwarzes Pünktchen quer über das Haff kroch.

Das Eis erklang, die Risse donnerten, und so flog man hinein in die Lichtwelt. Bis sie anfing, sich purpurn zu färben, bis das Blau sich zu Rosa verklärte, und der blasse Märzenmond plötzlich am Himmel stand.

Dann aber dalli zur Umkehr! Der Abendfrost kam, die Kleider dampften, und konnte man noch in leidlicher Dämmerung zurück über den Stromdamm klettern, dann war man heilfroh.

Und dann plötzlich war alles zu Silber geworden. Silbern die Dächer – silbern die Baumkroneninseln – silbern die Bläue des Eises. Selbst das Gras, das verzaubert unter gläserner Decke des Frühlings harrte, war mit Silberfunken besetzt. Aber die Fischchen schliefen.

Und war man am Heimatsufer gelandet und stapfte mit steifen Beinen dem Elternhause zu, dann wußte man niemals mehr, wo man eigentlich gewesen war. In einem Traumland? Auf einer Himmelswiese? In jenem Märchengarten, dessen goldene Pforte nur Glückskindern sich auftut?«

In Sudermanns »Litauischen Geschichten« spuken die Ungeheuer Pukys mit dem feurigen Schweif und der Drache Atwars noch herum. Seine Gestalten tragen fremde Namen: Ansas und Busze, Ane und Elske, Doszene und Endrik. Die Geschichten halten sich in der Wasserlandschaft von Memel, Parwe und Haff auf, kreisen um Fischer, Moorbauern und Tagelöhner und was mit ihnen an Leidenschaften der menschlichen Natur offenbar wird. Sie sind preußische Litauer, protestantische Christen, im Unterschied zu den katholischen Großlitauern. Die heidnischen Götter sind ihnen so nahe wie die bibelfrommen Redensarten. Der Pietismus, von Friedrich Wilhelm I. eingeführt, hat Betgemeinden, Laienprediger und den Ritus des gegenseitigen Segnens erzeugt. In seiner besten Geschichte, »Die Reise nach Tilsit«, erzählt Sudermann von einem litauischen Paar. Zwei Segelpassagen eines Fischers und seiner Frau – einmal unter der geheimen Drohung eines Mordes, einmal als Inbild versonnener Eintracht – »und zwischen Wasser und Himmel blänkerten in der Ferne die Sandberge der Nehrung, anzusehen wie ein Gürtelband von weißgelber Seide«. Eine Geschichte wie aus dem immerwährenden Kalender, eine Handlung, die Landschaften, Stimmungen, Menschen aufreiht zu einem Bilderpanorama einer in sich geschlossenen, sonn-

und sterngewissen Welt. Sudermann ist am besten, wo er als Erzähler hinüberwechselt zu den Litauern, eintaucht in den Zauber des Fremden, wo er Transitreisender ist und Passagier eines gemischten Landes. Da gelingen ihm einige unvergeßliche Seiten inmitten all seiner ausgedehnten Unlesbarkeiten in Prosa und Drama. Das Land zwischen Himmel, Erde, Fluß und Ostsee offenbart bei Sudermann ein entlegenes Motiv: das Glück eines verschollenen deutschen Grenzgängertums, das sein entscheidendes, nie mehr ganz zu widerrufendes Dementi durch die Nazis erfahren hat.

Im Ersten Weltkrieg fielen zeitweilig die Russen ein. In einem Dünental auf der Nehrung wurden französische Kriegsgefangene gehalten, aus Rache für die Wüstenlager, in denen deutsche Gefangene unter französischer Regie schmorten. Der Versailler Vertrag trennte das Gebiet vom Deutschen Reich ab, ohne es einem Nachbarstaat zuzuschreiben. Die Franzosen übernahmen es als Protektorat, bis 1923 Litauen den Landstrich annektierte und ein Jahr später zu einem autonomen Gebiet machte. Im März 1939 griff Hitler zu und verleibte das Memelland als Kampfplatz und Agitationsfeld des Volkstums wieder ein. Zwei Monate später veröffentlichte der – durchaus völkisch gesonnene – Literaturhistoriker Paul Fechter eine Bildbeschreibung, in der die Geschichte in die Inszenierung der Natur sich verwandelt und die Selbstvergessenheit des Zeugen dominiert. Der Blick von der Hohen Düne aus, beim Sturm der Elemente, wirkt unversehens wie der Portaltext zum Untergang des alten Ostens: »Wer aber einmal hier oben stand und erlebte, wie über die eben noch besonnte Welt von Sarkau her ein schmales Gewitter heraufsteigt, der Himmel wird schwarz, die Düne grellweiß, über dem Haff blinkt böse und gelb noch die stechende Sonne, während die See strahlend und blau wie bisher ein Sonnenglanz über die Ebereschenwäldchen blinkt; auf einmal rasen Regen und Sturm peitschend und blitzdurchzuckt über die staubende Sandwelt hin, und einige Minuten später verklingt alles im heiteren Abendlicht, und ein Frieden breitet sich aus, wie ihn nur der Osten kennt – wer das einmal erlebte, kommt immer wieder, weil er dem Lande verfiel, das Land nicht mehr lassen kann.«1944/45 floh die deutsche Zivilbevölkerung auch über das zugefrorene Haff. Die Rote Armee marschierte ein und schuf ihre eigenen Machttatsachen und schickte den verbliebenen Rest an Ortsansässigen nach Sibirien. Die Vertreibung von der Nehrung geschah in mehrere Himmelsrichtungen. Neue Landarbeiter aus anderen sowjetischen Teilrepubliken wurden angesiedelt, die originalen Kurenkähne, für die sowjetische Fischerei-Kolchose nutzlos, wurden verfeuert. »Ist alles zerronnen, wie der Sand in des spielenden Kindes Hand« – die Klage der Agnes Miegel erwies ihre Berechtigung erst nach dem Zweiten Weltkrieg.

Die deutsche Geschichte ist auf der Kurischen Nehrung nach 700 Jahren erloschen. Oder doch nicht ganz? Das Ferienhaus Thomas Manns auf dem Schwiegermutterberg bei Nidden steht noch; er hatte es, »nur Holz und Schleiflack«, 1929 von einem Teil des Nobelpreis-Geldes in Nidden »brieflich« erbauen lassen und bis 1932 jeweils für einige Sommerwochen mit seiner Familie bewohnt. 1939 nahm es Hermann Göring in Beschlag. Nach dem »Reichsjägerhof« in der Rominter Heide und dem Kaiserlichen Jagdhaus »Pait« bei Inse am Kurischen Haff war es sein drittes ostpreußisches Anwesen. Ganz in der Nähe plante Albert Speer ein KdF-Bad. Ausgerechnet dem litauischen Schriftsteller Antanas Venclova, der Thomas Mann 1955 in Weimar kennengelernt hatte, war zu verdanken, daß das verfallende Haus nicht abgerissen wurde. 1965 ließ es sich Jean-Paul Sartre, gegen alle Einreden, nicht nehmen, Nidden und das Thomas-Mann-Haus zu besichtigen. Die Funktionäre mußten mit Beschämung die Verwahrlosung des Anwesens eingestehen. Heute steht es, Vorposten dreier träumerischer Sommerglücke, in denen Thomas Mann am »Josephs«-Roman arbeitete, wohlrestauriert da. Aber dennoch: Sarkau, Rositten, Pillkoppen, Nidden, Schwarzort, die deutschen Namen sind den Dörfern entfallen. Die meisten Friedhöfe mit den deutschen Grabsteinen sind aufgelassen oder durch russische Namen ersetzt. Es sei denn, sie werden als Memento mori, vom Wind mit Schädeln und bleichem Gebein, wieder freigeweht. Der alte deutsche Postweg ist nur noch an einigen Stellen begehbar, ansonsten ist er in der Vegetation verschollen, durch eine Autostraße abgelöst. Die Ortsstraße von Rositten wird heute die »Straße des Sieges« genannt. Die Segelflugschule wurde schon im Januar 1945 gesprengt. Keine Ahnung mehr findet sich von der Künstlerkolonie, dem »Worpswede des Ostens«, das akademische Maler und Impressionisten wie Lovis Corinth, aber auch die Expressionisten Max Pechstein und Karl Schmidt-Rottluff vereinte. Die Bildersammlung des Gastwirts und Künstlerfreunds Hermann Blode: vollständig zerstört. Von den ehemals sieben Häusern seines Hotels: das meiste abgerissen. Die Geschichte ist ausnahmsweise August von Kotzebue gefolgt, der im April 1829, auf anderes Wetter wartend, in einem Nehrungskaff schrieb: »Es kann ja nicht immer so bleiben wohl unter dem wechselnden Mond.«

Mit den Deutschen flohen die Kuren, die der Nehrung ihren Namen gegeben haben. Das Kurische, eine eigene, dem Lettischen verwandte Sprache, haben 1945 schätzungsweise noch 200 Familien gesprochen. Heute finden sich nur noch wenige Vertriebene in Deutschland, die ihrer mächtig sind. Ein Memeler Schulrektor und der in Mannheim lebende Richard Pietsch aus einer Fischerfamilie in Nidden haben 1977 ein »Kurisches Wörterbuch« zusammengestellt: die Trophäe der Erinnerung, die zum Denkmal des Verschwindens geworden ist. Mit ihnen stirbt die Sprache aus, wie im 17. Jahrhundert das Altpreußische verschwunden ist. Die schweren, dunklen Kähne der Kurenfischer mit ihren rechteckigen Segeln und ihren geschnitzten Holzwimpeln gehören zur Folklore, die Konjunktur hat, wenn die Lebensverhältnisse, die sie ausdrückt, verschwunden sind.

Das Archiv der heimatvertriebenen Seelen enthält Bilder, die keinen Abschied zulassen. In den Erinnerungen der Versprengten entspinnt sich ein Hinterland deutscher Träume vom einfachen Landleben: Geborgenheit in einfachen Holzhäusern und die Fische zum Trocknen an der Leine, gottesfürchtiges Dasein inmitten von Strandhafer und Krüppelkiefern, Wiesen und Elchen; die Welt vergessen, da alles nah in bäuerlicher Handgreiflichkeit, und die Geschichte vielleicht zum Kopfschütteln, aber eine rückholbare Größe. Antoine de Saint-Exupéry, in Wüstenkunde erfahren, könnte einwenden: »Wer in einem Schiff haust, sieht das Meer nicht mehr. Oder wenn er es wahrnimmt, hält er es doch nur für ein Ornament des Schiffes.«

Der Osten ist als geographische Größe zurückgekehrt, aber kaum eine feste Anschauung existiert von ihm, die nicht in den Wanderdünen der Geschichte, in den Wechselfällen zwischen Deutschen, Polen und Russen, Litauern, Esten und Letten, Ukrainern, Juden, Weißrussen, Kuren, Zigeunern untergegangen wäre. Johannes Bobrowski, gebürtig aus Tilsit, dem nachmaligen Sowjetsk, an der Memel, die nun unter den Namen Njemen und Nemunas auftritt, hat den Raum, in dem sie alle, Irredenta unter vielen Bezeichnungen, zu Hause waren, sein »Sarmatien« genannt. In diesem Reich leben sie ohne politische Grenzen. Es ist das Vaterland der nachgiebigen Vielheit. Auch so ist die Kurische Nehrung, dieser ehemals deutsche Landstrich, erschienen. Ein poetischer Begriff, eine Luftheimat. Der Katastrophenraum, den Bobrowski als Soldat im Zweiten Weltkrieg erlebte. In seinem Roman »Litauische Claviere« hat er scheinbar eine Antwort gefunden: »Die Vergangenheit? Abgeschlossen, abgetan, nicht mehr zu rufen, weil ohne Gehör. Erkennbar vielleicht noch in leblosen Gegenständen, Gestorbenem, in einem Augenblick unkenntlich geworden.« Aber gerade gegen dieses eigene Diktum hat er sein ganzes Werk gesetzt.

Der Schatten des Betrachters zeichnet sich auf dem Sand ein, wird durch funkelnde Körner aufgerieben. Der Sand läßt einen Umriß zu, um ihn von innen auszuhöhlen. Platons Höhlengleichnis ist verkehrt: das Behältnis ist dieser unglaubliche Raum zwischen Himmel, Erde und Wasser, und wir sind ein Schemen inmitten aller Helligkeit.

Fernblick

Die Wiederkehr des Flaneurs

Sein Nachruhm war gesichert, vor allem weil er nur als Legende bestand. In der Mitte des fernen 19. Jahrhunderts hat sich der Zuschauer in den Flaneur verwandelt. Der Augenmensch und Spaziergänger wurde geboren, als Technik und Industrie sieghaft in die Städte zogen. Letzter Zeuge, der er sein wollte, schien er auf Unsterblichkeit zu pochen. Schließlich verbürgt kaum etwas anderes mehr Dauer als der Verzicht und der Untergang, denen er sich widmete. Ins Vergangene hat er gefunden, wenn er durch die Straßen streunte, die Signaturen abgelebten Lebens einsammelte, in Passagen den schönen Schein der Waren genoß und in Gestalt des Dandys die Gloriole des Luxus pries.

Der Flaneur hat sich, wenigstens bis in die zwanziger Jahre hinein, als Altertumsforscher bewährt. Den aus dem Gebrauch geratenen Dingen, ihrer Entwertung und ihrer achtlosen Vergessenheit widmete er seine Aufmerksamkeit. Im Stummfilm des Vergehens war der Flaneur der Beobachter und der Held. Er selbst setzte die Bilder in Gang, in denen er auftrat, als altmodische Figur im schönen Schein residierte. Walter Benjamin schrieb: »Den Flanierenden leitet die Straße in eine entschwundene Zeit. Ihm ist eine jede abschüssig. Sie führt hinab, wenn nicht zu den Müttern, so doch in eine Vergangenheit, die um so bannender sein kann als sie nicht seine eigene, private ist.« Er war der Sammler von Anblicken, in denen sich die Vergangenheit enträtselte, der Enzyklopädist der Bedeutungen, vor allem der abgelegenen. Der Spanier Ramon Gomez de la Serna ist vielleicht die Paradefigur aller Flaneure: mit einem zweibändigen Werk über den Rastro, den Madrider Trödel, hat er der Haltung des zweckfreien Augendienstes ein Buchstabengebäude errichtet.

Der Flaneur hat muhelos das Fin de siecle überstanden, dem er entstammte und das seine Heimat war. Er hat die Großstadtmoderne mit blicksicherer Neugier gemustert. Franz Hessel übte ein ganzes Buch lang das »Spazieren in Berlin«. Der sehr vergessene Fred Hildenbrandt, Feuilletonist des ›Berliner Tageblatts‹, zählte die Züge, Straßenbahnen und Beförderungsmengen an Menschen zusammen für einen ironischen Hymnus auf die hauptstädtische Bewegung. Das Tempo und die Überwindung des Raums erschienen ihm wie eine olympische Disziplin der konstruktiven Moderne. Alfred Döblin, Ohr und Auge aller Straßen, erblickte rund um »Berlin Alexanderplatz« den Mythos jeder Stadt, konnte in Münzstraße und Scheunenviertel sogar Ninive und Babylon finden, entschlüsselte im Alltag die fernsten Zeichen.

Der Flaneur war der letzte Städtedeuter. Über Straßen und Plätze, in die vergessenen Winkel streifte dieser Voyeur und zog ein unsichtbares Netz aus Blicken. Flanieren als Lesen von Bedeutungen, die sich zusammenfügen. Am Bordstein, auf dem Gehweg, bei der Promenade machte er dieses Angebot: in der Stadt seßhaft zu werden durch die Lust der Augen. Er war der Kundschafter des Beweises, daß die Stadt einen geschichtlichen Sinn, eine verständliche Ordnung, ein entzifferbares System enthält. Selbstverständlich war er Melancholiker und raunte vom Ende. Der Schatten der Trauer, den er warf, hatte jedoch einen Anteil an der Farbigkeit der Welt: Wer die Dinge in ihrer scheinbar letzten Schönheit hervorhebt, verlängert ihre Lebenslinien.

Stumm wurde der Flaneur, als er die Beschleunigung der Moderne annahm. Indem er den Fortschritt feierte, unterlag er seiner Rasanz. Dagegen notierte Benjamin: »1839 war es elegant, beim Promenieren eine Schildkröte mit sich zu führen. Das gibt einen Begriff vom Tempo des Flanierens in den Passagen.« Die Langsamkeit seiner Schritte mochte ihn ein Dreivierteljahrhundert später als Helden des Widerstands gegen die akute Zeit ausweisen, aber als einen vergeblichen wie Charlie Chaplin in »Modern times«. Die Stadt zerfiel stürmisch in Funktionen: in Wohnmaschinen und Geschäftsviertel, Verwaltungszentren und Schlafrayons. Da konnte er mit seiner notorischen Verspätung nichts mehr auffinden, was auf ein Ganzes hinwiese. Der Verkehr und der Straßenlärm haben ihn betäubt. In den Materialschlachten und in den Massentoden des Zweiten Weltkriegs ist er, dem illuminierten Schein und Baudelaires schillernden Blumen des Bösen verpflichtet, untergegangen. Und auch die buchstabenfromme Wiederbelebung Walter Benjamins nach dem Krieg hat daran nichts ändern können.

Jetzt gehen die Städte unter. Das wenigstens behaupten die Soziologen und Urbanisten, die Planer und die Grünen. Die Weltsiedlungskonferenz Habitat hat Prognosen veröffentlicht. Im Jahr 2025 werden zwei Drittel der Menschheit in megalomanischen Zusammenballungen wohnen, die sich noch »Stadt« nennen, aber diesen Namen nicht mehr verdienen. Die 280 Millionenstädte, die es gegenwärtig gibt, werden sich in zwei Jahrzehnten verdoppeln. Die Moloche, die entstehen, nähren sich von der Überbevölkerung, vom Abfall, vom Überlebenswillen und vom Daseinskampf. Die Armut geht global auf Reisen und setzt sich überall fest. Von den weltweiten Netzen der Information und der elektronischen Kommunikation wird sie abgekoppelt. Die Bezeichnung »Elendsviertel« wird künftig als Vokabelgewirr in allen Weltsprachen auf uns eindringen. Bald ist das Wort »Heimat« für die globale Mehrheit nur noch aus der Bitternis der Trennung, der Flucht, des Exils und der Entwurzelung zu entziffern. Riesenagglomerate werden die Städte ersetzen, die Fragmente das Faktum des sozialen und moralischen Lebens sein.

Im Rücken der Moderne, die sich mit monolothischem Stahl und Spiegelglas, mit Verwaltungspalästen und Konsumtempeln erklärte, nistet das Leben mehr denn je in unbeschriebenen Zonen. Die Städte werden von den Vorstädten aufgerieben. »Als hieße Leben nur immer durch Vorstädte wandern, zwischen Schutt, grünschillernden Flaschenscherben, Staubwolken und von Erosion zerfressenen Erdhügeln«, schrieb vor Jahrzehnten schon Jorge Semprún, als er den Ausnahmezustand der Illegalität beschrieb. Aber es kommt darauf an, sich in der Unbehaustheit einzurichten, wenn sie schon zwangsläufig und unvermeidlich ist. An den Peripherien triumphieren der biologische Artenreichtum und die Kultur des Vielfachen. Schon Aristoteles meinte, daß ähnliche Menschen keine Stadt zusammenbringen. Zwischen den Schandflecken der Fremde, an den Normstrecken der Plattenbausilos, auf den Routen der Schlafzonen, im Irrgang der nicht bestimmten Reviere könnte der Flaneur wiederauferstehen. Als Passant der Ränder, im Nirgendwo, zu dem Fahrplan und Verkehrsverbund kaum hinführen. Eine andere Schrift ist zu entdecken. Keine eingesessenen Mythen halten das Gelande besetzt. Weit herum, zwischen Flughafen und antiquarischer Altstadt nur irreguläre Zone. In Berlin gab es das einst mitten durch die Stadt: Sackgassen und Niemandsland an der Mauer. Eine eigene, regellose Bilderschrift hatte sich dort entwickelt.

Keine *Avenida de Libertad* leitet dorthin, wo die ständige Mobilmachung des Wandels und Wechsels stattfindet. Wir sind gewohnt, den kalten Blick von Baracken und Lagerhallen, menschlichem Strandgut, Tankstellen und Müll, Zeltstädten, Bauruinen, Zukunftsskeletten und Möbelmärkten abzuwenden. Die Stadt, im Mittelalter das himmlische Jerusalem, später die gebaute Vernunft und der geplante menschliche Raumkörper, erhält sich nur durch den Abstand, den sie davon nimmt. Aber jede Großstadt hat heute schon einen Anteil von der größten Stadt der Welt, die keine mehr ist, nenne sie sich Mexiko City oder Rio de Janeiro, Bombay oder Jakarta. Der Flaneur, der sich nicht damit aufhält, Beweisstücke für die Schublade mit der Aufschrift »Finis mundi« zu sammeln, könnte sich der andersartigen Dynamik preisgeben, die vom Panoptikum der Vorstädte ausgeht, von den Räumen ohne Eigenschaften, vom Präsens, das keinen Plan verrät, vom Labyrinth des Jetzt.

Postmoderne: wenn das Wort überhaupt noch Sprachkraft hat, dann durch die Vielfalt und Mischung, die es verspricht. Der Flaneur könnte, fern jeder Melancholie, aber auch ohne ihren Schutz, einen Kundschafter für die Dinge abgeben, von denen jedes für sich spricht und jedes seine eigene Existenz behauptet. Eine Terra incognita will besichtigt werden, das Leben in seinen direkten Gesten von hier und heute. Ein Gefühl gilt es zu entwickeln für die anonyme Zugehörigkeit zu allem, was vom Geschmack, vom Nutzen, vom Sinn wegstrebt. Das Ideal der Preisgabe an die Ichlosigkeit, wo die Bedeutungen nicht mehr kontrolliert werden können. Wenn die Stadt schon an die Vorstadt sich ausliefert, werden die Brüche zur prägenden Erfahrung und wir könnten lernen, mit ihnen umzugehen.

Walter Benjamins Lieblingsfigur nahm, was ist, nur kursorisch wahr. Er rettete sich in die Suchtwonne der Vergangenheit. Der Flaneur, der an der Peripherie wiederaufersteht, hätte einen Aufstand hinter sich: die Revolte gegen seine eigene Verfassung. Mag der Blues der Einsamkeit der Komplize seiner Erfahrung sein. Sollen doch die Wirrungen inmitten der Favelas und Slums, Barrios pobres und Gecekondus ins Uferlose wachsen. Er könnte unserer Erfahrung mit dem Fremden aufhelfen. In den Surrealismus einüben. Die Zwischenräume zwischen uns und den anderen durch Beschreibung ausfüllen. Rimbauds Behauptung, daß ich ein anderer sei, zur Existenz verhelfen. Wenigstens die Bereitschaft des Auges für die Bruchstücke stärken. Das könnte auf eine ethische Vorschule der Anteilnahme hinauslaufen.

Im übrigen steckt ein Gran Unsterblichkeit in dieser Vitalität, mit der sich die Ränder der ästhetischen Regel entziehen, anstatt des abgezirkelten städtischen Grüns verwilderte Brachen vorweisen, wüste Improvisationen pflegen. Der Flaneur in den Vorstädten diente nicht mehr als Experte jedweder Vergangenheit und nicht mehr als Beschwörer des Imperfekts. Er könnte seine Augenkunde dem widmen, was schon ist und sowieso wird, zumal wir die Lider vor so viel Ansturm anderen Daseins nur allzu bereitwillig senken.

Anhang

Literaturverzeichnis

Allgemein

Hans-Ernst Mittig und Volker Plagemann (Hg.), *Denkmäler im 19. Jahrhundert. Deutung und Kritik*, München 1972 (Studien zur Kunst des 19. Jahrhunderts, Bd. 20)

Helmut Scharf, *Kleine Kunstgeschichte des deutschen Denkmals*, Darmstadt 1984

Rolf Selbmann, *Dichterdenkmäler und Deutschland. Literaturgeschichte in Erz und Stein*, Stuttgart 1988

Gert Mattenklott, *Deutsche Nationaldenkmale*, Bielefeld 1993

Bogdan Bogdanovic, *Architektur der Erinnerung. Essays*, Klagenfurt 1994

Gary Smith und Avishai Margalit (Hg.), *Amnestie oder Die Politik der Erinnerung*, Frankfurt a.M. 1997 (edition suhrkamp 2016)

Saul Friedländer, *Wenn die Erinnerung kommt*, München 1998

Ulrich Bosdorf und Heinrich Theodor Grütter (Hg.), *Orte der Erinnerung. Denkmal, Gedenkstätte, Museum*, Frankfurt a.M., New York 1999

Peter Reichel, *Politik mit der Erinnerung. Gedächtnisorte im Streit um die nationalsozialistische Vergangenheit*, Frankfurt a.M. 1999

Ulrich Baer (Hg.), *»Niemand zeugt für den Zeugen«. Erinnerungskultur und historische Verantwortung nach der Shoah*, Frankfurt a.M. 2000 (edition suhrkamp 2141)

Etienne Francois und Hagen Schulze (Hg.), *Deutsche Erinnerungsorte*, 3 Bde., München 2001

Asperg

Max Biffart, *Geschichte der württembergischen Veste Hohenasperg und ihrer merkwürdigen Gefangenen*, Stuttgart 1858

Theodor Bolay, *Der Hohenasperg. Württembergs Schicksalsberg im Wandel der Zeiten*, Ludwigsburg 1977

Theodor Bolay, *Chronik der Stadt Asperg*, Bietigheim 1978

Horst Brandstätter, *Asperg. Ein deutsches Gefängnis*, Berlin 1978 (Wagenbachs Taschenbücherei 45)

Wilfried F. Schoeller, *Schubart. Leben und Meinungen eines schwäbischen Rebellen*, Berlin 1979

Pfaueninsel

Ernst Pett, *Die Pfaueninsel. Geschichte und Geschichten zwischen Potsdam und Berlin*, Berlin 1966 (Berlinische Reminiszenzen 12)

Wolf Jobst Siedler, *Auf der Pfaueninsel. Spaziergänge in Preußens Arkadien*, Berlin 1986

Helmut Börsch-Supan, *Die Pfaueninsel*, Berlin 1989

Michael Seiler, *Pfaueninsel*, Tübingen 1993

Michael Seiler, *Amtlicher Führer. Die Pfaueninsel*, Potsdam 2000 (Stiftung Preußische Schlösser und Gärten Berlin-Brandenburg)

Von Nürtingen nach Hauptwil

Große Kreisstadt Nürtingen (Hg.), *Nürtingen und Friedrich Hölderlin*, Nürtingen 1970

Werner Volke, *Hölderlin zum 200. Geburtstag. Eine Ausstellung des Schiller-Nationalmuseums*, Marbach a. N. 1970

Adolf Beck (Hg.), *Hölderlin. Chronik seines Lebens mit ausgewählten Bildnissen*, Frankfurt a.M. 1975 (Insel Taschenbuch 83)

Lothar Kempter, *Hölderlin in Hauptwil*, Tübingen 1975 (Schriften der Hölderlin-Gesellschaft, Bd. 9)

Peter Härtling, *Hölderlin. Ein Roman*, Darmstadt, Neuwied 1976

Gerhard Wolf, *Der arme Hölderlin*, Darmstadt, Neuwied 1982

Walhalla

Jörg Traeger, *Der Weg nach Walhalla. Denkmallandschaft und Bildungsreise im 19. Jahrhundert*, Regensburg 1991

Paulskirche

Deutschlands Paulskirche. Mahnmal der lebenden Rufer nach Freiheit, Demokratie, Weltbürgertum 1848-1948, Denkschrift, Frankfurt a.M. 1948

Magistrat der Stadt Frankfurt a.M. (Hg.), *Die Paulskirche in Frankfurt a.M.*, Frankfurt a.M. 1988

Christoph Stoll, *Die Paulskirche und die erste Verfassung der Deutschen. Eine Annäherung an das erste deutsche Parlament in Wort und Bild*, München 1989

Johannes Grützke, *Paulskirche – »Der Zug der Volksvertreter«*, Frankfurt a.M. 1991 (Hg. von Klaus Gallwitz)

Dieter Bartetzko, *Denkmal für den Aufbau Deutschlands. Die Paulskirche in Frankfurt*, Königstein 1998

Herbert Blank, *Die Paulskirche*, Katalog Nr. 48 des Antiquariats Herbert Blank, Stuttgart 1998

Lothar Gall (Hg.), *1848. Aufbruch zur Freiheit*, Berlin 1998

Evelyn Hils-Brockhoff und Sabine Hock, *Die Paulskriche. Symbol demokratischer Freiheit und nationaler Einheit*, Frankfurt 1998

Roman Fischer (Hg.), *Von der Barfüßerkirche zur Paulskirche. Beiträge zur Frankfurter Stadt- und Kirchengeschichte*, Frankfurt a.M. 2000 (Studien zur Frankfurter Geschichte, 44)

Bavaria

Frank Otten, *Ludwig Michael Schwanthaler*, München 1970

Hans Jürgen Koch (Hg.), *Wallfahrtsstätten der Nation*, Frankfurt a.M. 1986

Manfred F. Fischer, *Ruhmeshalle und Bavaria. Amtlicher Führer*, überarbeitet von Sabine Heym, München 1997

Hermannsdenkmal

Hermann Kesting, *Der Befreier Arminius im Lichte der geschichtlichen Quellen und der wissenschaftlichen Forschung*, Detmold 1962

Ulrich von Motz, *Das Hermannsdenkmal und die Schlacht im Teutoburger Wald*, Detmold 1974

Günther Engelbert (Hg.), *Ein Jahrhundert Hermannsdenkmal 1875-1975*, Detmold 1975

Lichtenstein

Wilhelm Hauff, *Sämtliche Werke*. Bd. 1: *Romane*, München 1970

Friedrich Pfäfflin, *Wilhelm Hauff und der Lichtenstein*, Marbach a.N. 1981 (Marbacher Magazin 18)

Ottmar Hinz, *Wilhelm Hauff*, Reinbek b. Hamburg 1989 (rowohlts monographien 403)

Von Röcken nach Schulpforta

Wolfgang Knackstedt und Peter Maser, *Pforta – Zisterzienserkloster und Landesschule*, Naumburg o.J.

Robert Minder, *Acht Essays zur Literatur*, Frankfurt a.M. 1969

Curt Paul Janz, *Friedrich Nietzsche. Biographie*, 3 Bde., München 1978

Mathias Köhler und Reinhard Schmitt, *Das Zisterzienserkloster Schulpforta*, München, Berlin o.J. (DKV-Kunstführer Nr. 477/9)

Ralf Eichberg, *Friedrich Nietzsche in Mitteldeutschland. Herkunft und späte Rückkehr*, Halle 1994

Friedrich Nietzsche, *Frühe Schriften*, 5 Bde., München 1994

Petra Dorfmüller und Rudolf Konetzky, *Kloster Pforta*, Berlin 1997

Stechlin

Theodor Fontane, *Der Stechlin*. Romane und Erzählungen in drei Bänden. Hg. von Helmuth Nürnberger, Bd. 3, München 1985

Franz Fabian, *An der Havel und im märkischen Land*, Leipzig 1986

Lübeck

Hans Wißkirchen, *Spaziergänge durch das Lübeck von Heinrich und Thomas Mann*, Zürich 1996

Monte Verità

Curt Riess, *Ascona. Geschichte des seltsamsten Dorfes der Welt*, Zürich 1964

Robert Landmann, *Ascona, Monte Verità. Auf der Suche nach dem Paradies*, Zürich, Köln 1973

Harald Szeemann (Hg.), *Monte Verità, Berg der Wahrheit. Lokale Anthropologie als Beitrag zur Wiederentdeckung einer neuzeitlichen sakralen Topographie*, Tegna, Milano 1978

Völkerschlachtdenkmal

Heinrich Thiele, genannt Walter Treu, *1913 den »Deutschen Manen« aus »Großer Zeit!«. Zur Hundertjahrfeier der Freiheitskriege und der Weihe des Freiheitsdenkmals zu Leipzig, am 18. Oktober 1913*, Mannheim 1913

Hans und Ortrun Hartmann, *Völkerschlachtdenkmal Leipzig*, Berlin, Leipzig 1977

Peter Hutter, *Die feinste Barbarei. Das Völkerschlachtdenkmal bei Leipzig*, Mainz 1990

Rolf Affeldt und Frank Heinrich, *Testament der Freimaurer. Das Völkerschlachtdenkmal zu Leipzig*, Leipzig 2000

Volker Rodekamp (Hg.), *Völkerschlachtdenkmal*, Altenburg 2003

Freienwalde

Peter Berglar, *Walther Rathenau. Ein Leben zwischen Philosophie und Politik*, Graz, Wien, Köln 1987

Harry Graf Kessler, *Walther Rathenau. Sein Leben und sein Werk.* Mit einem Nachwort und Anmerkungen versehen von Cornelia Blasberg, Frankfurt a.M. 1988

Tilmann Buddensieg u.a., *Ein Mann vieler Eigenschaften. Walther Rathenau und die Kultur der Moderne*, Berlin 1990

Hans Wilderotter (Hg.), *Die Extreme berühren sich. Walther Rathenau 1867-1922.* Eine Ausstellung des Deutschen Historischen Museums, Berlin o.J.

Ernst Schulin, *Walther Rathenau. Repräsentant, Kritiker und Opfer seiner Zeit*, Göttingen 1993

Martin Sabrow, *Die verdrängte Verschwörung. Der Rathenau-Mord und die deutsche Gegenrevolution*, Frankfurt a.M. 1999

Doorn

Walther Rathenau, *Der Kaiser*, Berlin 1919

Lady Norah Bentinck, *Der Kaiser im Exil*, Berlin 1921

Willibald Gutsche, *Ein Kaiser im Exil. Der letzte deutsche Kaiser Wilhelm II. in Holland. Eine kritische Biographie*, Marburg 1991

Hans Wilderotter und Klaus-D. Pohl (Hg.), *Der letzte Kaiser Wilhelm II. im Exil*, Gütersloh, München 1991

Angelique Bakker, *Huis Doorn*, Zwolle 1993

Nicolaus Sombart, *Wilhelm II. Sündenbock und Herr der Mitte*, Berlin 1996

Christian Graf von Krockow, *Kaiser Wilhelm II. und seine Zeit. Biographie einer Epoche*, Berlin 1999

Pierre Bussen, *Wilhelm II., een verbannen keizer zo was het*, Hoogeven 2000

Berliner Opernplatz

Thomas Friedrich (Hg.), *Das Vorspiel. Die Bücherverbrennung am 10. Mai 1933: Verlauf, Folgen, Nachwirkungen. Eine Dokumentation*, Berlin 1983

Christian Graf von Krockow, *Scheiterhaufen. Größe und Elend des deutschen Geistes*, Berlin 1983

Gerhard Sauder (Hg.), *Die Bücherverbrennung. Zum 10. Mai 1933*, München, Wien 1983

Klaus Schöffling (Hg.), *Dort, wo man Bücher verbrennt. Stimmen der Betroffenen*, Frankfurt a.M. 1983

Ulrich Walberer (Hg.), *10. Mai 1933. Bücherverbrennung in Deutschland und die Folgen*, Frankfurt a.M. 1983

James E. Young (Hg.), *Mahnmale des Holocaust. Motive, Rituale und Stätten des Gedenkens*, München 1994

Thomas Lischeid, *Symbolische Politik. Das Ereignis der NS-Bücherverbrennung 1933 im Kontext seiner Diskursgeschichte*, Heidelberg 2001

Micha Ullmann, *Bibliothek August-Bebel-Platz, Berlin*, Berlin o.J.

Obersalzberg

Ernst Hanisch, *Der Obersalzberg, das Kehlsteinhaus und Adolf Hitler*, Berchtesgaden 1995

Lee Miller, *Der Krieg ist aus*, Berlin 1995

Ulrich Chaussy und Christoph Püschner, *Nachbar Hitler. Führerkult und Heimatzerstörung am Obersalzberg*, Berlin 1997

Gunther Exner, *Hitlers zweite Reichskanzlei. Eine architektur-historische Dokumentation der »Reichskanzlei, Dienststelle Berchtesgaden«*, Köln 1999

Horst Möller, Volker Dahm und Hartmut Mehringer (Hg.), *Die tödliche Utopie. Bilder, Texte, Dokumente, Daten zum Dritten Reich*, München 1999

Compiègne

Amis de L'Armistice (Hg.), *Der 11. November 1918. Unterzeichnung eines Waffenstillstandsvertrags im Wald von Compiègne.* Aus dem Französischen von René Mahler, Compiègne o.J.

Klaus Epstein, *Matthias Erzberger und das Dilemma der deutschen Demokratie*, Berlin, Frankfurt a.M. 1962

Theodor Eschenburg, *Matthias Erzberger*, München 1973

Marc Boulanger, *Juin 1940. Troix semaines en France. Vers L'Armistice de Compiègne*, Luneray 1992

Guernica

Hermann Kesten, *Die Kinder von Guernica.* Roman, Amsterdam 1939

Paul Schmidt, *Statist auf diplomatischer Bühne 1923-1945. Erlebnisse des Chefdolmetschers im Auswärtigen Amt mit den Staatsmännern Europas*, Bonn 1949

Adolf Galland, *Die Ersten und die Letzten*, Darmstadt 1953

Hans-Henning Abendroth, *Hitler in der spanischen Arena. Die deutsch-spanischen Beziehungen im Spannungsfeld der europäischen Interessenpolitik vom Ausbruch des Bürgerkrieges bis zum Ausbruch des Weltkrieges (1936-1939)*, Paderborn 1973

Klaus A. Maier, *Guernica 26.4.1937. Die deutsche Intervention in Spanien und der »Fall Guernica«*, Freiburg 1975

Wilfred von Oven, *Hitler und der Spanische Bürgerkrieg*, Tübingen 1978

Gordon Thomas und Max Morgan Witts, *Der Tag, an dem Guernica starb*, Bergisch-Gladbach 1979

David Irving, *Von Guernica bis Vietnam. Das Leiden der Zivilbevölkerung im modernen Krieg*, München 1982

Max Imdahl, *Picassos Guernica. Eine Kunst-Monographie*, Frankfurt a.M. 1985

Josef Lang, *Das baskische Labyrinth*, Frankfurt a.M. 1988

Gert Bastian und Petra Kelly, *Guernica und die Deutschen. Dokumentation einer gescheiterten Wiedergutmachung*, Hamburg 1992

Buchenwald

Eugen Kogon, *Der SS-Staat. Das System der deutschen Konzentrationslager*, München 1946

Ernst Wiechert, *Der Totenwald*, München 1946

Günter Kunert, *Betonformen. Ortsangaben*, Berlin 1969

Ingrid und Lothar Burghoff, *Museum Buchenwald*, Erfurt o.J. (Hg. von der Nationalen Mahn- und Gedenkstätte Buchenwald)

Bruno Apitz, *Nackt unter Wölfen*. Roman, Leipzig 1982

Jorge Semprún, *Die große Reise*. Roman, Frankfurt a.M. 1994

Bodo Ritscher, *Spezlager Nr. 2 Buchenwald*, Erfurt 1993 (Hg. von der Landeszentrale für politische Bildung)

Sabine und Harry Stein, *Buchenwald. Ein Rundgang durch die Gedenkstätte*, Weimar-Buchenwald 1993

Wilfried F. Schoeller, *Schwierigkeiten des geteilten Gedächtnisses an deutscher Schuld. Eine Rede in Buchenwald*, Erfurt 1993

Volkhard Knigge, *Die Geschichte der Gedenkstätte Buchenwald*. Begleitheft zur Dauerausstellung, Weimar, Buchenwald 1999 (Hg. von der Stiftung Gedenkstätten Buchenwald und Mittelbau-Dora)

Volkhard Knigge (Hg.), *Die Neukonzeption der Gedenkstätte Buchenwald*, Weimar 2001

Carinhall

Fanny Wilamovitz-Moellendorf, *Carin Göring*, Berlin 1934

Andreas Kittler, *Hermann Görings ›Carinhall‹. Der Waldhof in der Schorfheide*, Berg 1997

Volker Knopf und Stefan Martens, *Görings Reich. Selbstinszenierung in Carinhall*, Berlin 1999

Portbou

Hannah Arendt, *Walter Benjamin, Bertolt Brecht*. Zwei Essays, München 1971

Werner Fuld, *Walter Benjamin. Zwischen den Stühlen*. Eine Biographie, München, Wien 1979

Bernd Witte, *Walter Benjamin mit Selbstzeugnissen und Bilddokumenten dargestellt*, Reinbek b. Hamburg 1985 (rowohlts monographien 341)

Rolf Tiedemann, Christoph Gödde und Henri Lonitz, *Walter Benjamin 1892-1940. Eine Ausstellung des Theodor W. Adorno Archivs Frankfurt am Main in Verbindung mit dem Deutschen Literaturarchiv Marbach am Neckar*, Marbach a.N. 1990 (Marbacher Magazin 55)

Ingrid Scheuermann, *Neue Dokumente zum Tode Walter Benjamins*, Bonn 1992

Walter Benjamin, *Gesammelte Briefe*, Bd. VI: *1938-1940*. Hg. von Christoph Gödde und Henri Lonitz, Frankfurt a.M. 2000

Housseras

Alfred Döblin, *Schicksalsreise. Bericht und Bekenntnis*, Frankfurt a.M. 1949

Alfred Döblin, *Hamlet oder Die lange Nacht nimmt ein Ende*. Roman, München 1957

Roland Links, *Alfred Döblin. Leben und Werk*, Berlin 1965

Jochen Meyer (Hg.), *Alfred Döblin 1878-1978*. Eine Ausstellung des Deutschen Literaturarchivs im Schiller-Nationalmuseum, Marbach a.N. 1978

Friedland

Niedersachsen, Minister für Bundesangelegenheiten (Hg.), *30 Jahre Lager Friedland*, o.O. 1975

Josef Nowak, *Friedland*, Hildesheim 1979

Josef Reding, *Friedland. Chronik der großen Heimkehr*, Recklinghausen 1985

W. Tomm, *Bewegte Jahre. Erzählte Geschichte. Evangelische Diakonie im Grenzdurchgangslager Friedland 1945 – heute*, Friedland 1992

Maria Oberle, *Treffpunkt Lager Friedland*, Frankfurt a.M. 1996

Klaus Mittermaier, *Vermißt wird ... Die Arbeit des deutschen Suchdienstes*, Berlin 2002

Wandlitz

Marion Wendt und Jan Thiele, *Einst Waldsiedlung, heute Kurort*, Wandlitz 1995

Paul Bergner, *Die Waldsiedlung. Ein Nachbuch über »Wandlitz«*, Wandlitz 1996

Buckow

E. Fuhrmann, *Wanderungen durch die Märkische Schweiz in Wort und Bild*, Bukkow 1997 (Reprint)

Bert Brechts Buckower Elegien. Mit Kommentaren von Jan Knopf, Frankfurt a.M. 1986 (edition suhrkamp 1397)

Werner Mittenzwei, *Das Leben des Bertolt Brecht oder Der Umgang mit den Welträtseln*, Berlin, Weimar 1989

Glienicker Brücke

Thomas Blee, *Glienicker Brücke. Ausufernde Geschichten.* Berlin-Brandenburg 1996

Bitterfeld

E. Obst, *Bitterfeld und Umgebung nebst Industrie, Handel und Gewerbe in Wort und Bild*, Chemnitz 1909

Jürgen Seifert, *Die Luftschiffwerft und die Abteilung Seeflugzeugbau der Luft-Fahrzeug-Gesellschaft in Bitterfeld (1908-1920)*, Bitterfeld 1988

Bitterfelder Chronik. 100 Jahre Chemiestandort Bitterfeld-Wolfen, Bitterfeld-Wolfen 1993 (Hg. vom Vorstand der Chemie AG Bitterfeld-Wolfen)

Wilfried F. und Martin Schoeller, *Abschied von Bitterfeld*, Göttingen 1994

Palast der Republik

Friedrich Dieckmann, *Der Irrtum des Verschwindens. Zeit- und Ortsbestimmungen*, Leipzig 1996

Kirsten Heidler (Hg.) in Zusammenarbeit mit Ingetraud Skirecki, *Von Erichs Lampenladen zur Asbestruine. Alles über den Palast der Republik*, Berlin 1998

Thomas Beutelschmidt und Julia M. Novak, *Ein Palast und seine Republik. Ort – Architektur – Programm*, Berlin 2001

Drosselgasse in Rüdesheim

Lutz Tittel, *Das Niederwalddenkmal 1871-1883*, Hildesheim 1979

Esther Knorr-Anders und Alice Ohrenschall, *Der romantische Rhein*, München 1995

Das Mecklenburg Uwe Johnsons

Uwe Johnson, *Ingrid Babendererde. Reifeprüfung 1953*, Frankfurt a.M. 1985

Uwe Johnson, *Jahrestage. Aus dem Leben von Gesine Cresspahl.* Bd. 1-4, Frankfurt a.M. 1988 (edition suhrkamp 1500)

Uwe Johnson, *Versuch einen Vater zu finden. Marthas Ferien.* Hg. von Norbert Mecklenburg, Frankfurt 1988 (edition suhrkamp 1416)

Uwe Johnson, *Du. Zeitschrift für Kultur*, Nr. 10, Oktober 1992

Peter Nöldechen, *Bilderbuch von Johnsons Jerichow und Umgebung. Spurensuche im Mecklenburg der Cresspahls*, Frankfurt 1991 (Schriften des Uwe-Johnson-Archivs, Bd. 2)

Kurische Nehrung

Paul Kwauka, *Kurisches Wörterbuch*, Berlin 1977

Richard Pietsch, *Fischerleben auf der Kurischen Nehrung*, Berlin 1982

Hermann Sudermann, *Die Reise nach Tilsit. Litauische Geschichten*, München 1985

Wanda Nimtz-Wendlandt, *Die Nehringer*, Marburg 1986

Antanas Sutkus und Helmut Peitsch, *Naturparadies Kurische Nehrung. Sandwüste in Europa*, Leer 1988

Alfred Brust u.a., *Kurische Nehrung geliebt und unvergessen. Bilder und Gedanken der Erinnerung*, Leer 1990

Hans Joachim Kürtz, *Königsberg, Rauschen, Kurische Nehrung. Entdeckungsreise in Bildern*, Leer 1993

Henning Sietz, *Kurische Nehrung*, Dülmen 1996

Thoralf Platz, *Kaliningrader Gebiet*, Ostfildern 2004

Der Flaneur

Walter Benjamin, *Das Passagen-Werk*, (Ges. Schriften V.1, 2. Hg. von Rolf Tiedemann), Frankfurt a.M. 1982

Textnachweis

Der Text über Bitterfeld faßt den Textbestand des Bandes Wilfried F. und Martin Schoeller, *Abschied von Bitterfeld*, Göttingen 1992, zusammen. Mein Dank gilt der freundlichen Überlassung des Materials durch den Steidl Verlag.

Die Ortsbilder über den Stechlin, Wandlitz und Buckow sind dem Band Wilfried F. Schoeller, *Nach Berlin! Reportagen*, Frankfurt a.M. 1999, entnommen. Für die Nachdruckerlaubnis danke ich dem Verlag Schöffling & Co.

Bildnachweis

Sämtliche Bildvorlagen stammen aus der Sammlung alter Postkarten im Besitz des Verfassers.

Archiv des Autors: S. 11, 17, 24, 29, 37, 50, 55, 62, 80, 90, 95, 101, 103, 107, 119, 123, 125, 129, 146, 172, 181, 190, 197, 202, 209 (Foto: Heinrich Hoffmann), 216, 231 (Foto nach einer Zeichnung von Theo Matejko), 273, 279, 285, 290, 296 (Foto: Photo Paul, Geismar-Göttingen), 312, 333, 353, 355, 359, 367, 375, 383

© Brecht-Weigel-Haus, Buckow: S. 318

© Kunstamt Berlin-Wilmersdorf/Kommunale Galerie, Berlin: S. 326

© Sylvia-Marita Plath, Leipzig: S. 111, 115

© Archiv Susanne Schwenk, Königstein: S. 262

© Stiftung Gedenkstätten Buchenwald: S. 244, 253

© SV-Bilderdienst, München/amw: S. 344

© ullstein bild, Berlin: S. 157

© Fidus, *Anbetung der Hirten*/VG Bildkunst, Bonn 2005: S. 132